ein Ullstein Buch

Ullstein Buch Nr. 3062
im Verlag Ullstein GmbH
Frankfurt/M. – Berlin – Wien
Titel der Originalausgabe
»Des hommes et des plantes«
Aus dem Französischen von
Annette Lallemand

Ungekürzte Ausgabe

Umschlagentwurf:
Manfred Siegler

Printed in Germany 1974
Gesamtherstellung:
Ebner, Ulm
ISBN 3 548 03062 9

Maurice Mességué

Von Menschen und Pflanzen

Leben und Rezepte des berühmten Naturarztes

ein Ullstein Buch

Inhalt

Von Menschen ...

... und Pflanzen

1 Der Meister der Pflanzen

»Man kennt einen Fluß nicht, wenn man nicht weiß, wo er entspringt«, sagt ein Sprichwort meiner Heimat. Meine Quelle ist mein Vater. Eine klare, frische Quelle, umgeben von wilden Pflanzen. Ihm verdanke ich meine Liebe zum Leben, meine Kenntnisse und meinen Erfolg. Mein Vater hat meinem Leben sein Siegel aufgeprägt, und man kann es nicht verstehen, wenn man nicht um meine Liebe zu ihm weiß.

Ich wurde am Sonntag, dem 14. Dezember 1921, um 16.30 Uhr im Zeichen des Steinbocks geboren – in Calayrac-Saint-Circq im Department Lot-et-Garonne. Hier hatte sich die Natur geirrt, aber dieser Fehler wurde schnell gutgemacht, da meine Eltern, als ich gerade drei Tage alt war, wieder nach Gavarret ins Haus eines meiner Großväter zurückkehrten. Mein Kleinstadtstolz geht so weit, daß ich immer behaupte: »Ich bin in Gavarret im Departement Gers geboren!«, wobei ich das End-s singend betone.

Als Söhne, Enkel, ja Urenkel von Bauern, lebten die Mességués seit mehr als vierhundertfünfzig Jahren auf demselben Grund und Boden, und sie besaßen alle die gleiche Kenntnis der Pflanzen. Ich war noch sehr klein, als man ihre Wirkung an mir erprobte, etwa vier Jahre alt, vielleicht nicht einmal das; ich schlief schlecht, wälzte und warf mich im Bett herum. Da sagte mein Vater: »Der Kleine schläft schlecht; wir werden ihm ein Lindenblütenbad machen.« An jenem Abend nahm meine Mutter einen großen Kupferkessel zur Hand, und mein Vater erklärte mir: »Siehst du, das ist Kupfer, und es ist schöner als Gold. Weil es der Sonne und dem Feuer als Spiegel gedient hat, ist es ganz rot, und darin wirst du jetzt baden.« Daraufhin goß meine Mutter eine goldene Flüssigkeit, die sie vorher erhitzt hatte, in den Kessel und tauchte mich bis zum Hals in das Lindenblütenbad. Ich erinnere mich, daß mein Vater den schlaftrunkenen Sohn danach ins Bett trug. Ohne es zu wissen, hatte ich also meine erste Unterrichtsstunde absolviert. Damals kannte man schlaffördernde Zäpfchen noch nicht. Man pflückte die Lindenblüten, wenn sie noch warm von der Sonne waren, und breitete sie auf Leintüchern an einem schattigen Platz aus. »Das Geheimnis besteht darin«, dozierte mein Vater, »daß man die Pflanzen nicht sterben lassen darf; man muß sich ihre Kraft zu eigen machen, solange sie diese noch besitzen.« Wenn die Lindenblüten also gerade trocken, aber noch nicht brüchig waren, wurden sie in großen Waschzubern mit Wasser eingeweicht, und diese Flüssigkeit bewahrte man auf, da sie fünf- oder sechsmal zum Baden benutzt werden konnte. Auf diese Art hat mein Vater mich oft zum Schlafen gebracht, und ich habe das gleiche Mittel bei meinen Söhnen angewandt.

Wenn ich tief in meine Erinnerungen eintauche, sehe ich die Balken unseres Zimmers vor mir, an denen nebeneinander, in Büscheln, die Gräser zum Trocknen hingen, die Köpfe nach unten, neben dem Wild. Hübsch sah das aus, die Butterblumen, das Schwalbenkraut und der rote Mohn mitten unter den rostfarbenen Hasen und den dicken roten Rebhühnern unserer Heimat. Ich sehe meine Mutter vor mir, lebhaft und zart, ihrem Camille in bewundernder Liebe ergeben; sehe, wie sie jeden Samstag aus dem Schrank eines der zwei Paar Bettücher, die wir besaßen, hervorholte, zwischen denen dicke Lavendelbüschel lagen, von denen mein Vater ihr Arme voll nach Hause brachte. Sie bereitete das Bett für den Sonntag, wobei sie abschließend mit ihrer sonnengebräunten Hand zärtlich über das Leintuch strich und dann, fast beschämt, ein wenig träumerisch sagte: »Dein Vater wird sich wohl fühlen heute abend.« Mein Vater war nicht Bauer wie die anderen im Dorf; er besaß kein eigenes Land, dazu waren wir zu arm, er verdingte sich auch nicht in der Landwirtschaft. Und doch liebte er das Land, aber auf seine Art; er bearbeitete es nicht, er betrachtete es. Das Land war sein Buch, in dem er sein Wissen über Gut und Böse erwarb! Stunden brachte er damit zu. Eigentlich tat er nichts.

Man darf nicht vergessen, daß ich aus einem winzigen Dorf stamme; jetzt ist die Straße asphaltiert, damals aber gab es das nicht; im Winter war sie schlammig und im Sommer staubig. Wir alle trugen Holzschuhe, Licht spendeten Petroleumlampen, und auch die hatte man nicht in allen Zimmern, abends nahm man die Kerze mit ins Schlafzimmer, und das war fast schon Luxus. Geheizt wurde mit Holz, und manche kochten so wie wir ihre Suppe im Kamin; ein Ofen oder gar ein Küchenherd war sehr selten.

In unserer Familie fehlte es nicht an »Faulpelzen«. Einer meiner Urgroßväter war um 1850 herum Lehrer gewesen; das mag als Aufstieg gelten, wenn man so will, aber es war nichts »Seriöses« in den Augen derer, die Grund und Boden besaßen. Ein anderer war dem Spiel verfallen, der Schandfleck der Familie. Es geht noch an, daß man nichts verdient, aber Geld zu verlieren! Spielte er nicht, ging er auf die Jagd. Den Kindern wurde die Existenz derer, die »nichts taten«, wohlweislich verschwiegen. Und der Priester im

Katechismusunterricht sah mich fest an, als er lehrte: »Müßiggang ist aller Laster Anfang!«

Dieses Laster haftete uns schon lange an. Wir hatten ganz sicher maurisches Erbe im Blut. Ich zum Beispiel – sehe ich nicht aus wie ein Bandit? Eines Tages ließ ich mich von einem Augenarzt untersuchen – auch ich suche manchmal Ärzte, vor allem Spezialisten, auf –, und er sagte mir: »Sie haben irgend etwas im Weiß der Augen, das man sonst nur bei den Mauren findet!« Mich zieht es mit meinem Herzen und all meinen Sinnen nach Spanien, in den Süden, in die Sonne! Wenn ich nach Schweden oder Norwegen fahren muß, habe ich nur den einen Wunsch, so schnell wie möglich wieder nach Hause zu kommen! Bin ich aber in Spanien, Portugal oder Marokko, möchte ich für immer dort bleiben. Sobald ich die Moscheen in der Nähe von Granada sehe, habe ich den Eindruck, sie schon seit Urväters Zeiten zu kennen . . .; ich begreife die Leidenschaften der Menschen dort, ihren Stolz . . . auch ihre Nonchalance.

Mein Vater tat sein Leben lang nichts anderes, er betrachtete, beobachtete und schaute. Man hielt ihn für faul. Fünfzig Jahre später, halte ich ihn für weise. Er liebte Musik. Wir besaßen ein ehrwürdiges Grammophon, und mein Vater ließ es spielen wie ein kostbares Instrument; ich sehe noch seine schmalen, beweglichen Hände, wie sie sorgsam den Arm mit der Nadel ergreifen, hochheben und zart auf die alte, glänzend gewordene Platte setzen: »Hör gut zu, Kleiner!« Er besaß nur diese eine Platte: den »Marsch der Villars-Dragoner«. Die Rose war seine Lieblingsblume. »Sie ist schön und voll heilender Kraft.« Und er liebte den Duft der Blumen. Nie roch mein Vater nach Schweiß, Schmutz, Tabak oder Wein, er duftete nach Lavendel! Er trank Kaffee, viel sogar, und – ein unvorstellbarer Gedanke – er trank Pfefferminztee. In großen Steinguttöpfen bewahrte er Minze und Tee auf und bereitete sich selbst seine Mischung; ich habe nie erfahren, von wem er den Geschmack an diesen Dingen geerbt hat. Ich habe ihn nie ein Glas Wein trinken sehen, nie war er betrunken. Man hielt ihn für einen Verrückten. »Camille trinkt Wasser!« Das klang sehr verächtlich.

In Gavarret war er ein Außenseiter, ein Sonderling. Er war nicht gebaut wie die anderen, war klein, eher zart, und vor allem kleidete er sich anders; man hätte ihn für einen einem englischen Kupferstich entstiegenen Dandy halten können: Zweireiher à la Cardin, die Revers hochgezogen. Er trug Krawatten, rasierte sich jeden Tag und – er aß mit einer Serviette! Außerdem hatte er schöne Hände, klein, zartgliedrig, hell wie die eines Kindes, die Fingernägel sauber geschnitten. Stellen Sie sich unsere Bauern vor, mit dem Werkzeug auf der Schulter, Spaten und Lasten auf dem Buckel, wie sie diesem Mann gegenüberstanden!

Er tat seltsame Dinge. Er aß zum Beispiel Austern! Es ist zwar nur einmal vorgekommen, aber das ganze Dorf hat diesem Schlemmermahl beigewohnt. Er hatte sie vom Markt in Auch mitgebracht, schöne, grüne, flache Austern. Er öffnete eine und sagte zu mir: »Riech mal, das duftet nach Meer!«

Aus unserem Dorf mit seinen fünfundsechzig Einwohnern war noch niemand am Meer gewesen. Und doch – da gab es eine Dame in Gavarret, Marie, die hatte es schon gesehen. Abends kam sie oft zu uns und erzählte mit heller Stimme unglaubliche Dinge: »Das Meer gleicht einem Kornfeld, das ganz flach ist und sich am Horizont und an den Seiten verliert und mit dem Himmel vereint, das aus unaufhörlich bewegtem Wasser besteht.«

»Und die Farbe?«

»Sie wechselt. Manchmal blau, dann wieder grün, und mit weißen Wellen.«

Aber das war noch nicht das Kurioseste. Alle warteten gespannt darauf, was nun kommen würde. Schließlich fragte einer: »Und die Leute baden im Wasser?«

»Ja, Frauen und Männer zusammen. Und dazu ziehen sie sogar besondere Badekostüme an.« Und sie beschrieb die gestreiften Badeanzüge der Herren und die mit Volants besetzten der Damen . . .

Lange hat mich der Gedanke an das Meer verfolgt. Als ich achtzehn war, fuhr ich mit der Rugbymannschaft nach Arcachon; jetzt würde ich endlich das Meer sehen und Austern essen! Die ersten meines Lebens! Ich zitterte vor Erwartung. Als ich jedoch dort ankam, war Ebbe, und in der Bucht von Arcachon ist der Horizont verschlossen. Und die Austern waren klein, flach und beigefarben . . .

Mein Vater war so etwas wie ein Dorforiginal, aber dennoch hatte man Respekt vor ihm. Da er Jäger war, hatte man ihm den Spitznamen *Lou Cassayre,* »der Jäger«, gegeben. Ab und zu wilderte er auch. Außerdem verstand er mit der Wünschelrute umzugehen, und schließlich vermochte er zu heilen. Diese Eigenschaft habe ich mit Absicht zuletzt genannt, denn bei uns war das nichts Besonderes, jeder in der Familie besaß diese Fertigkeit: meine Großväter, meine Großmütter und sogar meine Mutter, die vor fünfundzwanzig Jahren von einem Gericht in Valence im Departement Drôme verurteilt wurde, weil sie jemanden behandelt hatte.

Da ich mich damals in Nizza aufhielt, hatte sie sich in Valence Arbeit gesucht, um in meiner Nähe zu sein. Für die Leute dort war sie jedoch nichts anderes als eine Kurpfuscherin, fast eine Hexe! Dabei hatte sie nur denen, die sie darum gebeten hatten, eine Pflanzenmischung zusammengestellt; aber sofort begann das Geschwätz im Haus, ein Arzt beschwerte sich, und sie wurde wegen »illegaler Ausübung ärztlicher Tätigkeit« verfolgt. Sie, eine Bäuerin aus dem Gers, vor Gericht, welch eine Schande! Noch heute spricht sie davon. Wie meinem Vater waren auch ihr Bosheit und schamlose Verleumdung fremd.

Ich erinnere mich noch an den Tag, an dem mein Vater vom Markt in Auch, wo er Hasen verkauft hatte, vier wunderschöne Kartenspiele mitbrachte. Sie waren vergoldet, und obenauf prangte ein Herzkönig. Er hatte sie nicht für sich gekauft, denn er spielte nicht, sondern wollte sie verschenken. »Schau, wie schön sie sind . . . Wir werden sie uns jetzt gemeinsam ansehen; ich habe sie für den halben Preis bekommen!«

Aber das war noch zuviel, denn als er sie auf dem dunklen Eichenholztisch ausbreitete, hatten wir zweiundfünfzig Herzkönige vor uns! Mein Vater, der so ehrenhaft, ja treuherzig war, brauchte eine Weile, bis er begriff, daß man ihn wissentlich betrogen hatte. Ganz betrübt wiederholte er mehrmals: »Sie sind nichts wert, und man hat sie mir verkauft!« Er war nicht zornig, er war verzweifelt. Wenn er irgendwo Wasser entdeckt oder einen Kranken geheilt hatte, sagte meine Mutter stets zu ihm: »Camille, du solltest dich dafür bezahlen lassen!« Worauf er nur antwortete: »Ich zahlte ja auch nicht für das Wasser und die Pflanzen; meine einzige Mühe bestand doch nur darin, sie zu finden.«

Man kam aus einem Umkreis bis zu zehn Kilometern, um meinen Vater zu holen. Wenn er Wasser ausfindig machen wollte, benützte er dazu einen Haselnußstab, denn bei uns kannte man das Pendel noch nicht. Noch als ich ganz klein war, lehrte er mich schon, wie man ihn zu halten hatte. Als er aber in meiner Hand das erstemal ausschlug, bekam ich solche Angst, daß ich den Stab fallen ließ. Danach war ich allerdings stolzgeschwellt. Heute weiß ich, daß neun von zehn Personen ein Pendel zum Ausschlagen bringen können, sie wissen es nur nicht. Die anderen sagen natürlich: »Nur wir haben diese Gabe!« Aber es gibt auch äußere Anzeichen, die auf Wasservorkommen hindeuten: die geologische Beschaffenheit des Bodens oder Pflanzen, wie Schachtelhalme, einige Nesselarten und gewisse Hahnenfußgewächse ... Das hat nichts mit Hexerei zu tun; mein Vater nannte sie die »Pflanzen, die das Wasser erahnen«.

Er hegte einen gerechten Abscheu vor den gelehrten, den Buchwörtern: »Wer ihnen diese Namen gegeben hat, besitzt zwar das Wissen, aber nicht die Kenntnis von den Pflanzen.« Viel später, als ich meine Auseinandersetzungen mit der Ärztekammer hatte, mußte ich oft an diesen Ausspruch Camilles denken, an diesen Unterschied zwischen Theorie und Praxis.

Als ich noch Kind war, sah ich ihn oft mit Armen voll Pflanzen, die manchmal noch blühten, heimkommen. Ich fand das hübsch, wie überhaupt alles hübsch war, was mein Vater tat. Aber ich verstand nicht, warum er sie nach Hause brachte. Später, als ich ihn begleiten durfte, zeigte er mir seine Gräser und Pflanzen.

»Schau, die Brennessel ist ganz rauh und gar nicht sanft, aber wenn du weißt, wie du sie anfassen mußt, von unten her nämlich, dann sticht sie nicht. Gekocht tut sie Magen und Bauch sehr gut.«

Für ihn hieß das Schöllkraut »Schwalbenkraut«; man sagt seit Jahrhunderten, daß es den Todgeweihten weinen macht, den Genesenden hingegen lachen. »Du kannst dich gar nicht irren: wenn du es brichst, weint es dicke orangefarbene Tränen; und es ist für alles gut. Es ist mein Lieblingskraut. Die Rose ist die schönste Pflanze, aber das Schwalbenkraut ist die beste.« Er tat es in all seine Mixturen.

So erzählte er mir auch von der Schafgarbe, die er »das Kraut der Zimmerleute« nannte: »Du wirst sehen, es heilt Schnittwunden.«

Durch diese alltäglichen Namen wurden mir die Pflanzen vertraut, und ich lernte sie lieben.

Er verwendete ungefähr vierzig verschiedene Pflanzen, aber seine bevorzugten waren: Weißdorn, Artischockenblätter, Butterblumen, Schwalbenkraut, Quecke, Kresse, Klatschmohn, Besenginster, Lavendel, Minze, die verschiedenen Nesselarten, Petersilie, Löwenzahn, Wegerich, Rosen, Brombeere, Salbei, roter Klee und Veilchen. Dazu kamen dann noch: Achilleskraut, Knoblauch, Bärenklau, Heidekraut, Kohl, männlicher Farn, Maisspelzen, Malven, Zwiebel und Geißbart, aber auch Alant, Gurkenkraut, Klette, Hagedorn, Mistel, Wacholderbeeren, Wiesenknopf und Schachtelhalme.

Abends betrachtete er von der Türschwelle aus den Himmel, und an der Art, in der er beim Anblick des Mondes sagte: »Die Sichel ist klein heute«, wußte ich, daß wir am nächsten Morgen Pflanzen pflücken gehen würden.

»Niemals nach Vollmondnächten, denn das Mondlicht nimmt den Pflanzen jegliche Kraft; sie brauchen viel Sonne und wenig Mond ... Salbei ist zum Beispiel kurz vor der Johannisnacht am besten ...«

Am nächsten Morgen brachen wir dann sehr früh auf, und unsere Holzpantinen klapperten auf der Straße; es war ein hübsches, fröhliches Geräusch. Um zehn Uhr machten wir Rast; die Sonne war schon zu stark. Da holte mein Vater aus seiner Jagdtasche Brot, Knoblauch und manchmal auch ein Stück Ziegenkäse hervor, und wir aßen, »unter Männern«, langsam wie die Bauern. Danach pflückten wir dann noch bis zum Einbruch der Dämmerung.

Vorsichtig, liebevoll brach mein Vater einige Stengel, entfernte die Blätter oder löste die Wurzeln ab. »Das Gute an einer Blume sitzt nicht immer an derselben Stelle. Manchmal findest du es in ihrem Kopf (der Blüte), in ihrem Körper (dem Stiel) oder gar in ihren Füßen (den Wurzeln).«

Auf diese Weise lernte ich, daß beim Wacholder nur die Beeren, beim Wegerich nur die Blätter heilkräftig sind, daß man von der Rose nur die Blütenblätter und vom Mais nur den »Bart« nimmt. Auch die Jahreszeit spielt eine wichtige Rolle, und daher zogen wir im Frühling und Sommer fast täglich hinaus. »Jetzt sind die Pflanzen reich. Aber im Winter werden sie kalt und wollen schlafen ...«

So vergingen die Jahreszeiten und mit ihnen die Jahre. Kein Glück dieser Erde wird mich je diese Tage, die ich gemeinsam mit meinem Vater verbringen durfte, vergessen lassen.

»Heilen« sah ich ihn zum erstenmal an einem Nachbarn, den

ich gut kannte, denn er ging morgens und abends an unserem Haus vorbei. An einem Montag trat er plötzlich bei uns ein und krümmte sich vor Schmerzen:

»Camille, hast du nicht irgendein Kraut für mich, es sticht mich da.«

Er zeigte auf seine rechte Seite.

»Das ist die Leber.«

»Glaubst du? Aber ich fühle mich doch sonst ganz wohl.«

»Ja, aber sie fühlt sich schlecht und macht sich bemerkbar.«

Die Leute, die mit Schmerzen zu ihm kamen, brachte mein Vater immer erst einmal zum Lachen; er meinte, das täte ihnen gut, würde sie ablenken von ihren Schmerzen, und dann wären sie eher bereit, die Pflanzen wirken zu lassen.

«Camille, behandle mich lieber bei dir zu Hause, ich möchte nicht, daß meine Frau mich so sieht.«

Mein Vater nahm also einige seiner Fläschchen, die auf dem Kaminsims standen, mischte in einer Schale verschiedene Essenzen, tauchte eine Flanellkompresse hinein und legte sie dem Mann auf seine schmerzende Seite. Eine halbe Stunde später war das Stechen verschwunden. Ich starrte ihn an und klammerte meine Hände an den Tisch. Das war ein Wunder!

»Papa, hast du das gemacht?«

»Nein. Er war es, der die Pflanzen wachsen läßt.«

Der Ruf meines Vaters, der ein einfacher Mann war, verbreitete sich nur etwa fünfzehn Kilometer im Umkreis, und im Vierteljahr kamen nicht mehr als fünf oder sechs Kranke zu ihm. Dennoch war er bekannter, als ich gedacht hatte; das erfuhr ich aber erst viel später.

Er war Spezialist für Leberleiden, denn bei uns tranken die Leute zuviel und aßen zu schwer; aber man suchte bei ihm auch Hilfe gegen jede andere Art von Schmerzen.

»Camille, mir tut da was weh . . . und da . . .«

Und sie zeigten auf Rücken, Arme oder Beine.

»Camille, ich kann nicht mehr atmen, ich kriege einfach keine Luft.«

Mit Asthma, das damals noch einfachere Ursachen hatte als heute, kannte er sich aus. Allergien sind Zivilisationskrankheiten, die wir dem Fortschritt zu verdanken haben. Luft, Wasser und Lebensmittel sind durch chemische Produkte verseucht.

Mein Vater verordnete oft Fußbäder. In drei oder vier Liter Wasser schüttete er das, was er seine Essenzen nannte, und die

Kranken mußten ihre Füße eine Zeitlang darin baden. Das hatte er von meinem Großvater gelernt, der es wiederum von seinem Vater hatte, und dieser . . .

Mein Vater tat also nichts anderes, als was sein Vater ihn gelehrt hatte. Das »Wissen« meines Großvaters väterlicherseits galt sogar mehr als das meines Vaters, weil er älter war. Er war ein außergewöhnlicher Greis, ein Koloß. Sogar Leute aus der Stadt »konsultierten« ihn; das gereichte ihm zu Ruhm und Ansehen, und gern erzählte er von seinen »Patienten«. Aber wenn man nun zu ihm kam, sagte er: »Gehen Sie zu Camille, ihm habe ich alles beigebracht.«

Er hatte ihm die »Pflanzenbibel« der Familie vermacht. Das war kein Buch, nicht einmal ein Heft, sondern es waren fliegende Blätter, die er von irgendeinem Vorfahren, der kaum lesen und schreiben konnte, geerbt hatte; darin waren alle Pflanzen, die dieser benützte, mit all ihren therapeutischen Eigenschaften aufgezeichnet. Wenn mein Vater mitunter unsicher war, öffnete er die Buffetschublade und schlug in dieser Bibel nach.

Daß die Leute lieber zu meinem Vater als zu einem Arzt gingen, erklärt sich aus ihrem Glauben an die Pflanzen. Unsere Bauern mißtrauen noch den Medikamenten. Sie finden, es wäre nicht gewissenhaft, jedem dasselbe Medikament zu verschreiben. Sie erwarten von »ihrem« Arzt, daß er ihnen eines eigens »für sie« verordnet. Jeder hält sich für einen Einzelfall, und er hat recht.

Der Glaube dieser Leute an die Pflanzen hat seine tiefen Gründe. Da sie gewohnt sind, der Erde alles abzuringen, finden sie es nur recht und billig, wenn diese sie auch heilt! In den Familien gingen die »Hausmittelchen«, die sich bewährt hatten, von einem zum anderen. Und so hielt man es für ganz selbstverständlich, daß einige mehr davon verstanden. Für sie war mein Vater der »Meister der Pflanzen«, und da er die Heilmittel wußte, nahmen sie an, daß er auch die Ursachen ihrer Krankheiten kannte, und deshalb kamen sie zu ihm. Mein Vater hielt sein Ohr an die Brust und sagte: »Die Uhr geht richtig« (er meinte das Herz), oder »Die Uhr geht falsch« . . . Das alles war sehr einfach, das konnten sie verstehen.

Die Leute wußten sehr wohl, daß es Apotheker gab, sie hatten sogar von Geschäften in der Stadt gehört, in denen man fertige Arzneien kaufen konnte. Aber das erschien ihnen beunruhigend und unheimlich. Erstens hatten sie kein Geld für die Fahrt, und außerdem hatten sie Angst. Ein Medikament kaufen bedeutete, daß man sehr schwer krank war.

Den Arzt bekam man fast nie zu Gesicht; er war eine bedeutende Persönlichkeit. Die Leute wären auch recht erstaunt gewesen, hätten sie gewußt, daß Doktor Salis, der Landarzt, meinen Vater aufsuchte, um sich von ihm behandeln zu lassen. Um nicht gesehen zu werden, hatte er die Nacht abgewartet und seinen Wagen in einiger Entfernung abgestellt; dann schlich er die Häuser entlang und trat schließlich schamrot bei uns ein.

Mein Vater war verblüfft, ihn bei uns zu sehen.

»Camille, ich leide an Harnverhaltung.«

»An Harnverhaltung, Herr Doktor?«

»Ja. Mein Körper hält das Wasser zurück. Hast du keine Pflanzen, die mich zum Urinieren bringen könnten?«

»Ach, wenn's weiter nichts ist, kann ich Ihnen sicher helfen.«

Im Handumdrehen stand das ganze Haus auf dem Kopf: meine Mutter brachte Wasser zum Kochen, und mein Vater rief mir zu: »Hol Minze, bring Brennessel und vergiß nicht Schwalbenkraut, Maisbart und Salbei!«

Während ich die Pflanzen zusammentrug, zog sich der Doktor aus; er trug eine lange, malvenfarbene Unterhose ... Er legte zwar seine Kleidung, nicht aber seine Würde – und auch nicht sein Monokel ab! Hier, in unserem Zimmer, nahm Doktor Salis ein Sitzbad in den Pflanzen meines Vaters!

Man konnte beobachten, wie der Panzer seiner Selbstgefälligkeit langsam von ihm abfiel und er vor Camille, den er sonst nur von oben herab behandelte, zu einem ganz einfachen Mann wurde. Wenn die Menschen krank sind, verändert sich ihre Optik, und die Krankheit eines Arztes ist noch schlimmer als die der anderen, denn er vertraut seiner eigenen Kunst nicht mehr.

Da die Pflanzen meines Vaters ihm aber gutgetan hatten, schaute er immer, wenn er ins Dorf kam, kurz bei uns herein, und meine Mutter bot ihm ein Glas Wein an.

Ich glaube nicht, daß mein Vater »die Gabe« besaß, daß er Magnetiseur war. Er befaßte sich zwar mit Okkultismus, aber im guten Sinne, denn er suchte durch die Kontinuität des Menschen wohltätige Kräfte freizulegen. Und dennoch hatte ich, so klein ich war, den Eindruck, daß mein Vater anderswo gelebt haben, von anderswo herkommen mußte. Er besaß eine ungewöhnliche Ausstrahlung. Er paßte nicht in seine Zeit.

Mein Vater war ein Herr. Er hatte keine Hände wie die Bauern. Er sah gut aus, und sein Blick schien zu leuchten. Alles an ihm strahlte eine Kraft aus, der man sich nicht entziehen konnte und die einem Leib und Seele erwärmte. Sie durchdrang, durchlief einen wie ein Schauer der Liebe. Ich war überzeugt, daß sie sich auch auf seine Pflanzen übertrug und daß sie dadurch bereichert wurden.

Am meisten wunderten sich die Leute bei uns daheim über Camilles Lebensart. »Der hat immer Zeit!« Ich sehe ihn noch, wie er in der Wiese am Waldrand, auf dem Bauch liegend, stundenlang den Hasen und Kaninchen zusah, die keine Angst vor ihm hatten. Ich lag neben ihm, und er sagte:

»Man lernt das Leben nicht kennen, wenn man in alle Himmelsrichtungen rennt. Man muß es betrachten, und diese Tiere hier verstehen das viel besser als wir Menschen ... Sie kennen die Pflanzen, die guten und die schlechten Gräser, sie wissen, womit sie sich ernähren und wovor sie sich in acht nehmen müssen ...«

Er hatte recht. Ein in Freiheit lebendes Tier frißt nie Giftiges. Diesen Instinkt verliert es erst, wenn es gezähmt wird, wenn man ihm seine Nahrung gibt und es nicht mehr gezwungen ist, sie selbst zu suchen. Ein Stallkaninchen kennt die Gefahren des roten Sternkrauts nicht mehr und stirbt daran, genauso wie die Hauskatze ahnungslos das für sie todbringende Maiglöckchen verschlingt.

Haustiere sind Bastarde, die ihren Instinkt, ihre Empfindsamkeit verloren haben. In Freiheit lebende Tiere können wählen, sie sterben erst durch die Zivilisation. Ein in der Natur lebendes Tier weiß auch instinktiv, welche Gräser und Pflanzen es fressen muß, wenn es sich krank fühlt. Einige Hunderassen (Wolfs- und Schäferhund), die noch nicht stark überzüchtet sind, fressen, wenn sie erbrechen wollen, Gräser, die einen rauhen Rand haben, oder Löwenzahn, wenn sie an Verstopfung leiden. Ein Wiesel, zum Beispiel, wälzt sich, bevor es den Kampf mit einer Giftschlange aufnimmt, in Wegerich, denn dessen Blätter schützen vor Bienenstich und Schlangengift.

Dieses Wissen um die Tiere hatte mein Vater von seinem Großvater geerbt, dem es gelungen war, Füchse gemeinsam mit Rebhühnern und Hasen gemeinsam mit Wieseln aufzuziehen; auch wir daheim hatten einen zahmen Dachs.

Heute experimentiert man immer mehr mit Tieren, um den Menschen besser kennen- und verstehen zu lernen, man beobachtet ihre Verhaltensweisen und Bedürfnisse. Mein Vater wußte dies alles und hat es mir vererbt.

Da ich die Tiere liebe, habe ich meinen Grundbesitz in ein Tierreservat umgewandelt; jetzt laufen die Eichhörnchen unter meinen Fenstern frei über die Wiese. Auch den Wald, in dem mein Vater seine Pflanzen sammelte, habe ich gekauft; der Pflanzen wegen und meines Vaters wegen; es war eine Revanche.

Für mich wachsen wirklich gute Pflanzen nur im Gers, in meiner Heimaterde. Ich glaube an diese Pflanzen, und wenn ich mich eines Tages selbst betrügen würde, könnte ich niemanden mehr heilen.

Jetzt praktiziere ich seit mehr als dreißig Jahren, und wenn ich zurückdenke, kann ich sagen, daß ich kein einziges Mal, keinen einzigen Augenblick lang, meine Patienten betrogen habe, und ich glaube, daß dies sehr wichtig ist. Die Kranken fühlen, daß ich sie heilen werde, sie sagen es mir, und ich zweifle nicht daran. Warum? Weil ich mit ihnen ehrlich bin. Auch das ist ein Vermächtnis meines Vaters.

3 Das Ende eines glücklichen Mannes

Mein Vater machte sich Sorgen um meine Zukunft. Er sah, daß ich nicht kräftig, nicht stark genug war, um Bauer zu werden, und das bekümmerte ihn sehr. Fühlte er, der die Dinge im voraus erahnen konnte, daß er diese Erde bald verlassen sollte?

Sein eigenes Leben hatte ihn glücklich gemacht, es war so recht nach seinem Geschmack, aber er sagte sich: »Ich liebe das Land, aber wird mein Sohn es auch lieben?« oder »Ich lebe für meine Pflanzen, aber ob der Kleine sich damit begnügen wird?« Für mich wünschte er sich jedenfalls etwas Besseres. Er wußte auch, daß diese Art Muße, der er sich hingab, nicht für jeden gut war und daß sie vor allem kein Geld einbrachte und daß man ohne Geld doch ein armer Teufel war . . .

Die Pflanzen hatten keine Zukunft, das Heilen war kein Beruf. Er wollte einen Beamten aus mir machen. In den Augen meines Vaters war das jemand, der sich gut kleiden konnte, der eine Pension in Aussicht hatte, der Ferien bekam und viele Bekannte hatte und den man respektierte. Aber nicht irgendeinen Beamten, sondern: Chauffeur bei der Polizeipräfektur!

Dieser Gedanke war meinem Vater nicht einfach im Schlaf gekommen, er hegte ihn vielmehr schon seit meiner Geburt; und mit der ihm eigenen bäuerlichen Geduld arbeitete er an meiner Zukunft. Und zwar bei Paul Jansou.

Dieser Jansou hatte nämlich den Sprung nach Paris gewagt; heute geht jeder nach Paris, aber damals war es etwas ganz Besonderes. Man stellte ihn in einem Umkreis von zehn Meilen als lobenswertes Beispiel hin; man hob den Finger und sagte bedeutungsvoll: »Der hat's geschafft!« Er war die berühmteste Figur der ganzen Gegend, denn er hatte eine beneidenswerte Position; er war Chauffeur bei der Polizeipräfektur!

Damals machte mein Vater diesem Jansou richtig den Hof; er war überzeugt, damit meine Zukunft zu sichern. Jedes Jahr, wenn Paul für einen Monat nach Hause kam, brachte er ihm Steinpilze, ein Rebhuhn, alles auf Weinblättern und in einem Weidenkorb appetitlich hergerichtet; darüber war eine weiße, steife Serviette gebreitet.

Mein Vater sagte: »Wenn du dich später einmal für den Kleinen verwenden könntest, damit er ...« Jansou lebt heute noch, und man nimmt immer noch den Hut vor ihm ab.

Um mich inzwischen auf diese schöne Position vorzubereiten, sprach Camille nur Französisch mit mir. »Unser Dialekt ist die Sprache dieses Landes, das ihn hervorgebracht hat, Französisch aber ist die Sprache deines Vaterlandes, der Städter und der gebildeten Leute, derer, die etwas ›wissen‹ ...«

Er war so bescheiden, daß es ihm nie in den Sinn gekommen wäre, daß er mehr »wußte« als jene ...

Ich sehe meinen Vater noch vor mir, wie er abends unter der Petroleumlampe, die immer ein wenig rauchte, am Tisch saß und in einem Tierbuch las; die hübschen Geschichten, die darin standen, erzählte er mir später, mit seiner sanften, ein wenig schleppenden, behutsamen Stimme. Er ließ immer ein wenig Zeit zwischen dem Gedanken und den Worten verstreichen. Niemals wurde er laut. Er liebte die Wörter, und er gebrauchte sie wohlüberlegt. Die Bauern bei uns beginnen alle ihre Sätze mit »Tausend Teufel« oder irgendeinem anderen Fluch, das war für sie ganz gleich, aber mein Vater glaubte an das, was er sagte, und wollte es daher gut sagen.

Für die Leute bei uns daheim war er ein komischer Kauz, dieser Camille; heute würde man ihn als Weisen betrachten. Denn auch die Wahrheit wandelt sich. Es gibt nichts, das mir mehr Angst macht als jene, die glauben, sie hätten die Wahrheit für sich gepachtet! Wenn wir unseren Eltern vor dreißig Jahren gesagt hätten, daß der Mensch auf dem Mond landen würde, hätten sie uns sogleich in die Irrenanstalt gesteckt. Unsere Kinder und Enkel werden sich über unsere heutige Lebensweise lustig machen. So ist

»die Wahrheit« etwas, das ununterbrochen im Fluß ist, so schnell, daß es nicht mehr leicht ist, zu folgen.

Sobald ich lesen und schreiben konnte, schickten mich meine Eltern in die Gemeindeschule. Ich erinnere mich noch gut: unser Lehrer hieß Drancourt; er war ein alter Herr und kam hoch zu Roß in die Schule geritten! Eines Tages wurde er krank, und eine junge Lehrerin, die ich sehr hübsch fand, vertrat ihn; sie war meine erste Liebe und brachte mir mein erstes Leid, denn der Briefträger machte ihr heftig den Hof! Mademoiselle kam mit dem Fahrrad zur Schule und trug Röcke, die ich sehr kurz fand; ich kann nicht sagen, ob sie es wirklich waren, jedenfalls sahen ihre Beine in den dünnen Strümpfen wundervoll aus.

Ich war wahnsinnig eifersüchtig auf den Briefträger, der in meinen Augen finstere Absichten hegte, obwohl er einen so prächtigen Schnurrbart trug. Mit Stricknadeln, die ich meiner Mutter geklaut hatte, stach ich über hundert Löcher in die Reifen seines Rades ... Ich war schon damals recht leidenschaftlich.

Das brachte mir Schläge von meinem Vater ein, die ersten und einzigen. Sie ließen mich über mich selbst hinauswachsen, erhielt ich sie doch für meine Liebe.

Als ich zehn Jahre alt war, kam ich auf das Gymnasium von Auch. In dieser Stadt gab es Straßen, in denen nichts wuchs, und Klassenzimmer, so groß wie unser ganzes Haus, und so manche Schulkameraden, die nicht Bauernsöhne waren – ein großes Abenteuer! Das erste Jahr ging schnell vorüber, und als ich elf Jahre alt war, kam mein Vater bei einem Jagdunfall ums Leben. Beim Sprung über einen Graben hatte sich ein Schuß gelöst. Als ich am Abend nach Hause kam, waren alle Frauen aus dem Dorf da, sie waren schwarz gekleidet und murmelten mit klagender Stimme den Rosenkranz. Die Männer ließen ihre Holzpantinen vor der Tür, kamen in Gruppen zu zweit oder zu dritt herein, nahmen ihren Hut ab und standen da, unbeweglich, beschämt über ihr eigenes Gewicht, ihre Lebendigkeit. Nachdem sie meiner Mutter und meiner Tante etwas zugeflüstert hatten, gingen sie wieder.

Mir sagte man, mein Vater sei gestorben und liege zum letztenmal im Schlafzimmer auf seinem Bett; aber ich wollte ihn so nicht sehen.

Das war richtig gewesen, denn die Erinnerung, die ich von meinem Vater behielt, war nicht das Bild eines aufgebahrten Toten, sondern das eines Lebenden, der mich »mein Kleiner« nannte. Ich war verzweifelt, obwohl ich noch nicht wußte, was kommen würde, nicht begriff, daß ich für viele Jahre nicht mehr glücklich sein würde.

Der Tod meines Vaters war das schrecklichste Erlebnis, das ich jemals hatte. Dabei gab es viel Trauriges in meinem Leben; so verlor ich vor fünf Jahren meine Frau bei einem Autounfall. Aber der Tod meines Vaters war ein Riß in meinem Leben. Diesen Mann habe ich bewundert, für ihn empfand ich eine grenzenlose Verehrung. Er war ein erstaunlicher Mensch, erstaunlich in seiner Weisheit und in seinem Wissen; ich fand ihn gebildet, schön, vornehm – in ihm verkörperten sich alle menschlichen Werte.

4 Die Rache des »Grauen«

Als ich zwölf Jahre alt war, nahm mein Onkel mich bei der Hand und brachte mich nach Lectoure. Ich wurde Internatsschüler im Collège Maréchal-Lannes.

Es war warm, denn im Herbst ist die Sonne im Gers fast so stark wie im Sommer; aber als ich in dem von hohen Mauern umgebenen Schulhof stand, fror ich. Ich begriff, daß hier niemals Licht eindringen, daß es immer dunkel sein würde. Ich betrachtete die drei staubiggrauen Bäume, sie waren Gefangene wie ich, Prügelknaben der Buben; voll von Rissen, mit Füßen getreten, sahen sie aus wie kranke Kettenhunde. Gefängnisbäume, Jammergestalten ... Der Boden war steinhart, mißhandelt von den Schuhen der Schüler; hier konnten keine Pflanzen wachsen!

Ich sollte also ohne Pflanzen leben? Das konnte ich nicht! Plötzlich ... da war ja ein winziges Schwalbenkraut in einer Mauerritze, nicht dick und kräftig, wie ich es kannte, sondern ein armseliges Stengelchen, wie die Bäume, die hier standen. Aber es war immerhin Schwalbenkraut, die »Fee« meines Vaters.

Niemand hat es je so viel verwendet wie er oder ich. Man benützt seinen Saft äußerlich gegen Warzen, Augenleiden, skrofulöse Tumore, skorbutische und atonische Geschwüre. Ich hingegen habe es in all meinen Mixturen. Mein Vater hatte mir einst erzählt, wie er die Wirkung dieser Pflanze erkannte. Er beobachtete ein Schwalbennest unter unserem Dach:

»Weißt du, ich sah die Mutter, wie sie ein Schöllkrautstengelchen ins Nest trug. Das war keine Nahrung für die Kleinen; warum also tat sie es?«

Nachdem er lange Zeit geduldig zugesehen hatte, begriff er. Die

Schwalbe hielt die Pflanze in ihrem Schnabel und rieb sie gegen den Kopf eines ihrer Jungen; es war immer dasselbe Kleine, dessen Augen noch geschlossen waren. Plötzlich öffnete es die Äuglein, und von da an brachte die Mutter kein Schöllkraut mehr.

Ich höre immer noch die Stimme meines Vaters: »Beim Schwalbenkraut kannst du alles benützen, das Blatt, die Blüte, den Stengel und die Wurzel; es heilt alle Leiden.« Ich selbst habe bemerkt, daß es in einer Mischung mit anderen Pflanzen diese noch besser zur Wirkung bringt.

Für mich ist das Schwalbenkraut ein Talisman. Einen solchen hatte ich sehr nötig, als ich damals ins Collège von Lectoure eintrat. Dabei war ich recht selbstsicher und mit Lorbeeren bedeckt angekommen, denn in Auch hatte ich zweiundzwanzig Preise bekommen, einen sogar für Gymnastik und einen anderen für Gesang. Doch schon nach wenigen Tagen mußte ich erkennen, daß all meine Lorbeeren nur armselige, vertrocknete Blätter waren, die niemanden beeindruckten.

Die Menschen sind hart mit einem Kind armer Leute, dessen Vater gerade gestorben ist und der es schutzlos zurückgelassen hat. Und die Kinder sind böse, grausam. Die anderen Zöglinge hatten in ihren Wandschränken Eßvorräte (denn das Essen war schlecht), ich aber hatte keine. Sie aßen absichtlich ihre Pasteten und ihre hausgemachten Marmeladen vor mir. Ich erinnere mich noch sehr gut, daß einer, der sich heute zu meinen Freunden zählt, mir seine Wurst unter die Nase hielt und sagte: »Da, riech mal diese Wurst . . . Die würde deinem trockenen Brot einen Geschmack geben!« Ja, einen bitteren Geschmack!

Sie ersparten mir auch ihre üblen Scherze nicht. Ich hatte nur ein Bettuch, und eines Abends packten sie es, während ich mich wusch, und tauchten es in das Waschbecken; als es dann richtig triefend war, legten sie es wieder in mein Bett, so daß ich die ganze Nacht zitternd vor Kälte auf dem Fußboden zubringen mußte.

Jeden Winter habe ich unvorstellbar gefroren. Ich sammelte alle Zeitungen, die ich finden konnte, und deckte mich damit zu. Später, als ich dann zur Rugbymannschaft gehörte, hat sich alles ein wenig gebessert. Die Sportlehrer schenkten mir ein Bettuch und liehen mir eine Decke.

Der Schulkittel jedoch war das Schlimmste für meinen Maurenstolz. Ich hatte nur einen einzigen; in den unteren Klassen war er lang, später viel zu kurz, außerdem morsch und grau. Man nannte mich nur den »Grauen«. Das tat mir weh, und ich habe mich deswegen oft verzweifelt geprügelt.

Niemand hatte Nachsicht mit mir. Mit Ausnahme des Direktors behandelten mich auch die Lehrer schlecht. Sobald in der Klasse irgendein Lärm entstand, irgendein Lachen zu hören war, sagten die Lehrer, ohne sich umzudrehen: »Mességué, raus vor die Tür!« Nicht immer war das unverdient, denn ich war sehr lebhaft, vielleicht aber bloß deswegen, weil man mich immer reizte und unaufhörlich stichelte. Um mich abzureagieren, spielte ich dafür den Hanswurst.

Warum sollte man mich auch schonen? Jeder wußte ja, daß ich keine Eltern hatte, die sich am Samstag beim Direktor beschweren konnten. Die Schuldirektoren wurden ähnlich wie Politiker behandelt; die Eltern drohten: »Wieso hat mein Sohn keine besseren Noten? Da stimmt doch was nicht . . . Ich werde ihn rausnehmen und in die andere Schule schicken!« Diese »andere Schule« war die Konkurrenz, die Schule des Abbé Tournier.

Meine Mutter hatte nie gewagt, sich zu beklagen. Sie arbeitete als Hausgehilfin in der Nähe, bei einem Bankier namens Bastide. Um noch näher bei ihrem Sohn zu sein, hat sie sogar eine Zeitlang in der Schule geputzt; das war sehr peinlich für mich, aber mehr noch für sie selbst. Die anderen Zöglinge spotteten in unverschämter Weise; und da sie so viele Zoten einstecken mußte, blieb sie nur kurze Zeit. Ich aber war zum »Sohn der Putzfrau« gestempelt. Aber das kränkte mich nicht, denn ich liebte meine Mutter zu sehr und konnte die Situation zu gut beurteilen, um mich erniedrigt zu fühlen. Ich bewunderte sie, aber ich litt auch für sie.

Niemand kann sich vorstellen, was ein armer Junge unter den Söhnen wohlhabender Grundbesitzer leiden kann. Sie wurden zum Ausgang abgeholt, bekamen jeden Donnerstag Besuch, ja sogar am Freitag, denn da war Markt in Lectoure. Jeden Samstagabend gingen sie nach Hause, ich aber stand da, genauso armselig wie die drei Bäume im Hof. Am Samstag spazierte ich immer mit einem Schulaufseher durch die Stadt; es langweilte ihn fürchterlich.

Die Umgebung von Lectoure lernte ich zur Genüge kennen, denn ich habe sie bei jedem Wetter zu Fuß abgeklappert. Diese Ausflüge mißfielen zwar meinem Begleiter ganz und gar, mir jedoch gaben sie das Leben zurück. Ich rannte gegen den Wind, daß meine Holzpantinen klapperten. Und ich pflückte Pflanzen, trotz des Verbots meines Aufsehers, der es als erniedrigend und peinlich empfand, mit diesem lächerlichen, schlecht angezogenen, ausgefransten kleinen Jungen, der aussah wie ein Zigeuner und dem Grasbüschel aus den Taschen hingen, durch die Stadt zu gehen. Kurz vor dem Ortseingang sagte er zu mir:

»Was machst du eigentlich mit den Gräsern? Willst du die vielleicht essen?«

»Nein, Monsieur, ich freue mich an ihnen!«

»Wirf das alles weg, bevor wir in die Stadt kommen!«

»Ja, Monsieur.« Aber ein paar steckten immer noch in den Tiefen meiner Hosentaschen. Abends, unter meinem Bettuch, atmete ich dann ihren Duft ein und schlief beruhigt, das Gesicht in ein Büschel Salbei, den »Bart des Ewigen Vaters« (wilde Zichorie) oder einen Klatschmohn gepreßt.

Erst viel später wagte ich dem Aufseher zu sagen: »Mein Vater heilte mit diesen Kräutern Kranke!« Einige Lehrer wußten auch, daß ich der Sohn »vom Mességué, der mit Pflanzen geheilt hatte«, war, aber ich war noch zu klein, zu jung, als daß sie mich etwas gefragt hätten.

Ein Stipendiat müßte eigentlich der beste Schüler seiner Klasse sein, aber ich war es nicht, denn um mir ein wenig Geld zu verdienen, machte ich die Aufgaben meiner Klassenkameraden, die sie mir mit fünf Sou bezahlten; eine lateinische Übersetzung brachte mir sogar zehn Sou ein! Mit diesem Geld konnte ich mir schließlich ein Paar Schuhe mit Holzsohle kaufen.

Unser Haus besaßen wir nicht mehr; meine Mutter wohnte bei anderen Leuten. Einer meiner Onkel galt als mein Vormund, aber er hat mich nie im Internat besucht. Nur in den großen Ferien durfte ich zu ihm kommen; dort arbeitete ich für ihn, machte das Heu, das Getreide, bündelte es und hängte es zum Trocknen auf, ich verrichtete eben alle unangenehmen Arbeiten. Aber unglücklich war ich dort nie, denn ich war auf dem Land, und das genügte mir. Bei meinem Onkel durfte ich auch »heilen«, hier machte sich niemand über die »Rezepte von Papa Camille« lustig. Ich war sein Sohn und kannte sie natürlich alle.

In unserer Gegend gab es noch nicht viele landwirtschaftliche Maschinen; die meisten Arbeiten wurden mit der Hand verrichtet. Dazu benützte man alle Arten von Werkzeug: Gartenmesser, Sensen und Hacken. Es geschahen viele Unfälle, und da man auf Hygiene nicht achtete, entzündeten sich die Wunden oft. Ich erinnerte mich an die Worte meines Vaters: »Geh zu Chicabout – das war der Krämer – und kauf ein Stück Roquefort.« Also schaute auch ich mir ihre Wunden an, wie er es getan hatte, und sagte, wenn sie bös aussahen: »Geh zu Chicabout ...« Und man hörte auf mich.

Niemals hätte ich jedoch gewagt, meinen Schulkameraden oder gar den Lehrern Roquefort zu verordnen, wenn sie je auf die Idee gekommen wären, mich zu fragen.

Als ich noch klein war, hatte ich das alles wundervoll gefunden, im Collège jedoch schämte ich mich. Dabei wußte ich, daß es wirkte. Aber eine Wunde mit Käse zu heilen, schien mir nicht seriös. Heute ist diese Tatsache nicht mehr geheimnisvoll, denn man kennt die Wirkung von Penizillin, und man weiß, daß es im Schimmel des Roquefort enthalten ist.

Meine Pflanzen waren die letzte Bindung zwischen mir, meinem Vater und der Heimaterde ... Ich pflückte sie immer wieder, versuchte sie zu konservieren, trocknete sie in meinem Schrankfach im Schlafsaal, da ich ja sowieso nichts anderes darin aufzubewahren hatte, und stopfte mein Pult im Klassenzimmer damit voll, nachdem ich Bücher und Hefte in den hintersten Winkel verbannt hatte.

Da ich nicht viele Freunde besaß, hatte ich Zeit, meine Umwelt zu beobachten. Die Krankheiten der anderen entgingen mir nie. Ich entwickelte eine solche Fertigkeit in diesem Spiel, daß mir schon die kleinste Veränderung in ihrer Gesichtsfarbe, ihrem Gang oder im Glanz ihrer Augen auffiel. Um meine Vermutungen bestätigt zu hören, fragte ich sie aus; das hat sie sicherlich erstaunt. Sobald ich »meine Patienten« dann im Geiste ihrer Krankheit überführt hatte, fragte ich mich: »Was hätte mein Vater getan?« Keine Frage habe ich mir im Laufe meines Lebens öfter gestellt als diese. Und dann rief ich mir die Formeln seiner Mixturen ins Gedächtnis. Ich durfte sie nicht vergessen, denn ich besaß doch kein anderes Buch als mein Gedächtnis.

Im Abfallhaufen neben der Küche hatte ich Flaschen gefunden, und ich füllte sie mit meinen Essenzen. Leider konservierten sie sich nie sehr lange, da ich das Wasser ja nicht abkochen konnte. Aber das war ja schließlich egal, da mein Gebräu sowieso zu nichts nütze war. Wurde es zu alt, schüttete ich es einfach weg, obwohl mir das nicht richtig vorkam.

Die Kenntnisse meines Vaters zu bewahren erschien mir wichtiger als alles, was man mir hier in der Schule beibrachte. Ich durfte Camilles Lektionen nicht vergessen!

Wenn ich allzu unglücklich war, öffnete ich mein Pult und füllte im Schutze seines Deckels, mit geschlossenen Augen, meine Nase, meine Lungen, meinen ganzen Kopf, der sich daran berauschte, mit dem guten, beruhigenden Duft der Pflanzen; die ganze Klasse verschwand, existierte einfach nicht mehr; ich war in »meinem« Feld »meinem« Wald, neben meinem Vater.

Doch eines Nachmittags schrie jemand:

»Mességué!«

Es war die Stimme von Monsieur Alleman, unserem Direktor, aber ich hörte sie nicht.

Einer der Jungen versetzte mir einen Tritt gegen die Beine, ich klappte mein Pult zu und sah vor mir den Herrn Direktor, der mit spitzem Finger auf den Boden zeigte.

Eine gelbe Schnecke, schwarzgestreift wie ein Zebra, glitt, gefolgt von einer zweiten, über den grauen Fußboden des Klassenzimmers, majestätisch wie die Flotte der Argonauten über die Ägäis . . .

»Gehört das da zu Ihnen?«

Es war schwerlich zu leugnen; eine hübsche, leuchtende Schleimspur führte geradewegs zu meinem Schreibtisch. Ich hätte sowieso nicht gelogen, weil ich das nicht leiden kann.

»Nehmen Sie sie sofort weg . . . Und jetzt machen Sie Ihr Pult auf und schmeißen den ganzen Dreck weg! . . . Wenn das wenigstens für ein Herbarium wäre, aber nicht einmal das! Ihre Pflanzenleidenschaft wird Sie noch teuer zu stehen kommen, raus mit Ihnen!«

Im Grunde hielten mich alle für einen Sonderling, vor allem die Lehrer. Bei ihnen hieß es stets: »Mit ihm wird es noch mal ein schlimmes Ende nehmen, er ist ein Nichtsnutz, ein Faulpelz!« Man konnte nicht bestreiten, daß ich mehr Zeit damit zubrachte, meine Pflanzen zu betrachten und zu pflegen und die Aufgaben meiner Kameraden zu machen, als mich meinen eigenen zu widmen.

Als ich vierzehn war, gelang es meiner Beharrlichkeit, mit der ich meine »Heureserven«, wie meine Kameraden sagten, immer wieder auffüllte, schließlich doch, ein oberflächliches Interesse in meinen Lehrern zu erwecken. Sie dachten: »Wahrscheinlich hat er das von seinem Vater geerbt!« Und deswegen fragten sie mich nach »Rezepten«. Aber sie versuchten diese nie. Dennoch ließen sie sich herbei, mich zu fragen: »Was hätte dein Vater denn getan?« Und ich mußte mich dadurch geehrt fühlen und meine Geheimnisse preisgeben.

Unser Geschichts- und Erdkundelehrer stellte mir die meisten

Fragen. Er war ein Mann, der ungemein viel aß und trank und deshalb unter häufigen Gichtanfällen zu leiden hatte. Wie alle, die diese Krankheit haben, erwartete er von mir ein Wundermittel, das ihn von seinen Schmerzen befreien würde. Nur mit Diät durfte man ihm nicht kommen. Für mich war er daher der ideale Patient. Wenn er die Klasse betrat, mit hängendem Kopf, das eine Bein, dessen Fuß in einem riesigen Pantoffel steckte, hinter sich herschleifend, wußten wir schon, was das zu bedeuten hatte: ein Anfall stand bevor. Und wenn wir Glück hatten, würde er sogar gezwungen sein, das Bett zu hüten.

Ich mochte ihn nicht. Eines Tages, als er sich nicht an meinen Namen erinnern konnte, schrie er: »He, du da hinten, du Grauer!« Ich wurde rot und nahm ihm das übel. Als er mich an demselben Morgen nach einer Stunde beiseite nahm und meinte: »Ich fühle, daß ich einen schweren Gichtanfall bekommen werde. Du hast doch sicher eine ›Mixtur‹ von deinem Vater, oder?«, sagte ich ihm deshalb frech ins Gesicht: »Nein, Monsieur, diese Krankheit kennt man auf dem Lande nicht!«

Damit ließ ich ihn stehen. Er murmelte: »Nichtsnutz!« Dieser Spitzname – einer unter vielen – blieb mir. Aber das war mir egal, Hauptsache, ich hatte mich gerächt. Ich kannte nämlich ein sehr gutes Mittel aus Herbstzeitlosen, Kletten und Kamille; das hätte ihm helfen können.

Hinter den Fenstern des Klassenzimmers veränderte sich mit den Jahreszeiten auch der Himmel, die Jahre gingen dahin, und mit ihnen die Zeit der Schikanen. Ich gehörte zu den Großen, spielte Donnerstag nachmittag Fußball und war am Sonntag halbrechter Stürmer in der Rugbymannschaft. Da ich zur städtischen Equipe gehörte, galt ich fast schon als Professioneller! Man zahlte mir zwei Franc fünfzig und ein Abendessen in einem kleinen Restaurant von Lectoure. Die Mannschaftsführer hatten erreicht, daß ich erst um neun Uhr ins Internat zurückkehren mußte, und brachten mich in einem Privatwagen dorthin.

Jetzt waren die anderen neidisch auf mich.

Ich pflückte auch keine Pflanzen mehr auf den Wegen und in den Wäldern ... Man hatte mir zu oft gesagt: »Maurice, diese Gräsersammelei war nicht richtig von deinem Vater, er hätte besser daran getan, für deine Mutter und dich zu arbeiten!« Von allen Seiten hatte ich so viele Moralpredigten gehört, daß ich mich fast dafür schämte. Ich sprach nicht mehr über die Pflanzen. Damals habe ich mich selbst verleugnet.

Außerdem begann ich mich zu dieser Zeit für die jungen Damen zu interessieren. In unserem Collège wurden Jungen und Mädchen miteinander erzogen, und wir hatten sehr glückliche Stunden. Mit dreizehn war ich in ein gleichaltriges Mädchen verliebt, das Simone Barrois hieß und wunderwunderschön war! ... Ihr Vater war Bankier in Agen. Da ich noch so jung war, störte das niemanden. Ich war außerordentlich begabt für Herzensangelegenheiten und lebte meiner Liebe mit Leidenschaft.

Mit sechzehn träumte ich davon, Arzt zu werden – aus Liebe zu einem jungen Mädchen, Jeannine Cheminaud. Heute ist sie Beamtin in der Akademie von Toulouse. Sie war eine entzückende Eurasierin; ab und zu gewährte sie mir sogar einen Kuß! Meine Füße bekamen Flügel! Ich sagte ihr Verse auf, schickte ihr Gedichte, machte ihre Schulaufgaben – es war wundervoll! Wenn sie mir eine große Ehre erweisen wollte, wusch Jeannine mir mein Rugbytrikot ... Wir schwelgten in unseren Gefühlen, und ich habe meine Unschuld nicht bei ihr verloren ..., aber ich werde sie nie vergessen!

5 Ein »Handbad« für den Admiral

Während des letzten Schuljahres hatte ich den Gedanken, Medizin zu studieren, aufgegeben, wir waren zu arm dazu.

Als ich neunzehn war, brach der Krieg aus. Obwohl ich erst 1941 wehrpflichtig geworden wäre, meldete ich mich, ein leidenschaftlicher Patriot, wie alle Gascogner, bereits im Frühjahr 1940 als Freiwilliger. Ich wußte nicht, daß diese Unterschrift das Ende meiner Jugend besiegeln würde.

Mit dem ganzen Ungestüm meines Temperaments wünschte ich mir, zu den »Helden« zu gehören; nach dem Zusammenbruch wurde meine schöne Uniform jedoch bald wieder durch »einen grauen Kittel« ersetzt und, ehe ich mich versah, befand ich mich in Montauban bei der »Postkontrolle«.

Die Briefzensur war im ersten Stock des Postgebäudes untergebracht; wir waren zwölf, Zivilisten und Militärs. Über Spezialbehältern öffneten wir im Wasserdampf die eingehenden Briefe.

Für mich war diese Arbeit etwas Erstaunliches. Bauern schreiben selten; für meinen Vater war die Ankunft eines Briefes jedesmal ein Zeremoniell gewesen, bei dem ein bestimmtes Ritual genau eingehalten wurde: ein Gläschen Wein für den Briefträger, die aufmerksame Lektüre des Namens – denn es könnte ja ein Irrtum sein, und Briefe, die an einen anderen adressiert sind, öffnet man nicht –, dann erst kam die Messerklinge und lüftete vorsichtig das Geheimnis. Jetzt konnte der Inhalt langsam und bedächtig gelesen werden.

Ich aber öffnete plötzlich Hunderte von Briefen, die nicht an mich gerichtet waren! Beim ersten mußte ich mich wirklich überwinden, denn er begann: »Mon amour ...« Es war, als hätte ich durch ein Schlüsselloch geschaut!

Auch heute noch, fünfundzwanzig Jahre danach, bin ich durch das Postgeheimnis gebunden, aber ich darf dennoch sagen, daß viele Briefe von Künstlern durch meine Hände gingen. Sie waren damals auf Tourneen im nichtbesetzten Frankreich, und ihre Post wurde ihnen in die Hotels nachgesandt. Ich öffnete die Briefe berühmter Stars und erfuhr von all ihren körperlichen und seelischen Leiden.

Ich verschlang diese Briefe mit einer mir unerklärlichen Gier und fühlte unbestimmt, daß ich aus den Zeilen dieser Menschen irgend etwas lernen konnte. Aber was? Sie quälten sich mit Gefühlen aller Art, stellten sich viele Fragen, äußerten heftige Empfindungen oder klagten über verschiedene körperliche Beschwerden. Dies alles weckte in mir eine Neugier, die mir fremd war. Selbst ihrer Schrift maß ich eine bestimmte Bedeutung zu, ohne daß ich wußte, welche.

Als ich einmal eine zittrige, völlig entstellte Schrift vor mir hatte, dachte ich: »Dieser Mann muß alt, krank und völlig verbraucht sein.« Aber es war ein zwanzigjähriger Junge, der schrieb: »Ich bin nicht krank, aber etwas viel Schlimmeres geht in mir vor, ich habe keine Lust mehr zu leben ...«

Einige Tage später schrieb derselbe Junge mit energischen Schriftzügen: »Alles ist wieder gut, ich habe Nachricht von ihr bekommen, ich war verrückt ...«

Er hatte recht, er war es wirklich einen Augenblick lang gewesen.

Die Erkenntnis war banal; aber für mich, den Unerfahrenen, war sie ungeheuerlich! Ich hatte die Dinge immer für einfach gehalten: man ißt zuviel, man trinkt zuviel, daher geht es einem schlecht, man wird mißmutig, übellaunig. Aber ich hatte mir nie vorstellen können, daß auch der Körper leidet, wenn der Geist oder das Herz krank ist!

Der Zustand der Seele beeinflußt also die Gesundheit! Das war eine kapitale Entdeckung!

Obwohl ich damals noch sehr unwissend war, hatte ich doch das Bedürfnis, meine Vermutungen soweit wie möglich zu überprüfen. Jedesmal wenn ich einen Brief las, in dem sich Sätze fanden wie: »Du hast nicht geschrieben ... Ich weiß nicht, was ich habe, aber ich fühle mich so elend, habe Kopf- und Leibschmerzen ...«, prägte ich mir den Namen des Absenders ein, um später feststellen zu können, ob sich sein körperlicher Zustand gebessert oder verschlimmert hatte und welcher Anteil daran der Psyche, welcher dem Körper zukam.

Ich war sicher, daß es vor allem wichtig war, den Kranken zu beruhigen, ihn zu entspannen, ihm Vertrauen einzuflößen, auf ihn einzugehen ... Aber würden wir das zustande bringen, meine Pflanzen und ich?

Diese Frage hätte ich mir nicht einmal zu stellen gewagt, und dabei handelte ich, als wäre sie der Leitfaden meines Lebens. Nie war ich so bereit, jeden Gedanken an eine Heilpraxis aufzugeben, wie in den Jahren 1940 bis 1943, und dennoch ergänzte und korrigierte ich meine Beobachtungen und Aufzeichnungen unermüdlich.

Hätte man mir damals gesagt, daß ich im Begriff stand, den Grundstein zu meiner späteren therapeutischen Methode zu legen, hätte ich das für üblen Spott gehalten; und doch entdeckte ich gerade damals – auf etwas kindliche Art und Weise zwar – das Prinzip, das ich mein ganzes Leben hindurch anwenden sollte: »Zuerst der Kranke, dann erst die Krankheit!«

Eigentlich war mein Verhalten paradox: ich interessierte mich für Leute, die ich nur aus ihren Briefen kannte, obwohl ich es aufgegeben hatte, jemals »heilen« zu wollen, wie mein Vater es getan hatte.

Ging ich jedoch auf dem Land spazieren, dann sammelte ich meine Pflanzen, trocknete sie und bereitete meine Essenzen. Um so viel Widersprüchlichkeit vor mir selbst zu rechtfertigen, redete ich mir ein: »Solltest du sie eines Tages brauchen, hast du sie gleich zur Hand.« Aber wer hätte sich schon an mich wenden sollen?

Hier wußte höchstens Major Muklautz etwas von mir, dem der Leiter unserer Rugbymannschaft vermutlich ein wenig von mir erzählt hatte: »Dieser Mességué ist ein Phänomen . . . Sein Vater hat ihn gelehrt, wie man mit Pflanzen heilen kann.« Irgendein Satz dieser Art muß mir wohl meinen ersten prominenten Patienten eingetragen haben: den Admiral Darlan.

Er litt an einer Periarthritis in der Schulter. (Gegen diese Art von Schmerzen sind traditionelle Medizin und Therapie häufig machtlos.) Als er auf einer Inspektionsreise durch Montauban kam, klagte er vermutlich bei Major Muklautz sein Leid, worauf dieser ihm entgegnete: »Admiral, bei der Postkontrolle habe ich einen Mann, dessen Vater mit Pflanzen heilte; wollen Sie es mal versuchen?«

Admiral François Darlan, ehemaliger Oberbefehlshaber der Flotte, damals stellvertretender Ministerpräsident, zweiter Mann im Staat! Das war ja unglaublich!

Um acht Uhr hatte ich mich bei ihm einzufinden, aber bereits um sechs stand ich am Markt an, um schließlich um sieben einen Kohlkopf, ein Bündel Kresse und ein Ei zu ergattern.

Mit Kohl und Kresse, fein säuberlich in Zeitungspapier gewickelt, unter dem Arm, dem Ei und einem Fläschchen Essenz gegen Rheumatismus in der Tasche, präsentierte ich mich bei Darlan.

Klein, ziemlich kräftig, in einem grauen Anzug ging er nervös im Zimmer auf und ab.

»Du bist also Mességué, und woher stammst du?«

»Aus Gavarret im Gers, Monsieur.«

Diese zwei Namen waren meine Referenzen, meine Adelsurkunde, und ich wußte noch nicht, daß sie so etwas wie meine Beglaubigungsurkunde werden sollten.

»Dann sind wir ja aus der gleichen Gegend, ich stamme aus Nérac.«

Ich sah ihn ruhig an, fand ihn sympathisch, und da ich mir über die Mächtigen dieser Erde noch nie Gedanken gemacht hatte, beeindruckte er mich nicht sonderlich; ich wahr ahnungslos und unbeschwert. Für mich war er nur ein Politiker, und da ich den Zusammenhang zwischen diesen Männern und der Geschichte noch nicht hergestellt hatte, war ich auch nicht eingeschüchtert.

Eines aber beunruhigte mich: er war mein erster Patient! Und während ich ihm auf seine Fragen antwortete, notierte ich im Geiste: nervös, hoher Blutdruck, Mangel an Bewegung. Er erinnerte mich an einen meiner Lehrer, der immer viel zu schnell aß und hinterher einen hochroten Kopf hatte. Obwohl sein Blick jung und strahlend war, waren die Augenlider zu dick.

»Du bist also Heilpraktiker?«

»Nein, Monsieur, mein Vater hat mich nur einige Behandlungsmethoden gelehrt, die gegen gewisse Beschwerden geholfen haben.«

»Jedenfalls erzählst du keine langen Geschichten, das ist schon viel wert. Und was verordnest du! Tropfen, Kräutertees?«

»Nein, Ihnen würde ich Pflanzenumschläge empfehlen.«

»Na, dann los! Meine rechte Schulter schmerzt mich.«

Man konnte sehen, daß er Schmerzen hatte, denn nur mit Mühe zog er Jacke und Hemd aus. Natürlich wagte niemand, ihm zu helfen. So saß er dann im Unterhemd da und sagte: »An die Arbeit!« Als ich sah, wie seine graumelierten Brusthaare sich auf dem weißen Unterhemd ringelten, war ich plötzlich verwirrt. Ich hatte zwar schon oft gute Ratschläge gegeben, aber einen Kranken pflegen, ihn anfassen und einen Umschlag anlegen – das war doch etwas ganz anderes, und das hatte ich noch nie gemacht.

»Worauf wartest du denn?«

»Ich brauche einen Behälter und eine Rute, um Eischnee zu schlagen.«

Da dachte ich, er würde sich auf der Stelle wieder anziehen!

»Das kommt mir ja vor wie in einer Hexenküche; was ist das denn für ein Altweiberrezept? Na ja, bringt ihm, was er verlangt! Aber, beeil dich, ich habe nicht viel Zeit . . .«

So hackte ich also Kresse und die schönsten Blätter vom Kohlkopf, dessen harte Strünke ich entfernt hatte, in ganz feine Stückchen, fügte etwas Brennessel hinzu und mischte das Ganze mit dem steif geschlagenen Eischnee, strich diese Masse auf ein Stück Gaze, formte einen Wickel, faltete den Stoff und tropfte einen Kaffeelöffel von meiner Essenz aus Geißbart, römischer Kamille, Salbei und Löwenzahn darauf . . .

Währenddessen stellte mir Darlan unaufhörlich Fragen: »Was soll denn das? Und dies?« Es fiel mir schwer, ihm zu antworten, denn damals tat ich nur das, was ich bei meinem Vater gesehen hatte.

»Du gebrauchst also Pflanzen, die andere gar nicht kennen?«

»Ich glaube nicht, Monsieur, nur meine Art der Zubereitung ist anders. Mein Vater hat immer Extrakte von Pflanzen, die man für gewöhnlich nur äußerlich anwendet, mit solchen, die innerlich angewandt werden können, gemischt.«

Schließlich legte ich ihm diesen Umschlag an.

»Sie müssen ihn die ganze Nacht über behalten.«

»Das ist alles?«

»Nein. Außerdem müssen Sie Ihre Hände baden.«

Er lächelte, lachte beinahe.

»Ja, einmal morgens vor dem Frühstück und ein zweites Mal

abends vor dem Essen. Ich lasse mein Fläschchen mit der Essenz da.«

»Glaubst du an all diesen Zauber?«

»Ja, Monsieur.«

Hätte man mir diese Frage eine Stunde früher gestellt, hätte ich vielleicht nichts zu antworten gewußt. Dieses »Ja« erstaunte mich selbst, denn es überzeugte den Admiral von der Wirkung meiner Handbäder. Da begriff ich, daß mein eigenes Vertrauen zu mir selbst beinahe wichtiger war als das des Patienten!

Glücklicherweise fragte mich Darlan nicht, warum er diese Handbäder nehmen sollte, denn ich hätte es nicht gewußt, ich imitierte ja nur meinen Vater. Hatte ihm jemand erklärt, daß Handfläche und Fußsohle besonders empfindlich, aufnahmebereit sind? Ich weiß es nicht. Vermutlich war es durch mündliche Überlieferung weitergegeben worden.

Damals wußte ich auch noch nicht, daß die Römer einst zu dem gleichen Zweck warme, kohlensäurehaltige Quellen aufgesucht hatten. Schon seit langem weiß man von osmotischer Behandlung. Man hat ihre Wirkung erkannt und den Heilungsvorgang wissenschaftlich erwiesen.

Was mich aber besonders erstaunt hat, war die Bereitwilligkeit des Admirals, meinen Mittelchen zu vertrauen. Ich wußte damals noch nicht, daß ein Kranker, der schon alle Kuren versucht hat, auf jeden Vorschlag eingeht, selbst – ja insbesondere – wenn er ihm unverständlich scheint. Je mehr man sich von der traditionellen Heilmethode, die ihm nicht helfen konnte, entfernt, desto eher ist er bereit zu glauben. Das Unverständliche beunruhigt ihn nicht, sondern flößt ihm Vertrauen ein. Darin liegt der Grund für den Erfolg unzähliger Scharlatane!

Die kurze Episode mit Darlan veränderte mein Leben jedoch nicht. Ich fühlte mich wohl in meinem eintönigen Alltag. Jeden Sonntag spielte ich Rugby in der Mannschaft von Montauban, verdiente 1500 Franc monatlich mit dem Öffnen von Briefen, die nicht für mich bestimmt waren, die Mädchen waren hübsch, mieden mich nicht – was wollte ich mehr?

Aber als mich plötzlich der inzwischen zum Oberst beförderte Muklautz zu sich rief, befiel mich Unruhe:

»Mességué, Sie fahren morgen nach Vichy. Admiral Darlan will Sie sehen. Sie haben ihm sehr geholfen, vergessen Sie also Ihre ›Kräuter‹ nicht!«

»Für lange, Herr Oberst?«

»Ihr Marschbefehl lautet auf drei Tage, Zeit für eine Konsultation.«

Nachdem ich meinen Koffer mit Pflanzen gefüllt und auch das Fläschchen mit der Flüssigkeit gegen Rheumatismus sorgfältig verpackt hatte, machte ich mich auf die Reise; eigentlich war ich doch sehr neugierig, die neue Hauptstadt Frankreichs kennenzulernen.

Die Reise von Montauban nach Vichy dauerte allerdings entsetzlich lange. Am Bahnhof erwartete mich ein Dienstwagen mit eingerollter Standarte. Am Steuer saß ein Matrose, ein junger Bursche meines Alters, der einen ebenso schönen Akzent hatte wie ich. Das schuf gleich eine vertrauliche Stimmung.

»Kennst du Vichy?«

»Nein. Ich bin zum erstenmal hier.«

Er erklärte mir freundlich, daß hier mehr Menschen auf einem Quadratmeter wohnten als in der überbevölkertsten Stadt der Erde.

»Du darfst vor allem nicht vergessen, daß die Ohren der Menschen hier feiner sind als jedes Mikrophon. Und weniger zuverlässig. Wenn deine Nase ihnen nicht gefällt, kannst du innerhalb eines Tages deinen Job verlieren! Trau nicht einmal deinem Schatten, die Polizei ist überall, in Uniform oder Zivil. Die gibt's in jeder Ausführung: die städtische, die staatliche, die persönliche Polizei vom Marschall und die von Darlan, die Geheimpolizei, den Sicherheitsdienst, die Polizei der Deutschen – weiß der Himmel, wie sie alle heißen! Jeder spioniert hinter jedem her, aus eigenem Interesse oder im Auftrag eines anderen! Sie krempeln sogar deinen Papierkorb um; richtige Lumpensammler! Der Weg zur Macht führt über die Denunziation! Und wenn du sie hörst, haben sie alle einen tollen Einfluß: der kleinste Pförtner in den Hotels, die sich jetzt auf einmal Ministerien nennen, wird dir versichern – natürlich nur, um dir die Würmer aus der Nase zu ziehen –, daß er dir behilflich sein kann, weil er der Kumpel des Sekretärs oder der Vetter der Tippse von jemand Einflußreichem ist. Keine Ahnung, warum du hergekommen bist, aber ich sage dir, paß höllisch auf!«

Er konnte ganz beruhigt sein, denn weder er noch irgendein anderer würden erfahren, was ich hier zu tun hatte.

»Du bist im Parkhotel untergebracht. Das ist eine besondere Ehre, denn für gewöhnlich kommen da nur die ganz hohen Tiere hin. Du mußt schon phantastische Beziehungen haben!«

Ein wenig steif in meinem Sonntagsanzug – er war aus Zellwolle und sehr schön, nur wurde er leider an Ellenbogen und Knien schon leicht brüchig – stand ich also, in der ganzen Unschuld meiner zwanzig Jahre und mit meinem Pappkoffer bewaffnet, in der Empfangshalle des Hotels. Ich, dieser Niemand, hatte ein Zimmer mit Bad! Ich nahm das herrlichste warme Bad meines Lebens. Obwohl ich später im Palast König Faruks Bäder aus Tausendundeiner Nacht kennenlernen sollte.

In Vichy erschien mir Darlan noch nervöser als beim erstenmal; er war geistesabwesend, manchmal sogar schroff. Als ich bei ihm eintrat, war er nicht allein; ich weiß nicht, wer diese Leute um ihn herum waren; sie sahen alle aus wie Sekretäre.

»Meine Herren, ich stelle Ihnen ›meinen Zauberkünstler‹ vor. Vor etwa drei Jahren konnte ich meine Schulter kaum bewegen, und heute spüre ich sie fast nicht mehr. Dieser Bursche hat etwas von einem Zauberer an sich!«

Er hatte an alles gedacht: ein Kohlkopf, ein Bündel Kresse und ein Ei lagen schon für mich bereit. Als ich ihn vor all diesen Menschen verarztete, kam ich mir wirklich wie ein Gaukler vor, es fehlte nur noch der Zauberstab.

»Komm morgen früh, bevor du wegfährst, noch einmal vorbei, dann habe ich sicher eine Neuigkeit für dich!«

Diese Neuigkeit war erstaunlich.

»Ich habe Marschall Pétain von dir erzählt, und wenn du das nächste Mal herkommst, sollst du auch ihn behandeln.«

Damals in Montauban hatte Darlan sich eingehend erkundigt, ob man mit Pflanzen eine Verjüngungskur machen könnte, ob ich daran glaubte und ob sie einem zwar gesunden, aber alten Mann seine Vitalität zurückgeben könnte und welchen Einfluß sie auf Sehkraft und Gehör hätte. Nach unserem Gespräch kam ihm der Gedanke, ich könne Pétain vielleicht von seiner Taubheit heilen.

»So, mein Junge, jetzt habe ich dich lanciert; aber paß auf, daß dir das nicht zu Kopf steigt!«

Nach Montauban zurückgekehrt, wagte ich nicht, von Darlan oder vom Marschall zu erzählen, aus Angst, die anderen könnten mich für einen Angeber halten. Mein Verstand sagte mir, daß ich dieser ganzen Geschichte nicht zu sehr trauen sollte, denn Pétain von seiner Taubheit zu heilen erschien mir unmöglich, und ich sollte recht behalten.

Als ich auf Darlans Wunsch das nächste Mal nach Vichy kam, fand ich ihn deprimiert, fast verbittert. Er empfing mich allein:

»Bist du zufrieden in Montauban?«

»O ja, Monsieur!«

Ich legte um so mehr Überzeugung in meine Stimme, als ich fürchtete, er wollte mich in seiner Nähe behalten.

»Na, um so besser! Für dich ist es sicher leichter, glücklich zu sein, als für mich! Übrigens habe ich deine monatlichen Bezüge auf 2000 Franc erhöhen lassen. Bedank dich nicht, ich hätte gern mehr für dich getan. Das mit dem Marschall klappt allerdings nicht; er hat seinem Arzt davon erzählt, und der hat es ihm natürlich sofort verboten.« Er zuckte mit den Schultern. »Vielleicht ist es auch besser so; der Marschall soll lieber nicht alles hören, was man über ihn sagt . . . Hier hast du dein Honorar.«

Und er hielt mir zehntausend Franc hin. Ein Vermögen! Ich betrachtete es als eine nette Geste des Admirals für einen armen Landsmann, denn ich konnte doch nicht annehmen, daß er damit meine Pflanzen bezahlen wollte. Mein Vater hatte nie Geld bekommen; seine Patienten hatten ihm nur hie und da ein paar Eier, Butter oder eine Ente auf den Küchentisch gelegt.

»Meine Schulter hat sich zwar völlig beruhigt, aber laß mir zur Vorsicht ein Fläschchen mit deiner Essenz da.«

Das tat ich und fuhr wieder ab.

Mein Aufenthalt hatte nur vierundzwanzig Stunden gedauert, aber meine Karriere als Heilkünstler von Vichy war beendet. Auch Admiral Darlan sah ich nie wieder. Er war mein erster Patient gewesen, und sein plötzlicher Tod hat mich sehr getroffen.

Von neuem atmete ich den Dampf der Zensur ein. Die Zeit rollte dahin, es wurde 1944, und man verpflichtete mich zum Arbeitsdienst. Da ich mich nicht gemeldet hatte, kam die Polizei eines Tages, noch im Morgengrauen, wie es so ihre Art war, und holte mich ab.

»Nimm deinen Koffer.«

Zusammen mit einigen anderen hatten die Deutschen mich angefordert, da sie mich für ein »perverses Individuum« hielten, das anderen dumme Ratschläge erteilte.

An jenem Morgen bestand Montauban fast nur aus »Perversen«, denn wir waren sehr viele auf dem Bahnsteig. Wir waren wohl alle nicht begeisterte »Freiwillige«, denn wir wurden von der Polizei bewacht und von der Miliz umzingelt. Als man uns befahl: »Einsteigen!«, stieg ich auf der einen Seite ein und auf der anderen wieder aus. So einfach war das!

Nun hatte ich keine andere Wahl mehr, als mich dem Widerstand anzuschließen. Bei den Partisanen von Tarn-et-Garonne heftete man mir ein Lothringerkreuz aus Aluminium an, das die Nummer 145 trug.

Als ich dann endgültig abrüstete, besuchte ich meine Mutter, blieb aber nicht lange bei ihr. Denn ich war inzwischen vierundzwanzig Jahre alt geworden, und es war höchste Zeit für mich, mein Leben selbst in die Hand zu nehmen.

6 Es ist doch stärker als ich: Ich heile

Im September 1945 war es mir gelungen, eine Stelle als Hilfslehrer und Aufseher im Collège »Fénelon« in Bergerac in der Dordogne zu bekommen. Ich gab mich damit zufrieden. Was sollte ich auch anderes tun?

Es waren noch einige Tage bis zum Schulbeginn; ich hatte ein Zimmer gemietet, das kaum größer und kaum besser möbliert war als eine Mönchszelle. Aber es gefiel mir.

Vom Fenster aus konnte ich über die Dächer von Bergerac sehen ... Ich mochte sie gern, ja ich war sogar ein bißchen verliebt in sie. In der Sonne funkelten ihre runden Ziegel in einer Farbskala von Orange bis Zinnoberrot. Dieser Anblick wärmte mir das Herz. Und das hatte ich auch sehr nötig nach meinem ersten Besuch im »Fénelon«. Das Collège war nicht sehr einnehmend und der Direktor, Monsieur Decotte, noch viel weniger! Er war kalt, sein Blick eisig, seine Haut wie abgestorben. Mir war sofort klar, daß er ein Magenleiden haben mußte. Eine Mischung aus Schafgarbe, Knoblauch und Malven hätte ihm gutgetan. Gleich war ich in Gedanken wieder rückfällig geworden ... Ich hatte mir doch geschworen, nicht mehr an diese Dinge zu denken.

Während ich noch darüber nachdachte, befiel mich eine Art Melancholie. Wie weit doch der Himmel über dieser Stadt war, wie eng dagegen meine eigene Zukunft!

Den Gedanken, ein Lehrerexamen zu machen, hatte ich auch aufgegeben; ich erwartete nichts vom Leben, es hatte mich in die Knie gezwungen, und mein ganzer Ehrgeiz war erlahmt.

Natürlich hätte ich gerne Erfolg gehabt, aber worin? Ich spürte, daß ich bereit war, aber wußte nicht, wozu. Ich kam mir vor wie auf einem Bahnsteig ... Der richtige Zug würde vielleicht vorbeikommen ..., aber würde ich ihn nehmen?

Als ich zum erstenmal die Felder in der nächsten Umgebung von Bergerac durchstreifte, pflückte ich auf den gewundenen Wegen, am Rande der Äcker, auf den Böschungen »meine Pflanzen«: Butterblumen, Schwalbenkraut, Minze, Nesseln, Salbei ... Das war mehr als eine vertraute Gewohnheit, das war mir ein Bedürfnis, schuf es doch ein Bindeglied zwischen meinem Vater und mir, ja mehr noch, verlieh ihm so etwas wie ein zweites Leben, denn in mir existierte er weiter.

Dank der reichen Ernte hatte sich meine Behausung bald in ein »Pflanzenzimmer« verwandelt. Überall hingen Pflanzen, lagen zum Trocknen aus oder schwammen in Schüsseln und Töpfen; nach alter Gewohnheit gab ich die Essenzen in Fläschchen. In Wirklichkeit waren es meine Träume, die ich da abfüllte! Aber hier war ich wenigstens zu Hause, hier konnte mich niemand zwingen, meine Gräser wegzuwerfen! Wenn ich die Tür aufstieß und mir ihr guter, vertrauter Duft entgegenschlug, war ich glücklich.

Denn wirklich unglücklich war ich eigentlich nicht, nur irgendwie gelähmt und entmutigt beim Gedanken an meine Zukunft, die mir wie eine Sackgasse schien. Trotzdem erlebte ich meine »kleine Gegenwart« mit aller Leidenschaft und sah all ihre Wunder. Glücklichsein ist eine geistige Haltung; und ich besitze das Talent dazu.

Ich brauche keine großen Dinge, obwohl ich mich natürlich freue, wenn ich sie habe, aber ich kann mich mit den kleinen begnügen. Selbst wenn es mir ganz schlecht ging, vermochte die winzigste Spitze eines im Morgentau sprießenden Grases mich mit solch tiefer Freude zu erfüllen, daß ich den Wunsch verspürte, mich beim lieben Gott zu bedanken.

Ich scheue mich nicht, zu bekennen, daß ich gläubig bin. Zur Messe gehe ich allerdings nicht oft; dort sind so viele Menschen! Auch die großen, ehrwürdigen Dome mag ich nicht; ich komme mir darin verloren vor; dort sind so viele Touristen. In den modernen Kirchen ist mir kalt, ich fühle mich nackt in meiner Körperlichkeit, und meine Seele findet nicht jene sanften Schattenmulden, in die sich das Gebet zurückzieht.

Meine Spaziergänge führen mich manchmal an kleinen Dorfkirchen vorbei; ich stoße die knarrenden Türen auf und finde meinen Gott, der mit dem anderer Leute nur wenig gemeinsam hat. Ich knie nieder und spreche ganz ruhig mit ihm, und er hört mir zu, wie damals unser Dorfkaplan, der alles von mir wußte, meine guten und meine schlechten Seiten kannte.

Als ich acht Jahre alt war, erteilte er mir eine Lehre, die ich nicht vergessen habe. Ich träumte damals von Vollkommenheit und sagte zu ihm:

»Herr Pfarrer, ich möchte mich aufopfern, mein Leben den anderen widmen und später ein großer Heiliger werden. Wie soll ich beginnen?«

»Das ist sehr einfach, Maurice: du gehst jetzt brav heim, bist folgsam und hörst auf alles, was deine Eltern dir sagen.«

»Jeden Tag, Herr Pfarrer? Oder nur am Sonntag?«

»Mein Junge, für die guten Taten gibt es keinen Sonntag, man muß sie jeden Tag vollbringen.«

Später sagte ich mir, daß es mit dem Glück ähnlich sein mußte, daß man es sich täglich mit einer kleinen Anstrengung zu verdienen hatte.

Wie wichtig diese Veranlagung zum Glücklichsein ist, erkennt man, wenn man die vielen Kranken betrachtet, deren Charakter ihre Heilung verzögert. Wenn ich sogenannte Hypochonder zu Patienten habe, weiß ich, daß die Behandlung lang und das Ergebnis ungewiß sein wird.

Unser Prinzipal, Monsieur Decotte, war offensichtlich auch ein Hypochonder. Er war steif, lächelte nie und kannte nur seine Pflicht, die er mit griesgrämigem Vergnügen erfüllte. Das Wort »Pflicht« klingt an sich schon unangenehm und nach Zwang, aber von ihm ausgesprochen wurde es finster wie eine Kohlengrube. Gottlob hatte ich als kleiner Hilfslehrer nur selten mit dem Direktor zu tun!

Die Professoren ignorierten mich, denn ich gehörte ja nicht zu ihnen! Das bißchen menschliche Wärme, das jeder Mensch braucht, fand ich bei den Burschen der Rugbymannschaft. Meinen Schülern habe ich gleich am Anfang verständlich gemacht, daß man mir nicht auf der Nase herumtanzen konnte. Sie haben es auch niemals versucht, und ich glaube, sie liebten mich trotz meiner Strenge. Das hatte einen ganz einfachen Grund: ich spielte mit ihnen Rugby und pflegte sie, wenn sie krank waren.

An einem Montag, es war vier Uhr, und die Jungen begannen gerade mit ihren Aufgaben, sah ich, wie einer der Kleinen sich vor Schmerzen wand; er biß die Zähne zusammen und war schneeweiß im Gesicht.

»Fühlst du dich nicht wohl?«

»Nein, Monsieur, mit tut's da so weh.«

Er zeigte auf die Leber.

Um sechs Uhr machte ich ihm einen Umschlag, den er die Nacht über einwirken ließ, und am nächsten Morgen spürte er nichts mehr. Da das Internatsessen meist schlecht war, stopften sich die Kinder am Sonntag daheim bis oben hin voll: Pasteten, Würste, gefüllte Hühner, alles, was gut schmeckt, aber fett und schwer verdaulich ist. Am Montag machte sich das dann bemerkbar. Sie fühlten sich krank und kamen zu mir.

Wären sie allerdings meine einzigen »Patienten« gewesen, hätte das nichts ausgemacht. Aber sie erzählten ihren Eltern:

»Letzten Montag war ich krank, und der junge Hilfslehrer hat mich wieder kuriert. Ich dachte, er wäre leicht meschugge . . ., er hätte nicht alle Tassen im Schrank! Da hat er mir doch wahrhaftig einen Umschlag mit Kräutern gemacht! Ihm zuliebe hab' ich ihn auch draufgelassen, und stellt euch vor: am nächsten Morgen war ich wieder in Ordnung. Mir tat nichts mehr weh!«

Am folgenden Samstag erschienen dann die Tante, die an irgendwelchen mysteriösen Schmerzen litt, der Onkel, der einen Druck im Magen verspürte, und der Großvater, der nur mehr ganz gebückt gehen konnte; sie erwarteten mich im Sprechzimmer der Schule. Anfangs fiel das nicht besonders auf, denn man glaubte, sie kämen wegen der Jungen. Aber schließlich erschienen sie auch an Donnerstagen und an den Markttagen oder irgendwann unter der Woche.

Letzten Endes standen ganze Scharen von Leuten im Sprechzimmer herum, die mit den Schülern nicht mehr das geringste zu tun hatten. Ich empfing sie auf dem Flur, steckte ihnen hastig ihre Fläschchen zu, gab ihnen noch ein paar gute Ratschläge und versuchte, sie so schnell wie möglich loszuwerden. Aber sie blieben, denn Kranke haben das Bedürfnis, sich auszusprechen. Ich brauche wohl nicht zu betonen, daß mir nie in den Sinn gekommen wäre, Geld von ihnen anzunehmen.

Obwohl ich nicht als Arzt eingeführt war, glaubte man an mich, und meine Erfolge verbreiteten sich wie ein Lauffeuer. Bald kamen mehr als fünfzehn Personen pro Woche, und das beeindruckte mich sehr, denn mein Vater hatte nie so viele Patienten gehabt. Auch der Herr Direktor war beeindruckt und las mir ganz gehörig die Leviten.

An jenem Montag, etwa um 9.30 Uhr, betrat Monsieur Decotte meine Klasse, noch steifer, noch unangenehmer als sonst. Ich hatte mich an seine Aggressivität zwar schon gewöhnt, aber diesmal war er weiß vor Wut:

»Ich will Sie sprechen, Mességué, un-ver-züg-lich!«

Er schleppte mich in sein Büro.

»Was hat sich denn ereignet, Herr Direktor?«

»Es ist schlimm genug, was sich an dieser Schule ereignet; aber was ich Ihnen zu sagen habe, ist noch weit schlimmer!«

Noch heute, nach mehr als zwanzig Jahren, sehe ich sein hartes, verkniffenes Gesicht vor mir, höre ich seine scharfe Stimme:

»In der Tat, es ist erschreckend. Ihretwegen ... bin ich entehrt! Vor aller Augen lächerlich gemacht! Gestern, nach der Messe, hat mich der Herr Landrat nicht gegrüßt! Zum erstenmal in meinem Leben; hören Sie, zum erstenmal! ... Ich habe meine Frau gebeten, die Frau Landrat nach dem Grund dieses öffentlichen Affronts zu fragen. Und wissen Sie, welche sie bekommen hat? ›Madame, ist Ihnen bewußt, daß sich unter Ihrem Personal ein Scharlatan befindet‹ – Sie, Mességué! –, ›der sich öffentlicher Gebäude bedient, um die Eltern der Schüler auszunehmen! In staatlichen Lokalen übt er seine sogenannte Heilkunst aus! Das ist ein Skandal!‹ Was haben Sie dazu zu sagen?«

»Nichts!«

»Wenn dem so ist, geben Sie mir Ihr Ehrenwort, diese Tätigkeit einzustellen, oder – Sie verlassen die Schule!«

Ich verließ sie.

Ich ging, weil ich von diesen Kleingeistern und ihrem beschränkten Horizont genug hatte.

7 Ich werde doch Heilpraktiker

Mein Vater pflegte zu sagen: »Hochmut ist der Adel der Armen!« Und so habe ich mich nicht bei Decotte entschuldigt, sondern beschlossen, nach Nizza zu gehen. Das war die einzige Stadt, in der ich jemanden zu kennen glaubte: Doktor Echernier. Als er noch in der Nähe von Toulouse lebte, war er die »gute Beziehung« meines Vaters gewesen. Ein oder zweimal im Jahr war er mit dem Wagen gekommen, um Camille zu besuchen.

Er brachte uns Würste, Hähnchen, einen ganzen Schinken! Meine Mutter freute sich sehr darüber. Mein Vater lud den Arzt immer ein, zum Essen zu bleiben, und meine Mutter bediente »die Männer«. Niemals setzte sie sich mit ihrem Mann oder ihrem Sohn an den Tisch, sondern aß, wie eine Dienerin, vor dem Kamin. Niemand wunderte sich darüber, denn dies war von jeher der Platz der Frauen gewesen.

Doktor Echernier und mein Vater plauderten über die verschiedensten Dinge. Da er von Natur aus wißbegierig war, stellte er immer wieder Fragen über Pflanzen: »Welche Heilkraft besitzt deiner Meinung nach der Salbei? Wir in der Medizin benützen ihn hauptsächlich als Anti-Sudoral.« Und ich sah, wie mein Vater mit den Schultern zuckte; er wagte nicht zuzugeben, daß ihm die Bedeutung dieser Wörter unklar war. Daher antwortete er mit der ihm eigenen Schlauheit:

»Das klingt sehr gelehrt, Herr Doktor. Ich verwende ihn bei Magenbeschwerden. Aber es gibt ja nicht nur eine Art Salbei. Ich allein kenne drei: den ›Gartensalbei‹, der sich vor allem in Gärten heimisch fühlt. Er hält sich lange und bewahrt seine heilende Kraft. Man sagt, daß man ihn am Morgen des Johannisfestes pflücken muß, denn da entfaltet er seine ganze Stärke. Er ist ein Kräftigungsmittel. Da er aber zu stark ist, um ihn jeden Tag anzuwenden, sollte man für längere Kuren lieber den ›Feldsalbei‹ wählen: man findet ihn auf den Wegen am Rande von Feldern. Er ist sanft und reizt niemals. Den ›Wiesensalbei‹ mag ich nicht; er gleicht manchen Frauen, er ist schön, aber nicht gut! Er verliert schnell seinen Duft und mit ihm seine Tugend!«

»Deiner Meinung nach taugt eine Pflanze also nichts mehr, sobald sie ihren Duft verloren hat?«

»Ja natürlich, wenn die Gräser nach Staub riechen, sind sie bereits am Vermodern . . .«

Viel mehr sagte mein Vater nicht, denn Doktor Echernier war ja viel gelehrter als er, und er fürchtete, sich lächerlich zu machen. Camille besaß jenen Hochmut, der so voll Adel ist.

Gegen vier Uhr verließ uns der Doktor. Der Lärm seines Wagens schreckte ganz Gavarret auf; dann verlief das Leben wieder in seinen alten Bahnen. Der große Tag war vorüber, aber das ganze Jahr über wurde noch davon gesprochen. Camille war stolz auf diese Besuche, sie schmeichelten seiner Eitelkeit.

Ich hätte den »Herrn Doktor Echernier« vielleicht vergessen, hätte meine Mutter während des Krieges, nach dem Tode meines Vaters, nicht einen Brief von ihm bekommen. Sein Inhalt lautete etwa so: »Ich habe mich in Nizza niedergelassen, und hier ist die Lebensmittelversorgung sehr schlecht; es fehlt uns an allem. Wenn Sie mir ein kleines Päckchen schicken könnten, wäre mir das eine große Hilfe in dieser Zeit der Entbehrungen und Einschränkungen.« Meine Mutter war sehr arm, sie arbeitete für andere Leute, aber sie tat, was sie konnte.

Ich hatte die Adresse aufbewahrt: Nizza, 3 rue Chauvin. Er war

Arzt und zudem ein Freund meines Vaters, das waren also zwei gute Gründe, ihn aufzusuchen und um Rat zu fragen! Meine Entscheidung war getroffen; plötzlich wußte ich, was ich wollte, was ich zu tun hatte. Ich würde eine Heilpraxis aufmachen!

Mein Vater hatte ja eigentlich etwas Ähnliches getan; er hatte Menschen geheilt, und er war immer ein wenig erstaunt über diese Macht gewesen, die ihm »seine Gräser« verliehen. »Sie sind wirklich gut . . .«, sagte er nachdenklich und zufrieden. Doch er hätte sich nie vorstellen können, daß man mit ihnen auch seinen Lebensunterhalt zu verdienen mochte. An jenem Abend in Bergerac habe ich meine Bilanz gezogen. Ich überlegte: »Medizin habe ich nicht studieren können; das ist bedauerlich. Aber hätte ich dabei über die Pflanzen mehr erfahren, als ich sowieso schon wußte? Nein!« Die Erfahrungen der Mességués beruhten auf jahrhundertelanger Praxis, und mein Vater hatte sie mir vermacht. Daß die Behandlungsmethoden meines Vaters gut, ja hervorragend waren, daran war nicht zu zweifeln, denn er hatte sie mehrfach unter Beweis gestellt. Für mich waren zwei Tatsachen entscheidend: Ich hatte Admiral Darlan geheilt. Dieser bedeutende Mann hatte mich empfangen und mir seine Beachtung geschenkt. Er hatte mich ermutigt, mir geholfen, meine Schüchternheit zu überwinden. Und er hatte, ohne daß ich es bemerkte, bewirkt, daß ich begann, mir meiner Fähigkeiten bewußt zu werden.

Hier in Bergerac hatte ich ebenfalls Erfolge verzeichnen können. Die Leute suchten mich auf, es wurden jede Woche mehr, da sie einander erzählten, daß ich ihnen geholfen hatte. Das war die einzig richtige und mögliche Methode für mich: es galt, einen Kranken zu heilen und zu warten, was dann geschehen würde.

Ich dachte nicht daran, reich zu werden, ich wollte nur so viel verdienen, um davon leben zu können!

Solche Überlegungen stellte ich bis tief in die Nacht hinein an: »Ich verfolge keine Ziele, die über meine Fähigkeiten hinausgehen. Den Ärzten würde ich die Diagnosen überlassen und mich damit begnügen, ihnen meine Kräuter zur Verfügung zu stellen. Sie besitzen die Wissenschaft, ich gute Heilmittel; was steht also unserer Zusammenarbeit im Wege?«

Später sollte ich jedoch erfahren, daß diese Gedanken in höchstem Grade einfältig und utopisch waren. Aber an jenem Tag in Bergerac waren sie mir eine Erleuchtung. Sie waren mein guter Stern, und dieser führte mich nach Nizza. Daher schloß ich ohne zu zögern am nächsten Morgen die Tür meines »Pflanzenzimmers« hinter mir zu und machte mich auf die Reise.

Dies war nicht nur der Aufbruch zu einer langen und langsamen Fahrt, sondern in erster Linie der Aufbruch zu meinem Leben.

Gegen sechzehn Uhr nahm ich den Autobus nach Marmande und dort gegen neunzehn Uhr den Zug. Ich war so ungeduldig, daß ich nachts an jeder Station aufstand und auf den Gang hinaustrat. Noch jetzt habe ich den Geruch der Messingstange, an der ich mich krampfhaft festhielt, in der Nase, das Tap-tap-tap des Zuges im Ohr. Dieses Geräusch verschmolz mit dem meines Blutes, das in meinen Adern hämmerte. Die Lichter all dieser unbekannten Städte waren die Gestirne meines Abenteuers. In jener Nacht fühlte ich mich als Meister meines Schicksals.

Frühmorgens kamen wir an. Nizza machte einen überwältigenden Eindruck auf mich. Die Sonne, diese Blumen, diese Palmen . . .! Ich wußte, das war die Stadt des Glücks! Ich war vierundzwanzig Jahre alt und trug all meine Ersparnisse, fünf sorgsam gefaltete Tausendfrancscheine, mit mir.

Ohne mich lange mit der Zimmersuche aufzuhalten, setzte ich mich gleich, meinen Koffer in der Hand, in Richtung rue Chauvin, Nummer drei, in Bewegung. Auf einer schönen weißen Marmortafel war zu lesen: »Klinik MASSENA. Doktor Echernier.« Nach dem, was diese Tafel versprach, war ich überzeugt, den Freund meines Vaters in einem fürstlichen Rahmen anzutreffen. Er saß in einem schmutzigen, düsteren, mit Büchern vollgestopften kleinen Büro, in dem überall pharmazeutische Ärztemuster herumlagen. Er sah alt und müde aus.

Natürlich erkannte er mich nach fünfzehn Jahren nicht wieder. Also sagte ich ihm, wer ich war. »Ah, du bist der Sohn von Camille! . . . Aha! . . . Und was kann ich für dich tun?«

Er wußte sofort, daß ich gekommen war, weil ich etwas von ihm wollte. Und so habe ich ihm alles erzählt: Lectoure, Montauban, Bergerac . . . Es tat mir gut, zum erstenmal mit einem Menschen ganz offen über meine Probleme zu sprechen. Er war älter als mein Vater, und er war Arzt – also mußte er mich verstehen! Ohne zu zögern eröffnete ich ihm meine Pläne: »Ich möchte eine Heilpraxis aufmachen. Und ich dachte, Sie könnten mir vielleicht Patienten schicken.«

»Ja bist du denn wahnsinnig? Du bist doch kein Arzt!«

»Mein Vater war auch kein Arzt und hat trotzdem geheilt.«

»Das war in Gavarret. Dein Vater war bekannt und geachtet.

Ich behaupte ja nicht, daß seine Fußbäder keine Linderung zu verschaffen vermochten, aber alles in allem war das doch nichts Seriöses. Hier würdest du dich mit deinen Kräutern ja nur lächerlich machen. Nirgendwo in Frankreich gibt es so viele Ärzte pro Quadratmeter wie in Nizza! Und du, ohne jegliches Examen, willst ihnen Konkurrenz machen? Auf dem Land hat man wirklich von nichts eine Ahnung! Wie heißt du noch?«

»Maurice.«

»Gut, Maurice, ich bin nicht sehr reich, aber hier sind fünfzig Franc. Nimm den nächsten Zug, heute abend noch, und entschuldige dich bei deinem Direktor. Das ist das Beste, was du tun kannst. Später wirst du mir dankbar sein!«

»Nein. Danke, Herr Doktor. Sie wollen mir nicht helfen. Nun gut. Ich werd's auch allein schaffen.«

»Du wirst es bereuen. Nizza ist ein Dschungel . . .«

Ich hatte keine Zeit mehr zu verlieren. Mein Entschluß stand fest. Und ich kannte mich gut genug, um zu wissen, daß sich daran nichts mehr ändern würde.

Hindernisse, Kämpfe und Tiefschläge haben mich nie mehr von dem Weg abbringen können, den mein Vater mir gewiesen hatte: »Wer sein Leben lang anderen geholfen hat, der hat gewonnen.« Das war seine Maxime gewesen, und ich habe sie mir zu eigen gemacht.

Doktor Echernier hatte mich enttäuscht. Also mußte ich eben auf seine Hilfe verzichten!

Ich wußte nicht, daß ich auf dem besten Wege war, mich illegal als Arzt zu betätigen. Von Ärztekammer und Gewerkschaften hatte ich keine Ahnung. Es sollte nicht sehr viel Zeit vergehen, bis wir einander kennenlernten.

Das Wetter war schön, der Himmel strahlte, und die Brust von Hoffnungen und Plänen geschwellt, forderte ich die Stadt heraus: »Nizza, auf uns beide!«

Zunächst mußte ich mir eine Wohnung suchen, in der ich meine Patienten empfangen konnte. Und ich sehe mich noch auf der Terrasse des besten Hotels sitzen, den Koffer zu meinen Füßen, genüßlich einen Kaffee schlürfen, während ich in der Morgenzeitung nach Wohnungsanzeigen suchte. Das Orchester spielte, die Leute waren elegant gekleidet – jetzt lernte ich endlich den Luxus kennen! Für den Preis einer Tasse Kaffee hätte ich mir in Bergerac ein gutes Essen leisten können. Aber das bekümmerte mich nicht. An diesem Tag war das Schönste gerade schön genug für mich!

Von diesem Hochgefühl beflügelt, lenkte ich meine Schritte in die Avenue Durante, wo ich im achten Stock des Hauses Nummer fünf – ohne Aufzug – ein möbliertes Zimmer mit Küche und allem Komfort besichtigte.

Der Zufall wollte es, daß meine zukünftige Vermieterin aus Bergerac stammte! Unser gemeinsamer Akzent schuf sogleich eine vertrauliche Atmosphäre, und ich teilte ihr mit, daß ich geradewegs aus ihrer Heimat kam.

»Was, Sie waren im Collège Fénelon? Also ich gebe Ihnen die Wohnung natürlich ...«

Dann musterte sie mich von Kopf bis Fuß, und das Resultat dieser Prüfung kam mich teuer zu stehen.

»Wo ist denn Ihr Gepäck?«

»Hier.«

Darauf bemerkte sie sogleich:

»Wissen Sie, in Nizza ist es üblich (in Wirklichkeit war es das keineswegs), zwei Quartalsmieten im voraus zu bezahlen.«

Und sie knöpfte mir 1200 Francs ab! Was sie aber noch nicht wußte, war, daß ich buchstäblich meine ganze Habe am Leib trug: ein Hemd, einen kleinen Pullover und einen Anzug.

Ich ließ den Wohnungsschlüssel in meine Tache gleiten; an meinem Bein fühlte er sich kalt an, aber mir war warm ums Herz; eine Welle des Glücks durchrieselte mich, die in keinerlei Bezug zur Wirklichkeit stand! Sie war zwar recht einfach, meine Wohnung, aber mir gefiel sie. Wie herrlich, dieses Zimmer, so hoch oben, mit dem kleinen Balkon, wo die Tauben mir aus der Hand fraßen! Und die winzige Küche, fast nur ein Verschlag, hatte fließendes warmes Wasser!

Ich durfte keine Zeit verlieren. Der Erfolg mußte sich bald einstellen. Und so ging ich sogleich in eine Druckerei und bestellte Karten: »Maurice Mességué. Heilung durch Pflanzen. Sprechstunde von zwei bis vier.« Mit einer Heftzwecke befestigte ich eine der Karten an meiner Tür, ging dann ein paar Schritte zurück, um die Wirkung zu studieren – prächtig! Insgeheim hatte ich zwar daran gedacht, eine Messingtafel machen zu lassen, aber ich war zu der Überzeugung gelangt, daß das unvernünftig gewesen wäre.

Jetzt brauchte ich nur mehr die Concierge zu informieren! Ich überreichte ihr eine meiner Karten und sagte »Wenn die Leute nach mir fragen, schicken Sie sie nach oben; erklären Sie aber den Weg, damit sie mich auch finden.«

»Werden denn viele kommen?«

»Bestimmt mehrere pro Tag.«

Sie hielt mich für übergeschnappt und hatte nicht ganz unrecht. Eingesponnen in den schützenden Kokon meiner Träume, war es mir gar nicht klargeworden, daß im achten Stock, am Ende des Flurs niemals jemand vorbeikommen würde. Und um für mich auch nur die geringste Reklame zu machen, fehlte es mir an Freunden und Beziehungen.

So begann für mich eine wunderbare Zeit: jeden Morgen ging ich bei Sonnenaufgang hinaus, wie mein Vater es mich gelehrt hatte, streifte zu Fuß durch die Umgebung der Stadt und pflückte meine Pflanzen: oberhalb von Cimiez und beim Mont Agel wuchs unvergleichlicher Thymian, der viel stärker war als der meiner Heimat. Ging ich in Richtung Fabron, fand ich Salbei und Schöllkraut im Überfluß; und an den Ufern des Loup gab es Butterblumen und Geißbart.

Die Pflanzen in der nächsten Umgebung von Nizza waren gut, wenn auch vielleicht nicht ganz so vollkommen wie jene aus dem Gers. Mit peinlicher Genauigkeit pflückte und wählte ich aus. Waren die Pflanzen schon zu welk oder zu stark aufgeblüht, wollte ich sie nicht mehr verwenden, denn dann waren sie ihrem Ende nahe. Ich liebte diese Beschäftigung. Obwohl nun schon vierzehn Jahre seit seinem Tod verstrichen waren, lenkte mich immer noch die Hand meines Vaters. All meine Wege waren von roten Rosen übersät ... Sie rankten sich an Mauern entlang, entsprossen den Gärten ... Üppig prangten sie an den Mittelmeerbalkonen! ... Sie waren die Lieblingsrosen meines Vaters! Wie hätte ihm, der in alles Schöne verliebt war, diese Landschaft aus Licht, Farben und Düften gefallen!

Etwa gegen zehn Uhr ließ ich mich unter einem Olivenbaum nieder, aß ein Stück Brot, eine Knoblauchzehe, Wurst oder Ziegenkäse. Dazu trank ich Wasser und war vollkommen glücklich.

Ich bereitete mich auf meine Heilpraxis vor. Dabei lernte ich viel, denn ich hatte Pflanzen gefunden, die mir unbekannt waren, z. B. Rosmarin, Pfefferkraut, Fenchel und Origanum. Neugierig geworden, hatte ich mir in einer kleinen Buchhandlung in der Nähe des Gymnasiums einige Bücher gekauft. Diese Lektüre war jedoch kaum in der Lage, meine Kenntnisse zu modifizieren, ja vermochte sie nur geringfügig anzureichern. Aber sie bestärkte mich in meinem Wissen. Und mit gutem Gewissen konnte ich weiterhin glauben, daß die Ahnen Mességués eben alles oder zumindest fast alles gewußt hatten, was mit den Pflanzen und der Kunst, sie richtig anzuwenden, zu tun hatte.

Ich las auf meinem Balkon, während ich gleichzeitig auf den Finger wartete, der an meine Tür klopfen würde. Ich legte meine Pflanzen zum Trocknen aus, hängte sie auf den Balkon oder in die Küche, stellte meine Essenzen her, füllte sie in Fläschchen, die ich mit Etiketten versah. Meine Apotheke war fertig; Pflanzen hatte ich genug, aber – keine Patienten!

Die Zeit verstrich, mein Geld schmolz dahin . . . Also beschloß ich, mich als Kofferträger zu betätigen. Ich wußte nicht, daß dies ein gewerkschaftlich organisierter Berufszweig war. Um mich in dieses neue Tätigkeitsfeld einzuleben, plauderte ich am Bahnhof mit den anderen; dabei erfuhr ich, daß der Paris–Nizza-Expreß der eleganteste Zug war. Sofort stürzte ich mich auf ihn. Auf meinen Schultern schleppte ich alsbald Koffer vom Bahnhof zu den Wagen oder den nahe gelegenen Hotels. Aber »freier Gepäckträger« zu sein war keine beneidenswerte Stellung. Die Leute gaben mir Trinkgeld, so viel, wie ihnen beliebte. Obwohl es nicht viel war, beneideten mich die gewerkschaftlich Organisierten, die ihre Nummern wie einen Orden auf der Brust trugen. Sie behandelten mich als »Schmarotzer« . . . Wenn man ihnen glauben durfte, hatten sie alle kinderreiche Familien, denen ich das tägliche Brot wegnahm. Und da Gesetz und Ordnung auf ihrer Seite standen, verjagten sie mich schließlich.

Sie rieten mir: »Geh zu den großen Hotels, das bringt dir was ein!« Das tat ich dann auch. Sofort hatte ich das ganze Hotelpersonal gegen mich: Grooms, Kutscher und Portiers.

Der Pförtner vom Négresco beschimpfte mich als »Faulpelz, Schlappschwanz, Bettler, Tagedieb, Aas . . .« Er verfügte über ein reiches Vokabular. Zu allem Überfluß gab er mir auch noch sein Ehrenwort, mich »mit einem Tritt in den Hintern hinauszubefördern«, falls ich noch einmal wagen sollte, einen Fuß in »sein« Hotel zu setzen!

Ich wage nicht zu entscheiden, welcher von uns beiden damals erstaunter gewesen wäre, hätte man ihm gesagt, daß ich eines Tages . . . als Gast hierher zurückkommen würde!

8 Ich bezahle meinen ersten Patienten!

Während ich meine Koffer schleppte, kam ich häufig an »Schoum«, dem Clochard, vorbei, der unter der Eisenbahnbrücke, welche die Avenue de la Victoire mit der Avenue Masséna verbindet, seinen »Beruf« als Bettler ausübte. In diesem langen Tunnel ist es selbst mitten im Sommer finster wie in einer Grotte, feucht, schmutzig, nach Urin riechend, zugig und dröhnend. Er ist eine Art Sammelplatz für Clochards, Bettler, fliegende Händler und allerlei anderes lichtscheues Gesindel. Schoum mußte einem unter ihnen auffallen, denn er bettelte nicht, sondern nahm gnädig an, was ihm gebührte.

Er mochte fünfzig Jahre alt sein, war mager, dreckig und bärtig unter seinem großen Hut. Jeder kannte ihn; er gehörte zum Stadtbild, und man gab ihm großzügig. Bettler zu sein ist in Nizza ein einträglicher Beruf. Schoum ist sogar so reich geworden, daß er vor fünf oder sechs Jahren, unter ebendieser Brücke, unter der er Stück für Stück ein Vermögen erworben hatte, ermordet wurde.

Er besaß eine Würde, die die anderen nicht hatten, und daher machte ich es mir zur Gewohnheit, ihn immer, wenn ich vorbeikam, höflich zu grüßen. Eines Tages fragte ich ihn sogar:

»Warum nennt man Sie eigentlich ›Schoum‹?«

»Wegen der Flasche da.«

Aus der einen Hosentasche schaute ihm ein Liter Rotwein heraus und aus der anderen eine Flasche »Schoum«*. Das war sein Gegengift. Da er den ganzen lieben Tag lang in sich hineintrank, brauchte er, wenn er krank war, ein paar Schlucke »Schoum« zur Verdauung des Alkohols.

Dieser Mann besaß Lebenserfahrung, das sah man an seinem sicheren Auftreten. Zur Essenszeit erhob er sich, verließ den Tunnel und wußte, wohin er gehen wollte. Ich nicht.

Daher beschloß ich, nachdem ich den Fußtritt des Pförtners vom Négresco im Geiste bekommen hatte, Schoum aufzusuchen.

»Monsieur Schoum ... Monsieur Schoum, ich weiß nicht, wo ich heute was zu essen herkriege.«

Er schob den schmierigen Rand seines Filzhutes bedächtig in die Höhe, kratzte sich an den Haarwurzeln, sah mich prüfend an und sagte schließlich:

»Komm mit.«

* Gebräuchlichstes Mittel gegen Hepatitis.

Und kurze Zeit später fand ich mich, Schoum gegenübersitzend, in der Volksküche wieder. Ich habe nie erfahren, woher er kam; er erzählte seine Geschichte niemandem; aber was mich immer wieder in Erstaunen versetzte, war, daß er »Scheiße!« sagte wie ein Gentleman! Sein Gesicht und seine Hände waren von einem Ausschlag bedeckt. Da er sich auch während des Essens kratzte, rieselten die Krusten zu Boden; . . . es war einfach abstoßend, widerlich! Daher fragte ich ihn: »Soll ich Sie mal behandeln, Monsieur Schoum?«

Aber er würdigte mich nicht einmal eines Blickes, sondern fuhr fort, sich zu kratzen und zu essen . . .

»Monsieur Schoum, wäre es Ihnen recht, wenn ich Sie behandeln würde?«

Diesmal schaute er mich an, und in seinem blauen, ein wenig kalten Blick las ich: »In was mischt der sich da eigentlich ein, dieser kofferschleppende Knirps?«

»Hör mal gut zu, mein Junge. Ich schlafe seit Jahren im Hospiz. Du kannst dir vorstellen, daß die Schwestern alles versucht haben. Einfach alles haben sie an mir ausprobiert. Diese ewige Pinselei mit Blau, Rot, Violett . . . Wie eine Palette hab' ich ausgesehen! Mein Ausschlag und ich – wir leben miteinander und werden miteinander sterben! Und dann kommst du daher und willst mich behandeln! Bist du vielleicht Arzt? Na also. Dann laß mich in Frieden . . .«

Am nächsten Tag versuchte ich nochmals mein Glück:

»Monsieur Schoum, soll ich Sie nicht doch behandeln?«

»Junge, du gehst mir auf die Nerven.«

Am dritten Tag kam mir eine Idee:

»Monsieur Schoum, wenn ich Ihnen einen Liter Wein schenke, würden Sie den dann bei mir daheim trinken?«

»Warum?«

»Wegen der Behandlung.«

»Was?«

Wenn er nicht antworten wollte, sagte er immer: Was?

»Bei jedem Besuch würden Sie einen Liter Wein bekommen?«

»Das könnten wir ja mal versuchen.«

Nicht nur aus Ekel vor Schoum hatte ich so sehr darauf beharrt; sein hartnäckiger Ausschlag war vielmehr ein geeignetes Betätigungsfeld für mich.

Es war Ende November 1945. An jenem denkwürdigen Morgen war ich in aller Frühe aufgestanden. Mein Schlachtplan gegen

Schoums Ausschlag war auf meinem Tisch ausgebreitet: lauter kleine Kräuterhäufchen. Ich betastete sie, um den Grad ihrer Trockenheit und Frische festzustellen. Meine Hand war im höchsten Grade empfindlich und daher absolut zuverlässig; ich brauche kein Hygrometer. Das Schwalbenkraut muß noch ziemlich frisch sein; das ist das Wichtigste. Wurzeln hingegen, wie zum Beispiel vom Löwenzahn, müssen sich mit den Nägeln weich anfühlen; Stengel dürfen im allgemeinen nicht ganz brüchig sein, und die Blüten müssen noch duften. Die trockensten Gräser zerdrückte ich zwischen meinen Händen, wobei ich immer wieder vom Tisch zur Küche lief, um meine Essenzen zu überwachen.

Indem ich hier eine Prise hinzufügte, dort eine Messerspitze voll wegnahm, modifizierte ich nebenbei noch meine Dosierungen; denn dieses Mittel sollte ja nicht gegen irgendeinen beliebigen Ausschlag, sondern gegen die ganz bestimmte Schuppenflechte von Schoum nützen.

Ich hatte über seinen Fall lange nachgedacht und beschlossen, in vier Phasen vorzugehen: Leber und Darm, um ihm das Gift zu entziehen; Nieren, damit es ausgeschieden würde; Nerven, um den Juckreiz zu verringern; Haut, um auf die schuppige Pilzflechte direkt einzuwirken.

Das beste für die Leber ist die Artischocke, aber nicht die eßbare Blüte, sondern die schönen, grauen Blätter. Auf dem Land benutzte man früher die Artischockenwurzel erfolgreich gegen Gelbsucht. Sie ist infolge ihrer harntreibenden Wirkung ein starkes Leber und Gallenmittel. Außerdem senkt sie den Prozentsatz an Harnstoff im Blut. Für Schoum war sie das reinste Wundermittel, da sie auf Hautausschlag infolge von Lebererkrankungen günstig einwirkt. Mit Schafgarbeblüten, Kohlblättern und Thymian wollte ich ihre Wirkung noch unterstützen.

Für den Darm hatte ich die weiße Heckenwinde gewählt. Obwohl sie unscheinbar aussieht und daher kaum beachtete wird, ist sie ein hervorragendes Abführmittel. Als ich ein Kind war, verbot mir mein Vater in weiser Voraussicht, ihre Stengel zu kauen. Für die Nerven Linden- und Weißdornblüten! Dieser schöne »Weiße Dorn« ist eines der besten krampfstillenden Mittel! Und hat keinerlei toxische Nachwirkungen wie all die chemischen Beruhigungsmittel, mit denen heutzutage Mißbrauch getrieben wird.

Als harntreibendes Mittel kamen die Stengel des Besenginsters in Frage. Und nicht zu vergessen waren Geißbart und Löwenzahnwurzeln.

Um schließlich seine Hautekzeme zu behandeln, mußten Salbeiblüte und Klettenblatt, das mein Vater »Grindgras« genannt hatte, herhalten. Ich verwende hauptsächlich die Wurzeln. Die Klette hilft besonders gegen schuppige, grindartige Ekzeme. Dazu kamen Nesselblätter, deren blutreinigende Wirkung bei Hautreizungen Wunder tut. Und natürlich das unvermeidliche Schöllkraut, das gleichzeitig harntreibend, abführend, gallenreinigend und narkotisierend wirkt, weswegen es erfolgreich gegen Geschwüre und schuppige Hautausschläge angewendet wird.

Diese Mischungen waren jedoch nicht mein Werk; ich kopierte in allem, was ich tat, damals noch meinen Vater, wenn auch nicht mehr in blinder, schematischer Nachahmung, da ich über seine Präparate auch nachdachte. Es ist klar, daß ich an jenem Tag, da ich meine Mixturen für Schoum zusammenstellte, nicht so ausführlich und gelehrt über meine Gräser hätte plaudern und die Gründe meiner Wahl nicht mit medizinisch exakten Termini hätte angeben können. Diese Kenntnisse habe ich erst im Laufe der Jahre erworben. Die Prozesse, die ich führen mußte, haben nicht unwesentlich dazu beigetragen, mein Selbstvertrauen zu stützen. Um mich verteidigen zu können, mußte ich all meine Heilerfolge addieren: es stellte sich heraus, daß es mehr als 50 000 waren! Eine Zahl, die auch dem bescheidensten Menschen erlaubt, von »Erfahrung« zu sprechen.

Auf meinem Tisch stand eine Flasche Wein für Schoum. In Nizza, in dieser einzigartigen Stadt, bezahlte ich also meinen ersten Patienten!

Ich habe, glaube ich, nie mehr mit so großer Nervosität und Unruhe auf einen Patienten gewartet wie damals. Gleichzeitig aber fühlte ich in mir eine Zuversicht wachsen, die beinahe an Leichtsinn grenzte.

Im blaßroten Schimmer des Morgenlichtes erschien ich mir wie ein junger General, der in seine erste Schlacht zieht. Sie würde seine Zukunft entscheiden! Mein Sieg über »Monsieur Schoums« Ausschlag sollte in der Tat für mein Leben bestimmend werden. Beinahe wäre mir dieser Erfolg allerdings durch die Lappen gegangen, denn Schoum zu einem Fußbad zu bewegen war ein ungemein schwieriges Unterfangen!

Als er eintrat, galt sein erster Blick der Flasche. Obwohl der elfprozentige Rote damals nicht teuer war, hatte ich mich dafür doch in einem chinesischen Restaurant als Tellerwäscher betätigen müssen . . .

Einen Monat lang zwei Fußbäder pro Tag – mein Patient war seinen Ausschlag los! Und ich mein Geld! Ich hatte keinen roten Heller mehr in den Taschen. Und dennoch betrachtete ich Schoums glatte, neue Haut mit Wohlgefallen.

Schoum war sehr dankbar. Am Heiligen Abend sagte er zu mir: »Junge, du bist zwar ein komischer Kauz mit deinen Kräutern, und du bist noch abgerissener und jämmerlicher als ich, aber ein netter Kerl bist du trotzdem; komm, ich lad dich ein. Wir gehen zur Heilsarmee. Ich halte zwar nichts von Sekten, aber wenn der liebe Gott einen ernährt, hat man nicht zu fragen, welcher Partei er angehört . . .«

»Monsieur Schoum, mein Vater sagte immer: Einem geschenkten Gaul schaut man nicht ins Maul.«

»Dein Vater war ein weiser Mann.«

Und so konnte ich mir meine Ölsardine und mein Hähnchen gut schmecken lassen, ohne mich vor Schoums Anblick ekeln zu müssen. Ja, ich schaute ihm bei Essen zu wie ein Sohn seinem Vater. Seit ich ihn geheilt hatte, empfand ich ihm gegenüber so etwas wie Zärtlichkeit.

»Weißt du, mein Junge, in meinem Hospiz war Mutter Marie, die Oberin, schon ganz baff, als sie mich so ohne meine Pickel, rosig wie ein Neugeborenes, daherkommen sah! Sie sagte: ›Ja aber wie hast du das denn gemacht?‹ Ich hab' ihr geantwortet: ›Ich kenn da so'n Kerl, der mit mir in der Volksküche ißt, so'n Jüngelchen, der hat mich mit Fußbädern behandelt .. Stellen Sie sich das vor, Schwester Oberin!‹ Die wollte mir natürlich nicht glauben. Mußte ich ihr doch glatt meine Füße unter die Nase halten, damit sie sah, wie schön sauber die waren und daß ich ihr die Wahrheit gesagt hatte. Darauf antwortete sie: ›Der muß schon wirklich was können!‹ Und dann hat sie mich nach deiner Adresse gefragt. Das ist eine Frau, die wahnsinnig Rheuma hat. Du kannst dich wirklich glücklich preisen. Jetzt auch noch das Kloster. Bloß reich wirst du dabei nicht. Das gehört alles zur Rasse der Bettler!«

Und Schoum lachte herzhaft, wobei er ungeniert einen Mund voller schwarzer Zahnlücken herzeigte.

Nach den Weihnachtsfeiertagen erhielt ich den Besuch von Mutter Marie. Sie war etwa fünfzig Jahre alt und sehr schön unter ihrer Schwesternhaube und trotz ihrer Rundlichkeit eine lebhafte Frau!

Sie war die erste Patientin, die an meine Tür klopfte, und ich hätte mich gerne bei ihr dafür bedankt. Ich war nervös, aufgeregt, wußte nicht recht, wie ich mich benehmen sollte, denn bisher hatte ich ja nur Ratschläge gegeben, nie aber wirkliche »Konsultationen«. Wie sollte ich beginnen? Und womit? Ich wußte noch nicht, daß es genügte, den Kranken mit ernsthafter und zugleich verständnisvoller Miene aufzufordern: »Erzählen Sie«, um sogleich alles über ihn zu erfahren.

In meiner Verwirrung brachte ich nur ein höfliches »Wie geht es Ihnen, ehrwürdige Mutter?« hervor.

Worauf sie mir alles über ihre »Beschwerden« erzählte. Ich hörte zu und beobachtete sie aufmerksam. Offensichtlich hatte ihre Wirbelsäule ein beträchtliches Gewicht zu tragen. Und da hörte ich mich plötzlich meine erste Frage stellen:

»Haben Sie Schmerzen in den Beinen?«

Damals wußte ich noch nicht, daß diese Krankheit Ischias heißt.

»Ja. Das Gehen fällt mir sehr schwer.«

In ihrem Blick las ich Anerkennung. In wenigen Minuten hatte ich begriffen, daß man zuerst den Kranken zu Wort kommen lassen und ihm dann beweisen muß, daß man seine Beschwerden kennt.

Um mich zu konzentrieren, hatte ich beschlossen, mich des Pendels zu bedienen, dessen Handhabung mir ja vertraut war. Es war ein einfaches Bleilot, wie man es im Zeichenunterricht verwendet. Für meine Zwecke sollte es genügen – und das für mehr als zwanzig Jahre!

Während ich also verlegen mein Pendel über Mutter Marie kreisen ließ, um ihre »Schmerzpunkte« zu erfassen, beschäftigte ich mich in Gedanken schon mit der Behandlung. Mein Vater pflegte diese Art von »Leiden« mit einer Pflanzenessenz folgender Zusammensetzung: Kohl, diese runde, mollige Pflanze, die robust ist wie eine Bäuerin; bereits Plinius der Ältere hatte betont, daß die Römer es dem Kohl verdankten, wenn sie sechs Jahrhunderte lang auf Ärzte verzichten konnten! Erwärmt man die Blätter schnell mit einem Bügeleisen und drückt sie sogleich fest gegen die Haut, entfalten sie sofort eine heilende Wirkung gegen rheumatische Beschwerden. Noch vor einigen Jahren bereitete man in Holland aus Kohlblättern und Lehm eine Salbe, die, auf die schmerzenden Stellen gestrichen, ihre Heilkraft erfolgreich bewies. Lavendel, Thymian und Salbei, vermischt mit römischer Kamille: altbewährtes Mittel gegen Magenbeschwerden, dessen krampflösende Eigenschaften man viel zu wenig nutzt, obwohl es bei Rheumaanfällen äußerst entspannend wirkt.

Mutter Marie mußte vor allem abnehmen! Daher war der Anteil an harntreibenden Pflanzen wesentlich zu erhöhen; ich konzentrierte mich zunächst auf Geißbart, womit ich zwei Fliegen mit einer Klappe zu schlagen beabsichtigte: Dr. H. Leclerc* und Dr. F. Decaux hatten damit bei der Behandlung von akutem Gelenksrheumatismus gute Erfolge zu verzeichnen und Prof. G. Parturier** bei der Behandlung von Zellulitis. Besenginster, Löwenzahn und Schachtelhalm, den mein Vater »Fuchsschwanz« nannte; seit dem 16. Jahrhundert wird er von den Ärzten erfolgreich gegen Wassersucht angewandt. Und schließlich durfte ich das Schwalbenkraut nicht vergessen.

Als Mutter Marie gegangen war, trat ich auf meinen Balkon hinaus und murmelte inbrünstig: »Vater, hoffentlich habe ich nichts falsch gemacht!«

Ganz im Gegenteil, die Behandlung war ein voller Erfolg. Nach zwei Wochen hatte Mutter Marie mehr als zehn Kilo abgenommen: »Ehrwürdige Mutter, Sie sehen aus wie ein junges Mädchen!« Und im transparenten Schatten ihrer Schwesternhaube sah ich, daß ihr eine sanfte Röte ins Gesicht stieg.

Sie gehörte einem Pflegeorden an; ihre Schwestern machten Hausbesuche. Und wenn von nun an eine ihrer Behandlungsmethoden bei den Kranken nicht anschlug, sagten sie: »Sie müßten Monsieur Mességué aufsuchen, er hat unsere Oberin um mehr als zehn Kilo erleichtert und sie von ihren Schmerzen befreit!«

Also hatte ich nicht nur einen einzigen Schutzengel gewonnen, sondern gleich ein ganzes Kloster!

Nun klopfte es bis zu viermal pro Woche an meine Tür, und schließlich waren es sogar fünfzehn Male ... Schoums Ausschlag hatte diese große Veränderung in mein Leben gebracht! Ich war

* »Precis de Phytothérapie«, Masson 1954.

** Professor der Pharmazie, Autor eines maßgeblichen phytotherapeutischen Werkes: »Comment guérir par les plantes«.

überglücklich!

Frühmorgens ging ich auf Pflanzensuche, nachmittags hielt ich »Sprechstunde«, und abends bereitete ich meine Essenzen.

Die Leute gaben mir, was sie für richtig hielten, da ich nicht wagte, einen Preis zu nennen. Einige gaben mir gar nichts, andere begnügten sich mit einem Handschlag. Trotzdem gab es Wochen, in denen ich bis zu zweihundert Franc einnahm! Ein wahres Vermögen!

Eines Nachmittags empfing ich Hortense Davo, eine kleine, grauhaarige, etwas pummelige Frau; über ihren weißen Kittel hatte sie flüchtig einen Mantel geworfen.

»Monsieur, Mutter Marie hat mich zu ihnen geschickt. Sie hätten sie von ihren Schmerzen befreit. Ich kann Ihnen eigentlich gar nicht sagen, wo es mir nicht weh tut. Sie müssen wissen, ich bin Wäscherin; immer mit den Händen im Wasser, und dann der Dunst vom Bügeleisen. An manchen Tagen sage ich mir: das geht so nicht weiter, du wirst das Eisen noch hinschmeißen ... Sie würden ein gutes Werk tun, wenn Sie mir helfen könnten. Denn ich muß meinen Lebensunterhalt ja mit meinen Händen verdienen!«

Ich verordnete ihr die gleiche Behandlung wie Mutter Marie, wobei ich allerdings Geißbart und Schachtelhalm wegließ, da sie keine harntreibenden Mittel benötigte. Die Schmerzen in den Beinen kamen vor allem vom dauernden Stehen; daher hielt ich Brennnessel, gemeine Schafgarbe und Wegerich, den mein Vater immer »Rattenschwanz« genannt hatte, für heilsamer.

»Wieviel bin ich Ihnen schuldig, Monsieur?«

»Nichts.«

Ihre Hand steckte schon in der Kitteltasche, in der sich anscheinend ihr Portemonnaie befand. Ich stellte es mir aus festem, schwarzem Leder vor, ähnlich dem, wie es die Bäuerinnen im Gers besaßen.

»Aber ich bin nicht in Geldverlegenheit.«

»Ich weiß, Madame, aber das geben Sie mir lieber später, wenn die Kur geholfen hat.«

Es wäre mir unangenehm gewesen, von dieser sechzigjährigen Frau, die den ganzen Tag über mit ihren vom Rheumatismus entstellten, alten Händen bügeln mußte, Geld anzunehmen. Als sie mich verließ, war sie glücklich.

»Eine Wohltat ist niemals vergebens«, sagt das Sprichwort, und die gute Madame Davo hat es bestätigt.

Zwei Wochen später erschien eine Dame, die sich auf sie berief. Ich wußte nicht viel von der »großen Welt«, sah aber sofort, daß diese Dame sich von meinen anderen Patienten deutlich unterschied. Ihre Kleider waren von jener erlesenen Schlichtheit, die ich erst später schätzenlernte. An der linken Hand trug sie einen Diamanten; und obwohl ich noch nie einen gesehen hatte, erkannte ich, daß er echt war. Auch daß sie an Rheumatismus litt, wußte ich sofort, denn ihre Fingergelenke waren etwas knotig und ihre Nägel längsgeriffelt.

»Monsieur, ich bin die Frau von Doktor Camaret. Mein Mann ist Präsident der Ärztekammer von Menton. Als ich ihm von Ihren Heilerfolgen bei Madame Davo erzählte, riet er mir, Sie aufzusuchen.«

Das sagte sie so einfach hin, als ob es das Natürlichste von der Welt wäre, daß ein Arzt meine Existenz zur Kenntnis nahm und anerkannte.

Ich glaube, ich verlor für einige Augenblicke den Kopf! Ich hatte Madame Camaret einen Stuhl angeboten und stand nun da und schaute sie an. Was sollte ich tun? Konnte ich mein Pendel benützen? Würde sie meine Fragen nicht für zu simpel halten? Sie war die Frau eines Arztes und kannte sicherlich eine Menge gelehrter Wörter. Aber da fiel mir plötzlich mein Vater ein, und die Art, wie er Dr. Salis behandelt hatte. Letzten Endes waren meine simplen Wörter genausoviel wert wie der Jargon der Wissenschaft!

Etwas beruhigt ließ ich nun mein Pendel über dem hübschen Kostüm Madame Camarets kreisen, während ich sorgfältig ihre Hände beobachtete, die denen von Hortense Davo glichen, allerdings nicht ganz so stark entstellt waren. Nachdem ich die für ihre rheumatischen Beschwerden geeignete Essenz bereitet und das Fläschchen auf den Tisch gestellt hatte, nahm ich ein schönes weißes Blatt Papier und schrieb, fein säuberlich, »mein Rezept«: Jeden Morgen nüchtern die Hände acht Minuten baden; jeden Abend, vor dem Essen, acht Minuten die Füße! Diese Bäder sollen so heiß wie möglich sein! Sorgfältig präzisierte ich auch noch meine »Gebrauchsanweisung«: Man schütte meine Essenz in drei Liter abgekochtes Wasser, wärme dieses Bad stets wieder auf, wobei es jedoch auf keinen Fall zum Kochen gebracht werden darf!

Nachdem ich meine Patientin zur Tür begleitet hatte, ließ ich mich an meinem Tisch nieder und begann, hoffnungsfroh, an die Möglichkeit meines Erfolges zu glauben. Dieser allerdings hing nur an einem dünnen Faden. Konnte ich die Frau von Dr. Camaret nicht binnen kurzer Zeit heilen, würden alle meine Hoffnungen zunichte werden . . .

Aber von diesem Tag an überstürzten sich die Ereignisse; überall verlangte man nach mir, und mein Zimmer in der Avenue Durante wurde langsam zu klein.

Dr. Camaret hatte mir durch das Sekretariat des Fremdenverkehrsvereins von Menton eine leerstehende Villa am Stadtausgang, zu Füßen der Berge, zur Verfügung stellen lassen. Dort hielt ich jeden zweiten Tag Sprechstunde. An Patienten fehlte es mir nun nicht mehr, ja es waren schon fast zu viele.

Wenn ich mit einem der ersten Autobusse in Menton ankam, schlief die Stadt noch, aber auf den Stufen zu meiner Villa saßen und standen bereits die Wartenden. Ich arbeitete nicht wegen des Geldes, denn mehr als ein Drittel bezahlte nichts; sie waren zu arm, als daß ich ihnen ihr Geld hätte wegnehmen wollen. Es ging mir vielmehr darum, mit ihrer Hilfe meinen Heißhunger nach »Heilen« und meinen Durst nach »Erfahrung« zu stillen. Meine Konsultationen dauerten zu lange, da ich jedem Patienten mindestens eine halbe Stunde widmete. Daher mußten abends immer wieder einige fortgehen, ohne mich überhaupt gesehen zu haben. Ich nahm zu viele Patienten an, vor allem aber beschäftigte ich mich mit zu vielen Krankheiten. Ich wußte noch nicht, daß es einige gab, gegen die ich machtlos war. Jeder Patient stellte mich vor die Frage: Was weiß ich? Mit dieser Unruhe war ich allein, die Menschen, die zu mir kamen, wußten nichts davon. Vielleicht, weil ich mich paradoxerweise meiner Pflanzen und daher meiner selbst sicher fühlte.

Ich glaube, darin lag einer der Gründe für meinen Erfolg: die Kranken spürten, daß ich Sicherheit ausstrahlte, daß ich die soliden Eigenschaften eines Bauern besaß und ein Mann war, der ihnen nichts vorzumachen versuchte. Sehr schnell übrigens habe ich »nein« sagen gelernt, wenn ein Fall meine Möglichkeiten überstieg.

Das Sammeln der Pflanzen war allerdings schwierig geworden, da nur ich allein sie zu pflücken verstand und nur ich selbst meine Patienten zu behandeln vermochte. Häufig war ich gezwungen, die Leute noch einmal zu bestellen, um ihnen meine Essenzen zu geben, denn meine kleinen Reserven waren schnell erschöpft.

Mitten in diesem Hochbetrieb mit all den daraus erwachsenden Problemen machte ich die Bekanntschaft von Dr. Camaret. »Wenn Ihr Gatte einmal ein paar Minuten Zeit für mich hätte, wäre ich sehr glücklich, mich bei ihm bedanken zu können«, hatte ich schüchtern zu Madame Camaret gesagt.

An der Art, wie sie mir mit einem netten, höflichen Lächeln antwortete: »Ja gewiß, ich werde es ihm sagen ...«, hatte ich erkannt, daß die Zeit noch nicht gekommen war. Und das quälte mich, ging mir nicht aus dem Kopf. Ich konnte mich ja nicht beklagen, ich verdankte ihm alles. Aber ich fühlte, daß ich mit ihm sprechen mußte, daß ich so vieles zu sagen hatte. Ich hatte keine andere Wahl, als zu warten; aber ich bin viel zu temperamentvoll, um geduldig zu warten. Als mich schon alle möglichen Gedanken und Zweifel quälten – lud mich Madame Camaret eines Tages zu sich nach Hause ein!

Am übernächsten Tag, Punkt 19 Uhr, klingelte ich an seiner Tür. Man führte mich in den Salon. Während ich wartete, legte ich mir Worte des Dankes zurecht, die alles gleichzeitig ausdrücken sollten: daß sein Vertrauen mich ehrte, daß ich ihm alles verdankte, daß seine Frau wunderbar zu mir gewesen wäre, daß ...

Da trat er plötzlich ein. Ein Mann von fünfzig Jahren mit einem offenen Gesicht, das Energie und zugleich Güte ausstrahlte.

»Herr Doktor, Sie haben mir so viel Vertrauen geschenkt, daß ich das Bedürfnis habe, Ihnen zu danken ... Nein, mehr noch! Ohne Sie ...«

Und da sprudelte alles aus mir heraus; meine Zweifel, meine Entmutigung, meine Angst vor Mißerfolgen, alles habe ich ihm anvertraut.

Es war das zweitemal, daß ich einem Arzt mein Herz ausschüttete, aber er war nicht wie der alte Dr. Echernier, er riet mir nicht, umzukehren, ganz im Gegenteil!

»Ich habe nur meine Pflicht als Arzt getan. Ich weiß, welche Bedeutung den Pflanzen in der Arzneimittelherstellung zukommt und in welchem Grade sie den Arzt zu unterstützen vermögen. Sie besitzen fundierte Kenntnisse von Dingen, die wir in unserem Medizinstudium nur streifen konnten. Für mich sind Sie ein Spezialist. Und ich bin überzeugt, daß Ihre Zusammenarbeit mit uns sehr nützlich sein kann.«

Dieser Mann, dieser Arzt, sprach genau das aus, was ich mir damals in meiner Einsamkeit auch überlegt hatte: »Es ist möglich, mit einem Arzt zusammenzuarbeiten.«

Wenn er mir Patienten schickte, notierte ich jedesmal meine Beobachtungen, die Zusammensetzung meiner Essenzen und ihre

Dosierungen sowie Besserungen und eventuelle Rückfälle; zur Kontrolle schickte ich ihm dann diese Aufzeichnungen zu. Für mich war das eine einzigartige Zeit des Vertrauens, der Begeisterung, der Arbeit und des Studiums.

Über meinem Leben strahlte ein Himmel, der so blau und klar war wie der Hochsommerhimmel über Nizza.

Ich war um so zuversichtlicher, als ich aufgefordert wurde, meinen ersten »Star« zu behandeln: die Mistinguett.

10 Mein guter Stern: Die Mistinguett

Meine Patienten kamen von überall her, entstammten den verschiedensten Schichten, selten jedoch dem Arbeitermilieu, denn ich galt nicht als einer, der die »Gabe« besaß. Und der Arbeiter glaubt an alles, was er sich nicht erklären kann, und an die Wissenschaft. Viele Angehörige freier Berufe, viele Intellektuelle suchten mich auf, denn sie empfanden das Bedürfnis nach jenem »Zurück zu den Quellen« und wurden nicht von einer blinden Bewunderung für den Fortschritt geleitet. Und natürlich kamen die Bauern, denn sie waren einfache Menschen, verstanden die Pflanzen, lebten täglich mit ihnen und betrachteten sie als Freunde.

Aber bis jetzt hatte ich noch keine Erfahrung mit jenen Menschen, die man gemeinhin »Prominente« nennt, deren Namen und Fotos in den Zeitungen erscheinen. Ich war auch nicht überzeugt, daß dies ein Zeichen für Erfolg wäre. Meine bisherigen Ergebnisse genügten mir, und ich war zufrieden. Mein guter Stern war ein Clochard gewesen, und das war recht so. Ich ahnte nicht, daß ein anderer Stern meine »Karriere« leiten und meinen »Ruf« begründen sollte: die Mistinguett.

Damals war sie schon von der Bühne abgetreten, das wußte sogar ich, dem diese Welt fremd war, aber für mich war sie die Königin der Königinnen! Es war mir nicht entgangen, daß sie sich nach Menton, ins »Hôtel des Anglais«, zurückgezogen hatte. Es gehörte ihrer Nichte, Madame Desboutin, deren Gast sie »auf Lebenszeit« war. Das war alles, was ich wußte, und nichts deutete darauf hin, daß sich daran etwas ändern sollte.

Ein Freund des »guten Doktor Camaret«, wie ich meinen Wohltäter immer nennen werde, sagte mir eines Tages:

»Es gibt einen Menschen hier, dem Sie sehr helfen könnten, nämlich der ›Miss‹.«

»Machen Sie sich nicht lustig über mich. Die wird gerade auf mich warten.«

»Das ist sehr gut möglich! Denn weniger ihr Alter hindert sie daran, so wie früher über die Bretter zu wirbeln, als vielmehr ihr Rheumatismus, der sie völlig lähmt. Und je mehr ich darüber nachdenke, desto überzeugter bin ich, daß es für Sie beide keine schlechte Sache wäre. Leider ist sie sehr mißtrauisch; sie wird Ihnen erst vertrauen, wenn sie Sie gesehen hat. Sie hat einen sehr scharfen Blick für Menschen und verläßt sich nur auf ihr eigenes Urteil.«

Da er für den nächsten Tag mit ihr verabredet war, schlug er mir vor:

»Rufen Sie mich bei ihr zu Hause an. Wenn sie gut gelaunt ist, verbinde ich sie mit Ihnen.«

Obwohl ich nicht daran glaubte, meldete ich mich zur festgesetzten Zeit.

»Gut, daß Sie mich hier anrufen, ich habe der ›Miss‹ soeben von Ihren Wundertaten berichtet. Ihr Rheuma quält sie wieder, und sie würde gern einmal mit Ihnen sprechen!«

Und an mein Ohr drang jene spritzige, leicht spöttische Stimme, die ich nur von Schallplatten kannte.

»Bonjour, Monsieur. Ich höre, Sie sind ein Wunderdoktor, und hoffe sehr, daß Sie auch für mich etwas tun können.«

Da ich gar nicht darauf vorbereitet war, mit ihr selbst zu sprechen, stotterte ich irgend etwas Unsinniges und verhaspelte mich heillos in meinen Sätzen:

»Madame, na und ob ich was für Sie tun werde . . . Ich bewundere Sie so, Madame . . . Ich bin völlig verwirrt . . . Ich . . .«

Da brach sie in ihr unnachahmliches Lachen aus, jenes rollende Lachen, das in den Höhen umschlägt und rauh klingt: das Lachen der Mistinguett!

»Kommen Sie übermorgen um elf Uhr. Verlieren Sie aber ja nicht unterwegs Ihre ganzen Künste, die brauchen wir nämlich noch!«

Ich, der kleine Junge in Holzpantinen aus Gavarret, der »Nichtsnutz« von Lectoure, der »Scharlatan« von Bergerac, der Kumpan des Clochards – ich sollte die Mistinguett behandeln!

Ich weiß, daß man heute nicht begreifen kann, was dies damals für mich bedeutete. Heute ist ihr Stern verblichen. Aber damals war sie nicht nur für mich, sondern für alle »der« große Star.

Um fünf Uhr früh, als der Blumenmarkt gerade aufmachte,

war ich bereits zur Stelle. Ich wollte ihr rote Rosen mitbringen. Es war mild, der Tag brach an, die Lichter in den Straßen verblaßten, und mitten auf der Fahrbahn versperrten einem undurchdringliche Mauern von Nelkenbüscheln den Weg, hinter denen sich die Blumenfrauen mit ihrem unüberhörbaren, knoblauchatmigen, südfranzösischen Akzent verschanzt hatten. Da rief man sich »Guten Morgen!« zu, kreischte die neuesten Neuigkeiten heraus, war laut und fröhlich. Ich liebe diese Menschenansammlungen, im Süden fühlt man sich nie fremd und allein.

Die ganze Straße bestand aus Blumen! Ich betrachtete meine Lieblingsrosen, und plötzlich kam ich mir bei dem Gedanken, mit einem Arm voll roter Rosen zu erscheinen, lächerlich vor.

Ich war ja schließlich nicht verliebt und würde auch mit Veilchen in der Hand viel besser aussehen. Außerdem fand ich das alles plötzlich nicht mehr seriös genug.

Ich hatte noch mehr als sechs Stunden vor mir. Also nahm ich den Autobus und ging in der Umgebung von Menton spazieren. Ganz nebenbei pflückte ich eine einfache rote Heckenrose, eine von denen, die ich so liebte. Ich würde mich ja doch nicht trauen, sie ihr zu geben. Ich konnte sie auch ins Knopfloch meines neuen rosenholzfarbenen Anzugs stecken! Aber das wäre noch alberner. Daher vergrub ich sie in meiner Jackentasche.

Als ich mich schließlich bei der Hotelrezeption meldete, glaubte ich, auf die Begegnung mit Mademoiselle Mistinguett gut vorbereitet zu sein. Der Garten des Hotels war gepflegt und duftete nach Lavendel und Rosen; die Bougainvilleas rankten sich üppig an den Füßen der Palmen hoch. Plötzlich öffnete sich eine Glastür, die auf eine Terrasse hinaufführte. Ich stand drei Stufen unter ihr. Es war ein Auftritt. Sie trug ein Negligé, mit Schwänen bestickt – so hatte ich sie mir vorgestellt. Sie öffnete die Arme und rief:

»Kommen Sie, junger Mann!«

Für mich war sie schöner als jede Achtzehnjährige! In meiner Verwirrung sah ich weder die schwarzen Ränder unter ihren Augen noch die übergroßen Zähne, die Falten ... Ich glaube, ich habe das alles nie wirklich gesehen. Sie war schon eine alte Dame, sechzig, achtzig? Ich wußte es nicht. Für mich hat Schönheit kein Alter. Solange eine Frau begehrenswert ist, ist sie schön! Und die Mistinguett ist vielleicht die Frau, die ich in meinem ganzen Leben am meisten begehrt habe, die mich völlig verwirren konnte. Sie wirkte auf Männer in einem unbeschreiblichen Maß! In dieser

Hinsicht war sie ein Biest! Aber was für eine Frau!

Ohne zu begreifen, wie mir geschah, folgte ich ihr in ihr Zimmer.

»Sie benützen ein Pendel, oder . . .?«

In Sekundenschnelle hatte sie ihr Negligé abgeworfen und lag auf dem Bauch auf ihrem Bett.

»Also los . . .!«

Zum erstenmal in meinem Leben sollte ich eine Frau untersuchen, die zu zwei Dritteln nackt war und deren bedecktes Drittel nur handflächengroß war! Ich hatte meine Patienten nie aufgefordert, sich auszuziehen, da das für meine Art der Behandlung nicht sinnvoll war.

Hastig zog ich also mein Pendel aus der Tasche, dabei fiel die Rose auf ihr Bett.

Ich weiß nicht, ob die schnelle Oszillation meines Pendels dem Magnetismus meiner Patientin oder aber dem Zittern meiner Hand zuzuschreiben war, jedenfalls vermochte mein kleiner Bleifaden, als er über ihrem Rücken kreiste, nicht gleichgültig zu bleiben. Ich aber auch nicht!

Diese Beine! Angeblich waren sie für mehrere Millionen versichert; aber man konnte ihren Wert nicht in Geld messen, sie waren unersetzlich!

Als sie den Kopf zu mir wandte, las ich in diesem demütigen, ängstlichen Blick eines kranken Hundes die immer gleichbleibende Frage aller Kranken: »Nun?« Da kam ich wieder zur Besinnung. Ich war hier, um sie zu heilen!

»Was werden Sie mir verordnen?«

»Einen Breiumschlag, den Sie die ganze Nacht über um die Nieren legen und am Morgen erneuern. Ich werde Ihnen noch heute abend alles Nötige vorbereiten.«

»Haben Sie denn keine fertigen Umschläge?«

»Das geht nicht. Jeder Patient braucht eine andere Dosierung.«

»Ah, ja. Das wundert mich nicht; Sie machen einen seriösen Eindruck. Fast schon ein bißchen zu seriös!«

Und von neuem hörte ich ihr Lachen.

Während sie lachte, entdeckte ich meine rote Rose auf ihrem Bett. Ich streckte meine Hand aus, um sie an mich zu nehmen; es war eine dumme Geste.

»Haben Sie die mitgebracht?«

»Ich habe sie gepflückt . . . und . . .«

»Für mich?«

»Ja!«

»Oh, wie reizend, Sie haben mir eine Rose gepflückt? Es wäre mir auch gar nicht recht gewesen, wenn Sie sie gekauft hätten. Ich mag Leute nicht, die ihr Geld zum Fenster rauswerfen . . . Aber das erkläre ich Ihnen später!«

Die »Miss« sollte mir noch viele Lehren erteilen, und zwar ganz hervorragende!

»Sind die Pflanzen hübsch, die Sie mir da auf den Rücken legen wollen? Aber das brauche ich jetzt noch nicht zu wissen, das können Sie mir später sagen, wenn sie gewirkt haben.«

Für ihren besonderen Fall erhöhte ich den Anteil an Kohl. Aber das sagte ich ihr nicht, denn es entbehrte wirklich jeglicher Poesie!

Mein »Sein oder Nichtsein« lautete: »Werde ich Erfolg haben oder nicht?«

Ich ließ vier Tage verstreichen, bevor ich sie wieder anrief.

»Es geht mir viel besser. Kommen Sie doch vorbei!« Bei diesem Besuch befand ich mich zwar in einem etwas anderen, aber doch sehr ähnlichen Gemütszustand wie beim erstenmal.

Mit Ausnahme von Admiral Darlan war ich noch nie jemandem begegnet, der auf Grund seiner eigenen Arbeit, seines eigenen Talents bekanntgeworden war. Ich hatte es nie für möglich gehalten, daß man es von nichts zu etwas bringen konnte. Durch Bluff oder Reklame könnte man sich vielleicht zwei, drei oder fünf Jahre behaupten . . . Aber keineswegs ein Leben lang! Diese Frau aber hatte bescheiden angefangen und war durch harte Arbeit zum Erfolg gelangt. Ihre Liebhaber waren berühmt, reich, adlig gewesen, ja hatten sich für sie ruiniert . . .

Sie erwartete mich, lächelte und sagte, als sie mich sah: »Mein lieber Mességué, meine Beine schmerzen nicht mehr!« Und schon hatte sie ihre Röcke hochgehoben. Bis zu den Oberschenkeln! Diese Handbewegung hatte ihr Millionen eingebracht! Sie zeigte ihre Beine gerne, denn sie wußte, wie begehrenswert, wie lang und wundervoll geformt sie waren – ein sinnlicher Traum, in Seide gehüllt!

»Nun, Maurice?«

An der Art, wie sie dieses »Maurice« aussprach, hatte ich sofort erkannt, daß sie auf Maurice Chevalier anspielte. Auf den Mann, den sie wirklich geliebt hatte.

»Ihr Akzent klingt nach Sonne, aber was für ein Maurice sind Sie eigentlich?«

»Ein Bauer aus dem Gers.«

»Ich kenne zwar die Städter besser, bin aber gern bereit, etwas dazuzulernen.«

Wie gefährlich diese Frau gewesen sein mußte!

»Wenn Sie mich mit Ihren Pflanzen nicht geheilt hätten, hätten Sie es ja mit Ihren Augen versuchen können. Sie sollten sich mal in der Hypnose versuchen.«

»Sie auch, aber Sie tun's ja schon mit Ihren Beinen.«

»Maurice, Sie gefallen mir. Setzen Sie sich doch zu mir, damit wir ein wenig plaudern können. Sie sehen so ausgeglichen aus.«

»Ich führe ein mönchisches Leben.«

»Wirklich?«

Diese Frau brachte mich dazu, rot zu werden!

»Ich meine, ich esse nicht aufwendig, trinke nicht . . .«

»Das ist sehr gesund. Dann brauche ich Ihnen auch nichts anzubieten.«

Da sie diese Einzelheit des Protokolls ganz in ihrem Sinne geregelt sah, fuhr die »Miss« fort: »Maurice Chevalier und ich, wir haben Frankreich im Ausland vertreten – wie Diplomaten! Dabei habe ich viel gelernt. Da ist es reingegangen« – sie zeigte auf ihre Stirn – »und – – nicht wieder 'raus! Erfahrungen wie die meinen bedeuten viel.«

Ich hatte keine Ahnung, worauf sie hinauswollte, aber ich zweifelte nicht an dem, was sie sagte.

»Eine andere Frau hätte Ihnen ein Zigarettenetui oder einen dicken Scheck angeboten, und damit basta. Ich aber werde Ihre Erziehung in die Hand nehmen, Ihnen Ratschläge erteilen, die mit Geld nicht zu bezahlen sind, mit denen Sie aber Ihr Leben lang welches verdienen werden. Und deshalb habe ich Ihnen von Chevalier erzählt; denn auch er hat viel von mir profitiert. Mehr als er dachte, und vor allem mehr, als er jemals zugeben wollte. Ich werde Ihre Behandlung auf diese Art belohnen, und Sie werden mir dafür dankbar sein! Wie geht meine Behandlung übrigens weiter?«

»Mit Fußbädern, Madame.«

»Erster Fehler, Maurice: Man nennt mich nicht Madame, wenn man schon dazu ausersehen ist, einer meiner Freunde zu werden, dann heiße ich ›Miss‹.«

Im täglichen Leben brachte mich diese Frau um meine Fassung, wenn es aber um Heilung und Behandlungsmethoden ging, konnte sie mich nicht verwirren.

»Miss, Sie werden also . . .«

Und mit peinlicher Genauigkeit verordnete ich ihr die Behandlung, die sie durchzuführen hatte.

Ich sollte sie täglich sehen. Für sie brachte ich die Zeit auf, obwohl ich schon fast dreißig Patienten täglich zu bewältigen hatte.

Eines Tages sagte sie:

»Hör mal, mein Junge, deine Behandlung hat mir gutgetan, ich habe viel weniger Schmerzen, du wirst morgen mit mir zu Abend essen.«

Ich holte sie ab.

»Immer pünktlich, das habe ich gern. Wir nehmen ein Taxi und fahren ins Négresco.«

Es gab so viele elegante Restaurants an der Küste, warum also gerade das Négresco? Da ich sicher war, das Taxi zahlen zu müssen, hoffte ich insgeheim, daß der Pförtner mich sehen würde, wie ich das Taxi der Mistinguett zahlte. Das würde auf ihn sicher Eindruck machen!

An der Tür jedoch zögerte ich; ich hatte plötzlich Angst. Wenn dieser widerliche Kerl es überall herumerzählen würde: »Der da, der bei Mademoiselle Mistinguett ist, hat früher ohne Genehmigung Koffer getragen, und ich hab ihn rausgeschmissen.« Damals schämte ich mich, einmal Kofferträger gewesen zu sein. Heute bin ich stolz darauf . . .

Dieses Diner mit der »Miss« war mein erster Kontakt mit dem Luxus. Ich war ziemlich gehemmt. Es gab viele Engländer, und alle waren im Smoking. Ich betrachtete sie eingehend, denn ich hatte noch nie zuvor einen Smoking gesehen. Ich fühlte, daß dies wahre Eleganz war, aber es sah doch sehr streng aus. Ich sah da ganz anders aus: blaue Hosen, grüne Jacke und rote Schuhe! Das hielt ich für den letzten Schrei; ich machte mich lächerlich, aber ich wußte es nicht. Und erst viel später verstand ich die Bemerkung der »Miss«:

»Sehr gut, Maurice, so wird man Sie eher bemerken!«

Gewiß, wenn ich auch, wie alle anderen, im Smoking gewesen wäre, hätte sich bestimmt niemand an den jungen Burschen in Begleitung der »Miss« erinnert; man war zu sehr daran gewöhnt, sie mit »Boys« zu sehen. Aber einen Papagei am Tisch eines Stars vergißt man nicht so leicht!

Zum erstenmal aß ich Kaviar, den ich nur vom Hörensagen her kannte. Aber ich war mir nicht klar, ob das nun Bratwurst, Blutwurst, Fisch oder eine Art Omelette war . . .

Ich aß ihn, ohne daß ich hätte sagen können, ob er mir schmeckte oder nicht, ich war einfach nicht daran gewöhnt. Aber er erinnerte mich an jenen Tag, da mein Vater Austern gegessen hatte: Das ganze Dorf war zu diesem Spektakel herbeigeeilt. Mir allerdings schaute niemand bewundernd zu, denn auch am Nebentisch wurde Kaviar gegessen!

Anschließend kam irgendeine Speise, an die ich mich nicht mehr erinnere, dann Crèpes Suzette, Café und Champagner. Die »Miss« trank nur Champagner; mir hatte sie gesagt: »Nimm lieber Rotwein, Champagner magst du ja doch nicht...« Und sie hatte recht! Ich war mir nicht recht im klaren, ob das göttliche Eingebung oder nur »Erfahrung« war. Denn die besaß sie weiß Gott! Während des ganzen Essens gab sie mir gute Ratschläge:

»Ich habe immer den Hotels den Vorrang gegeben, die mir einen ›besonderen Preis‹ machten. Denn wenn ich bei ihnen absteige, mache ich ja kostenlos Reklame für sie. Einige haben sogar begriffen, daß es noch mehr in ihrem Interesse lag, mich überhaupt nicht zahlen zu lassen. Aber dafür braucht man einen Sekretär. Er muß diese Details für einen regeln. Bald wirst du dir einen zulegen müssen. Du hast noch viel zu lernen, aber ich bin überzeugt, das wird ganz schnell gehen.

Du wirst sehen, man wird uns den ganzen Abend belästigen. Ich kenne viele Leute, und die, die mir unbekannt sind, möchten so tun, als kennten sie mich. Man wird mich begrüßen und um Autogramme bitten. Beobachte mich gut, ich werde immer das tun, was richtig ist.«

Sie war erstaunlich; sie dosierte alles, ihr Lächeln, ihre Gesten und ihre Stimmlage. Es war toll. Sie stellte mich vor und sagte, je nach Gelegenheit:

Mondän: »Ich stelle Ihnen den jungen Doktor Mességué vor. Einen Magier. Ich bin völlig geheilt.«

Hochnäsig: »Wie, Sie kennen Doktor Mességué nicht?«

Ganz Pariserin: »Ma chérie, ein außergewöhnlicher Junge, dieser...«

Gönnerhaft: »Maurice, mir zuliebe wirst du doch X oder Y empfangen, nicht wahr?«

An jenem Abend lernte ich einen Wirrwarr von Dingen: daß man ein Serviertischchen beistellt, daß man das Hors d'œuvre heranfährt, wie man ein Fischmesser handhabt und wie man sich die Fingerspitzen wäscht, wie man jemanden in den Vordergrund spielt, wo die feine Lebensart ihre Grenzen hat und so weiter...

»Begreifst du, was ich für dich tue? Morgen wird die ganze Küste wissen, daß ein Doktor Mességué mich geheilt hat.«

»Aber sie werden auch erfahren, daß ich gar kein Arzt bin.«

»Ich habe doch nie gesagt, daß du Arzt bist. Ich habe dich nur Doktor genannt. Was ist denn da dabei? Es gibt doch schließlich Doktoren aller Art! Sei doch glücklich, denn ich bin sicher, daß du berühmt, geliebt und vor allem sehr reich werden wirst . . . Ich habe mich noch nie getäuscht. Nicht umsonst habe ich eine so lange Nase, sie riecht jede Chance!«

Und sie legte ihre von Ringen schwere Hand auf meine.

»Verlang die Rechnung, ich überlasse sie dir!«

Sofort wußte ich, daß ich nicht genügend Geld bei mir hatte. Ich erhob mich dennoch und bat um die Rechnung – bei Direktor Paul Andrés. Sie war schwindelerregend hoch . . . Mit dem Négresco hatte ich wirklich nur Pech! Als ich zu ihm sagte: »Monsieur, ich kann heute nur die Hälfte bezahlen, aber im Lauf der Woche werde ich Ihnen den Rest bringen«, antwortete er mir: »Man kommt nicht in ein Restaurant wie dieses, wenn man nicht genug Geld hat.«

»Ich wußte nicht, daß eine Mahlzeit so teuer sein kann! Und außerdem glaubte ich, ich wäre Gast der ›Miss‹!«

Meine Naivität belustigte ihn, er kannte seine Klientin:

»Schöner Charakter! Sie lassen sich also von den Damen aushalten! Aber was machen Sie denn außerdem?«

Ich sagte es ihm, und einige Tage später zählte ich ihn und seine Frau zu meinen Klienten. Jetzt zahlte nicht mehr ich ihnen, sondern sie mir!

Ich besuchte die »Miss« weiterhin häufig. Sie hatte mich gern um sich, erzählte mir von ihrem Leben, ihren Anfängen und vor allem von ihren Enttäuschungen mit Maurice Chevalier. Sie hielt ihn für sehr undankbar, aber ich glaube, er war trotz allem die große Liebe ihres Lebens.

»Du verstehst, das war so 'ne Pariser Pflanze wie ich. Wir waren beide nichts. Den Gürtel mußten wir eng schnallen. Es war schon recht hart am Anfang . . . Du kannst dir nicht vorstellen, wie phantastisch er aussah – dieses Biest! Wir haben's schon toll miteinander getrieben . . .!«

Sie haßte ihn, wie eine Frau, die verzweifelt liebt.

Die »Miss« war nett, sogar gut, solange man sie nicht veranlaßte, Geld auszugeben; sie sagte zu mir:

»Du läßt mich nie bezahlen, das stimmt, aber was habe ich dir nicht schon alles eingebracht!«

Geld war für sie ein Alptraum; immer wieder kam sie darauf

zurück:

»Immerhin bist du durch mich – denn die Zeitungen haben die Geschichte gebracht – ein Star geworden!«

Nicht so wie sie glaubte, denn ich war völlig unfähig, mir diese Reklame zunutze zu machen. Es genügt nicht, über besondere Eigenschaften zu verfügen, man muß sie auch unters Volk bringen können.

Aber ich glaube, damals war mir das egal, ich war glücklich, fand meinen Erfolg sensationell und das Leben wunderbar! Die »Miss« wollte, daß ich Geld beiseite legte, Land kaufte ...

Das wollte ich, schließlich kam ich ja vom Land! Sogar bevor ich mir einen Anzug schneidern ließ, hatte ich ein paar Quadratmeter Land gekauft.

Ihr Lieblingssatz lautete:

»Man muß sehr sparsam sein. Der Erfolg ist nicht so sicher wie das Bankkonto!« Die Mistinguett war für mich der Inbegriff der Schönheit und für sehr lange Zeit mein Frauenideal: sie war wahnsinnig begehrenswert und provozierend, ein klein wenig verludert! Sie war lebensklug und besaß Güte. Aber vor allem war sie durch und durch Frau! Das war ihr Glück, denn dadurch ist sie jung geblieben!

11 Meine ersten »Wunder«

Die Jahre von 1947 bis 1949 waren in jeder Hinsicht außergewöhnlich. Sie waren so reich wie wohl keine andere Zeit in meinem Leben. Die Mistinguett war meine »große Premiere« gewesen, mein Eintritt in eine Welt, deren Existenz ich nicht einmal geahnt hatte. In Beruf und Privatleben sollten sich nun die »Premieren« überstürzen; sie waren verschiedenster Art; auch mein erster Prozeß gehörte dazu.

Man erwartete von mir nicht mehr nur die Heilung von Rheumatismus, Gallenkoliken, Kreislauf- und Darmstörungen; eine Vielzahl von Kranken brachte mich regelrecht in Gewissenskonflikte. Sehr oft stellte ich mir die Frage: »Was würde mein Vater hier wohl tun?« Aber Camille ließ mich manchmal mit einer Antwort im Stich, denn ihm waren die Krankheiten, die ich zu sehen bekam, oft unbekannt gewesen. Daß »seine« Pflanzen viel vermochten, wußte ich aber sehr wohl, dessen war ich absolut sicher. Hierfür sollte ich einen Beweis bekommen, der fast einem Wunder gleichkam.

Eines Tages wurde ich nach Marseille, in die Klinik Doktor Buchards gerufen. Dort lag ein Mann im Sterben; er hieß Varna und war Exportkaufmann.

Natürlich hatte ich bereits vor meinem Besuch die behandelnden Ärzte um ihre Erlaubnis gebeten. Sie hatten mir diese um so bereitwilliger gegeben, als der Mann bei meiner Ankunft soeben die Letzte Ölung erhalten hatte. Man hatte ihm bereits ein Kruzifix auf die Brust gelegt. Er war totenbleich und aufgedunsen. Was wollte ich hier eigentlich noch?

Die um sein Bett herum stehenden Ärzte lächelten schon schadenfroh; nicht über den Tod ihres Patienten, sondern über mich, der ich hier am Fußende des Bettes stand und wie erstarrt den Sterbenden betrachtete. Sie sagten: »Sie sind also der Wunderdoktor? Worauf warten Sie noch? Tun Sie Ihr Wunder.«

Aber unter ihnen war einer, der sehr anständig war. Er nahm mich beiseite, duzte mich, da ich noch so jung war, und sagte: »Hör auf mich und kümmere dich nicht um den da, der in einer oder spätestens in drei Stunden tot sein wird. Seit zwei Tagen uriniert er nicht mehr. Der Fall wird dir nur Scherereien einbringen.«

Ich kannte Varnas Zustand, denn ich war von denen, die mich hergerufen hatten, informiert worden: »Er liegt im Urämiekoma. Der Prozentsatz an Harnstoff im Blut ist tödlich. Seine Nieren sind total lahmgelegt.« Aber ich war trotzdem gekommen. War ich verrückt, oder was war mit mir los? Für wen hielt ich mich eigentlich? Für Jesus, der die Toten erweckt?

In dem Wagen, den ich gemietet hatte, um schneller hier zu sein, hatte ich Schwalbenkraut, Besenginster und Rolandsdistel mitgebracht, die im amtlichen Arzneibuch der Pflanzenheilkunde als spezifisches Mittel gegen Urämie genannt wird. In den ersten Herbstwinden lösen sich die Köpfchen dieser Rolandsdistel, die sehr zahlreich sind, schwärmen aus und verstreuen ihren Samen. Wenn der Wind die roten Blätter vor sich hertrieb, habe ich oft meinen Vater sagen hören: »Das ist der große Aufbruch der Disteln, die von Gott weiß woher kommen und Gott weiß wohin gehen . . .« Ich benütze ihre Wurzeln, die von den Ärzten als Mittel gegen chronische Nierenentzündung anerkannt worden sind.

Das war alles, was ich im Kampf gegen den Tod einzusetzen hatte. Und nun stand ich da und sah diesen Mann an und fragte mich immer wieder, was ich eigentlich hier suchte. Vielleicht war ich vermessen, und Gott würde mich strafen.

»Er wird sterben!« Mir war der Hals wie zugeschnürt. Noch nie hatte ich einen Toten gesehen. Seine Augen unter den geschlossenen Lidern waren geschwollen. Wahrscheinlich würde ich den Blick dieses Mannes nie mehr sehen. Seine Lippen waren eingefallen, und sein halboffener Mund bildete ein schwarzes Loch in der weißen Maske seines Gesichts. Seine blutleeren Hände lagen wie tote Gegenstände auf dem Leintuch ...

Er wird sterben? Soll ich ihn noch behandeln? Oder lohnt es sich nicht mehr? Wenn ich gehe, tut das meinem Ruf keinen Abbruch. Keiner erwartet Wunder von mir. Behandle ich ihn aber und stirbt er dennoch, so kann es mir nur schaden, ich würde mich lächerlich machen. Die Ärzte, die sich doch besser auskennen als ich, haben ihn aufgegeben, also ...? Ich war ganz benommen, als ich einen von ihnen plötzlich sagen hörte:

»Glauben Sie, ihn zum Urinieren zu bringen?«

»Ja.«

»Dann würden Sie ein Wunder vollbringen.«

Ich hätte ihnen antworten können: »Wunder suchen die Katholiken in Lourdes, die Mohammedaner in Mekka, die Buddhisten an den Ufern des Ganges, die Israeliten an der Klagemauer; ich bin nur ein Mensch, und deshalb gehe ich.« Aber ich sagte: »Ich übernehme die Verantwortung und werde ihn behandeln.«

In mir war plötzlich eine Macht, die mir versicherte: »Du wirst ihn heilen!« Außerdem dachte ich: »Wenn du es nicht versuchst, bist du ein Feigling; du belügst dich selbst. Du bist Heilpraktiker und hast kein Selbstvertrauen!«

Ich nahm einen Wattebausch, tauchte ihn in meine Essenz und preßte ihn gegen seine Nieren. Er spürte schon nichts mehr. Er war aufgequollen, Leib und Beine waren voller Wasser. Ich wartete.

Ich glaube, dies war die längste halbe Stunde meines Lebens. Ich beobachtete seine Atmung; das Bettuch bewegte sich kaum. Bliebe das Herz jetzt stehen, wäre alles aus. Die anderen waren hinausgegangen, allein stand ich am Bett dieses Unbekannten, fast schon Toten. Eine halbe Stunde später gab er ein halbes Glas Urin von sich! Die Schwester meinte: »Das ist ein Wunder!«

Eine Stunde später: ein volles Glas, vier Stunden später sieben bis acht Liter!

Das liegt jetzt dreiundzwanzig Jahre zurück, und er lebt noch immer. Als er wieder zu sich kam, hat man ihm natürlich alles erzählt. Erst seit einigen Jahren tritt er nicht mehr als Zeuge in meinen Prozessen auf, denn inzwischen ist er fünfundachtzig geworden!

Ich nahm mir vor, mir von nun an keine Gewissensfragen mehr zu stellen, sondern lieber zu sagen: »Er ist verloren, also muß ich alles versuchen!« Und wenn unter zehn Milliarden auch nur eine einzige winzige Chance besteht, muß ich es versuchen. Pflanzen können heilen, aber zu töten vermögen sie nicht. Und wenn alles versucht worden ist und die Medizin einen Menschen aufgibt, dann bin ich an der Reihe ...

Kurz nachdem ich nach Nizza zurückgekehrt war, suchte mich ein Pariser Ingenieur, Monsieur Rameau, auf. Er litt unter erheblichen Atembeschwerden. Nach jedem Satz hielt er inne und rang nach Luft.

»Monsieur, ich bin zu Ihnen gekommen, weil ich Sie als meine letzte Chance betrachte. Vor Ihnen habe ich alle Größen der Medizin aufgesucht. Auf Grund meines Temperamentes und meiner Erziehung neige ich absolut nicht dazu, Empirikern irgendwelcher Art zu vertrauen. Da die Ärzte sich aber für nicht zuständig erklären – ihnen fällt in meinem Fall einfach nichts mehr ein –, bleiben mir nur mehr Männer wie Sie. Und Sie speziell habe ich ausgewählt, weil Sie nicht eine ›Gabe‹, sondern Pflanzen ins Feld führen. Die lasse ich als wissenschaftliche Basis noch gelten.«

Dieser Mann strahlte trotz seiner quälenden Krankheit noch ungeheure Energie aus.

»Ich wurde in Ypern gasvergiftet, und seit mehr als dreißig Jahren leide ich an chronischem Asthma. Meine Anfälle sind von einer derartigen Heftigkeit, daß ich meinen Beruf nicht mehr ausüben konnte. Ich leide ständig an Erstickungsanfällen. Ich schlafe im Sitzen, auf einem Stuhl. Zu leben kostet mich eine derartig übermenschliche Energie, daß ich schon oft mit dem Gedanken gespielt habe, mir das Leben zu nehmen.«

Ich resümiere hier die Klage dieses Mannes, die in Wirklichkeit länger als eine Stunde gedauert hat. Man fühlte, daß er psychisch und physisch am Ende seiner Kräfte war.

Mein Pendel würde mir hier nichts nützen. Im übrigen hätte ich längst darauf verzichten können. Es bestärkte nur mehr meine Vermutungen, war eine Art sechster Sinn. Selbst die Ärzte sind auf ihre Intuition angewiesen, vor allem jene, die glänzende Diagnostiker sind. Häufig haben ihre Erfahrung, ihre Wissenschaft und all ihre Laboruntersuchungen nur den einen Sinn, die erste

Diagnose, die sie beim Anblick des Patienten sofort gestellt haben, zu bestätigen.

Im Fall von Monsieur Rameau konnte mein Pendel mir nur behilflich sein, die richtigen Dosierungen vorzunehmen. Meine Pflanzenmischungen stecken in Reagenzgläschen; über diesen lasse ich mein Pendel kreisen, während ich selbst in körperlichem Kontakt mit dem Kranken bleibe; und nach seiner Oszillation wähle ich dann meine Dosierungen. Natürlich halte ich mein Pendel nicht über irgendwelche Pflanzen, sondern ich treffe vorher eine erste Auswahl, die ich dann modifiziere.

Asthma ist eine Krankheit mit vielen Fragezeichen, und oft tappt man lange im dunkeln, bevor man den ersten Erfolg verzeichnen kann.

In diesem Fall waren krampflösende Mittel am vordringlichsten, also wählte ich Lavendel, Wiesensalbei, Schwalbenkraut und Klatschmohn. Thymian hat eine starke Wirkung auf die Atmungsorgane, insbesondere bei feuchtem Asthma, daher mischte ich ihn mit Petersilie, die ein hervorragendes Expektorans ist. Schließlich erhöhte ich die Dosis von »kriechendem Efeu«, der mit dem kletternden Efeu nichts gemeinsam hat. Er ist eine kleine, hübsche und bescheidene Pflanze. Ich benützte nur ihre Stengel. Im 17. Jahrhundert schrieben ihr zahlreiche Ärzte eine heilsame Wirkung bei Schwindsucht zu, die sie sicherlich nicht besitzt. 1876 jedoch bestätigte Dr. F. J. Cazin, einer der hervorragendsten modernen Sachverständigen, chronische Lungenleiden einzig und allein mit diesem »kriechenden Efeu«, den man in der Botanik Gundermann nennt, geheilt zu haben. Auch meinen Vater hatte ich Erkrankungen der Atemwege immer mit diesem Efeu, den er das »rundliche Pflänzchen« nannte, heilen sehen.

Nach einer halben Stunde konnte ich meinem Patienten sein »Rezept« überreichen, das ihm Fußbäder verordnete. Er las es und sah mich an: »Monsieur, glauben Sie wirklich, daß ich damit zumindest eine Erleichterung verspüren werde?«

Er unterbrach sich und fuhr dann bescheiden fort:

»Das ist ja alles, was ich verlange!«

»Sie können darauf hoffen!«

»Monsieur, ich halte Sie für einen aufrichtigen Mann. Sie sagen das nicht nur so dahin?«

»Nein, ich hoffe es wirklich.«

Einige Wochen später empfand Monsieur Rameau eine eindeutige Erleichterung. Weder er noch ich wagten daran zu glauben.

Bei Asthma sind Rückfälle sehr häufig, vor allem, sobald man ein neues Behandlungsverfahren anwendet. Bei ihm aber hielt die Besserung an und stabilisierte sich. Drei Monate nach seinem ersten Besuch kam er wieder:

»Inzwischen glaube ich an eine echte Besserung, und ich bin gekommen, um Ihnen zu danken. Ich kann Ihnen versichern, daß Sie nicht an einen Undankbaren geraten sind . . .«

Obwohl ich in diesem Beruf ein Anfänger war, kannte ich diese Art von Phrasen genau. Sie waren meist nur leere Worte.

Erst viel später sollte ich erfahren, daß Rameau – er war inzwischen mein Freund geworden – einer Wochenzeitung mit beachtlicher Auflage folgenden Brief geschrieben hatte:

»Im Ersten Weltkrieg gasvergiftet, litt ich seitdem an einem derartigen Asthma, daß ich seit 1920 gezwungen war, meinen Beruf ganz aufzugeben. Vor einiger Zeit waren meinc Qualen so unerträglich geworden, daß die Ärzte mir rieten, alles, was mir nützlich schien, zu versuchen. Dank einer Behandlung mit Pflanzen vermochte Maurice Mességué mich zu heilen. Mein Zustand hat sich derartig gebessert, daß ich sogar daran denke, meine Arbeit wiederaufzunehmen. Ich bin Beamter und daher wenig geneigt, etwas anzuerkennen, was unorthodox ist. Aber mein Gewissen sagt mir, daß ich diese meine Heilung bekanntmachen muß. Haben wir, Sie und ich, das Recht, Menschen leiden zu lassen, wenn sie eine echte Chance haben, geheilt zu werden? Ich war einer von ihnen.«

Dieser Brief sollte Folgen haben. Er hat sogar dazu beigetragen, daß man mir meinen ersten Prozeß machte. Ich hatte nur mehr wenige ruhige Monate vor mir. Wenn man dieses aktive Leben, das ich zwischen Nizza und Menton und dem Pflücken meiner »Gräser« teilen mußte, überhaupt ruhig nennen kann. Dennoch fand ich Zeit, meine Mutter zu mir kommen zu lassen.

Sobald ich wußte, daß ich mit zehn Patienten pro Tag rechnen konnte, schrieb ich ihr: »Leg Deine Schürze weg, Du bist nicht mehr die Dienstmagd anderer Leute. Komm zu mir.« Sie, die sich jahrelang abgearbeitet hatte, sollte endlich die Ruhe kennenlernen. Glücklich und schüchtern kam sie dann. Anfangs regte sie sich ein wenig auf, als sie erfuhr, daß sowohl in Menton als auch in der Avenue Durante immer mehr Menschen auf mich warteten. Sie war beunruhigt:

»Mein Kleiner, ist das auch wirklich alles seriös? Und wenn diese Leute dir eines Tages was antun?«

Wie alle Mütter, hatte sie immer Angst um mich. Sie war bei mir, wohnte aber nicht in meiner Wohnung, da diese zu klein war. Ich hatte ihr ein Zimmer gemietet, und sie war glücklich.

Sie sagte: »Wie eine Dame lebe ich auf einmal, in der Sonne, mit all diesen Blumen! Ob das wohl richtig ist?«

Das Leben hatte sie so richtig hart angefaßt, daß sie immer von einer Art Furcht, einer Unruhe erfüllt ist, die sie auch heute noch nicht abgelegt hat. Das geht so weit, daß ich ihr verschweige, wenn ich mit der »großen Welt« zu Abend esse. Mein gesellschaftlicher Aufstieg erschreckte sie ein wenig. Sie ist die bescheidene Bäuerin aus Gavarret geblieben, Camilles Frau.

Einige Wochen waren seit dem letzten Besuch Rameaus vergangen, als ich das junge Mädchen kennenlernte, das meinem Leben eine entscheidende Wendung geben sollte: Anne-Marie M.

Als sie in meine Praxis nach Menton kam, dachte ich: »Das ist doch nicht möglich, daß sie damit zu mir kommt!«

Sie war ein hübsches, frisches, rundliches, junges Mädchen, gesund und lebensstrotzend wie eine Pflanze aus dem Süden Frankreichs. Ein Arm jedoch war verkrüppelt und hing, leicht nach innen gebogen wie der Flügel eines verletzten Vögelchens, an ihr herab; das zwang sie, den Kopf immer ein wenig seitwärts zu neigen.

»Monsieur, ich bin hier, weil mein Vater, der bei der Post angestellt ist, gehört hat, daß Sie so was wie ein Heilpraktiker sind. Und deswegen . . . Sie verstehen . . .«

Sie zeigte mir ihren Arm. Und ob ich verstand!

»Sie werden mir doch helfen? Sie lassen mich nicht weiter so herumlaufen. Ich bin neunzehn, wissen Sie . . .«

»Haben Sie schon mit Ärzten gesprochen, Mademoiselle?«

»Ja und ob! Bis Lyon bin ich gefahren, damit sie mich nicht weiter so herumlaufen lassen . . . Zuerst haben sie gesagt: ›Das wird sich geben, sobald sie älter ist.‹ Und jetzt heißt es: ›Man muß abwarten.‹ Was abwarten? Ich habe keine Geduld mehr, Monsieur! Sagen Sie mir, glauben Sie, daß ich so einen Mann finden werde?«

Die Tränen standen ihr in den Augen, sie vermied, das Wort Arm auszusprechen. Ich hatte nicht den Mut, ihr zu sagen: »Mademoiselle, ich kann nichts für Sie tun. Meine Pflanzen sind zwar ebenso stark, schlicht und schön wie Sie, aber Wunder vollbringen können sie nicht.«

»Diesen . . . diesen Unfall hatten Sie wann?«

»Das ist kein Unfall, das ist ein Geburtsfehler.«

Was war zu behandeln? Die Nerven? Bestimmt, aber dann?

»Monsieur, Sie stehen rum und denken nach, genau wie die anderen. Sie wollen mich doch nicht auch im Stich lassen! Sagen Sie, werden Sie etwas versuchen?«

Ja, sie hatte recht, ich mußte alles versuchen.

»Tut Ihnen der Arm weh?«

»Ja, wenn das Wetter umschlägt.«

Er war also nicht völlig gefühllos.

»Aber ich spüre nur Schmerzen in den Knochen. Mit Nadeln haben sie mich gekratzt und gestochen, aber ich habe absolut nichts gefühlt.«

Meine Gedanken überstürzten sich; Rheumatismus, Schmerzen: Thymian, Brennessel, Klette und Petersilie wegen ihrer diuretischen Eigenschaften. Antispastische, entspannende Mittel; um auf die Nervenwurzeln einzuwirken: römische Kamille. Leichte Beruhigungsmittel: Weißdorn, Linde, damit sie, was sehr wichtig war, besser schlafen und sich somit intensiver entspannen würde. Dann kam die Atrophie an die Reihe, sie ist eine Art Rachitis. Also Schachtelhalm. (Auch Tieren, die sich kaum aufrecht halten können, ja sogar umfallen, gibt man Schachtelhalm, vermischt mit Kohl und Kresse, die ebenfalls anerkannte und wirkungsvolle Stimulanzien bei der Bekämpfung von Anämie sind.) Ich entschloß mich, ihn mit Zwiebeln und der Wurzel von gelbem Enzian zu mischen.

Die Auswahl dieser Pflanzen entsprach schon fast einem klinischen Bild. Aber würde das alles genügen? Die Natur selbst hatte dieses junge Ding mißgestaltet. Würde es mir gelingen, Natur gegen Natur auszuspielen?

Ich verordnete ihr heiße Breiumschläge, Hand- und Fußbäder.

»Wann soll ich wiederkommen?«

»In drei Monaten, nach Ende der Behandlung, jedoch früher, wenn Sie auch nur die geringste Besserung verspüren.«

»Oh! Danke, Monsieur, ich werde sofort kommen! Darf ich Sie dann wirklich belästigen?«

»Ja natürlich, zögern Sie nicht.«

»Monsieur, Sie haben mir wieder Hoffnung gemacht!«

Ich fürchtete, daß es dabei bleiben würde.

Eines Tages, es war kurz nach fünfzehn Uhr, öffnete ich meine Tür, um »den Nächsten« hereinzubitten. Ein großer, schlanker, junger Mann ging – auf den Ausgang zu.

»Monsieur, wohin gehen Sie?«
»Ich gehe weg.«
»Sie haben es aber sehr eilig.«
»Nein, aber ich brauche Sie nicht mehr zu sehen.«
»Möchten Sie nun hereinkommen oder nicht?«
Ich hasse Frechheiten.
»Sind Sie geheilt?«
»Nein, ich war gar nicht krank. Aber jetzt weiß ich, was ich wissen wollte.«
»Worüber?«
»Über Ihre Tätigkeit.«
»Aber wer sind Sie denn?«
»Henri Mari, Journalist.«
Als die Pariser Wochenzeitung den Brief Rameaus erhalten hatte, beauftragte sie einen ihrer Lokalreporter, mich aufzusuchen und einige Nachforschungen anzustellen.
»Und warum gehen Sie schon wieder?«
»Weil ich durch die Tür gehört habe, wie Sie Ihrer Patientin Linden- und Orangenblütentee verordnet haben. Als ob das nicht ein Altweiberrezept wäre. Es ist ein starkes Stück, für derlei Ratschläge auch noch Geld zu nehmen.«
»Ich habe kein Geld von ihr verlangt. Ich konnte sie nur nicht behandeln.«
»Das wundert mich nicht. Ich habe es mir gleich gedacht. Da ich genug gesehen habe, gehe ich jetzt!«
»Sie haben überhaupt nichts gesehen.«
Ich hätte ihn hinausschmeißen können. Aber merkwürdigerweise war ich nicht wütend, und dieser vor aufrichtiger Entrüstung glühende Bursche war mir sympathisch.
»Kommen Sie und setzen Sie sich neben mich, wie ein Assistent, und am Schluß werden Sie dann vielleicht etwas ›gesehen‹ haben.«
Und ich ließ den nächsten Patienten eintreten.
Es fällt schwer, mit den Leuten zu sprechen, ihnen zuzuhören und sie zu verstehen, wenn man sich beobachtet und beurteilt fühlt. Es erleichtert einem die Arbeit nicht gerade, wenn ein Fremder zuschaut, wie man über einem Patienten ein Pendel kreisen läßt. Welch alberner Hochmut hatte mich nur dazu veranlaßt, diesen ironisch lächelnden jungen Burschen hier neben mich zu setzen?
»Ich habe solche Schmerzen im Rücken, da, in der Nierenge-

gend. Ich habe schon alles mögliche unternommen, aber nichts hilft. Außerdem brennt mich was in der Magenhöhle. Und meinen rechten Arm kann ich nur schlecht bewegen . . .«

Der arme Kerl machte sich langsam lächerlich, und ich dachte: »Wenn er jetzt auch noch von seinen Füßen anfängt, breche ich bestimmt in Gelächter aus!« Ich muß ziemlich nervös gewesen sein, denn solche Gedanken kämen mir ansonsten nie! Ich hatte nur einen Wunsch: ihn loszuwerden! Ich drückte ihm ein Fläschchen meiner Essenz gegen Rheuma in die Hand, fügte noch ein Beruhigungsmittel, den Klatschmohn, und die magenstärkende Minze hinzu und begleitete ihn zur Tür.

Henri Mari betrachtete mich lächelnd. Ohne Zweifel machte er sich über mich lustig.

»Wissen Sie vielleicht, was ihm fehlt, Ihrem Patienten? Genausowenig wie ich! Das nennen sie also einen Beweis?«

Ich hatte keine Zeit, ihm zu antworten, denn Anne-Marie war soeben eingetreten.

»Monsieur, Sie haben mir erlaubt, jederzeit zu kommen.«

»Ja, und?«

»Ich komme, um Ihnen guten Tag zu sagen.«

Und sie streckte mir ihre – rechte Hand hin. Zwar noch nicht in normaler Höhe, aber immerhin, der Arm war nicht mehr festgeklemmt.

»Sehen Sie nur . . . Ich kann . . .«

Und sie neigte sich über meinen Tisch und ergriff einen Zettel.

»Ihre Hand . . . Sie bewegt sich ja!«

»Ja, Monsieur! Ich bin so glücklich!« Und dicke Tränen liefen über ihre Wangen; sie schluchzte wie ein kleines Mädchen.

»Das ist zu schön, zu schön . . .! Seit heute früh . . . Ich bin gerannt, gerannt . . .«

Ich schneuzte mich und wiederholte:

»Mein kleines Mädchen . . . Wie froh bin ich! . . . Erzählen Sie!«

Den Journalisten und seine Skepsis hatte ich völlig vergessen. Sollte er ruhig bleiben oder gehen, mir war's egal!

»Kann ich, vor diesem Herrn?«

»Aber natürlich!«

»Den ersten Monat hab' ich überhaupt nichts bemerkt, und mein Vater sagte schon: ›Das ist auch nur so ein Scharlatan.‹ Im zweiten Monat spürte ich ein Kribbeln im Arm, irgend etwas arbeitete in ihm und auch in der Hand. Das war mir völlig fremd . . . Und dann kam es so nach und nach. Zuerst konnte ich einen, dann zwei Finger bewegen. Jeden Tag übte ich, sagte aber niemandem etwas. Ich wollte ganz sicher sein, bevor ich zu Ihnen kam. Und jetzt sehen Sie selbst!«

»Mademoiselle, soll das heißen, daß Sie Ihren Arm und Ihre Hand nicht bewegen konnten? Und daß Sie es nach der Behandlung durch diesen Herrn jetzt plötzlich können?«

»Genau das.«

»Sind Sie ganz sicher?«

»Ob ich sicher bin? Sie haben's wohl darauf abgesehen, daß ich an mir selbst zweifle, was?! . . . Geben Sie mir doch mal Ihr Handgelenk!«

Er streckte es ihr hin, und mit schalkhaftem Blick zwickte sie ihn mehrmals.

»Spüren Sie was?«

»Und ob, Mademoiselle!«

»Na, das ist recht, ich auch. Dank Monsieur Mességué! Er hat mir das schönste Geschenk meines Lebens gemacht . . . Heute habe ich meinen zwanzigsten Geburtstag . . .«

Ja, jetzt war ich sicher: ich heilte.

12 »Mein« Präsident

Es war der 26. Juli 1948. Plakate kündigten den Kongreß der Radikalsozialistischen Partei im Casino von Nizza an.

Die Liste der »Stars« war eindrucksvoll. An erster Stelle stand der scheidende Präsident: Édouard Herriot, Bürgermeister von Lyon. Ich beschloß, ihn mir anzuhören. Nicht aus politischer Überzeugung, denn ich fühlte mich keiner Partei sonderlich verbunden. Aber wie bei jedem echten Südfranzosen neigte sich die Spitze meines Herzens ein wenig nach links.

Ich wollte Herriot hören, weil ich das Wort und die Rhetorik liebe. Ich war nicht mehr der einfältige Junge von Montauban, der sich für Politiker nicht interessierte; jetzt übten sie sogar eine ganz besondere Faszination auf mich aus. Ich hatte begriffen, daß sie Geschichte machten. Und unter all diesen Männern war für mich Herriot der Größte. Mein Großvater, der allgemein als »der Rote« galt, hatte mit Begeisterung von ihm als dem »Papst des Radikalismus« gesprochen. Er konnte seine Reden zitieren und wußte Anekdoten über ihn zu erzählen, so daß Präsident Herriot für uns zu einer legendären Gestalt wurde.

Da er nun einmal hier war, sollte ich mich wirklich damit zufriedengeben, ihm nur zuzuhören? Warum ihn nicht persönlich begrüßen? Ich war also immer noch ziemlich naiv. Befriedigt über meinen Entschluß, präsentierte ich mich einer kleinen Gruppe von Männern, die den Eingang zum Casino, dem Kongreßgebäude, bewachten.

»Guten Tag, ich möchte gerne am Kongreß teilnehmen.«

»Woher kommen Sie?«

»Von hier, aber ich stamme aus dem Gers.«

»Wo sind Ihr Abzeichen und Ihre Mitgliedskarte?«

»Ich habe keine.«

Sie betrachteten mich, ich sah wohl nicht besonders ansprechend aus, dunkel, mager wie eine Bohnenstange, mit granatrotem Polohemd und einer petrolfarbenen Hose. Anscheinend war das aber nicht die Uniform der echten Kongreßteilnehmer, denn sie verwehrten mir den Eintritt. Ich fand das weder republikanisch noch demokratisch und zog verärgert ab.

Zwei oder drei Tage später läutete es in der Avenue Durante Nummer 5. Ich öffnete und sah mich einer finsteren Gestalt gegenüber; schwarzer Anzug, blütenweißer Kragen, der so gestärkt war, daß der Kopf ganz steif darin steckte.

»Monsieur Mességué?«

»Das bin ich.«

Ich hielt ihn für einen Gerichtsdiener, denn vor kurzer Zeit hatte man mir »streng vertraulich« mitgeteilt, daß meine »Tätigkeit« gewissen Ärzten nicht paßte.

»Darf ich mich vorstellen: Friol, Kabinettsvorsteher Präsident Herriots.«

»Bitte treten Sie ein!«

Als er nun so stocksteif in meinem Zimmer auf dem kleinen Teppich stand, den ich plötzlich recht abgewetzt fand, warf Monsieur Friol einen höflich erstaunten Blick auf meine »Praxis« und sagte dann:

»Präsident Herriot möchte Sie umgehend sehen. Können wir einen Termin vereinbaren?«

Präsident Herriot! Ich war unfähig, etwas zu sagen, und Friol fuhr fort wie ein Zeremonienmeister bei vornehmen Begräbnissen:

»Da Monsieur Herriot sofort nach Kongreßschluß, unmittelbar nach seiner Wiederwahl zum Parteipräsidenten, gezwungen war, Nizza zu verlassen, müßten Sie ihn in Paris aufsuchen.«

Der Blick, mit dem er meine Wohnung musterte, war wenig schmeichelhaft. Auf völlig ungleichen Stühlen einander gegenübersitzend, sahen wir uns höflich an:

»Sie gestatten, daß ich meinen Terminkalender zu Rate ziehe. Ich habe nämlich schon sehr viele Vormerkungen. Vor allem in Menton.«

»Daran zweifle ich keineswegs. Aber der Präsident kann nicht reisen, und um ihn zu untersuchen, haben Sie es in Paris auch viel bequemer. Ich werde Ihnen die Fahrkarte für den Abendzug bringen lassen. Am Gare de Lyon wird Sie ein Wagen erwarten und . . .«

Er senkte den Blick und sah auf meine Schuhe! Ich trug vergilbte, verschlissene Tennisschuhe.

»Über Ihre Auslagen brauchen Sie sich keine Sorgen zu machen, ich habe diesbezügliche Instruktionen erhalten.«

Ich war rot geworden. Es war ja meine eigene Schuld, schließlich verdiente ich genug, um mir anständige Schuhe kaufen zu können; ich dachte einfach nie daran.

Nachdem sich die Tür hinter Friol geschlossen hatte, versuchte ich, meine Gedanken, die völlig durcheinandergeraten waren, zu sammeln. Ich sollte Präsident Édouard Herriot behandeln?!

Vermutlich ging es um eine Gewichtsabnahme. Er stand im Ruf, ein großer Esser zu sein. Wahrscheinlich war die Leber zu beachten, vielleicht quälten ihn auch Arthritis und Rheuma . . . Wenn es aber etwas anderes wäre?

Ich bin kein Apotheker, der ein Mittel aus dem Regal holt und es mitnimmt. Obwohl ich über gewisse Grundessenzen verfüge, sind sie doch von Fall zu Fall zu verändern. Manchmal kann ich sie daher den Patienten erst vierundzwanzig oder achtundvierzig Stunden später geben, denn diese Zeit benötige ich zur Herstellung der Essenzen.

In dem mir fremden Paris konnte ich doch nicht irgendwelche Ladenhüter von Gräsern kaufen, die zwei Drittel ihrer Kraft bereits verloren hätten. Ich brauchte meine eigenen, nur ihnen konnte ich vertrauen. Also ergriff ich einen Koffer und füllte ihn bis oben hin mit meinen Pflanzen und Fläschchen an.

Mit meinen Pflanzen im Koffer und meiner persönlichen Habe in einer Tasche fand ich mich zwei Stunden vor Abfahrt des Zuges am Bahnhof ein. Die Bauern aus dem Gers kommen nämlich immer zu früh! Und trotz aller guten Ratschläge der »Miss« war ich an jenem Tag eindeutig wieder ein Bauer!

Ich fuhr erster Klasse. Das war ein ganz neues Erlebnis! Die Menschen waren hochnäsiger und weniger leutselig als in der zweiten, und niemand hielt einen Korb mit Reiseproviant auf den Knien. Ich war unruhig, bewachte meinen Koffer und fürchtete ständig, daß man ihn mir nachts auf einer Station stehlen würde.

Obwohl ich es mir immer wieder vorsagte, ging es mir einfach nicht in den Kopf, daß ich auf dem Weg zu Herriot war. Aber was mich am meisten quälte, war meine Unkenntnis seiner Krankheit. Ich hätte mich gerne darauf vorbereitet. »Würde ich Erfolg haben? Wenn ich versage, wie werde ich dann dastehen?«

Noch etwas anderes konnte ich mir nicht erklären: Wie hatte Herriot von meiner Existenz erfahren? Ich konnte mir nicht vorstellen, daß er die Boulevardpresse las, in der von mir die Rede gewesen war. Oder hatte mich jemand empfohlen? Wer konnte das sein? Ich kannte niemand in diesen Kreisen. All das erregte mich so sehr, daß ich erst lange nach Lyon einschlief.

Als ich den Gare de Lyon verließ, sah ich diese Stadt, die Paris hieß, und spürte sofort, daß ich sie nie verstehen würde. Sie war zu groß. Daß sie schön war, bemerkte ich jedoch, als ich sie in dem Wagen, der mich abgeholt hatte, durchfuhr. Diese Stadt besaß eine Seele, das war nicht zu leugnen, aber sie sprach weder mein Ohr noch mein Herz an. Wir fuhren die Quais entlang, überquerten die Seine, die ich ziemlich grau fand, und hielten schließlich vor dem Hôtel de Lassay, einer kleinen, hübschen Villa aus dem 18. Jahrhundert.

An diesem Tag sah ich jedoch überhaupt nichts; ich fühlte mich schmutzig und verknittert. Im Zug hatte ich flüchtig Toilette gemacht, aber viel war dabei nicht herausgekommen. Der Chauffeur hatte Anweisung, mich sofort zum Präsidenten zu führen. An der Tür wußte ich jedoch nicht recht, wo ich meinen Koffer lassen sollte; ich konnte ja nicht gut mit meinem Gepäck in der Hand eintreten!

»Stellen Sie daß nur dorthin«, befahl mir eine kleine, hagere und sehr energische Sechzigerin. Ihrem Blick entging nichts.

»Kommen Sie, folgen Sie mir . . .«

Das war der Ton einer Frau, die schon ganze Scharen hier hatte vorbeidefilieren sehen! Ich betrat das Schlafzimmer des Präsidenten. Zunächst einmal blieb mir die Luft weg. Ein großer, mit antiken Möbeln angefüllter Raum, in dem überall Zeitungen, Bücher und Kleidungsstücke aufeinandergestapelt waren. Die Schubladen der Kommoden standen offen. Und auf seinem Bett, wie eine Insel aus

Fleisch auf einem Ozean von Bettüchern: der Präsident!

Auf diesen Anblick war ich nicht vorbereitet gewesen. Ich hatte »den Bürgermeister der Stadt Lyon«, »den Präsidenten der Nationalversammlung«, den Mann, der nach der Befreiung Frankreichs das Amt des Präsidenten der Republik abgelehnt hatte, den Biographen Beethovens und Madame Récamiers, den Literaten, den Gebildeten, den kultivierten Plauderer erwartet! Aber »der Präsident«, den ich hier vor mir hatte, hockte, spärlich mit einem kurzen, verknitterten Nachthemd bekleidet, auf seinem Bett.

Er sah mich an. Lebhafte, schalkhafte, unter schwarzen Brauen ein wenig versteckte Augen, ein kräftiger und zugleich gütiger, stark ausgeprägter Mund unter einem kurzen Schnurrbart. Die dichte Bürste seiner Haare verkürzte seine breite Stirn, die von tief eingegrabenen Falten durchzogen war. Ein gewaltiges Schauspiel, das dennoch beruhigte.

Um ihn herum standen Männer von gewichtigem, fast strengem Aussehen. Die Deputierten, die Ärzte waren.

Ich wartete, obwohl ich nicht recht wußte, worauf.

»Darf ich Ihnen den Heilpraktiker vorstellen, den Camaret mir empfohlen hat.«

Dieser Name war eine Erlösung, all meine Befürchtungen zerstreuten sich.

»Treten Sie näher, Mességué. Wie jung dieser Kerl doch ist! Begrüßen Sie diese Herren. Sie sind es, die mein Rheuma seit Jahren sorgfältig am Leben erhalten. Schauen Sie sie gut an: das ist die schlimmste Bande, die ich mir vorstellen kann; noch schlimmer als die Kommunisten!«

In ihren kalten, ironischen Blicken las ich: »Ein Scharlatan! So weit ist es also mit dem Präsidenten gekommen! Er wird alt.«

Würdevoll verließen sie das Zimmer, und ich blieb mit Édouard Herriot allein. Da setzten sich meine Gedanken auch schon in Bewegung. Die Diagnose war klar.

»Mon Président« – ich wußte damals nicht, daß man »Herr Präsident« oder unter Gleichgestellten »Präsident« sagt –, »wiegen Sie sich oft?«

»Nie, mein Lieber! Ich verabscheue es geradezu, mir selbst weh zu tun!«

Obwohl ich – respektvoll – ein Pendel über ihm kreisen ließ, stellte ich ihm Fragen.

»Was essen Sie zum Frühstück?«

»Einige Croissants und einen guten Milchkaffee.«

Nach der Anzahl fragte ich vorsichtshalber nicht.

»Aperitif?«

»Nicht übermäßig.«

»Mittagessen?«

»Wissen Sie, ich stamme aus Troyes, dem Städtchen am Rande der Champagne, und ich bin Wahllyoneser; das verpflichtet mich zu gewissen ›Opfern‹, die aber ziemlich viel Vergnügen bereiten. Können Sie sich einen Bürgermeister von Lyon vorstellen, der nicht seine Nationalgerichte, Burgunder und ähnliche Köstlichkeiten zu schätzen wüßte? Ich würde ja meine Stellung verlieren!«

»Wie viele Stunden täglich arbeiten Sie?«

»Mein Lieber, ich zähle nie etwas.«

»Die Frauen auch nicht?«

»Ich führe weder über Zeit, Geld noch Schönheit Buch!«

»Aber es tut Ihnen hier, da und da weh!«

Unbarmherzig drückte ich auf seine schmerzenden Stellen. Er war tapfer. Aber in seinen Augen stand die angsterfüllte Frage aller Kranken:

»Was werden Sie für mich tun können?«

»Ihnen zunächst einmal Erleichterung verschaffen, und Sie werden sehen, in einigen Wochen brauchen Sie keinen Stock mehr. Sie werden ein ganz normales Leben führen, nur müssen Sie morgens und abends je ein Fußbad nehmen. Morgen bringe ich Ihnen ein Fläschchen Essenz.«

»Und Ihre Bäder werden mich von meinen Schmerzen befreien?«

»Mein Vater hat damit immer gute Resultate erzielt.«

»Warum können Sie mir Ihren Wundertrank nicht sofort geben?«

»Mon Président, ich muß ihn erst speziell für Sie zubereiten.«

»Geben Sie denn nicht allen Rheumakranken dasselbe?«

»Nein. Während ich das Pendel über Ihnen kreisen ließ, habe ich gleichzeitig, mit Hilfe dieser Reagenzgläschen, die Pflanzen getestet, die ihnen helfen werden.«

»Und wo werden Sie die kaufen?«

Als er erfuhr, daß ich einen Koffer voll Pflanzen mit mir herumschleppte, brach er in schallendes Lachen aus. Sein ganzer riesiger Körper bebte.

»Ich glaube an Sie, Sie sind so aufrichtig.«

»Sie sind so aufrichtig!« Einige Stunden später ging mir dieser Satz immer noch im Kopf herum. Ich hatte meinen Pflanzenkoffer geöffnet und versuchte, meine Dosierungen zusammenzustellen. Ich hatte den Präsidenten belogen. Die Bäder genügten nicht, er müßte eine strenge Diät einhalten, und ich hatte es nicht zu sagen gewagt. Ich hatte Angst gehabt, meinen Patienten zu verlieren. Und ich empfand Beschämung. Wie schnell das doch ging, daß man sich den Kopf verdrehen ließ!

Vielleicht würde ich meinem Patienten Linderung verschaffen können, und vielleicht würde mir darauf ein wenig Ruhm erwachsen. Aber an diesem Abend beschloß ich, jedes Gefühl der Eitelkeit auszuschalten; einen berühmten Mann zu behandeln ist um nichts verdienstvoller als einen ganz gewöhnlichen.

Mir blieb also noch die Vorbereitung der Essenz. Bei Herriot ging es erst in zweiter Linie um die Linderung der Schmerzen. Ich widmete meine ganze Aufmerksamkeit und Sorgfalt den reinen Diuretika: Schachtelhalm, Kirschenstiele und Maisnarben – jenen Pflanzen, die zugleich auf Rheumatismus einwirken: Klette, Zwiebel, Geißbart und Löwenzahnwurzel.

Es ist manchmal recht schwierig zu entscheiden, welches Diuretikum für den Patienten am wirksamsten ist. Manche Pflanzen haben sehr komplexe Eigenschaften und wirken in ganz verschiedener Weise. Das ist etwa bei der Zwiebel der Fall, die diuretisch, stimulierend, antiskorbutisch, antiseptisch, antirheumatisch, lösend und expektorierend wirkt. Da man sie aber auch hervorragend gegen Verstopfung, Fermentationsprozesse im Darm, Verbrennungen, Wunden und Nagelekzeme verwenden kann, möchte man sie für ein völlig unschädliches Allheilmittel halten. Aber das ist falsch! Bei Sanguinikern, Cholerikern und Personen, die anfällig für Hämorrhagien sind, sowie bei Hautausschlägen ist sie (nach Dr. F. J. Cazin) kontraindiziert. Auch Leber- und Gallenleidende vertragen sie nicht immer. Relativ junge Untersuchungen haben bewiesen, daß sie durch ihren hohen Schwefelgehalt zwar gegen Rheumatismus wirksam, jedoch bei Leberkranken, die gegen Schwefel allergisch sind, durchaus schädlich sein kann.

Auch an jenem Abend stellte mich die Zwiebel vor Probleme. Auf Grund ihrer starken diuretischen Wirkung hatte sie bei Urämiekranken die Stauung in den Nieren zu lösen vermocht; als Antirheumatikum hervorragend, konnte ihre Wirkung jedoch verringert, ja sogar ins Negative verkehrt werden, wenn die Leber des Präsidenten sie nicht vertrug.

Das Pendel hatte zwar positiv reagiert; da es aber für mich kein Zauberinstrument und daher nicht unfehlbar war, ließ ich die Zwiebel schließlich doch beiseite.

Beim Gedanken an den nächsten Morgen, an dem ich gezwungen sein würde, dem Präsidenten auch gegen seinen Willen eine Diät zu verordnen, verbrachte ich trotz des komfortablen Zimmers eine miserable Nacht.

Am nächsten Morgen fragte mich Césarine, der gute Geist Herriots, schon ein wenig vertraulicher:

»Was werden Sie denn Monsieur Herriot verordnen?«

»Diät.«

»Mein armer Junge, da können Sie gleich Ihren Koffer nehmen und verschwinden. Er wird nie Diät halten!«

Der Präsident sah leidend aus.

»Geben Sie schnell Ihr Fläschchen her!«

Er packte es hastig und mit seinen kurzen, kräftigen Fingern. »Ob da wohl was drin ist, was man an mir noch nicht ausprobiert hat?«

»Ich weiß es nicht; viele Medikamente bestehen aus pflanzlichen Bestandteilen. Sicher bin ich nur in einem: Sie werden nicht die geringste Spur von chemischen Zusätzen darin entdecken. Meine ›Kräuter‹ sind in der Erde frei herangewachsen, dort, wo die Natur sie hingesetzt hat. Sie waren glückliche Pflanzen, und das ist sehr wichtig. Wenn man glücklich ist, ist man auch gut ...«

»Gar nicht dumm, was Sie da sagen, und außerdem klingt es hübsch. Sie werden mich also heilen?«

»Nein, mon Président, aber Ihnen Linderung verschaffen.«

»Interessiert es Sie, daß mein Rheumatismus weder infektiös noch chronisch ist?«

»Sehr wenig, denn ich bin kein Arzt. Ich werde nicht in erster Linie Ihre speziellen rheumatischen Beschwerden behandeln, sondern Sie selbst.«

»Was wollen Sie damit sagen?«

»Daß ich zunächst den Kranken behandle und dann erst die Krankheit. Ihren Rheumatismus haben Sie sich selbst zuzuschreiben, denn Sie essen zu gut und zu üppig. Ihr Gewicht belastet Sie und fordert Ihrem Körper ständig eine übergroße Kraftanstrengung ab. Da Sie immerzu sitzen, sind Sie innerlich schon völlig vergiftet. Und wenn Sie weiterhin schwere Gerichte essen, werden Sie niemals eine Besserung verspüren. Auch ich esse gern Gänseleberpastete, aber ich esse sie nicht jeden Tag. Lassen Sie jede zweite Mahlzeit aus, nach Möglichkeit das Abendessen und ersetzen Sie es durch Lauchbouillon und gewürzten Spinat. Dazu trinken Sie am besten Wasser.«

»Das werden Sie mir doch nicht antun! Das ist Mord, und ich

soll Ihr Komplize sein!«

Césarine hatte recht, so kam ich nicht zum Ziel. Ich muß sehr bestürzt ausgesehen haben, denn Herriot tätschelte mir liebevoll die Hand:

»Machen Sie nicht so ein Gesicht; ich gehorche ja, das verspreche ich Ihnen. Césarine wird sich besonders freuen, denn seit einer Ewigkeit liegt sie mir schon in den Ohren mit ihrem ›Halten Sie Diät! . . .‹«

Zwei Monate später ging Herriot ohne Stock und hatte zehn Kilo abgenommen!

Da ich meines Präsidenten wegen aber keinen anderen Patienten benachteiligen wollte, war ich gezwungen, zwischen Lyon, Paris und Nizza hin und her zu fahren. Das war anstrengend und zugleich deprimierend, denn er nahm zusehends wieder an Gewicht zu. Mein Triumph sollte nur von kurzer Dauer sein! Nach zwei Monaten mußten wir wieder von vorne beginnen; der Präsident hatte die zehn Kilo wieder angesetzt!«

»Mon Président, halten Sie Ihre Diät auch ein?«

»Mein lieber Mességué, wie können Sie daran zweifeln? Sie können ja Césarine fragen . . .«

Aber das war überflüssig, denn sie hatte mir schon gesagt:

»Mein armer Junge, es lohnt sich wirklich nicht, daß ich ihm eine feine Gemüsesuppe koche, sie ihm appetitlich anrichte, damit er sie – Grimassen schneidend – schließlich ißt. Er betrügt Sie und mich. Ich habe einen sehr leisen Schlaf, und so hörte ich gestern nacht ein Geräusch aus meiner Küche. Ich schlich mich hin, und was sehe ich? Unser Präsident saß ganz friedlich an einem Eckchen des Küchentischs und verspeiste seelenruhig eine ganze Büchse Gänseleberpastete mit Brot und trank ein feines Schlückchen Burgunder dazu . . .«

Césarine war jedoch nicht die einzige, die mich über Herriots »Ausschweifungen« auf dem laufenden hielt. Auch Monsieur Friol hatte mich – auf etwas diplomatischere Art – bereits informiert:

»Wissen Sie übrigens, mein Lieber, warum der Präsident lieber mit dem Wagen als mit dem Zug nach Lyon fährt? Um an der Côte d'Or, bei Dumaine, eine gastronomische Rast einzulegen!«

Ich wußte, was das bedeutete, denn beim Festessen des Parteikongresses in Toulouse hatte ich ihn mit eigenen Augen schlemmen sehen: Gänseleberpastete, ein köstliches Bohnengericht mit Speck, Roquefort und Pflaumentorte; dazu Bergerac- und Bordeauxwein, Kaffee, Armagnac und eine gute dicke Zigarre.

Ich konnte Friols Mitteilung selbst überprüfen. Er hatte nicht gelogen. Zufällig kam ich an einem Samstag in Saulieu vorbei und sah das Präsidentenauto auf dem Parkplatz des Rasthauses. Ich trat ein, um ihn zu begrüßen; er saß vor einem duftenden Hähnchen in Weinsoße und sog mit halb geschlossenen Augen genüßlich den köstlichen Duft ein.

Als er mich erblickte, schob er mit einer unglaublichen Gewandtheit seinen Teller auf den Nebentisch, an dem Engländer saßen und bedächtig ihren Eiersalat aßen. Er schob ihnen jedoch nicht nur sein Gericht unter, sondern schnappte sich auch noch einen ihrer Teller!

Natürlich tat ich, als hätte ich nichts gesehen.

»Mein lieber Mességué, gibt es etwas Gesünderes als Eiersalat?«

»Wie recht Sie haben, mon Président.«

Gegen fünf Uhr, als wir gerade gehen wollten, rief Herriot den Oberkellner zu sich und sagte: »Ich hätte gern noch so ein Kleckschen Bohnen mit Speck, wenn noch etwas übrig ist.«

Einen so unbezähmbaren Appetit hatte er in allen Dingen.

Eines Tages, als ich ihm bei einer ähnlichen »Rast« in Saulieu Gesellschaft leistete, war er im Moment des allgemeinen Aufbruchs plötzlich verschwunden. Wir sahen in seinem Zimmer nach, aber dort war er nicht. Da er ein üppiges, schweres Abendessen hinter sich hatte, waren wir alle beunruhigt, suchten ihn sogar auf der Toilette. Aber auch dort keine Spur von ihm. Alles rannte auf die Straße und rief: »Präsident! Präsident ...!« Friol war kreidebleich und wollte schon die Polizei benachrichtigen. »Vielleicht ist ihm schlecht geworden, und er liegt irgendwo ... Wie werden wir ihn nur wiederfinden? Und in welchem Zustand?«

Aber der Chauffeur entdeckte ihn: er hatte sich in Begleitung eines hübschen, stämmigen Mädchens in den Keller zurückgezogen! Mit siebzig Jahren! Er lachte schallend über den gelungenen Streich!

»Mességué, das wollen Sie mir doch wohl nicht auch noch verbieten?«

Man konnte ihm nichts verbieten, und ich frage mich heute noch, wie ich überhaupt auf die Idee kommen konnte, ihm eine Diät zu verordnen.

Er war ein echtes Phänomen. Alles an ihm war überdimensional: sein Lachen, seine Stimme, sein Körper, seine Intelligenz, seine Bildung und auch seine Güte ... Dieser Mann stand außerhalb unserer Größenordnung!

Mir fiel es sehr schwer, mich gegen ihn zu behaupten. Über meine Ermahnungen lachte er nur, aber meine Pflanzen, die nahm er ernst.

»Diese guten Pflänzchen tun einem wohl, ohne gleich eine Gegenleistung zu erwarten. Ihr einziger Irrtum, mein lieber Mességué bestand darin, daß sie glaubten, ich könne Sie auch meinem Magen zumuten!«

Er hatte manchmal etwas Rührendes an sich, dieser Mann, der sich dagegen stemmte, zu altern, seine Kräfte und damit auch seine Vergnügungen, seine Lebensfreude schwinden zu sehen. Er sagte zu mir: »Verbieten Sie mir das nicht, lassen Sie mich doch glücklich sein, in meinem Alter weiß man sehr genau, daß sich Opfer nicht mehr lohnen . . .«, und dann konnte ich nicht anders als nachgeben.

Ich konnte nicht anders, als für den Präsidenten Freundschaft zu empfinden. Er war ein Mann, der Herz und Güte besaß. Im Laufe der Zeit schickte er fünfundsiebzig Deputierte zu mir. Dazu sagte er:

»Sobald Sie, mein lieber Mességué, in der Deputiertenkammer die Mehrheit haben, vergessen Sie mich bitte nicht! . . .«

Dieser Mann, der wie ein alternder Stier aussah, besaß im Umgang mit Freunden ein Feingefühl, das einem jungen Geistlichen Ehre gemacht hätte. Manchmal plauderte er mit mir, unterbrach sich dann plötzlich und dachte laut:

»Ich darf nicht vergessen, einen meiner Freunde auf Sie aufmerksam zu machen; er leidet an . . .«

Und nie vergaß er es. Nie behauptete er etwas mit brutaler Bestimmtheit; seine Sätze begannen immer: »Ich gehöre zu denen, die glauben . . .« Nie habe ich ihn sagen hören: »Ich allein . . .«, oder »Ich stelle fest . . .«

Ich besuchte ihn häufig morgens, wenn er noch in seinem großen Bett lag, das von seinem mächtigen Körper ganz ausgehöhlt war. Wir sprachen über alles, aber den Frauen gab er den Vorzug:

»Können Sie sich eine Welt ohne Frauen vorstellen? Wie traurig und häßlich sie doch wäre! . . . Die Liebe . . . sie ist die Zierde des Lebens.«

Was ihn ganz besonders amüsierte, war meine politische Unwissenheit:

»Sie hätten in der Politik Erfolg haben können, weil Sie so gar nichts davon verstehen! Das ist eine hervorragende Ausgangsposition, wenn nicht sogar die beste.«

Einmal sprach er mit mir über Frankreich, er tat dies in einer erstaunlichen Weise, so als ob er über eine geliebte Frau oder eine Mutter erzählte . . .

Wenn er über die »großen Männer« der französischen Politik sprach, klang es, als redete er über seine Eltern. Er versuchte, sie zu verstehen und ihnen ihre Irrtümer zu verzeihen. Er sagte: »Der hat den falschen Weg eingeschlagen . . ., jener hat Erfolg gehabt . . ., dieser aber macht uns viel Sorgen . . .« De Gaulle? »Ein interessanter Mann, dem es aber recht schwerfällt, sich im Rahmen unserer augenblicklichen Politik zu bewegen. Auf jeden Fall ein ausgezeichneter Franzose. Ich halte ihn für einen ehrbaren Charakter.«

Aber unsere längsten Gespräche hatten die Religion zum Inhalt. »Sagen Sie, Mességué, Lourdes, das ist doch nicht sehr weit von Ihrer Heimat entfernt, und angeblich geschehen dort Wunder. Sie sind in dieser Materie doch zu Hause, sagen Sie mir also Ihre Meinung.«

»Mon Président, ich schäme mich nicht, Ihnen zu sagen, daß ich die Heilige Jungfrau verehre. Ich ziehe sie sogar dem lieben Gott vor. Sie ist eine Frau, eine Mutter, daher nachsichtiger. Und wir sind alle ihre Söhne . . .«

Dieser Gedanke amüsierte Herriot und brachte ihn zum Lachen.

»Ich gehe sehr oft nach Lourdes«, fuhr ich fort. »Aber nie zur Zeit der großen Pilgerzüge, zur Zeit jener Kollektivhysterie, die von Leuten, die von der Krankheit anderer leben, schamlos ausgenutzt wird, wenn der Devotionalienmarkt floriert und die Tempelhändler den Ton angeben. Dieses Pack, das auf Kosten des Leidens und der Religion seine Geschäfte macht, ist mir ein Greuel. Und in diesem Punkt stimme ich mit Ihnen überein, ich kann die Religion der Geistlichen nicht leiden! Aber in Lourdes wurden Menschen geheilt, das steht für mich fest. Ob das Wunder sind? Ich weiß nicht, ob die Heiligen von Lourdes als religiöse Wunder zu bezeichnen sind, da viele Heilungen, die anderswo geschehen, ebenso wunderbar erscheinen. Vor kurzem, zum Beispiel, brachte man ein vierjähriges Mädchen zu mir, das nicht sprechen konnte. Inzwischen verfügt es über einen Sprachschatz von mehr als hundert Wörtern. Glauben Sie, daß diese Heilung einzig und allein meinen Pflanzen zuzuschreiben ist?«

»Ja, was glauben Sie denn?«

»Ich weiß nicht recht. Jedenfalls habe ich intensiv die Unterlagen über die Wunder von Lourdes studiert und viel daraus gelernt. Am wichtigsten erschien mir die Tatsache, daß ein augenscheinlich unheilbar Kranker, der fast schon vom Tode gezeichnet ist, auf andere Weise als durch die traditionelle Medizin doch noch geheilt werden kann. Es ist nicht immer einfach, außerhalb der Norm zu stehen, nicht den Schutz von Diplomen zu genießen. Da kommen einem leicht Zweifel ... Aber der Gedanke, daß es den in Lourdes Geheilten ja nicht an guten Ärzten, sondern nur an einem, der den Glauben besaß, gefehlt hatte, dieser Gedanke hat mir Mut gemacht. Ich bin überzeugt von der Macht des »Glaubens«, welchen Ursprungs, welcher Art und welcher Ursache er auch sein mag. Aber vor allem glaube ich, daß beide ihn besitzen müssen: der Patient und der, der ihn heilen soll. Die großen Ärzte sind Männer, die an die Medizin glauben, obwohl sie ihre Grenzen kennen; und auch sie vollbringen Wunder!«

»Aber worin äußert sich dann, Ihrer Meinung nach, der Anteil Gottes?«

»Ambroise Paré*, glaube ich, sagte: Ich verbinde sie, Gott heilt sie.«

Immer häufiger fand ich meinen Präsidenten mit Gedanken an den »lieben Gott« beschäftigt.

»Mein lieber Maurice, ich gehöre zu denen, die nicht an Gott glauben, aber deswegen nicht die Gläubigen verurteilen. Jeder soll machen, was er will. Was mir aber mißfällt, ist die Einmischung des Oberhauptes einer Kirche in die Politik eines Landes. Gott steht doch wohl weit über diesen Dingen, oder?«

Obwohl Herriot immer noch die gleiche geistige Beweglichkeit und scharfe Intelligenz besaß, bemerkte ich doch, wie sich seine Seele in seinem kranken Körper zu beunruhigen begann. Was die Menschen ihm nicht zu geben vermochten, suchte er nun anderswo, wie ein Blinder, in höheren Sphären. Er stieß sich an der Existenz Gottes, konnte den Gedanken an ihn aber nicht mehr loswerden. Es schien, als spiele dieser plötzlich eine wichtige Rolle in seinem Leben.

»Sehen Sie, Mességué, ich glaube, ich gleiche dem guten alten La Fontaine. Ich, der ich alles, was nach Kirche roch, mein Leben lang nicht ausstehen konnte, werde noch – und Sie werden es erleben – als Christ sterben!«

An der Schwelle des Todes legte er Stück für Stück seinen Athe-

* Berühmter französischer Chirurg des 16. Jahrhunderts.

ismus ab. Wenn ein Kranker nicht mehr an die Medizin glauben kann, woran soll er sich dann noch festhalten . . .?

Dies war wohl der Grund, weshalb mein Präsident am 16. März 1957 in der Klinik Saint-Genis-Laval den Besuch von Kardinal Gerlier, dem Primas der Kirche Frankreichs, empfing.

Ich als erdverbundener Bauer kann nur sagen, daß es sicherlich schwerer ist, als Materialist zu sterben denn als gläubiger Christ!

13 Mein erster Prozeß

Wollte ich ein Motto über mein Leben stellen, so wäre es dieses: »Ich liebe.«

Ich liebe das Leben, die Menschen, die Sonne, die Pflanzen, die Frauen und meinen Beruf. Für mich ist er der schönste aller Berufe. Ihm verdanke ich meine tiefste Freude, aber auch meine größten Qualen. Das beweist schon, daß ich ihn liebe.

Daran mußte ich denken, als ich im Februar 1949 in den Bergen um Sospel spazierenging. Es war noch nicht lange hell, und in knapp zwei Stunden würde ich zu meiner »Praxis« nach Menton hinuntersteigen, um dort diesen Berg, diesen Himmel und die berauschenden Düfte dieser Mittelmeerlandschaft zu vergessen und mich ganz den Kranken zu widmen, die mich immer häufiger in Gewissenskonflikt stürzten.

In den letzten anderthalb Jahren hatte sich mein Leben verändert. Ich war vor zahlreichen Problemen gestanden, und häufig war mir nichts anderes übriggeblieben, als zu improvisieren. Meine Reisen zum Präsidenten hatten mich viel Zeit gekostet, und wenn ich zwei oder drei Tage keine »Sprechstunde« gehalten hatte, empfand ich den Leuten gegenüber, die auf mich warteten, ein Schuldgefühl.

Auch das Pflücken meiner Pflanzen hatte mir große Sorgen bereitet. Die Zahl meiner Patienten war zu sehr angewachsen, und ich konnte meinen Kräutervorrat nicht immer an Ort und Stelle hinreichend auffüllen. Ich versuchte es mit Einheimischen, aber sie waren schon zu sehr Städter und besaßen weder die Zuverlässigkeit noch die Kenntnisse unserer Bauern aus dem Gers. Ehrlich gesagt, hatte ich in bezug auf das richtige Pflücken nur zu mir selbst oder zu den Bauern meiner Heimat Zutrauen.

Daher hatte ich eine Blitzreise nach Gavarret unternommen, um ein paar ältere Leute ausfindig zu machen, die eine gute Hand für

Pflanzen und jene Erfahrung mit der Natur besaßen, die man nur haben kann, wenn man in ständigem Kontakt mit ihr lebt.

Damals habe ich eine regelrechte Sammel- und Trockentechnik ausgearbeitet, die ich später nur mehr verbessern, nicht aber wesentlich ändern sollte. Nicht alle Pflanzen können auf die gleiche Weise und zur gleichen Stunde gepflückt werden; jede hat ihren bestimmten Monat und ihre bestimmte Stunde. Sie verlieren all ihre Wirkung und Kraft, wenn sie zu einer falschen Jahreszeit, in einem ungünstigen Augenblick gepflückt werden, wenn sie auf mittelmäßigem Boden wachsen, wenn sie falsch getrocknet oder zu lange aufbewahrt werden.

Oberstes Gesetz ist, daß man sie unter keinen Umständen an den Böschungen großer Straßen pflücken darf, wo sie von den Auspuffgasen vergiftet sind; ebensowenig geeignet sind jene Pflanzen, die an den Rändern von Getreidefeldern, Obstgärten und Weinbergen wachsen. Denn dort haben sie etwas von jenen chemischen Mitteln abbekommen, die als Dünger oder Insektenpulver verwendet werden; dadurch können sie giftig werden. Sie sollen in größtmöglicher Entfernung von jedem von Menschenhand bebauten oder bewirtschafteten Land gepflückt werden.

Ich lasse die wilden Pflanzen sammeln, denn die Natur selbst hat sie ausgewählt, hat ihren Nährboden bestimmt; diese Pflanzen sind kräftig und reich. Bei jeder von ihnen müssen bestimmte Regeln beachtet werden; diese sind verschieden, je nachdem, ob man die Blüte, die Blätter, den Stengel oder die Wurzeln eine Pflanze verwenden will.

Am Morgen sind die Pflanzen selbst besonders reich an Saft, am Abend hingegen ihre Wurzeln. »Das kommt daher«, sagte mein Vater, »daß auch in den Pflanzen das Blut zirkuliert wie in unserem Körper.«

Blüten, Stengel und Blätter sollen gepflückt werden, sobald der Tau verdunstet ist. Blüten wie zum Beispiel Weißdorn müssen geerntet werden, bevor sie noch völlig entwickelt sind. Das ist sehr wichtig. Auch der Besenginster, eines unserer besten Diuretika, kann Magenbeschwerden verursachen, wenn er gepflückt worden ist, als sich die Blüten bereits zu Hülsen zusammenschraubten.

Für viele Pflanzen ist der Hochsommer, sind die Tage um das Johannisfest die günstigste Pflückzeit. Unsere Väter wußten das sehr wohl.

Das Wetter wiederum darf nicht zu trocken, aber auch nicht zu feucht sein.

Der wichtigste Vorgang ist jedoch das Trocknen. Denn dabei wird die Heilwirkung der Pflanzen konserviert. Das Trocknen ist eine Frage der Geschicklichkeit; die Pflanzen dürfen nicht zu trocken sein und ihren gesamten Wassergehalt verlieren, dürfen jedoch auch nicht zu frisch sein! Das Trocknen muß im Schatten, auf keinen Fall unter Sonneneinstrahlung, an einem luftigen, aber nicht zugigen Ort geschützt vor Insekten vor sich gehen; man breitet die Pflanzen auf einem Leintuch aus, wendet sie mehrere Male und macht sie schließlich »fertig«, indem man sie auf ein Sieb legt; die Luft kann darin gut zirkulieren. Ich allerdings ziehe es vor, sie in kleinen Büscheln, mit den Köpfen nach unten, im Haus aufzuhängen.

Schon seit langer Zeit besitze ich in Gavarret ein richtiges Pflanzenhaus, dessen Balken über und über mit kleinen Kräuterbüscheln behängt sind. Meine Pflanzen sind die einzigen Bewohner dort. Sie haben ihren Wärter, der bei schönem Wetter die Fenster öffnet, sie bei Regen schließt und der abends das Haus versperrt. Seit fünfundzwanzig Jahren schon wacht er über sie!

Die Wurzeln müssen zunächst von der anhaftenden Erde befreit, danach schnell gewaschen und vor dem Trocknen gebürstet werden.

Schließlich ist es wichtig, die getrockneten Kräuter lichtgeschützt aufzubewahren, damit sie nicht ihre Farbe und damit zugleich einen Teil ihrer Wirkung verlieren. Natürlich verbleichen die Pflanzen und dunkeln beim Trocknen nach; aber ich habe festgestellt, daß man sicher sein kann, daß sie ihre Heilwirkung beibehalten haben, wenn der frische, echte Farbton noch erkennbar ist.

Ich mußte mich auch um das Verpacken und Verschicken der Pflanzen kümmern, denn anfangs habe ich häufig völlig unbrauchbare Sendungen erhalten: entweder waren sie zu frisch verpackt worden und hatten daher Schimmel angesetzt, oder sie waren zu trocken und zerfielen nur mehr zu Staub.

Doch kaum waren diese Probleme gelöst und schien der Himmel über meinem Leben wieder klar, verdüsterte eine neue Wolke den Horizont. Es standen zu viele Menschen vor meiner Tür, und dieser Erfolg erweckte Eifersucht. Man hatte mich schon wissen lassen, daß ich »beschattet« wurde. Ein unangenehmes Wort! Übeltäter und Bösewichte werden beschattet. Ich wußte wirklich nicht, was daran böse sein sollte, daß ich – häufig sogar ohne Bezahlung – Kranke heilte.

Dr. Camaret, der Präsident der Ärztekammer von Menton war, hatte mir gesagt:

»Geben Sie acht, Sie haben zuviel Erfolg. Man spricht zuviel von Ihnen. Nicht alle meine Kollegen denken so wie ich. Von den sechsundzwanzig Ärzten in Menton kann keiner von sich sagen, daß er so viele Patienten hat wie Sie.«

Auch Dr. Echernier, den ich inzwischen wiedergesehen und gegen Rheumatismus behandelt hatte, warnte mich: »Maurice, du bist nicht beliebt. Ich habe dich gewarnt. Die Gegend hier ist ein Dschungel. Sie besitzt eine magische Anziehungskraft, weil die Leute glauben, wo Sonne ist, findet man auch Gold; also strömen sie von allen Seiten herbei. Wenn sie erkennen, daß das Leben hier genauso hart ist wie woanders, ja sogar härter, dann ist es zu spät. Dann zeigen sie ihre Krallen, um zu überleben. Und Ärzte sind weder nachsichtiger noch besser als andere Menschen ... Es täte mir leid, eines Tages als Zeuge für dich vor Gericht treten zu müssen ...«

Ich antwortete:

»Vor Gericht? Sie machen die Welt schlechter, als sie ist. Ich füge doch niemandem Schaden zu, und das ist das einzig Wichtige.«

Ich habe von Natur aus Vertrauen zu den Menschen; wenn ich enttäuscht werde, empört mich das, tut es mir weh. Aber da ich mich nicht ändern kann, mache ich eben so weiter.

Dies nur zur Erklärung dazu, wie sehr mich diese allgemeine »Aufmerksamkeit« nervös machte. Ich wußte wirklich nicht, was man mir vorwerfen konnte. Dem Staat gegenüber erfüllte ich meine Pflicht, da ich die Steuer als Wünschelrutengänger zahlte; auch die Apothekerkammer konnte mir nichts vorwerfen, da ich meine Fläschchen verschenkte; es wäre mir nie in den Sinn gekommen, die Pflanzen des lieben Gottes zu verkaufen. Zwischen den Ärzten und mir herrschte Frieden, denn ich kann mit gutem Gewissen behaupten, niemals einen Kranken behandelt zu haben, ohne alle erdenklichen Vorsichtsmaßnahmen getroffen zu haben. Auch damals stellte ich keinerlei Diagnosen, sondern ließ mir vom Kranken zunächst die des Arztes nennen.

Nie war ich daher so anmaßend, zu erklären: »Dieser Mann leidet an diesem oder jenem ...«, weil es mir auch nicht im Traum eingefallen wäre, die Diagnose eines Arztes zu verwerfen und durch meine eigene zu ersetzen.

Ich bin intuitiv veranlagt, und dieser sechste Sinn – das gebe ich zu – ist mir sehr nützlich, da er mich bei meinen Untersuchungen leitet. Doch in bin klug genug, ihn zu kontrollieren und mich ihm nicht blindlings auszuliefern.

Manchmal kommt es vor, daß ich bei der Zubereitung meiner Essenzen oder bei der Auswahl der Pflanzen die Diagnose des Arztes modifiziere oder vervollständige. Das erklärt sich daraus, daß ich zunächst die Ursache einer Krankheit behandle und mich erst dann um die Auswirkungen kümmere. Aber der Patient weiß das nicht. Es war mir immer sehr unangenehm, wenn jemand sagte: »Ach, Monsieur, ich weiß überhaupt nicht mehr, auf wen ich mich verlassen soll! Dr. X hat gesagt, ich hätte ein Zwölffingerdarmgeschwür, Chirurg Y aber wollte mich am Blinddarm operieren, Professor Z hingegen versichert, es sei die Blase; was soll ich nun glauben?«

Sobald der Kranke sein Vertrauen in das Wissen jener, die er befragt hat, verloren hat, glaubt er nicht mehr so recht an seine Heilung und ist daher wenig aufnahmefähig.

Nie übernahm ich Krankheiten, gegen die Medizin und Chirurgie weit besser und wirkungsvoller ausgerüstet sind. Für Typhus oder Infektionskrankheiten etwa war ich nicht zuständig, wie ich auch nie behauptet hätte, Tuberkulose oder Krebs heilen zu können.

Vor allem aber habe ich nie das Leben eines Kranken in Gefahr gebracht. Da ich zu große Angst davor hatte, einen Irrtum zu begehen oder wichtige Dinge außer acht zu lassen, schickte ich jeden Kranken, der mir sagte: »Ich habe gar keine Laboruntersuchungen machen lassen, für Sie ist das ja unwichtig«, sofort zu einem der drei großen Ärzte von Nizza, mit denen ich zusammenarbeiten durfte. Denn für mich lautet das oberste Gesetz in der Medizin zunächst einmal, einem Menschen nicht zu schaden!

Als ich an jenem Februartag nach Menton hinunterstieg, gingen mir all diese Gedanken im Kopf herum, ohne daß sie mir jedoch ernsthafte Sorgen bereiteten. Trotz der »Warnungen« meiner Freunde war ich unvorbereitet.

Da ich mich heute noch ganz genau an jenen Februartag des Jahres 1949 erinnere, beweist das, daß er einer der schlimmsten meines Lebens war.

Wie betroffen war ich, als man mir während einer Behandlung dieses Schreiben im gelben Umschlag überreichte.

Ich wurde vom Strafgericht Nizza der illegalen Ausübung der ärztlichen Tätigkeit, des Verstoßes gegen Artikel 376 des Gesetzbuches für öffentliches Gesundheitswesen angeklagt. Die Vorladung stützte sich auf eine Gesetzesverfügung vom 27. September 1945, in der die Ausübung des Arztberufes geregelt war. Ich hatte mit einer Strafe zwischen 500 und 50 000 Franc zu rechnen sowie mit einer Gefängnishaft von zwei Monaten bis zu zwei Jahren.

Ich war verstört, führte jedoch meine Sprechstunde noch zu Ende, wobei mir jeder Patient wie ein geliebtes Wesen erschien, das zu verlassen ich gezwungen war. Auch neue Patienten waren darunter, und während ich sie behandelte, dachte ich: »Gottlob wird seine Behandlung kurz sein und er mich bald nicht mehr benötigen«, oder aber: »Was wird er nur machen, es wird noch Monate dauern!«

Da meine Reaktionen immer sehr heftig sind, war ich schon überzeugt, aufgeben zu müssen. Mein Hals war wie zugeschnürt. Ich erinnere mich noch an eine Frau, die mir an jenem Tag sagte:

»Was würde wohl aus uns Armen, für die sich die Ärzte nicht mehr interessieren, ohne Sie, Monsieur Mességué?«

Ich war um so entsetzter, als folgender Satz in dem unheilvollen Papier zu lesen stand: »Auf Veranlassung von Doktor Camaret, dem Präsidenten der Ärztekammer von Menton.«

An jenem Abend besuchte ich Suzanne Jaffeux, die ich innig liebte und die später meine Frau werden sollte.

Vor einigen Monaten war sie zu mir gekommen:

»Monsieur, können Sie mich heilen?«

In demselben Augenblick, in dem sie sich setzte, wußte ich, daß ich sie liebte. Aber zu sagen wagte ich es natürlich nicht. Ich hatte es mir streng untersagt, in den Frauen, die zu mir kamen, etwas anderes als nur Patientinnen zu sehen. Jedesmal wenn sie wiederkam, dachte ich: »Das nächste Mal, wenn sie geheilt sein wird, lade ich sie zum Abendessen ein.« Leider machte ihre Heilung nur zögernde Fortschritte; ich war schon ganz unruhig und zweifelte sogar an meinen Pflanzen. Ich konnte ja nicht ahnen, daß sie mich belog, um einen Vorwand zu haben, weiterhin zu kommen . . .

An jenem Abend waren wir verabredet, und ich habe ihr alles erzählt. Suzanne fragte mich:

»Hast du Camaret schon angerufen?«

»Aber er ist es doch gerade, der mich angreift!«

»Du weißt so gut wie ich, daß das nicht möglich ist. Du mußt ihn aufsuchen; außerdem brauchst du einen Anwalt, der dich verteidigen wird – und deine Patienten mußt du um Unterstützung bitten . . . Du kannst sie doch nicht einfach im Stich lassen.«

Natürlich hatte sie recht.

Am folgenden Tag habe ich den »guten Dr. Camaret« dann aufgesucht.

»Ich wollte Sie benachrichtigen, aber ich habe Sie nicht erreicht. Ich konnte nicht anders handeln: von fünfundzwanzig Ärzten haben einundzwanzig verlangt, endlich einzuschreiten. Das wird mich allerdings nicht daran hindern, auf Ihrer Seite zu stehen und Ihnen nützlich zu sein.«

Es hätte mich erstaunt, wären auch die restlichen vier gegen mich gewesen, denn ihre Frauen waren bei mir in Behandlung.

Seine Worte taten mir gut, und ich glaubte ihm. Allerdings war mir auch klar, daß ich in den Augen des Gesetzes immer ein Illegaler bleiben würde. Niemals würde man mir offiziell das Recht zugestehen, als Heilpraktiker zu arbeiten. Ich würde mein Leben lang aufgefordert werden, meinen Beruf aufzugeben, und zwar von Leuten, die dachten wie der Internatsdirektor von Bergerac. Mein Leben würde ein ständiges Paradoxon sein: auf der einen Seite würden Männer wie Édouard Herriot und wie jene Ärzte stehen, die meine Fähigkeiten anerkennen und mir das Recht, zu heilen, zugestehen möchten, auf der anderen Seite jedoch würde man es mir untersagen und mich verfolgen.

Und was für eine Verfolgung! Kommissar P. hatte mir Spitzel als Patienten geschickt, die bezeugen sollten, daß ich illegal als Arzt tätig war. Meiner Meinung nach war das eine völlig überflüssige Mühe, ich versteckte mich ja nicht.

Da ich mich nicht unterkriegen lassen wollte, hatte ich meinen Angriff gut vorbereitet. Aber sobald ich am 28. April 1949 die Schwelle des Justizpalastes von Nizza überschritten hatte, war ich völlig mutlos und beschloß nach dem Verhör, die ganze Sache aufzugeben. Mein Verteidiger Pierre Pasquini sagte zu mir: »Ich garantiere Ihnen, daß die anderen den Prozeß verlieren werden. Wahrscheinlich werden Sie zwar verurteilt, aber ich bin sicher, daß sie dennoch als Sieger hervorgehen werden!«

Pierre Pasquini hatte 288 Zeugen geladen. Das Gericht beschloß, etwa fünfzig anzuhören. In einfachen, alltäglichen Worten erzählten sie von ihren Leiden.

Man konnte dieser kleinen, siebzigjährigen alten Dame nicht ohne Rührung zuhören, die ihren Sonntagsstaat angelegt hatte. Mit den flinken Schritten eines Mäuschens eilte sie in den Zeugenstand. Nur sie und ich wußten, daß diese leisen, aber schnellen Schritte ein Wunder waren.

»Wollen Sie Ihre Aussage lieber sitzend machen, Madame?«

fragte der Präsident.

»O nein, jetzt macht mir das Stehen nichts mehr aus.«

Sie sprach langsam, wog ihre Worte sorgfältig ab:

»Seit zwei Jahren konnte ich nicht mehr gehen, überhaupt nicht mehr. Ich lag im Bett und war ganz allein. Meine Kinder sind weit weg, in den Kolonien, und ich wollte nicht zu ihnen ziehen. Eine alte, gehbehinderte Frau ist für die jungen Leute doch nur eine Qual. All meine Ersparnisse, die nicht sehr groß waren, sind dabei draufgegangen. Meine Kinder wollte ich nicht um Hilfe bitten, um sie nicht zu beunruhigen. Spritzen habe ich bekommen, Massagen, Elektrotherapie und Bestrahlungen. Schlecht waren sie nicht, die Ärzte, die ich aufsuchte; sie wollten mir sicherlich nicht weh tun, indem sie mir immer wieder Hoffnungen machten ... Sie wußten auch nicht, daß ich, um sie bezahlen zu können, mit zwei Tassen Milchkaffee und etwas Brot pro Tag auskommen mußte. Der elfte Arzt schließlich sagte mir: ›Es ist zu Ende ... Sie müssen mutig sein ...‹ Zuerst habe ich gedacht, er spräche über meinen Tod, daher sagte ich ihm: ›Nur zu, Doktor, ich habe keine Angst!‹ Aber was er dann sagte, war noch viel schlimmer: ›Madame, Sie werden nie mehr gehen können ...‹ Dieser Herr aber«, sie zeigte auf mich, »der ist zu mir nach Hause gekommen. Und er selbst hat mir das erste Fußbad gemacht. Und nichts hat er dafür verlangt! Er hat mich behandelt, und jetzt sehen Sie selbst, wie gut ich laufen kann! ... Die Beweise kann ich Ihnen zeigen, ich habe alle ärzt-
lichen Gutachten mitgebracht ...« Ein wenig ungeschickt mit ihren alten, zittrigen Händen wühlte sie in ihrer Handtasche. »Herr Prä-
sident, für uns, die die Ärzte aufgegeben haben, ist dieser Mann da der liebe Gott ... Bitte, tun Sie ihm nichts! Ohne ihn bleibt uns nichts anderes übrig, als zu sterben!«

Ein Schweizer, Monsieur Peyrot, hatte die lange Reise nicht ge-
scheut, um hier für mich auszusagen:

»Herr Präsident, ich hatte bereits zwölf Ärzte aufgesucht, Schweizer und Franzosen, alles kompetente Männer. Aber keiner konnte mich von meinem Asthma heilen. Tag und Nacht litt ich an Erstickungsanfällen. Mességué hat mich in fünf Tagen ge-
heilt!«

Als meine kleine Anne-Marie auftrat, ihre Hand ausstreckte, sie in der Sonne drehte und den Arm vom Körper abhob, vermochte selbst der Präsident nicht mehr zu schweigen: »Aber das ist ja ein wirkliches Wunder! ...«

Im Saal vernahm man diskretes Nasenputzen.

Nun war die Mutter des kleinen R. aus Chateauneuf-de-Grave mit ihrer Geschichte an der Reihe:

»Mein Kleiner, Herr Präsident, war wie ein totes Kind, das noch lebte. Er konnte gehen und laufen wie alle anderen kleinen Jungen. Aber er war wie vom Leben ausgeschlossen, denn er hörte nichts und konnte kein Wort sagen. Kein einziges! Nur ich verstand ihn. Wenn er brummte, wußte ich, ob er Freude oder Kummer ausdrücken wollte. Denn ich hatte in seinen Augen zu lesen gelernt, sie waren so groß geworden, daß sie sein ganzes kleines Gesichtchen beherrschten. Wahrscheinlich weil sie die zwei anderen, fehlenden Sinne ersetzen mußten. Ich hatte nichts mehr zu verlieren, daher habe ich ihn, als ich vom ›Wunderdoktor‹ reden hörte, gleich hingebracht. Als der allerdings von seinen Hand- und Fußbädern zu reden anfing, habe ich geglaubt, er mache sich lustig. Aber da sah ich plötzlich, wie der Kleine seine Ärmchen zu ihm ausstreckte; er hatte Vertrauen. Und da habe ich mir einfach gesagt, daß diese Kleinen, diese unschuldigen Kinder, die Dinge, die uns entgehen, viel besser spüren, und deswegen habe ich sie ihm gemacht, seine Fußbäder. Und sehen Sie, Herr Präsident, das ist noch gar nicht lange her, aber seit einem Monat spricht mein Junge. Und gestern, Herr Präsident ...«

Madame R. brach in Tränen aus. »Ich bitte Sie um Verzeihung, das ist die Freude ... Gestern hat er zum erstenmal ›Mami‹ gesagt ...«

Diese Zeugenberichte waren zwar rührend, aber für mich und für das Gericht waren sie weit weniger erstaunlich als die Aussagen der Ärzte Camaret, Echernier und Leroy, die sich mit der von ihren Kollegen lancierten Aktion nicht solidarisch erklärt hatten. Ärzte, die einen Heilpraktiker verteidigten, das hatte man noch nie gesehen!

»Doktor, wir hören.«

Und Dr. Camaret bestätigte:

»Maurice Mességué heilt. Die erste Patientin, die ich zu ihm schickte, war meine eigene Frau. Er hat sie von ihrem Rheumatismus befreit, unter dem sie seit zwanzig Jahren litt, und keiner von uns hatte das vermocht. Anschließend habe ich ihm verschiedene Kranke, die als unheilbar galten, geschickt, und er hat ihnen Erleichterung verschafft oder sie geheilt ... Diese Ergebnisse kann man nicht leugnen!«

Dr. Leroy hob noch hervor:

»Seine Pflanzenbehandlung ist nicht nur wirksam, sondern zudem auch völlig unschädlich für den Kranken, da sie äußerlich angewendet wird.«

Dr. Echernier schließlich hatte seine Aussage schriftlich gemacht: »Ich bestätige hiermit, daß ich durch eine Behandlung von Maurice Mességué auf fast wunderbare Weise von meinem Rheumatismus geheilt wurde, der mich jahrelang gequält und sich jeder anderen Behandlung hartnäckig widersetzt hatte.«

Nach dem Verhör des achtundzwanzigsten Zeugen erklärte die Anklage, keinerlei Zweifel an der Wirksamkeit meiner Behandlungsmethoden zu haben. Damit wurde das Zeugenverhör abgebrochen.

Für Anwalt Pasquini kam dies einem Sieg gleich. Ich jedoch war skeptisch; und als ich sah, wie sich Maître Montel, der Staatsanwalt, erhob, war ich überzeugt, daß der Prozeß nun einen anderen Verlauf nehmen würde.

»In meiner Eigenschaft als Anwalt plädiere ich gegen den Angeklagten, als Mensch jedoch bin ich bereit, seine Fußbäder auszuprobieren, um endlich meine Schlaflosigkeit loszuwerden. Wir bestreiten ja nicht die Heilerfolge Monsieur Mességués, wir wollen nur eine Tatsache beweisen, nämlich die illegale Ausübung ärztlicher Tätigkeit durch ihn! Er heilt zwar, jedoch ohne auf Grund eines Examens das Recht dazu erworben zu haben. Deshalb muß er verurteilt werden.«

Dies geschah auch: 10 000 Francs Schadenersatz an den Staatlichen Berufsverband der Ärzte Frankreichs sowie 300 000 Franc an die Ärztekammer von Menton!

Am Ausgang des Justizgebäudes erwartete mich eine Menschenmenge, und Maître Pierre Pasquini sagte zu mir: »Jetzt, Mességué, sind Sie berühmt!«

Aber das beeindruckte mich nicht. Diese Skandalberühmtheit mißfiel mir im höchsten Grade.

»Na, Mességué, machen Sie doch nicht so ein finsteres Gesicht! Hier haben sie Ihre leibhaftige Revanche. Für all diese Leute sind Sie ein Justizirrtum. Diese hier haben Sie schon lange freigesprochen!«

Er hatte sicherlich recht, aber mein Entschluß war gefaßt: ich würde aufgeben.

Die Menge hatte die Stufen erklommen. Hände streckten sich mir entgegen, berührten mich, ja klammerten sich an mich.

In diesem allgemeinen Getöse schnappte ich einzelne Wörter und Satzfetzen auf:

»Wir halten zu Ihnen ... Bravo! ... Mein Sohn ist krank ... Ich bin verzweifelt ... Erinnern Sie sich an mich ... Morgen komme ich zu Ihnen ... Nennen Sie mir einen Termin ...«

Ich aber schüttelte hartnäckig den Kopf:

»Nein, nein ... Ich kann nicht ...«

»Mein Arzt hat mir schriftlich die Erlaubnis erteilt ...«

»Nein!«

Für mich war es zu Ende. In meinen Ohren klang noch ein Satz nach: »Er hat nicht das Recht zu heilen, weil er kein diplomierter Arzt ist!« Nein, für mich war das kein Triumph, sondern eine eindeutige Niederlage. Ich hatte mich von meinen Illusionen zum Narren halten lassen. Jetzt hatte ich begriffen, daß man mich immer verfolgen würde, daß man mir niemals das Recht zusprechen würde, meine Heilpraxis zu führen.

Ich weiß nicht, ob ich in jener Nacht geschlafen habe; wahrscheinlich nicht. Der Morgen kam, ich war unrasiert, mein Kopf schmerzte, und ich hatte einen bitteren Geschmack im Mund.

Es war noch nicht ganz hell, als es an meine Türe klopfte. Es war die Concierge.

»Monsieur, sie sind alle hier vor dem Haus und wollen Sie sehen.«

»Wer?«

»Die Kranken, es sind mehr als hundert ...«

»Ich empfange niemanden.«

»Das geht nicht. Es sind Alte darunter und Frauen und Kinder ...«

Da verlor ich die Nerven und brüllte:

»Ich habe nicht das Recht dazu ... Verstehen Sie nun endlich ... Ich habe nicht das Recht!«

Neben der Concierge war eine Frau in mein Zimmer gekommen, und hinter ihrem Rücken ahnte ich eine größere Menschenmenge. Es war eine einfache Frau, im Kittel. Sie sah mich an: »Monsieur, das ist doch nicht möglich ..., das können Sie uns doch nicht antun ... Sie ...«

Sie hatte recht, das konnte ich nicht.

»Also gut, treten Sie ein, Madame.«

Ich sage oft: »Ich habe den schönsten Beruf der Welt!« Genau dasselbe würde ein Kunsttischler von seinem Beruf sagen. Und das ist richtig so: denn wäre man nicht sicher, daß der eigene Beruf der beste und schönste ist, würde man sich in seiner Haut nicht mehr wohl fühlen. Nichts ist trauriger und deprimierender als ein Mensch, der seinen Beruf nur mit halbem Herzen ausübt.

Würde man mich zwingen, meinen Beruf aufzugeben, könnte ich nicht mehr glücklich sein. Meine Aufgabe auf dieser Erde heißt: heilen. Wenn ich den Glauben daran nicht gehabt hätte, sondern nur daran interessiert gewesen wäre, meinen Lebensunterhalt zu verdienen, hätte ich damals bestimmt aufgegeben . . .

Vor dem Prozeß hatte ich täglich etwa dreißig Patienten. Danach waren es über hundert, und manchmal kamen mehr als fünfhundert Bitten um einen Termin pro Tag. Dieses Ergebnis hatte die Ärztekammer sicher nicht beabsichtigt!

Wenige Tage nach dem Prozeß drängten sich die Wartenden im Flur. Briefe kamen säckeweise; Telegrafenjungen brachten Berge von Telegrammen. Und jeden Abend mußte ein großer Teil der Patienten unverrichteter Dinge weggehen, einfach weil ich sie nicht mehr drannehmen konnte.

Unter ihnen waren Kinder und alte Leute, Gehbehinderte mit Stöcken oder Krücken. Sie flehten mich an: »Monsieur, ich habe dreihundert, fünfhundert Kilometer Fahrt hinter mir, ich kann mich nicht mehr aufrecht halten.« »Mein Kind ist völlig erschöpft . . .« »Lassen Sie mich nicht noch einmal wiederkommen.« Aber um 22 Uhr war auch ich völlig erschöpft, da ich nicht dazu gekommen war, etwas zu essen, und die Menschenmenge vor meiner Tür doch nicht geringer wurde. Ich hörte, wie sie mit den Füßen scharrten, husteten . . . Sie redeten wenig und klagten nicht.

Die Geduld der Kranken ist unerschöpflich . . . Ich aber hatte keine Kraft mehr, war unfähig weiterzumachen. Ich hörte, wie sie ihr Unglück wieder mit sich nach Hause schleppten, dennoch hoffnungsvoll, da sie ja am nächsten Tag wiederkommen konnten.

An diesen Abenden empfand ich Angst. Ich trat auf meinen kleinen Balkon hinaus, um etwas frische Luft zu atmen, und während ich in die Nacht schaute, dachte ich: »Es ist zuviel! Wie soll ich mich nur all dieses Vertrauens, all dieses Glaubens würdig erweisen? Ich bin nur ein Mensch und kann irren.«

Ich glaube, es war am achten Tag, als meine Frau – ich hatte

Suzanne inzwischen geheiratet – zu mir trat und sagte:

»Maurice, das kann so nicht weitergehen.«

Wenn ich unglücklich bin, und das war ich damals, werde ich immer sehr heftig. Ich schrie sie an:

»Ich werde sie nicht im Stich lassen!«

»Darum handelt es sich ja nicht, du mußt nur alles besser organisieren. Wir müssen eine größere Wohnung suchen, eine Sekretärin einstellen, uns vielleicht sogar nach einem Mitarbeiter umsehen, der die Dosierungen überwachen und die Essenzen in Flaschen füllen kann. Wenn dieser Wahnsinn so weitergeht, wirst du bald nicht genug Pflanzen haben.«

Sie hatte recht, es war Wahnsinn.

»Du hast einfach nicht mehr die Zeit, dich um alles zu kümmern. All deine Kräfte, all dein Denken verschenkst du an die Kranken. Wenn es dir recht ist, werde ich mich um all diese materiellen Details kümmern.«

Einige Tage später hatte sie eine Wohnung im Majestic, in Cimiez, gefunden. In der Belle Epoque war es ein Palasthotel für Engländer gewesen, jetzt aber in Wohnungen umgewandelt worden. Ich liebte diesen Platz, der sich so hoch oben über der Stadt befand.

Meine Frau hat bei meiner Karriere eine sehr große Rolle gespielt. Ich war – und bin es auch heute noch – ein sehr schlechter Organisator, während sie eine glänzende Organisatorin war. Sie stellte also Sekretärinnen ein, da ich meine Karteikarten nicht mehr zu ordnen, die Post nicht mehr zu beantworten und die Verabredungen nicht mehr zu überschauen vermochte; vor allem aber nahm sie mir die lästige Honorarfrage ab.

Ich verabscheute dieses Handausstrecken um Geld. Als ich zum erstenmal sagen konnte: »Erledigen Sie das mit meiner Sekretärin . . .«, hatte ich das Gefühl, endlich ein freier Mann zu sein.

Dadurch vermied ich es auch, von jenen, die ich gratis behandelt hatte, persönlich Dank entgegennehmen zu müssen. Alte Frauen hatten sich schon vor mir niedergekniet, meine Hand ergriffen und geküßt. Das war mir schrecklich peinlich.

Ich behandelte weiterhin ein Drittel meiner Patienten unentgeltlich. Sie konnten sich jedoch nicht bedanken, da sie noch nicht wußten, wieviel sie zu bezahlen hatten. Wenn ich spürte, daß sie an allen Ecken und Enden sparen mußten, um zu mir zu kommen, vermerkte ich auf ihrer Karteikarte einfach keine Zahl, so daß meine Sekretärin, sobald sie nach der Höhe des Honorars befragt wurde, antworten konnte: »Gar nichts.«

Der Gedanke, die Krankheit anderer auszunützen, um sich zu bereichern, hat mich immer empört. Und ich war überzeugt, alles getan zu haben, um das in meiner Umgebung unmöglich zu machen. Es war mir allerdings nicht gelungen!

Der Pförtner des Majestic war beauftragt, an die Patienten Nummern auszugeben. Er hielt es jedoch für einträglicher, diese zu verkaufen. Sein System bereitete mir Überraschungen: wenn meine Sekretärin eine Nummer aufrief, meldeten sich manchmal gleich fünf Personen mit derselben Nummer! Da weder meine Frau noch ich die Zeit hatten, uns um Details zu kümmern, brachte ihm dieser Schwarzhandel so viel ein, daß er sich ein Lebensmittelgeschäft kaufen konnte.

All diese Leute, die auf mich warteten, taten mir leid. Einige stellten sich bereits abends an, um am nächsten Tag bestimmt dranzukommen. Ich hatte sogar die Polizeizentrale von Nizza ersuchen müssen, einen Ordnungsdienst vor meiner Tür einzurichten. Dieser ungeheure Zustrom verwirrte mich und stellte mich vor neue Probleme.

Eines Nachmittags empfing ich Madame B., eine entzückende, zierliche und lebhafte Frau, die ellbogenlange Handschuhe trug. Ich dachte mir: »Aha, das ist also die neue Mode!« Sie blickte unentwegt zur Seite, so daß ich nur die eine Hälfte ihres Gesichtes sehen konnte. Ihre Stimme klang müde.

»Monsieur, ich weiß, daß Sie von Ihren Patienten eine Autorisation ihres Arztes oder eines Spezialisten verlangen. Hier haben Sie also das Schreiben, das Professor R. mir für Sie mitgegeben hat. Sie werden daraus alles über meinen Fall erfahren.«

In diesem Brief hieß es, Madame B. sei von der Medizin aufgegeben, da sie an einer »Vitiligo mit gleichzeitiger Achromie und Hyperchromie« leide. Ich hatte keine Ahnung, was das bedeuten sollte. Ärgerlich legte ich den Brief beiseite. Da ich ihr aber doch nicht gut sagen konnte, daß ich nichts verstand, fragte ich sie:

»Wann bemerkten Sie die ersten Anzeichen?«

»Als ich in den Spiegel schaute. Sehen Sie selbst, Ihnen kann ich es ja zeigen, mein Gesicht und meine Hände . . .«

Sie hatte weiße, wie gebleicht aussehende Flecken auf der Haut, die von dunklen Zonen umgeben waren.

»Und dabei habe ich noch Glück gehabt, denn auf dem Gesicht sind sie nur einseitig, obwohl ich den Eindruck habe, als finge auch die andere Seite an . . . Es ist entsetzlich für mich. Verstehen

Sie mich richtig, das ist nicht Koketterie, ich bin Verkäuferin in der Haute Couture, und jetzt ist es mir nicht mehr möglich, mit der Kundschaft, für die Schönheit eine so große Rolle spielt, zu verhandeln ...«

Zwei Monate später war sie geheilt, und derselbe Professor R. konnte das Verschwinden der weißen Flecken konstatieren.

Am selben Tag betrat ein etwa sechzigjähriger Mann, auf einen Stock gestützt, mein Büro. Das Gehen bereitete ihm sichtlich Schmerzen.

Auch er reichte mir den Brief eines Spezialisten und dazu noch einen ganzen Packen Röntgenaufnahmen.

»Bitte schön, Monsieur. Ich persönlich verstehe überhaupt nichts von all diesen Röntgenbildern und Notizen, von all den medizinischen Fachausdrücken. Aber für Sie ist das ja etwas anderes, und Sie werden mir sagen können, ob es etwas Schlimmes ist und ob Sie mich heilen können.«

Der Brief und die den Röntgenbildern beigefügten Notizen waren voll von mir unverständlichen Fachausdrücken.

Was verbarg sich nur hinter all diesen Wörtern? Vielleicht Knochentuberkulose, die ich nicht behandeln konnte? Sollte ich ihn wegschicken? Glücklicherweise begriff ich nach wenigen Minuten des Gesprächs mit ihm, daß er an Lumbago und Ischias im rechten Bein litt.

Diese Art von Verwirrung war neu für mich, da ich bisher nur mit Ärzten zusammengearbeitet hatte, die mich kannten. Sie haben sich auf mein Niveau eingestellt. Sie hatten mir ihre Untersuchungsergebnisse in einfache, allgemeinverständliche Ausdrücke übersetzt und meist mit den Worten geschlossen: »Meiner Meinung nach können Sie diesem Patienten helfen.« Manchmal teilten sie mir aber auch mit: »Ich halte es für sinnvoll, Sie zu warnen ...«

Nun aber kamen Patienten aus Marseille, Valence, Lyon, Paris, Lille, Straßburg ... zu mir, von jenseits der Grenzen, aus Belgien, der Schweiz, Holland ... Und täglich stieß ich mich an diesen Wörtern, die mein Vater respektvoll als »gelehrt« zu bezeichnen pflegte. Man hielt mir Laborergebnisse unter die Nase, von denen ich nichts verstand, reichte mir Röntgenaufnahmen, von denen ich nicht wußte, wo oben und unten war. Und wenn ich vor dem Kranken so tat, als begriffe ich das mitgebrachte Material, dann geschah das nicht aus Eitelkeit, sondern aus Furcht, er könne unsicher werden und denken: »Der versteht ja auch nicht mehr davon als ich!«

Ich möchte nicht verheimlichen, daß in vielen Fällen die Wirkung meiner Behandlung teilweise dem Vertrauen, das der Patient in mich setzte, zuzuschreiben war. Ich litt unter diesem Mangel an medizinischen Kenntnissen und versuchte, ihn zu verschleiern. Aber es schien mir unumgänglich, bei einem Arzt zu lernen, was ich unbedingt wissen mußte.

Ich suchte also Dr. Echernier auf und vertraute ihm meine Probleme an:

»Ich kann mich nicht in die Hörsäle der medizinischen Fakultät setzen, was soll ich also machen?«

»Da du zu mir kamst, hattest du doch sicher eine Idee?«

»Ja. Sie sind gelehrt, sind Klinikchef, würden Sie mir Unterricht geben?«

Er sah mich mit seinen blauen, ein wenig kalten und durchdringenden Augen an:

»Warum eigentlich nicht? Du bist ein ehrlicher Junge, das beweist dein Besuch. Ich weiß auch, daß du schon viel Geld verdienst. Du hättest ebensogut von deinem Erfolg berauscht sein können. Dennoch bist du zu mir gekommen. Das gefällt mir. Also einverstanden! Wann willst du anfangen?«

»Sofort.«

»Du bist immer noch der alte. Also gut, fangen wir an. Wir werden zunächst das Leichteste, aber Wesentliche hernehmen. Ich werde dir zeigen, wie ein menschlicher Körper gebaut ist und wie diese Maschinerie funktioniert. Anschließend werden wir uns mit den Abweichungen vom Normalen und ihren Ursachen beschäftigen.«

Ich arbeitete täglich vier bis fünf Stunden mit ihm. Wie ich diese Stunden in meinem Tagesprogramm untergebracht habe, vermag ich heute nicht mehr zu sagen. Wenn Suzanne mir sagte: »Du kannst jetzt ruhig gehen, es sind keine Patienten mehr da«, glaubte ich ihr. Sie konnte nein sagen, ich nicht.

Besonders die Lehre von den Knochen und Muskeln faszinierte mich. Er erklärte mir, was Polyarthritis, Neuritis, Arthrosis, Radialislähmung etc. bedeuten. Ich war wie mein Vater, ich kannte nur das Wort »Schmerzen«.

In diesen Privatstunden eignete ich mir Kenntnisse über den Verlauf der Krankheiten und gewisse Komplikationen sowie über die Symptome verschiedener Beschwerden an. Vor allem aber lernte ich, der Medizin gegenüber mißtrauisch und ängstlich zu werden – ich möchte betonen, der Medizin und nicht den Medizinern gegenüber. Ich erkannte, daß sie äußerst gefährlich sein konnte. Wenn ich z. B. sehe, daß Babys gegen Ekzeme mit Cortison behandelt werden, scheue ich mich nicht, zu sagen: »Das ist kriminell!« Wenn einem einjährigen Kind Barbitursäure verabreicht wird, möchte ich am liebsten schreien: »Das ist Wahnsinn!«

Die Medizin lehrte mich, demütig zu sein ... »Ich weiß, daß ich nichts weiß!«

Wie oft hatte ich einen Kranken vor mir, der drei oder vier gewissenhafte Ärzte aufgesucht hatte und mir ebenso viele unterschiedliche Diagnosen mitbrachte. Daher behaupte ich, daß die Medizin eine Kunst und keine exakte Wissenschaft ist.

Mein Leben war ein einziger Wirbelwind, es lief zu schnell ...

Aus Paris erhielt ich Briefe: »Sie sind so weit weg, die Fahrt ist so teuer«, oder »Meine Arbeit erlaubt mir nicht, zu Ihnen zu kommen«, »Machen Sie doch hier eine Praxis auf!« Und ich tat es: 5, Place de la Porte de Champerret.

Dann war Lyon an der Reihe. Die Lyoneser fanden, daß ich ihnen das schon längst schuldig war, da ich doch ihren Bürgermeister behandelte!

Ich liebte diese wilde Aktivität. Die Leute, die mich aus allen Richtungen riefen, überzeugten mich von meiner Nützlichkeit. Ehrlich gesagt, sie berauschten mich ein wenig.

Seitdem ist mir jedoch klargeworden, daß diese Art zu leben für mich nicht gut war. Allzusehr gesteigerte Aktivität wirkt wie eine Droge. Sie hat mich vergiftet! Selbst wenn ich mehrmals im Jahr eine Woche Ruhe einlege, muß ich doch feststellen, daß ich unfähig bin, mich zu erholen. Ich fühle mich sogleich schuldig, wenn ich nichts tue ... Und ich schäme mich ein wenig bei dem Gedanken, daß ich der Sohn jenes Camille bin, der sich die Zeit nahm, all das zu beobachten, wodurch ich erst werden konnte, was ich jetzt bin ...

Fast drei Monate im voraus waren meine Terminkalender ausgebucht, wobei unbekannte Namen neben den berühmtesten standen. Da ich in meiner Praxis keinerlei Unterschied zwischen Arm und Reich machte, war ich gegen die Gefahr, ein »Heilpraktiker der mondänen Welt« zu werden, gefeit.

An einem schönen, golden leuchtenden Herbstnachmittag betrat die Baronin Hauser mein Pariser Büro. Sie war etwa sechzig Jahre alt und eine elegante, gepflegte Erscheinung. Ihr Mann war Bankier. In ihrer Villa in der Avenue Gabriel hatten siebenundzwanzig Dienstboten Arbeit. Und ihre Jagd in Spanien hatte eine Größe von etwa siebzig Quadratkilometern ... Aber an jenem Tag wußte ich das alles noch nicht. Die Baronin sagte mit höflicher Ironie:

»Ihre Reputation, Monsieur, brachte mich auf den Gedanken, daß Sie mir vielleicht helfen könnten.«

»Hat Ihr Arzt, Madame, Ihnen erlaubt, zu mir zu kommen, oder hat er es Ihnen geraten?«

»Erlaubt, Monsieur, aber das ist doch nur eine winzige Nuance!«

»Für mich ist diese Nuance von großer Wichtigkeit. Wenn er Ihnen den Besuch bei mir erlaubt hat, sind Sie mit dem Gedanken: ›Nun, warum eigentlich nicht?!‹ hierhergekommen. Hat er Ihnen aber dazu geraten, dann sind Sie überzeugt, daß ich Sie heilen werde.«

Sie lächelte: »Ja, ich verstehe ...«

»Woran leiden Sie?«

»Dies hier wird es Ihnen besser als ich erklären können.« Und sie überreichte mir die Röntgenbilder.

Diesmal allerdings war mir alles klar. Sie hatte eine heftige Arthrosis in der rechten Schulter, die bereits auf die Nackenwirbel übergegriffen hatte.

»Diese Schmerzen in der Schulter quälen mich so, daß ich oft nachts überhaupt nicht schlafen kann. Ich habe häufig Gäste und gehe viel aus. Ich muß auf dekolletierte Abendkleider verzichten, wenn ich nicht anschließend stundenlang Schmerzen haben will. Und diese Stunden, Monsieur, sind sehr lang.«

Ich verordnete ihr fast die gleiche Behandlung mit Umschlägen und Fußbädern, die Admiral Darlan gutgetan hatte. Und auch in diesem Falle wurde die beabsichtigte Wirkung erzielt. Bei ihr hatte ich jedoch noch den bei Kreislaufstörungen im allgemeinen und bei Frauen besonders wirksamen Weißdorn sowie Salbei, das wunderbare Antispastikum, hinzugefügt.

»Wie oft soll ich wiederkommen?«

»Nur einmal, Madame, wenn Sie keine Schmerzen mehr haben und mir danken wollen.«

Ich hatte sehr wohl begriffen, daß die Baronin zu mir gekommen war, weil ich eben in Mode war, und daß sie angenommen hatte, ich würde in Kenntnis ihrer Vermögenslage die Behandlung möglichst langwierig gestalten.

Ich hatte die Baronin Hauser schon völlig vergessen, als ich eines Tages eine Wochenendeinladung zur Jagd auf ihren Gütern westlich von Madrid erhielt.

Dies war mein erster Auftritt in der »großen Welt«. Mit meinem schönen marineblauen Anzug angetan, stieg ich in das Privatflugzeug Baron Hausers. Für die Jagd hatte ich einen alten Sportanzug mitgenommen, in dem ich mich wohl fühlte, sowie ein Paar fester Stiefel. Dazu noch zwei weiße Hemden und eine Krawatte zum Wechseln. Ich bewunderte meine Umsicht. Es war meine erste Reise per Flugzeug, und der Start der Maschine beeindruckte mich sehr. Ich fand alles wunderbar und sah mit kindlicher Freude, wie die Erde hinter uns zurückblieb und sich unter den Tragflächen des Flugzeugs in eine Landkarte verwandelte.

Vier oder fünf Stunden später war ich bereits in Spanien, in meinem Zimmer. Ein Diener ließ mir ein Bad ein und legte mir einen wie nach meinen Maßen zugeschnittenen Smoking auf mein Bett. Glücklicherweise war die Baronin noch umsichtiger gewesen als ich! Wie hätte ich sonst wohl beim Diner ausgesehen!

Es war ein Wochenende wie im Film. Erstes Flugzeug, erster Smoking, erste Jagdflinte.

Ich hatte noch nie gejagt und befand mich plötzlich neben einem spanischen Granden, der alles besaß, was mir fehlte, nämlich Erfahrung und einen schönen Jagdanzug.

Mit schöner Regelmäßigkeit verfehlte ich das Wild. Er sagte:

»Ich hoffe, daß Sie als Heilpraktiker besser sind als als Jäger! Sonst müßte ich Ihre Patienten bemitleiden!«

»Ich wünsche nur, daß Sie es nie am eigenen Leibe erfahren müssen!«

Er lächelte; er hatte schöne Zähne, die etwas bläulich waren, ebenso wie das Weiß seiner Augen. Bei Dr. Echernier hatte ich gelernt, daß dies im allgemeinen ein Zeichen für ein empfindliches, zu Frakturen neigendes Knochensystem ist.

»Sie leiden an Rheuma, im Anschluß an eine Fraktur.«

»Das ist ja nicht mehr Medizin, sondern Hexerei!«

»Wundern Sie sich darüber nicht, die Pflanzen sind schon immer in diesem Ruf gestanden ...«

In Paris verschrieb ich ihm dann wenige Tage später Umschläge und Fußbäder!

»Mességué, Sie müßten nach Spanien kommen; Sie beherrschen unsere Sprache und könnten dort ein Vermögen machen.«

Diesen Satz sollte ich noch oft hören. So oft, daß ich schließlich stereotyp antwortete: »Danke! Das ist bereits geschehen!« Heute noch macht mich dieser Satz rasend. Für mich ist Geld eine angenehme Begleiterscheinung des Erfolges, aber es ist nicht der

Erfolg selbst!

Aber all diese Vorfälle waren natürlich angenehm und hätten mir leicht den Kopf verdrehen können, wenn ich nicht andere, ernsthaftere Erfolge zu verzeichnen gehabt hätte.

Eines Morgens fragte mich die Sekretärin Dr. Claoués telefonisch:

»Monsieur Claoué wäre sehr glücklich, Sie treffen zu können. Wann paßt es Ihnen? Er wird sich in Tag und Uhrzeit ganz nach Ihnen richten.«

Ich kannte Claoué, eine berühmte Persönlichkeit aus dem Gers. Er war ein äußerst geschätzter und geschickter Chirurg. Vor allem hatte er sich ein hübsches Spezialgebiet ausgesucht: die Schönheitschirurgie. Menschen, die sich auf irgendeine Art mit der Schönheit befassen, haben auf mich immer eine große Anziehungskraft ausgeübt. Wenn man von Schönheitschirurgie spricht, denkt man unwillkürlich an Frauen, die sich verjüngen lassen. Häufig vergißt man darüber die Gesichtsverletzten, die Kriegsversehrten und all jene Menschen, deren äußere Erscheinung in ihnen Komplexe entstehen läßt.

Ich war ganz ungeduldig, Dr. Claoué endlich kennenzulernen! Als ich ihn dann sah, war ich ein wenig überrascht: ein schönes, verführerisches Gesicht, tiefschwarze, strahlende Augen, weißes Haar, ein intelligenter Kopf auf einem Körper, der den Dimensionen dieses Mannes so gar nicht entsprach. Er war ausgesprochen klein, etwa 1,57 Meter. Er hatte erstaunlich zarte und zugleich kräftige Hände, Künstlerfinger. Er wußte es und sagte lachend: »Ich habe die Finger einer Fee, und deshalb nähe ich.«

Er duzte mich sofort.

»Erzähle!«

Er machte mich verlegen, ich empfand Respekt vor seiner Wissenschaft und vor seiner Persönlichkeit. Dann erzählte ich ihm aber doch von meiner Herkunft, meinen Anfängen und von meiner letzten, schwersten Prüfung, dem Prozeß.

»Du brauchst dich nicht zu verteidigen, ich weiß, daß du ehrlich bist.«

Und da erfuhr ich, daß er mir Patienten geschickt hatte, ohne daß ich es wußte:

»Du hast sie sehr korrekt empfangen. Vor allem aber hast du die Situation nicht ausgenützt und sie nicht mehrmals wiederkommen lassen.«

Er hatte das Experiment so weit getrieben, daß er mir eine an multipler Sklerose erkrankte Patientin schickte; gegen diese Krankheit ist die Medizin immer noch machtlos. Es kann zwar eine vorübergehende Besserung erzielt werden, aber der Ausgang ist immer letal. Dies war eine der Krankheiten, deren Behandlung ich mir strikte untersagt hatte. Ich erinnerte mich noch sehr gut an diese Patientin, eine sehr schöne, junge Frau, deren tragisches Schicksal mich damals sehr berührt hatte.

»Sie hatten sie also zu mir geschickt! Ihr Tod hat mich sehr bekümmert.«

»Mich auch. Ich weiß, daß du dich gewissenhaft geweigert hast, sie zu behandeln. Ich habe auch erfahren, daß du oft zu ihr gingst und ihr bis zum Ende menschlich beigestanden bist. Für mich bist du ein echter Heilpraktiker, der dieses schönen Namens würdig ist. Daher habe ich große Pläne mit dir, von denen wollen wir aber erst später sprechen.«

An jenem Abend ging ich zu Fuß nach Hause, den Kopf in den Sternen. Ein großer Arzt, Dr. Claoué, hatte zu mir gesagt: »Du bist ein Heilpraktiker, der dieses Namens würdig ist.« Das war für mich der wirkliche Erfolg!

15 Mein Lord

Ich hatte den Führerschein gemacht und mir einen Wagen gekauft. Ich fand ihn besonders schön; in meinen Augen besaß er eine Eigenschaft, über die andere Autos nicht verfügen: er war mir unentbehrlich. Gemeinsam jagten wir wie verrückt die Straßen entlang, denn ich hatte den Rausch des Schnellfahrens entdeckt. Aber da es sich ja immer um Krankenbesuche handelte, hatte ich ein gutes Gewissen und gute Ausreden.

Eines Nachts, als ich gerade aus Lyon zurückkam, wo ich Sprechstunde gehalten hatte, sagte meine Frau:

»Du mußt sofort Monsieur R. in Marseille zurückrufen. Er hat seine Telefonnummer hinterlassen.«

»Die Krankheiten, die ich behandle, können bis morgen warten.«

»Ruf ihn doch lieber an, um ihn zu beruhigen.«

Monsieur R. hatte eindeutig auf meinen Anruf gewartet, denn er war sofort am Apparat.

»Endlich sind Sie da, Monsieur Mességué. Meiner Tochter geht es sehr schlecht ... Die Ärzte sind damit einverstanden, daß Sie sich die Kleine anschauen. Bitte, kommen Sie sofort . . .«

Die Stimme des Mannes, der da mit mir sprach, war so aufgeregt, daß ich Mühe hatte, ihn zu verstehen.

»Welche Krankheit hat sie denn?«

»Das weiß man nicht, Monsieur . . .«

»Aber . . .«

»Haben Sie Kinder, Monsieur Mességué?«

»Noch nicht.«

»Versuchen Sie doch zu verstehen. Meine Frau wird eine weitere Nacht nicht durchhalten. Sie ist am Ende ihrer Kräfte . . . Und meine Tochter . . .«

»Gut, ich komme.«

Und ich fuhr wieder los. Die Nacht war mild, und da ich Angst hatte, einzuschlafen, fuhr ich mit geöffneten Fenstern. Die Düfte der Provence füllten meinen Wagen. Ich war übererregt durch die Müdigkeit und den starken Duft der Pflanzen und Blumen; meine überhitzte Phantasie ließ alle möglichen Gedanken und Bilder in meinem Kopf auftauchen, ich fühlte mich »mächtig und einsam«.

Ich weiß nicht, wieviel Zeit ich gebraucht habe, um nach Marseille zu kommen, auf jeden Fall war ich schnell da.

Der Vater erwartete mich in der Eingangshalle des Hauses. Die Leute waren sicherlich sehr reich.

»Unser Hausarzt ist bei der Kleinen, kommen Sie.«

»Einen Moment noch, Monsieur. Sagen Sie mir zuerst, was ihr fehlt.«

»Wir wissen es nicht. Vor vierzehn Tagen kam meine Tochter vom Wintersport zurück und klagte über Halsschmerzen. Unser Hausarzt stellte eine leichte Angina fest. Als wir ihr aber das Fieber maßen, hatte sie 40,5. Und nach drei Tagen war das Fieber immer noch nicht gesunken. Wir haben alles versucht, alle Analysen machen lassen, aber das Fieber will nicht weichen.«

»Und ihr fehlt wirklich nichts anderes?«

»Nein.«

Ich fühlte, wie mein Hochgefühl langsam dahinschwand.

»Gehen Sie voraus.«

Der behandelnde Arzt, Dr. M., war mir freundlich gesinnt, er sandte mir sogar manchmal Patienten. Er empfing mich äußerst liebenswürdig. Das junge Mädchen, eine hübsche, dunkelhaarige Siebzehnjährige, sah etwas müde, aber keineswegs völlig entkräftet aus. Die Mutter hingegen mußte einem leid tun.

Dr. M. nahm mich beiseite:

»Wir verstehen das überhaupt nicht mehr, drei Kollegen und ein Professor haben sie untersucht. Dieses merkwürdige Fieber steigt nicht und fällt nicht. Aber nicht einmal das Fehlen der Fieberkurve ist ein Hinweis. Der Puls entspricht dem Fieberanfall absolut nicht, aber diese Abweichung ist auch kein Symptom für Typhus. Es besteht keine unmittelbare Gefahr, aber lange wird die Kranke diese Temperatur nicht aushalten können. Hör mal, gegen dieses Fieber sind deine Pflanzen machtlos, du kannst ruhig ablehnen.«

Ich blieb mit dem jungen Mädchen allein.

Mein Pendel über ihrem Kopf schlug mit einer solchen Heftigkeit aus, als hätte es mit einer Kerngesunden zu tun.

»Sie sind kein Arzt, nicht wahr?«

»Nein. Aber sagen Sie mir, haben Sie auf irgend etwas Lust?«

»O ja! Hunger hab ich. Sie haben mich auf Diät gesetzt, und dabei träume ich von gegrilltem Seebarsch, Knoblauchsuppe, Hähnchen . . .«

Und ihre Augen strahlten in dem kleinen, runden, blassen Gesicht. Ich faßte ihre Hand, sie war lauwarm; diese Kleine hatte niemals 40,5 Fieber! Sie erfreute sich bester Gesundheit.

»Nun?«

»Sie sind gar nicht krank.«

Ich dachte, sie würde aus dem Bett springen.

»Also, Sie sind wunderbar!«

Das war allerdings keineswegs die Meinung von Dr. M. Sein Gesichtsausdruck veränderte sich. Er wurde hart, aggressiv, fast böse.

»Ich habe dich bis heute für einen ehrenhaften Mann gehalten. Aber was du da tust, ist schändlich. Du machst dich über ihre Eltern lustig und hältst uns für Idioten! Man kann sich zwar bei der Diagnose irren, aber nicht beim Thermometer!«

Wir blickten uns an. Plötzlich war uns beiden der Gedanke gekommen: wenn das Thermometer nicht richtig funktionierte?

Er sagte:

»In fünfundzwanzig Berufsjahren habe ich das zwar noch nie erlebt, aber ausgeschlossen ist es deshalb nicht . . .«

Zehn Minuten später ging der Vater des Mädchens in eine Apotheke, die Nachtdienst hatte, und kaufte gleich zwei neue Thermometer, aus Vorsicht. Und um vier Uhr früh verließ ich ein Haus, in dem ein junges Mädchen mit gutem Appetit ein Hähnchen verspeiste. Sie hatte 36,4 . . .

Die paar Leute, die mich sehen konnten, als ich durch Marseille fuhr, mußten sich gedacht haben. »Der ist ja meschugge!« Denn ich saß am Steuer meines Wagens und lachte mich halbtot.

Der Motor brummte regelmäßig, und meine Gedanken schnurrten mit ihm. Am Horizont war die Nacht schon etwas weniger dunkel. Es war frisch. Die Düfte waren schal geworden, sie brauchten, wie ich, die Sonne, um wieder aufzuleben. Ich fühlte, wie ich dahindämmerte in einer Art von Brunnen, der mit Watte gefüllt war und der sich schlangenförmig auseinanderzog – wie die Straße vor mir . . .

Mein Traum endete an einer Mauer in der Nähe von Fréjus. Vom Schock betäubt, erlebte ich die folgenden Bilder in Zeitlupe. Ich versank in einer schweigenden Nacht. Das Motorgeräusch war erstorben, mir tat nichts weh, ich wollte nur schlafen. Plötzlich vernahm ich Schreie und sah Flammen. Ich wollte die Tür öffnen, aber da lähmte mich ein heftiger Schmerz in der Schulter. Der Traum war zu einem Alptraum geworden. Jemand schrie: »Man muß ihn da 'rausholen! Er wird verbrennen!« »Vorsicht, der Tank!« Hände zerrten mich aus dem Wagen, ich war gerettet. Mein Bewußtsein kam langsam wieder, ich fühlte Schmerzen, und mein schönes neues Auto stand in Flammen! Mein Leben hatte ich Soldaten aus Fréjus zu verdanken, die auf der Straße exerzierten.

Eine ausgerenkte Schulter und zwei gebrochene Rippen waren also die Bilanz eines nicht funktionierenden Thermometers . . . Die Gedanken jedoch, die mir in dieser Nacht durch den Kopf gegangen waren, hatte ich nicht fallengelassen: Welchen Vorteil hätte ein Scharlatan aus der Situation mit dem nicht funktionierenden Thermometer wohl ziehen können! Wie konnte man falsche Heilpraktiker von echten unterscheiden? Ich hatte beschlossen, meinen Beruf öffentlich zu verteidigen! Ich suchte Dr. Claoué auf, der mich auf seine Art auch noch ermutigte und mir seine Hilfe versprach:

»Man macht viel zuviel Lärm um dich. Die Zahl deiner Patienten und deiner Erfolge ist wie ein ausgestreckter Finger, der dich bei der Ärztekammer verklagt. Ob du schweigst oder sprichst, sie werden nicht lockerlassen. Deswegen tust du besser daran, laut zu verkünden, was du zu sagen hast. Fang mit Vorträgen an, in denen du deine Gedanken ausführst und deinen Beruf verteidigst. Ich werde dir immer, wenn ich es für nützlich halte, zur Seite stehen.«

»Aber ich kann nicht reden!«

»Jetzt hör aber auf, du bist Südfranzose; bei uns redet man schon im Mutterleib!«

Ich entschloß mich also zu diesen Vorträgen. Aber ich habe es abgelehnt, in der Stadt, deren Gast ich war, Patienten zu übernehmen. Ich wollte nicht, daß man mir Patientenfang nachsagen konnte, mich zu einer Art Handlungsreisenden in Sachen Heilkunst stempelte.

Meinen ersten Vortrag hielt ich selbstverständlich in Nizza. Ich hatte fürchterliches Lampenfieber. Meine eigene Kühnheit machte mich ganz krank.

Als ich anfing, rief jemand: »Lauter!« Und dann legte ich los. Am Schluß war ich glücklich, nicht wegen des Beifalls, sondern weil ich alles, was sich seit meinem Prozeß in mir angestaut hatte, gesagt hatte:

»Wir, die Heilpraktiker, dic einen so schönen Namen tragen, möchten in Frieden heilen dürfen. Aber der Staatliche Berufsverband der Ärzte untersagt uns das. Und wenn ein Arzt uns unterstützt, wird er mit uns verfolgt.

Wir fordern die Genehmigung, Kranke zu pflegen, die von der offiziellen Medizin aufgegeben wurden, unterwerfen uns jedoch ihrer Kontrolle. Wir wünschen sie sogar: Wenn ein Heilpraktiker auch nur eine winzige Chance sieht, den Kranken zu heilen, warum will man ihm das denn versagen? Und vor allem, warum ihn bestrafen? Niemand hat das Recht, einem Kranken seine letzte Chance zu versagen! Daher stelle ich folgende Frage: Sind die Ärzte, die dem Kranken verbieten, einen letzten Versuch zu seiner Rettung zu unternehmen, sind diese Ärzte sicher, den Eid des Hippokrates zu erfüllen?«

Es war ein großer Erfolg. In wenigen Monaten hatte ich mehr als zwanzig Städte absolviert. Von Antibes fuhr ich nach Paris, von Rouen nach Bordeaux, von Toulouse nach Lyon. Mein Vortrag in Algier, der in einem großen Kinosaal stattfand, wurde zu einer richtigen Pokerpartie. Man hatte mich darauf aufmerksam gemacht, daß sich mehrere Ärzte unter den Zuhörern befinden würden. Ich hatte keine Angst vor ihnen, denn sie kamen immer zahlreich zu meinen Vorträgen und stellten mir Fragen, die nur in seltenen Fällen bösartig waren.

Als ich an diesem Tag begann, empfand ich jedoch eine innere Unruhe. Ich hatte das ungewisse Gefühl, daß irgend etwas passieren würde. Der Saal war so überfüllt, daß sich die Menschen draußen auf dem Trottoir drängten. Dies war ein Land der Leidenschaften. Man hörte mir zu, ließ mich sprechen, kommentierte aber meine Worte, die dunklen Stimmen verloren sich auf der Straße, schallten schließlich als Echo zu mir zurück. Am Ende der Diskussion erhob sich ein Mann und sagte zu mir:

»Monsieur Mességué, ich bin Arzt, und Sie haben uns ja nicht gerade mit Samthandschuhen angefaßt. Daher sage ich Ihnen: ›An ihren Früchten wird man sie erkennen.‹ In Ihrem Fall heißt das: ›An den Kranken wird man den Heilpraktiker erkennen.‹ Ich kenne eine junge Frau, die ich seit langer Zeit erfolglos behandle. Heilen Sie sie, und ich werde hier vor der Öffentlichkeit erklären, daß Sie ein Heilpraktiker sind, der wirklich heilen kann.«

Diese Herausforderung konnte eine Falle sein. Aber ohne zu zögern antwortete ich:

»Unter der Bedingung, daß diese Kranke weder an Krebs noch an Tuberkulose leidet, nehme ich an. Aber ich habe meine Pflanzen nicht hier, und ich möchte, daß die Behandlung unter meiner Aufsicht durchgeführt wird. Daher schlage ich Ihnen folgendes vor: Ich nehme sie mit nach Nizza, behandle sie gratis und übernehme die Reise- und Aufenthaltskosten. In einem Monat bringe ich sie Ihnen zurück, und dann können Sie urteilen!«

»Diese Kranke, Monsieur, ist meine Tochter. Ich nehme Ihr Angebot an, mit Ausnahme der Reise- und Aufenthaltskosten.«

Die junge Frau hieß Yolande B. und war mit einem Hemdenfabrikanten aus Ba-el-Oued verheiratet. Dr. Timsit, ihr Vater, erklärte mir, daß sie seit ihrem dritten Lebensjahr an einer Milzerkrankung litt, ohne daß man die Ursache hätte finden können.

Zunächst einmal konnte ich die heftigen Schmerzen lindern, die sie manchmal fast zu zerbrechen schienen. Auf die Milz machte ich Salbei- und Malvenumschläge, die eine fast unverzügliche Erleichterung brachten. Anschließend behandelte ich ihren körperlichen Allgemeinzustand mit Fußbädern. Sie litt an einer Art Muskelerschlaffung, für die gemeine Schafgarbe, vermischt mit Petersilie, Minze und Thymian, hervorragend sein mußten. Zur Behandlung ihrer Nerven wählte ich Weißdorn und Klatschmohn und zur Appetitanregung gelbe Enzianwurzel.

Drei Wochen später hatte Yolande B. keine Temperatur mehr und fünf Kilo zugenommen. Die Pariser Ärzte, die sie untersuchten, stellten fest, daß ihre Milz völlig gesund war und normal funktionierte.

Als ich mit ihr nach Algier zurückkehrte, riefen ihr Vater und ihr Mann immer wieder: »Aber das ist ein Wunder!« Dr. Timsit wollte unbedingt Wort halten und den Kinosaal mieten, um meinen Erfolg öffentlich zu verkünden. Nur mit Mühe gelang es mir, ihn von diesem Vorhaben abzubringen.

Zum erstenmal hatte mir ein Arzt seine Tochter anvertraut, aber es sollte nicht das letztemal sein. Während meiner langen Laufbahn als Heilpraktiker habe ich mit Ärzteschaft immer in bestem Einvernehmen gelebt. Einige Ärzte machten mir sogar die Freude und nannten mich »lieber Kollege«; so auch Dr. R. A. aus Coulommiers:

»Lieber Kollege,
denn als einen solchen sehe ich Sie an. Soeben habe ich unsere Patientin und Freundin Madame M. wiedergesehen. Sie strahlt nur so vor Gesundheit und Ausgeglichenheit. Wenn wir annehmen, daß Sie den Ärzten einen Anteil an der Besserung ihres Zustands zugestehen, überlasse ich Ihnen meinerseits den zumindest ebenso wichtigen Anteil an der Wiederherstellung ihres seelischen Gleichgewichts; und dort, gerade in diesem Bereich, waren wir vielleicht ein wenig in unserer Bewegungsfreiheit gehemmt.
Dank für Ihre wertvolle Unterstützung.«

Aber ihre Sympathie für mich beschränkte sich nicht nur auf freundschaftlich-kollegiale Briefe. Viele baten mich, sie selbst oder ihre Familie zu behandeln, so z. B. Dr. L F. aus Dijon:

»Mir liegt daran, Ihnen nochmals meine Dankbarkeit auszusprechen. Seit Jahren litt meine Frau an sogenannten organischen Störungen, die wir jedoch nicht zu heilen vermochten.

Nach zahlreichen Mißerfolgen verschiedenster Ärzte vermochte allein Ihre Intervention meiner Frau einen ausgezeichneten Allgemeinzustand wiederzugeben.

Im Rückblick auf mehr als ein Jahr stelle ich fest, daß meine Frau, dank Ihrer Hilfe, nun völlig geheilt ist, und ich möchte es nicht versäumen, Ihnen nochmals aufrichtig dafür zu danken.«

Ich muß gestehen, daß einige Stellungnahmen von Ärzten mir nicht nur das Herz wärmten, sondern mich sogar ein wenig eitel machten.

So schrieb mir zum Beispiel Dr. Ch. F., Doktor der Medizin, der Biologie, der Bakteriologie und Krebsforscher: »Der Name Mességué wird in die Geschichte der Wissenschaft eingehen.«

Und Dr. A. S., ehemaliger Assistenzarzt des Krankenhauses von Lille, schrieb mir:

»Ich möchte Ihnen meinen Dank aussprechen für die freundschaftliche und liebenswürdige Aufnahme. Mit Freude habe ich die große Menschlichkeit wahrgenommen, mit der Sie die Patientin, die ich zu Ihnen gebracht habe, aufgenommen haben, und mit Wohlgefallen möchte ich feststellen, daß Ihre Haltung, die so voll der Nächstenliebe ist, der medizinischen Tradition vollauf würdig ist.

Ich wünschte, daß so viel Anstrengung nicht vergeblich ist, und bin geneigt zu glauben, daß Sie dort Erfolg haben werden, wo wir alle versagt haben.

Jedenfalls werde ich Sie über die Ergebnisse auf dem laufenden halten und wünsche dem Verfahren Erfolg, das ich für ein Experiment ansehe, dessen einziges Ziel in der Heilung unserer Patientin liegt. In einem solchen Fall, da modernste wissenschaftliche Methoden ihr totales Unvermögen bewiesen haben, Methoden, die nicht nur von mir angewandt wurden, da die Patientin zweimal einen Monat in der dermatologischen Abteilung von Prof. N. in Lille gelegen ist, kann uns die Beobachtung des Verlaufs einer empirischen Behandlungsweise und ihrer eventuellen Resultate eine wertvolle Lehre sowie die Quelle fruchtbarer Beobachtungen sein. In diesem Geist habe ich die Patientin zu Ihnen gebracht.«

Es kam auch recht häufig vor, daß Ärzte, die ich niemals Kollegen zu nennen gewagt hätte, mir Patienten schickten mit der Bitte, eine Diagnose zu stellen.

Die wertvollste Unterstützung jedoch, die einen sehr großen Einfluß auf meinen Werdegang gehabt hat, erfuhr ich von Dr. Claoué, der mir eines Tages sagte: »Maurice, es wäre mir lieb, wenn du die Behandlung von Freunden von mir übernehmen würdest; es handelt sich um Lord und Lady X.«

Lord X., Pair des Vereinigten Königreiches, war einer der Magnaten der englischen Presse. Ihn behandeln war gleichbedeutend mit dem ersten Schritt auf dem roten Teppich, der zum Hof führte. Beinahe hätte ich diesen ersten Schritt jedoch verpaßt, da ich mit einer Minute dreißig Sekunden Verspätung im Négresco eintraf, wo Lord X. mich erwartete.

Vor mir stand, gerade und hochaufgerichtet, mitten in seinem Salon, ein Herr von 1,96 Meter Größe, siebzig Jahre alt, silbriggraues Haar, eine rote Nelke im Knopfloch, und sah mich durch ein hochmütiges Monokel gestreng an:

»Monsieur, Sie müssen lernen, daß man einen X. nicht warten läßt. Selbst die Königin weiß dies.«

Das war kein sehr guter Anfang. Und als ich dann Lady X. eintreten sah, schwand noch das bißchen Selbstvertrauen, das mir geblieben war, ohnmächtig dahin. Sie war fast genauso groß wie ihr Mann, schlank und sehr elegant. Zwischen den beiden sah ich aus wie ein Zwerg. Er betrachtete mich durch sein Monokel, sie durch ihre Lorgnette. Ich hatte das Gefühl, in ihren Augen ein Insekt unbekannter Gattung zu sein.

Lord X. zog ein Bein stark nach, er litt an einer fortgeschrittenen Hüftgelenksarthrose. Ich wußte, was er zu ertragen hatte, und bewunderte ihn. Das Stehen mußte sehr schmerzhaft für ihn sein. Dennoch sah er mich mit unbewegtem Gesicht an.

»Ich frage nicht, ob Ihnen etwas weh tut, Monsieur, denn ein X. hat keine Schmerzen.«

Wie alle Engländer, hatte auch er Sinn für Humor.

»Nun, sagen wir, ich wäre gern noch etwas flinker . . .«

»Sie werden es bald sein.«

»Mit diesem kleinen Ding da wollen Sie das schaffen?«

Er zeigte auf mein Pendel.

»Nein, das ist nur ein Kontrollinstrument. Hat Monsieur Claoué Ihnen nicht gesagt, daß ich mit jenen landläufig als gemein bezeichneten Pflanzen zu heilen pflege?«

»Er hat mir nur gesagt, daß Sie *der* Mann für mich sind, und ich habe ihm vertraut.«

Etwas später bot Lord X. mir einen Whisky an, da ich den aber nicht leiden kann, lehnte ich höflich ab. Da ich ihm zuvor einige Diätvorschläge gemacht hatte, sagte er:

»Ich nehme an, daß Sie mir den auch verbieten?!«

»Ich an Ihrer Stelle würde ihm Ihr anderes Nationalgetränk, den Tee, vorziehen.«

In kurzer Zeit wurden wir echte Freunde. Lady X. mit ihrer etwas eisigen Intelligenz war eine erstaunliche Frau. Ihr Geist war hart, fast grausam. Sobald es um die »Society« ging, war sie unerbittlich. Zu mir war sie immer besonders nett.

Claoué hatte recht. Ein Jahr später mußte ich meinen zweiten Prozeß durchstehen, der aber auch nicht der letzte sein sollte. Zwanzig Jahre lang sollte ich fast jährlich einmal vor Gericht zitiert werden! Warum? Der Vorgang war einfach. Irgendein Arzt meldet dem Staatlichen Berufsverband der Ärzte, daß hier ein »Illegaler« am Werk sei. Dieser Verband befaßt, meist im Einvernehmen mit den Ärztekammern, den Staatsanwalt mit der Angelegenheit und tritt selbst als Kläger auf.

Diesmal war der Prozeß für mich zwar weniger erschütternd,

aber dennoch ärgerlich. Mein Anwalt war wieder Maître Pasquini, der zukünftige Vizepräsident der Nationalversammlung. Dieser junge, gutaussehende Mann besaß eine magnetische Ausstrahlung, eine unglaubliche innere Kraft. Wenn er lächelte, hatte man das Bedürfnis, glücklich zu sein. Ich erklärte ihm:

»Ich könnte das alles ja noch verstehen, wenn man mir sagen würde: ›Wir haben den Prozeß gegen Sie angestrengt, weil Sie Kranke behandeln, die sich nach vier oder fünf Monaten in einem Zustand befinden, daß die Medizin sie nicht mehr zu retten vermag. Dann hätten sie recht. Aber in diesen Prozessen spricht man nie von den Kranken, sie interessieren niemanden. Man wirft mir nicht vor, ihren Zustand gebessert, sie geheilt oder aber ihnen Schaden zugefügt zu haben, sondern man macht mir einfach meine Berufsausübung schlechthin zum Vorwurf. Könnte ich meine Kranken nicht als Zeugen anführen, würde man niemals etwas von ihrer Existenz erfahren oder sie gar zu Gesicht bekommen. Man wirft mir meine Honorare vor, ohne zu berücksichtigen, daß ich etwa ein Drittel meiner Patienten unentgeltlich behandle. Als ich zum Beweis Dankesbriefe vorlegte, antwortete mir der Verband: ›Sie haben auch nicht das Recht, unentgeltlich zu behandeln!‹«

»Mein lieber Maurice, du legst manchmal eine ungewöhnliche Naivität an den Tag. Hast du denn nicht bedacht, daß du, wenn du deine Kranken nicht heilen würdest und dir auch nur einen einzigen Unfall zuschulden kommen ließest, wegen fahrlässiger Tötung belangt und eine Gefängnisstrafe riskieren würdest?«

Die Untersuchung für meinen zweiten Prozeß wurde mit viel Sorgfalt und Ernst durchgeführt. Wäre ich angeklagt gewesen, ein zweiter Landru zu sein, hätten die Ermittlungen nicht gewissenhafter sein können. Daß der geleistete Aufwand in so gar keinem Verhältnis zum Delikt stand, machte die ganze Sache fast komisch. Eines Morgens erschienen vor meiner Pariser Wohnung zwei Polizeibeamte.

»Wir sind vom Untersuchungsrichter beauftragt, die Anwesenheit von Patienten in Ihrer Wohnung festzustellen und die strafbare Handlung somit nachzuweisen. Sie selbst sind aufgefordert, nichts zu unternehmen, um unsere Mission zu behindern.«

Vom Fenster aus beobachtete einer der Inspektoren die Straße, während sich der andere vor der Tür postierte.

Da aber gegen Mittag noch immer kein einziger Patient an meine Tür geklopft hatte, die beiden Beamten jedoch wußten, daß ich für gewöhnlich einen sehr großen Andrang zu verzeichnen hatte, schöpften sie Verdacht, und der eine bemerkte bissig:

»Heute kommt also niemand. Sie sind gewarnt worden und haben daher alle Ihre Termine abgesagt.«

Das stimmte, ich hatte tatsächlich allen Patienten abgesagt, um nur einen einzigen zu empfangen. Aber die Anwesenheit der Polizisten störte mich in keiner Weise. Ich hätte sie sogar selbst anfordern können, um die Sicherheit der Person, die ich erwartete, zu gewährleisten.

Verärgert fuhr er fort:

»Wir werden eben warten, aber wir kriegen Ihre Patienten schon noch zu Gesicht!«

Auch darin irrte er sich nicht. Zehn Minuten später war es ihm vergönnt, einen Rolls-Royce der britischen Botschaft vor meiner Tür halten zu sehen. Ihm entstieg Lord X. und verneigte sich vor einer jungen Dame im Nerz. Ich wartete im Vorraum, um diese Patientin, deren Besuch durch Lord X. mit mir vereinbart worden war, zu empfangen. Als ich die Tür öffnen wollte, sprang der Inspektor auf und tat das selbst. Da blieb ihm die Luft weg! Die junge Dame, die meine Praxis betrat, war ein berühmtes Mitglied der königlichen Familie! An diesem Morgen war ihr Foto in der gesamten Pariser Presse zu sehen gewesen.

Die beiden völlig verstörten Polizeibeamten stotterten irgend etwas, das wohl einer Entschuldigung gleichkommen sollte, und machten sich aus dem Staub. Lord X. glaubt heute noch, daß ich sie zum Schutz meiner hohen Patientin bestellt hatte!

Als ich Lady X. etwas später von meinem Prozeß erzählte, sah sie mich mit ihrem klaren Blick lange an und sagte:

»Es ist wirklich schockierend, daß die Justiz in Ihrem Lande so etwas tut. Ich bitte Sie, veranlassen Sie das Nötige, damit ich diesen Richtern sagen kann, was dazu gesagt werden muß!«

An diesem Tag im Juli des Jahres 1950 herrschte im Saal der 16. Strafkammer des Justizpalastes eine drückende Schwüle. Der Prozeß begann in einer lahmen, beinahe gleichgültigen Atmosphäre. Das gefiel Pasquini gar nicht, denn Gleichgültigkeit bei einem Prozeß ist das Schlimmste. Ein Saal, der mit dem Schlaf kämpft, ist leicht geneigt, auch das ungerechteste Urteil hinzunehmen. Die Journalisten blickten wenig interessiert auf das riesige Bündel Briefe, das Anwalt Pasquini vor dem Präsidenten niederlegte. Er sagte:

»Herr Präsident, dies sind die Aussagen der Patienten, die nicht persönlich kommen konnten. Außerdem hätte dieser Saal sie auch gar nicht fassen können, denn es sind zweitausend!«

Pasquini hatte achtundfünfzig Zeugen geladen. Da der Präsident aber nur eine Stunde für das Zeugenverhör festgesetzt hatte, kamen nicht mehr als knapp fünfzehn von ihnen zu Wort.

Bei einigen Zeugen begann das Publikum, sich ein wenig zu erwärmen. Mit schönem südfranzösischem Akzent, dem es allerdings auch nicht gelang, ein wenig Sonne in den Saal zu zaubern, erklärte Monsieur Glenna:

»Ich bin zu 100 Prozent Invalide und litt zudem noch an Lungenabszessen; der eine verheilte, da kam ein neuer ... Die Ärzte hatten mich aufgegeben. Meine Frau bereitete schon den schwarzen Schleier vor, als ihre Schwester, die in Nizza wohnt, ihr sagte, Monsieur Maurice würde mit Pflanzen Wunder wirken. Ich persönlich, ich glaube an die Heilkräuter. Dann haben sie mir Umschläge und Fußbäder gemacht, bis schließlich mein Arzt in Menton nicht mehr anders konnte, als zuzugeben, daß ich geheilt war. Und wissen Sie, was er mir gesagt hat, Herr Präsident? ›Es gibt Bereiche, wo die Heilpraktiker das erreichen, was uns unmöglich erscheint.‹ Und dann hat er sogar Monsieur Maurice aufgesucht, um ihm zu sagen: ›Ich glaube zwar nicht an Sie, aber ich anerkenne, daß Sie diesen Unglücklichen gerettet haben.‹ Dieser Unglückliche, das war ich. Die Ärzte, das sind Leute, die immer recht haben wollen. Wenn man stirbt, sagen sie: ›Das hatte ich ja vorausgesagt‹, und wenn man gesund wird, heißt es: ›Ich konnte mich ja nicht täuschen.‹«

Im Saal war es laut geworden, man klatschte Beifall. Der Präsident drohte, die Sitzung unter Ausschluß der Öffentlichkeit fortzusetzen.

Diese bescheidenen Zeugenaussagen vermochten aber ebensowenig wie die schriftlichen Bescheinigungen der Ärzte die Skepsis des Präsidenten und der Richter zu erschüttern.

Dann sagte der Präsident:

»Damit haben wir jetzt wirklich genug Zeit verloren. Rufen Sie den letzten Zeugen herein!«

Nun war Lady X. an der Reihe.

Ihr Auftritt war großartig.

Hauchdünne Chevreaulederhandschuhe bis zu den Ellenbogen, Musselinkleid, großer, breitkrempiger Hut; diese viktorianische Erscheinung schien eher auf eine Garden-Party zu gehören als in den staubigen Gerichtssaal. Mit einer knappen Handbewegung öffnete sie ihre Lorgnette und betrachtete den Präsidenten. In respektvollem Abstand folgte ihr ein englischer Anwalt in graugestreifter Hose, schwarzer Weste und Melone. Diese zwei Menschen hatten die Atmosphäre im Bruchteil einer Sekunde verändert.

Auf ein Zeichen des Präsidenten hin hatte der Gerichtsdiener Lady X. einen Stuhl angeboten, obwohl diese Ehre in Frankreich Ministern vorbehalten ist. Mit derselben natürlichen, hoheitsvollen Würde, die sie in ihrem Salon zur Schau trug, setzte sie sich.

»Haben Sie die Güte, Ihre Handschuhe abzulegen«, forderte der Präsident sie höflich auf.

Ihr Anwalt beugte sich zu ihr hinunter, und sichtlich unwillig knöpfte sie langsam, in allgemeinem Schweigen, ihre langen Handschuhe auf.

Diese Geste nahm den ganzen Saal gefangen.

»Und nun«, fuhr der Präsident fort, »heben Sie die rechte Hand und schwören Sie, daß Sie die Wahrheit sagen; sprechen Sie: Ich schwöre.«

Aber Lady X. bewegte die Hand nicht; sie antwortete sehr knapp: »Eine X., Monsieur, spricht immer die Wahrheit.«

Es war atemberaubend. Und mit demselben Ton brachte sie ihre Aussage vor:

»Sie können es sich ersparen, mir Fragen zu stellen, denn ich weiß, was ich zu sagen habe. Bei uns schickt es sich nicht, über Dinge zu klagen, die das Privatleben betreffen, und die Gesundheit gehört dazu. Wenn Sie mich also hier sehen, heißt das nicht, daß ich die Absicht habe, von mir zu sprechen, sondern es bedeutet, daß ich einzig und allein einen Mann verteidigen möchte, der unsere Achtung genießt. Sei vielen Jahren litt ich an Migräne. Unsere Ärzte konnten mir nicht mehr helfen. Sie waren am Ende ihrer Weisheit. Aber Monsieur Mességué hat mich geheilt. Er ist also nicht, wie Sie sagen, ein Scharlatan, sondern ein Könner. Ich liebe Frankreich, aber ich bin schockiert, Monsieur Mességué vor den Richtern dieses Landes stehen zu sehen, angeklagt der Schuld, geheilt zu haben. Das ist alles, was ich zu sagen habe.«

Ohne Eile knöpfte sie ihre Handschuhe wieder zu, erhob sich und verließ, nachdem sie dem Gericht flüchtig zugenickt hatte, den Saal.

Ich weiß nicht, ob ihr Auftritt mir nützte, jedenfalls tat er mir wohl.

Ich wurde zu 8000 Franc Strafe verurteilt.

Was meine Patienten jedoch keineswegs daran hinderte, mich im Triumphzug durch die Wandelhalle zu tragen!

16 Winston Churchill

Mein erster Prozeß hatte meiner Mutter viel Kummer bereitet; immer wieder hielt sie mir vor:

»Man soll nicht zu groß werden. Dein Vater sagte immer: Es ist leichter, auf ein großes Tier zu zielen als auf ein kleines. Schau nur mich an; ich war in Valence doch wirklich nicht bedeutend, und trotzdem haben die Leute mir weh getan! Aber du, mein Junge, du zeigst dich überall, verkehrst mit so hochstehenden Persönlichkeiten und vergißt dabei all das Unglück, das dir daraus erwachsen kann ... Die Ärzte sind mächtige Männer, sie werden dich zugrunde richten, mein Junge. Vielleicht wirst du sogar im Gefängnis landen ...«

Die arme Frau lebte in Angst und Schrecken.

Damit sie in Ruhe leben konnte und nicht in mein bewegtes Leben hineingezogen wurde, kaufte ich für sie ein kleines Haus am Cap-d'Ail. Wenn ich dann in der Gegend war, konnte ich mit meiner Frau und meinem Sohn Didier, der im Oktober 1950 geboren war, dort wohnen.

Seine Geburt hatte mir große Freude bereitet, aber ich glaube, ich begriff damals noch nicht, was es bedeutete, ein Kind zu haben. Beim Autofahren wurde es mir zum erstenmal bewußt. Ich fuhr schnell wie immer und entging knapp einem Unfall. Da heilte mich der Gedanke an meinen Sohn von dieser Freude am Risiko. Ich verstand, daß ein Kind Verantwortung bedeutete.

Dann kam jene Nacht, in der er so schwer krank war. Ich hatte solche Angst um ihn, daß ich schwor, fünfzehn Jahre lang nicht mehr zu rauchen. Ich habe den Schwur gehalten. Inzwischen besitze ich drei Söhne, die in meinem Leben eine große Rolle spielen.

War ich in Cap-d'Ail, kam ich häufig mit Lord X. zusammen. Wir waren Nachbarn. Auf der einen Seite grenzte mein Grundstück an jenes von Lord X., auf der anderen an jenes von Lord Beaverbrook, der die Villa »Capocina« bewohnte, ein Haus im Stile der Belle Epoque, ein wahrer Palast für Operettenfürsten, in dem Winston Churchill häufig zu Gast war.

Eines Abends sagte Lord X. zu mir:

»Ich muß Sie mit einem unserer Nachbarn bekanntmachen. Ich

glaube, Sie werden sich gut vertragen.«

Ich hatte dieses Gespräch bereits vergessen, als eines Morgens das Telefon läutete. Ich hob ab und vernahm eine bedächtige, ein wenig schnarrende Stimme mit typisch englischem Akzent. Ich hatte den Eindruck, sie schon einmal gehört zu haben.

»Monsieur Maurice Mességué?«

»Ist am Apparat.«

»Hier spricht Winston Churchill. Ich habe gehört, daß Sie X. behandeln, und ich würde Sie gerne sprechen. Ich möchte mich ein wenig mit Ihnen darüber unterhalten, was man nicht tun darf, wenn man alt werden möchte. Ich glaube, ich könnte bald anfangen, mir darüber Gedanken zu machen ...«

Er war bereits weit über siebzig.

»Ich stehe ganz zu Ihrer Verfügung, Herr Präsident.«

Seit der Bekanntschaft mit Herriot waren für mich alle großen Politiker »Präsidenten«. Das war praktisch, so konnte ich mich in den Titeln nicht irren.

Am nächsten Tag fand ich mich in der Villa »Capocina«, einem richtigen kleinen Palast, ein, und eine Art Haushofmeister sagte zu mir: »Haben Sie die Güte, mir zu folgen, Sir Winston erwartet Sie.«

In einer Ecke des Parks, unter Pinien, hob sich die berühmte Bulldoggensilhouette Churchills gegen den Hintergrund des Meeres ab. Er saß vor seiner Staffelei und malte in kräftigen Farben Felsen und Meer. Er trug einen alten, verwaschenen Kittel voller Farbkleckse, einen weißen Filzhut, dessen breite Krempe sein Gesicht beschattete, im Mundwinkel hing die legendäre Zigarre. Als er mich erblickte, begrüßte er mich mit dem berühmt gewordenen V. Dies entsprach derartig meinen Erwartungen, daß ich den Eindruck hatte, in ein historisches Foto zu treten.

Aus der Nähe betrachtet, waren die Farben des Gemäldes noch schreiender.

»Gefällt es Ihnen?«

Ich fand es ziemlich abscheulich. Da ich keine Komplimente machen und nicht lügen kann, andererseits aber auch nicht unverschämt und verletzend sein wollte, schwieg ich.

»Ich sehe«, sagte Churchill, dessen Augen in kleinen, schalkhaften Lachfältchen verschwanden, »Sie trauen sich nicht, mir zu sagen, daß es – wie nennen Sie das auf französisch? – *moche* ist. Aber ich garantiere Ihnen, die Signatur ist einiges wert.

Für mich ist das Malen eine Erholung. Ich brauche dabei nur

einen kleinen Ausschnitt der Welt zu betrachten, und das ist viel weniger ermüdend, als eine Landkarte zu studieren ... Ich sagte Ihnen ja bereits, mir geht es wunderbar ... wie einem Baby. Finden Sie nicht, daß alle Babys aussehen wie ich? Und wissen Sie, warum ich so gut aussehe? Weil ich überall und zu jeder Zeit schlafen kann.

Ich habe Sie hierher gebeten, um mit Ihnen über meine Zukunft zu plaudern. Ich glaube, daß das Leben mit achtzig beginnt. Und da ich jetzt neunundsiebzig bin, muß ich wohl im nächsten Jahr ernsthaft daran denken, mich zu organisieren. X. hat mir gesagt, daß Ihre Gedanken neu und frisch sind, auch wenn Ihre Pflanzen alt und vertrocknet sind. Vielleicht werden wir uns verstehen.

Also, wenn ich Ihnen zum Beispiel sage: ›Ich huste viel‹, was werden Sie mir dann antworten?«

Er malte weiter, die Augen ein wenig zusammengekniffen, als ob er meiner Antwort keinerlei Bedeutung beimäße.

»Kennen Sie die Pflanzen, Herr Präsident?«

»Die man ins Essen gibt? Ja, die kenne ich sehr gut! Bei den anderen bin ich nicht ganz so sicher, sie wirklich alle gesehen zu haben. In Downing Street wachsen so wenige.«

»Gegen Husten benützen die Pflanzenheilkundigen verschiedene Pflanzen, die sich auch auf Ihrem Teller gut machen: Knoblauch, Kohl, Kresse, Zwiebel, Thymian, Majoran, Minze, aber auch solche, die man für gewöhnlich in Vasen steckt: Klatschmohn, Malven und Veilchen. Es gibt auch Feldkräuter: Flachs, Gurkenkraut und Königskerze.«

Er wandte mir den Kopf zu und saugte an seiner Zigarre, die ausgegangen war.

»Sie haben mir ja gar nicht gesagt: Rauchen Sie nicht mehr! Sie sind wirklich gerissener als die Ärzte! Und mit all diesen Pflanzen wollen Sie also gegen meinen Husten kämpfen?«

»Nein, mein Cocktail wird weniger kompliziert sein. Wir werden uns vor allem auf die Malve konzentrieren, denn diese Pflanze liebe ich sehr, und man kann sie das ganze Jahr über verwenden. Hat sie keine Blüten mehr, nimmt man eben die Blätter, und wenn auch die abgefallen sind, nimmt man die Wurzel. Es wird Sie vielleicht amüsieren, zu erfahren, daß man sie auch in die Babyfläschchen tut, wenn ein Kind hustet. Und wenn die Geschichte der Pflanzen Sie interessiert, Herr Präsident, kann ich Ihnen sagen, daß man schon in der Antike junge Malvensprößlinge gekocht oder als Salat zu essen pflegte. Cicero erwähnt das in seinen Briefen. Horaz besingt in seinen Oden die Oliven, die Zichorie und die Malve.«

»Ach, glauben Sie doch das nicht! Die Römer schätzten gutes Fleisch doch weit mehr als Gräser!«

»In Ihrem Falle würde ich außerdem noch Veilchen verwenden.«

Churchill brach in Gelächter aus.

»Diese Blume paßt sehr gut zu meiner bescheidenen Natur.«

»Lachen Sie nicht, Herr Präsident, gegen Ihren Husten wird sie sehr gut sein.«

Vom ersten Augenblick an mochte ich Winston Churchill. Er besaß eine außergewöhnliche, überwältigende Persönlichkeit. Ich war berauscht von seiner Schlichtheit, seiner Offenheit, seinem Humor und seinem Talent, sich gleichzeitig ernst zu nehmen und über sich selbst lustig zu machen. Bald waren unsere Beziehungen vertraulich geworden, so daß ich ihn sogar zu mir nach Hause zum Essen einlud.

»Ich hoffe«, sagte er schon an der Tür, »daß das Menü viele gesunde Kräuter enthält!«

»Steinpilze mit Knoblauch, Bohnengericht, wie man es bei uns daheim ißt, mit allem, was dazugehört, Gänseleberpastete aus dem Gers, Toulouser Würstchen, Roquefort und Schlupfkuchen mit süßen Kirschen. Und zum Abschluß einen kräftigen Schluck Alkohol.«

Wir krönten das Mahl mit einem alten Armagnac.

»Kosten Sie, Herr Präsident, er hat ein leichtes Veilchenbouquet.«

»Na, dann ist er ja gerade richtig für mich.«

Nach all diesen Köstlichkeiten waren Churchills Augen ganz feucht geworden, und seine Wangen sahen aus wie zwei runde Äpfelchen. Auch seine Nase war mir nie so klein und sein Lachen nie so groß vorgekommen.

»Mességué, man hat Sie arg verleumdet. Dieser Spötter von X. hat mir gesagt, daß Sie ein sehr gestrenger Bursche wären, daß Ihre Diät einen traurig und mißmutig stimmen würde. Er ist schon wirklich recht zimperlich, dieser X. Oder aber sollten Sie doch wie alle Ärzte sein: ›Machen Sie, was ich sage, machen Sie aber ja nicht, was ich mache!‹«

Sir Winston Churchill liebte die Ärzte nicht sehr. Das einzige englische Sprichwort, das ich kenne, habe ich ihm zu verdanken: *»An apple a day keeps the doctor away«* – Ein Apfel pro Tag vertreibt den Arzt. Churchill vervollständigte das noch auf seine Weise: »Vor allem, wenn man richtig zielt.«

Über seinen Arzt, Lord Moran, sagte er:

»Er ist einfach wunderbar; getreu seinem Beruf fühlt er sich verpflichtet, einem das Leben zu vergiften, unter dem Vorwand, es damit zu retten. Ihm verdanke ich es auch, daß ich weiß, woran ich sterben werde: an Langeweile.«

Churchills Humor konnte manchmal grausam sein. Das erklärt vielleicht, daß Lord Moran nach dem Tode seines Patienten recht mitleidlose Memoiren schrieb.

Aber auch ich hielt ihm meine Moralpredigten. War er bei besonders guter Laune, nützte ich die Gelegenheit, um ihm zu sagen:

»Folgen Sie doch meinem Beispiel, Herr Präsident, ich rauche nicht, trinke nicht, esse vernünftig, gehe viel spazieren. Daher bin ich in guter Form.«

»Erst wenn Sie so alt sein werden wie ich, kann ich erkennen, ob Ihr Verfahren wirklich gut war. Und wenn ich dann immer noch lebe, müssen Sie doch zugeben, daß meine Methode besser war! ... Es ist ganz einfach, ich rauche, ich trinke, ich treibe nie Sport und bin trotzdem in genauso guter Form wie Sie. Und wissen Sie, warum? Die Ruhe schläfert die Mikroben ein, der Rauch vergiftet sie, und der Alkohol tötet sie.« Und er lachte sein ein wenig verstecktes Lachen, bei dem er die Augen schloß.

»Das ist nicht ganz die Wahrheit, Mességué, und Sie sind zuverlässig genug, daß ich es Ihnen sagen kann: ich bin ziemlich zahm geworden! Ich rauche nur noch sehr wenig, und das ist sehr bedauerlich für mich, denn man schenkt mir nach wie vor Berge von Zigarren. Ha, wenn ich doch so lange leben würde, bis ich sie alle aufgeraucht hätte! ... Ich schränke mich ein, aber das dürfen Sie nicht laut sagen. Der alternde Löwe muß vor seinem Rudel die Gazelle noch zerreißen können, sonst heißt es gleich, er habe seine Zähne verloren.

In der Öffentlichkeit muß man immer repräsentieren. Also habe ich stets ein Glas in Reichweite und eine Zigarre im Mundwinkel. Aber das Glas bleibt voll, und die Zigarre geht aus. Für die Fotografen, die mich am Flughafen erwarten, habe ich einen Trick erfunden: ich habe immer einen zu zwei Drittel aufgerauchten Havannastummel bei mir, den ich kurz vor der Landung in den Mund stecke. Während der Reise habe ich allerdings Bonbons gelutscht. Ihnen zuliebe werde ich demnächst welche mit Veilchengeschmack kaufen. Den Journalisten kann ich das nur leider nicht sagen, denn die sind nicht wie Sie, die wollen mich mit Zigarre.«

Bei uns sagt man: »Was sich liebt, das neckt sich.« Und weil Churchill die Journalisten so bewunderte, quälte er sie wahrscheinlich.

Eines Nachmittags wollte ein junger Reporter, dem es gelungen war, ein Interview in Cap-d'Ail zu bekommen, Churchill eine Freude bereiten, indem er sagte:

»Sir, ich hoffe, Sie an Ihrem hundertsten Geburtstag wieder interviewen zu dürfen.«

Worauf Churchill mit einer Bewegung seiner Lippe die Zigarre wie eine Kanone gegen den Himmel richtete und antwortete:

»Ich wüßte nicht, warum nicht; Sie scheinen mir jung und gesund genug dafür zu sein.«

Er liebt es, daran zu erinnern, daß er selbst diesen Beruf einmal ausgeübt hatte:

»Ich war Kriegsberichterstatter in Kuba während des spanisch-amerikanischen Krieges; trotz der schlechten Bezahlung erinnere ich mich noch gern an diese Zeit. Die Havannas waren dort wirklich so gut wie umsonst.«

Ich habe Churchill von 1950 bis 1957 behandelt, oder, besser, ich hatte sieben Jahre lang das Vergnügen, mit Churchill zu plaudern, denn was seine Behandlung betraf, so nahm er sie absolut nicht ernst. Trotzdem bestritt er die Heilwirkung meiner Kräuter keineswegs. A priori glaubte er nämlich an alles. Wenn ihm irgendeine Sache erstaunlich schien, pflegte er zu sagen: »Man darf etwas nicht automatisch bezweifeln, weil man es sich nicht gleich erklären kann.«

Während eines Aufenthalts in Marrakesch hatte er sich von einem Heilpraktiker namens Vallier die Hand auflegen lassen.

»Sehen Sie, ich wüßte zwar nicht zu erklären wieso, aber als er mir die Hand auflegte, fühlte ich mich wie neu aufgeladen, als hätte er mir meine Spannkraft zurückgegeben.«

Das Außerordentlichste an Winston Churchill war für mich seine Freundschaft, seine Treue. Nie kam er nach Cap-d'Ail, ohne mich anzurufen, und dabei – was war ich gegen ihn!

Er schätzte zwei Eigenschaften besonders an mir: ich ging ihm nicht auf die Nerven, und ich war kämpferisch. Meine Prozesse gefielen ihm, denn er verachtete die Leute, die meinen auf Beleidigungen mit Verachtung reagieren zu müssen.

»Das ist idiotisch, Mességué! Eine Beleidigung verdient eine Beleidigung, und wenn das nicht reicht, dann eben eine Ohrfeige oder einen Fausthieb. Man verteidigt seine Ehre nicht, indem man sich darauf niedersetzt.«

Es lag ihm viel an seinem Ruf als Mann, der sich kein Blatt vor den Mund nimmt, dadurch konnte er es sich erlauben, alles zu sagen, was er dachte.

Er hat Roosevelt sehr gemocht und sich außerordentlich gut mit ihm verstanden. Wenn er mir von ihm erzählte, sagte er: »Das war ein Mann, der wunderbare Eigenschaften und einen hervorragenden Überblick über die Dinge besaß. In Jalta allerdings war er schon nicht mehr derselbe, man fühlte, daß er krank war. Wenn ein Mensch mit seinem Körper ringen muß, hat er weniger Kräfte im Kampf gegen andere Menschen einzusetzen. Es war schwer, Stalin gegenüberzustehen, er hatte die Augen eines Wahnsinnigen. Wenn er einen ansah, fixierte er einen mit seinem grausamen, unmenschlichen Blick. Es war merkwürdig, sein Gesicht war zweigeteilt: unter dem buschigen, väterlichen Schnurrbart lächelten seine Lippen, und darüber war dieser hypnotische, fast starre, seelenlose Blick. Nur – mich kann man nicht so schnell hypnotisieren. Stalins Stärke bestand darin, daß er gar kein Herz besaß, keinerlei Gefühl, und dieses völlige Fehlen einer menschlichen Regung machte Roosevelt ein wenig Angst.«

Für mich war Winston Churchill ein bewundernswerter Mann mit einem Geist, der ebenso wendig war wie sein Körper schwerfällig. Trotzdem ließ er sich Zeit beim Sprechen. Er schien immer ganz einfache Dinge zu sagen, denn er besaß einen sehr ausgeprägten, gesunden Menschenverstand.

Hinter diesem bulldoggenhaften Äußeren verbarg sich eine große Sensibilität und Sentimentalität; man konnte ihn leicht verletzen. Sobald er einer Frau gegenüberstand, war er entwaffnet. Ich habe nie einen derartig schüchternen Mann gesehen. Deshalb bewunderte er Onassis grenzenlos.

Eines Tages beobachteten wir, wie ein großer Wagen vor Onassis' Jacht stehenblieb. Ihm entstieg eine ganze Menge hübscher Mädchen. Man hätte dieses Schauspiel für einen amerikanischen Werbefilm halten können. Alles war da: Sonne, eine Jacht, und in der Rolle des jungen Helden: der Milliardär Onassis.

Churchill machte Augen wie ein Schüler beim Anblick Casanovas: »Schauen Sie sich den nur an ... Sehen Sie den Erfolg, den er bei Frauen hat. Wie macht er das bloß?«

»Er traut sich einfach, das ist sein ganzes Geheimnis ...«

Für seine Frau empfand dieser grobe, kampfeslustige, manchmal sogar aggressive Mann eine ungeheure Zärtlichkeit. Stundenlang konnte er mir von ihr erzählen:

»Lady Clementine, Mességué, war einmal die berühmteste ›beauty‹ Englands; und sehen Sie sie jetzt an, ist sie nicht die Schönste der ›old charming ladies‹?«

Das stimmte; niemals habe ich eine entzückendere alte Dame gesehen: griechisches Profil, blaue Augen, jung wie ein Vergißmeinnicht am Morgen, glatt gescheiteltes, seidiges Haar und ein gütiges Großmütterchenlächeln.

Ihre Liebe hatte schon fünfzig Jahre überdauert, und wenn sie aus irgendeinem Grunde getrennt waren, fühlten sie sich beide unglücklich.

Churchill konnte es nicht leiden, unterbrochen zu werden, wenn er eine Geschichte erzählte, und er war sehr redselig. Eines Tages befand ich mich mit ihm auf der Präfektur in Straßburg. Während er eine Anekdote erzählte, unterhielt sich seine Frau, ohne ihm zuzuhören, mit jemand anderem. Plötzlich hielt er inne und sagte: »Shut up please!« Aber da erhob er sich auch schon, völlig verwirrt, und küßte ihr die Hand: »I am very sorry, darling!«

»Ein einzigesmal habe ich mich mit ›Clemmie‹ gestritten«, erzählte er mir. »Es ging um einen alten Wagen. Wir hatten einen ehrwürdigen gelben Austin, den ich sehr liebte, in dem sie aber ein Gefühl der Scham empfand. Eines Tages hatte sie ihn für 40 Pfund verkauft. Als ich das erfuhr, war ich so wütend, daß ich sofort zu der Werkstatt ging, um ihn zurückzukaufen. Ich fragte: Was kostet das Ding da? Ich hielt mich für sehr geschickt, daß ich es abschätzig ansah.

›Hundert Pfund, Sir.‹

›Das ist mehr als das Doppelte von dem, was Sie bezahlt haben.‹

›Es ist die Hälfte seines Wertes, denn er hat dem Premierminister gehört!‹

Und so habe ich meinen eigenen Wagen zurückgekauft. Das war das erste und das letztemal, daß ich mich als Kaufmann versuchte. Und ich dachte mir, daß ich wohl recht daran getan hatte, diese Branche nicht zu wählen.«

Winston Churchills Tod hat mich sehr geschmerzt. Zum ersten und einzigenmal in meinem Leben wollte ich, der ich nur rote Rosen verschenkte, daß er Veilchen haben sollte.

Im Fernsehen verfolgte ich den langen Trauerzug, sah ich den Schmerz, der sich wie ein düsterer Schleier über England breitete, und in meiner Phantasie sah ich meinen Veilchenstrauß und hörte, wie Churchill mit seinem schalkhaftesten Blick zu mir sagte:

»Mességué, sind Sie ganz sicher, daß ich eine veilchenklare Stimme haben muß, um mit den Engeln singen zu dürfen?«

17 Robert Schuman und Konrad Adenauer

Ich finde, die Menschen gleichen den Pflanzen; in beiden liegen Gut und Böse nebeneinander. Selbst das beste meiner Heilkräuter kann gefährlich werden. Die römische Kamille zum Beispiel, dieses allgemein gebräuchliche Allheilmittel, das die Verdauung fördert und das man gegen nervöses Erbrechen verordnet, vermag, in zu hohen Dosen verabreicht, gerade das Erbrechen noch zu steigern. Oder die Lindenblüte, dieses wirksame Schlafmittel, kann Schlaflosigkeit hervorrufen, wenn die Dosis zu stark ist. Sogar das Schwalbenkraut, dessen Heilkraft ich so schätze, ist, in zu hohen Dosen eingenommen, derartig toxisch, daß es sogar tödlich wirken kann.

Auf diese Verwandtschaft zwischen den Pflanzen und den Menschen ist es zurückzuführen, daß ich den Menschen gegenüber über das gleiche Interesse und die gleiche Liebe empfinde wie für meine Pflanzen. Und das ist mir sehr nützlich. Suchte ein »Patient« meinen Vater auf, sagte dieser:

»Laß dich mal richtig gehen und erzähl mir zuerst, was bei dir zu Hause nicht stimmt . . .«

Und mit seiner Geduld, die keine Grenzen kannte, hörte er die Klagen des Kranken über sein Leben und seinen Körper an, wobei beide Bereiche oft miteinander vermengt wurden. Zu mir sagte er:

»Siehst du, mein Junge, Leben und Körper des Menschen gehören zusammen, sie gehen ihren Weg gemeinsam, und daher beeinflussen sie einander. Um den einen Partner zu heilen, muß man den anderen erst einmal kennen . . .«

Unsere Landärzte hatten die gleiche Methode: sie behandelten die Sorgen zugleich mit der Leber.

Wenn ich erkläre: »Ich glaube, daß die Menschen gut sind und daß die Gesellschaft gut ist«, lacht man mich aus und sagt, ich sei naiv. Aber das ist nicht Naivität. Natürlich weiß ich, daß sie nicht vollkommen gut sind, aber sie sind auch nicht ganz schlecht. Und ich weigere mich, die Bosheit als etwas anderes als eine zufällige Mißbildung zu betrachten. Man behauptet auch, daß meine Argumente recht simpel seien. Das ist schon möglich; aber der gesunde Menschenverstand, den ich von meinem Vater geerbt habe, hat mich davor bewahrt, mich selbst allzu ernst zu nehmen. In knapp vier Jahren hatte ich Elend mit Überfluß vertauscht. Eben noch hatte mir ein Hotelpförtner mit einem Fußtritt gedroht, und nun feierten mich Menschen, denen mich zu nähern ich mir nicht einmal in meinen kühnsten Träumen ausgemalt hatte. Mehrmals war ich daher versucht, mich für einen ganz gewöhnlichen und einzigartigen Menschen zu halten; mehrmals fühlte ich, wie mir der Kamm schwoll, denn es war nicht leicht, bei Geschichten wie der folgenden gleichgültig zu bleiben:

Es war in Marrakesch, nach einem Vortrag. Zwei junge Männer suchten mich in dem Hotel, in dem ich abgestiegen war, auf. Sie waren europäisch gekleidete Marokkaner, sehr elegant, sehr höflich, eine gelungene Mischung aus arabischer Liebenswürdigkeit und europäischer Erziehung.

»Monsieur, wir haben Ihren Vortrag gehört und möchten, daß Sie zu unserem Vater kommen.«

»Meine Herren, ich bedaure sehr, aber das kann ich nicht. In Städten, die mich zu einem Vortrag einladen, übernehme ich keine Patienten.«

Den Sitten ihres Landes entsprechend, hatte ich ihnen Kaffee angeboten. Mit sehr viel Feingefühl ließen sie durchblicken, daß sie bereit wären, mir eine Million zu bieten, wenn ich annähme.

»Nein, ich kann wirklich nicht, unter gar keinen Umständen. Es geht um das Prinzip, und ich bin sicher, daß Sie mich verstehen können.«

Sie erhoben sich, grüßten und gingen.

Am nächsten Morgen, um sieben Uhr, teilte mir die Telefonzentrale des Hotels mit:

»General X., der Ortskommandant, möchte Sie sprechen.«

Ein General in prächtiger Uniform betrat mein Zimmer, schlug die Hacken zusammen und sagte:

»Monsieur, meine Ehrerbietung! Gestern haben Sie den Söhnen Seiner Exzellenz El Glaoui, des Paschas von Marrakesch, abgeschlagen, ihren Vater aufzusuchen. Man hat mich beauftragt, Sie zu bitten, dem Wunsche Seiner Exzellens liebenswürdigerweise nachzukommen.«

Ich glaube, ich war einer von ganz wenigen Europäern, die jemals das Schlafzimmer El Glaouis betreten haben. Es war ein Raum wie aus einem arabischen Märchen, in dem mich ein prachtvoller, hagerer Greis von außergewöhnlicher Vornehmheit erwartete. Er glaubte an die Heilkraft der Pflanzen.

An diesem Abend, unter einem Himmel, dem kein anderer gleicht, auf dem die Sterne näher, schimmernder und die samtene Bläue des Firmaments tiefer schienen, empfand ich eine niegekannte Eitelkeit. Der Weg von der Armut zum Erfolg ist nicht ganz einfach zu bewältigen. Wie sollte man diesem Rausch nicht verfallen? Aber auch wenn mir das für manche Stunden zu Kopfe stieg, so dauerte dieser Zustand nie einen ganzen Tag lang, denn ich fand mein Gleichgewicht immer sehr bald wieder. Denn sobald ich daheim und allein in meinem Zimmer war, sagte ich mir: »Du bist trotzdem nur ein Bauer, der Sohn von Camille.« Und das brachte mich wieder in die Wirklichkeit zurück.

An Versuchungen hat es nicht gefehlt. Es wäre ein leichtes gewesen, meine täglichen Sprechstunden, in denen ich nur ganz einfache Leute zu Gesicht bekam, aufzugeben und dafür diese herrlichen Reisen ins Ausland zu unternehmen, wo sich die Patienten um mich rissen und mich teuer bezahlten. Vielleicht wird man mir nicht glauben, wenn ich sage, daß ich vor diesen reichen und berühmten Patienten immer Gewissensbisse empfand. Ich wurde das Gefühl nicht los, den anderen Zeit zu stehlen. Zum Ausgleich dafür hielt ich dann anschließend von acht Uhr früh bis um Mitternacht Sprechstunde.

Noch etwas anderes hat mir geholfen: ich hatte das Glück, unter all diesen berühmten Leuten auch ungemein wertvollen Menschen zu begegnen, deren Bescheidenheit mir ein großes Vorbild war. Vielleicht am stärksten beeinflußt hat mich Robert Schuman.

Eines Morgens, während wir in seinem Schlafzimmer plauderten, hatte Herriot zu mir gesagt:

»Maurice, ich möchte Sie mit einem meiner besten Freunde bekannt machen. Wir haben zwar nicht immer dieselbe Einstellung zu den Dingen, vor allem nicht in bezug auf den lieben Gott. Aber für mich ist dieser Mann ein Heiliger. Es ist Robert Schuman.«

Er hatte für mich einen Termin ausgemacht. Als ich mich in die rue du Bac begab, in der Schuman eine kleine Dreizimmerwohnung besaß, machte ich mir nicht viele Gedanken. Ich erinnere mich sogar, daß ich gar nicht besonders neugierig war. Rein äußerlich kannte ich Schuman flüchtig. In den Zeitungen hatte ich Fotografien und vielleicht eine oder zwei Karikaturen gesehen. Ich wußte also, daß er nicht sehr schön war.

Als mir die Haushälterin die Tür öffnete, glaubte ich zunächst, mich im Stockwerk geirrt zu haben. Das war doch die Wohnung eines Geistlichen mit bescheidenem Einkommen; ganz und gar nicht die eines Politikers.

In seinem Arbeitszimmer stand ein Betschemel, der von frommen Händen abgewetzt und von demütigen Knien eingedrückt war. An der Wand hing ein Kruzifix von jansenistischer Strenge, und in einem Weihwasserkessel ein Buchsbaumzweig vom letzten Palmsonntag.

Das einzige ein wenig bequemere Möbelstück stand in seinem Schlafzimmer: ein Landpfarrersessel aus grünem Samt mit einem gehäkelten Deckchen in Kopfhöhe. Aber ich war nicht sicher, ob Schuman sich dort jemals niederzusetzen wagte.

Vor mir stand, in groben grauen Stoff gekleidet, in derben schwarzen Schuhen – vierzehn Jahre lang habe ich nie andere an ihm gesehen – aufrecht Robert Schuman. Er war wirklich von einer erschreckenden Häßlichkeit. Ein kleiner, unbehaarter Vogelkopf, riesige Elefantenohren und ein langer Giraffenhals auf einem schlottrigen Körper. Mein Vater hätte gesagt: »Lang wie ein Tag ohne Brot.«

»Wie finden Sie meine ›Junggesellenbude‹?«

Das Paradoxon zwischen diesem Wort und seinem Arbeitsraum amüsierte ihn. Hinter der Brille beobachteten mich lebhafte, schalkhafte Augen.

»Da ich hier als alter Junggeselle lebe, nenne ich sie so. Ich bin nämlich nicht verheiratet, Monsieur Mességué. Sie hätten es erraten, sobald Sie mich untersuchten, ich trage nämlich lange Unterhosen.«

Sein rauher elsässischer Akzent überraschte mich. Während ich ihm einige Fragen stellte, betrachtete ich ihn.

Sein grauer Teint, die farblosen Lippen und die trockenen Hände mit den bleichen Nägeln deuteten auf körperliche Kasteiung und geistige Meditationen hin. Wenn er an irgend etwas litt, dann konnte das nur der Magen sein.

Dieser äußerlich traurig wirkende Mann, den man auf Grund der Strenge, die er ausstrahlte, für kalt hätte halten können, konnte ein gütiges und nachsichtiges Lächeln zeigen, das sogar ein wenig schalkhaft war. Kein einzigesmal habe ich ihn über einen anderen Menschen etwas Schlechtes sagen hören.

Er machte mich neugierig. Wie hatte dieser zurückhaltende, bewußt unauffällige Mann die Politik wählen können, in der man doch Draufgänger erwartet und keine Mönche? Nach kurzer Zeit waren wir befreudet genug, um ihn danach zu fragen.

»Man fragt mich auch sehr oft, warum ich nicht geheiratet habe. Und sehen Sie, Monsieur Mességué, indem ich die eine Frage beantworte, beantworte ich auch zugleich die andere. Als ich 1919 zum erstenmal zum Deputierten gewählt wurde, habe ich mich mit der Politik verheiratet; für mich war sie eine echte Ehefrau, anspruchsvoll, manchmal unbeständig, aber dafür bin ich treu für zwei. Es gibt Männer, die sich zwei Dingen widmen können, ihrer Frau und ihrem Beruf; ich gehöre nicht zu ihnen. Ich hätte beständig Angst, das eine zugunsten des anderen zu vernachlässigen. Warum aber habe ich gerade die Politik gewählt? Aus Eitelkeit, denn ich glaubte, in diesem Bereich nützlich sein zu können; und aus dem Bedürfnis, mich einer Sache ganz hinzugeben, da ich mich ja keinem Menschen hingab.«

Er ist also in die Politik gegangen, wie man in einen Orden eintritt. Er kannte sich gut. Die Pflichten, die er seiner Meinung nach einer Frau gegenüber haben würde, hätten sein Leben kompliziert.

Als Robert Schuman eines Morgens drei Uhr von einer Sitzung der Nationalversammlung nach Hause kam, bemerkte er erst vor der Haustür, daß er seinen Schlüssel vergessen hatte:

»Ja, was sollte ich denn tun, Monsieur Mességué? Läuten und Marie wecken? Das war unmöglich, denn die Arme hatte doch den ganzen Tag gearbeitet und ein Recht auf ihre Ruhe. Daher habe ich mich auf eine Treppenstufe gesetzt, bis sieben Uhr gewartet und dann erst an meiner Tür geläutet.«

Ich konnte ihn mir gut vorstellen, wie er da, zitternd wie ein Vögelchen, auf der Treppe saß und wartete, bis Marie aufgewacht war. Das war ganz Schuman. Keine Sekunde hatte er daran gedacht, daß seine Nachtruhe wichtiger sein könnte als die seiner Haushälterin. Das war echte Demut.

Niemals habe ich einen Patienten gehabt, der meine Ratschläge gelehriger und genauer befolgt hätte. Aber auch keiner war schwieriger zu behandeln. Für ihn hatte ich eine Essenz auf Malvenbasis hergestellt. Das war noch leicht, aber welche Ernährungsvorschriften kann man einem Mann auferlegen, der nicht einmal Wein trinkt? Der nur gehacktes Rindfleisch mit Salzkartoffeln ißt? Der zum Stimulieren nur Pfefferminze trinkt, und auch das nur bei feierlichen Anlässen? Und der seine Ferien in einer Abtei verbringt?

Das Privatleben dieses Mannes war durchsichtig wie Kristall, ohne den geringsten Makel. Seine Skrupel und seine Aufrichtigkeit dem Staat gegenüber waren erstaunlich.

Als er eines Morgens von einer Reise ins Ausland zurückkehrte, sah ich ihn ganz bescheiden aus einem Wagen erster Klasse steigen.

»Sie müssen sehr müde sein, wieso haben Sie denn keinen Schlafwagen gehabt?«

»Frankreich kann sein Geld besser anlegen. Außerdem schläft man sehr gut im Sitzen.«

Was bei ihm sicherlich nicht der Fall war, da er an Schlaflosigkeit litt.

Er verwaltete die Staatsangelegenheiten, als wären sie seine eigenen, und war so sparsam, daß er abends das Ministerium als letzter verließ, um das Licht auszumachen. Mir sagte er:

»Ich bin ein bißchen wie Georges Clemenceau, morgens der erste und abends der letzte. Kennen Sie diese Anekdote, die ich übrigens für wahr halte? Clemenceau war zum Ministerpräsidenten ernannt worden. Gefolgt von seinen Mitarbeitern, durchmaß er eiligen Schrittes das ganze Haus. Im ersten Büro: niemand. Er öffnete ein zweites, ein drittes, ein viertes: gähnende Leere. Im fünften schließlich saß ein Redakteur, der, den Kopf auf die Arme gesenkt, über seinem Schreibtisch friedlich schlief. Ein übereifriger junger Sekretär sprang hinzu, um ihn zu wecken. Aber Clemenceau hielt ihn zurück: ›Wecken Sie ihn nicht, sonst geht er auch noch.‹«

Durch Schuman lernte ich das Elsaß lieben. Stundenlang gingen wir dort Seite an Seite, mit dem langsamen, ein wenig schwerfälligen Schritt der Bauern, und unter unseren Schuhen zertraten wir die fruchtbare und reiche elsässische Erde, während Schuman mit ruhigen und überlegten Worten eine neue Welt, ein geeignetes Europa, vor mir entwarf:

»Monsieur Mességué« – er sagte immer »Monsieur« –, »Europa muß sich zusammenschließen. Wir sind die Nuß zwischen den Kinnbacken des Nußknackers, den USA und der UdSSR. Aber dieser Bund muß mit Westdeutschland geschlossen werden und vor der Wiedervereinigung der beiden Teile Deutschlands, zu der es früher oder später kommen wird. Dieses Volk ist ernsthaft und arbeitsam im Frieden, aber hart und gefährlich in Kriegszeiten. Es ist besser, mit ihm befreundet zu sein. Europa kann auf sie nicht verzichten! Die Realisten, die weiter blicken als die anderen, werden immer als Utopisten betrachtet. Aber mir ist das gleichgültig, ich werde so lange kämpfen wie nötig.«

Ich fühlte mich dem Elsaß, obwohl es doch so weit entfernt war von meiner Heimat, so verbunden, daß ich eine Jagd in Markkolsheim pachtete. Auch begleitete ich Schuman häufig nach Straßburg, wo er seine Vorträge über Europa hielt. Er war ein besonders schlechter Redner. Da er kein Selbstvertrauen besaß, las er ab, aber er las noch schlechter, als er sprach.

Eines Abends, als er im Offiziersklub von Straßburg einen Vortrag hielt, erhob sich in der ersten Reihe ein junges Mädchen. Sie schrie:

»Halt doch endlich die Schnauze, du Hahnrei!«

Er aber nahm, mit der vertrauten Geste, langsam seine Brille ab und sah das junge Mädchen an:

»Oh, Mademoiselle, ein so häßliches Wort in einem so hübschen Mund!«

Damit hatte sie verloren. Die Studenten, die mit dem festen Vorsatz, ihn zu peinigen, hierher gekommen waren, hörten ihm bis zum Schluß aufmerksam zu und spendeten sogar Beifall. Sobald es ihm gelang, das Interesse seiner Zuhörer wachzurufen, besaß dieser äußerlich so bescheidene, fast unscheinbare Mann nämlich eine starke Überzeugungskraft, die von seinem Glauben an die von ihm vertretene Sache und von seiner ungeheuren Aufrichtigkeit herrührten.

In Marckolsheim sagte er mir eines Tages:

»Monsieur Mességué, ich möchte Sie mit einem Kollegen und Freund bekannt machen. Auch er behandelt Krankheiten mit Pflanzen.«

»Mit größtem Vergnügen! Kommen Sie doch gleich morgen früh mit Ihrem Freund, ich organisiere eine Treibjagd.«

»Aber der jagt genausowenig wie ich!«

»Geht er gern spazieren?«

»So gern wie ich.«

»Ausgezeichnet; wollen Sie beide meine Treiber sein?«

»Ihre Idee ist noch amüsanter, als Sie glauben. Bis morgen also!«

Die Art, wie Schumans Augen hinter seinen Brillengläsern glänzten, hätte mich mißtrauisch machen müssen.

Am nächsten Tag gab es herrliches Wetter, der Dunst des Spätherbstes war sonnenblond und zerriß an den Zweigen der Tannen. Ungeduldig zerrten die Hunde an der Leine, fröhlich schlugen die Türen der Wagen zu, und gutgelaunt klapperten auf der Straße die Schritte der Jäger, die sich dem allgemeinen Sammelpatz näherten.

Ich wartete nur noch auf Schuman, um das Signal für den Beginn der Jagd zu geben. Da sah ich plötzlich in einiger Entfernung seinen Mercedes halten. Der Dunst verschleierte das Gesicht seines Freundes, dessen Gestalt die eines Deutschen war: Tirolerhut mit Gamsbart, grüner Lodenmantel, Kniebundhosen, dicke, naturfarbene Kniestrümpfe und derbe Jagdschuhe. Das Gesicht kam mir flach, konturlos und verwischt vor. Aber da hatte ich ihn plötzlich erkannt: Es war Bundeskanzler Konrad Adenauer. Seine kalten und gebieterischen Augen sahen mich an, und in einem rauhen, langsamen und ziemlich schlechten Französisch sagte er zu mir:

»Sie sind also Monsieur Mességué, mein ›Kollege‹.« Er betonte das Wort »Kollege«. »Wir besitzen denselben Glauben, und das ist etwas, was die Menschen verbindet und« – mit einem Blick auf Schuman, der uns beobachtete, – »die Völker. Nur als Heilpraktiker kommen Sie bei mir nicht an den Richtigen! Denn ich behandle mich selbst, mit meinen eigenen Pflanzen; außerdem muß ich Ihnen sagen, daß die Bundesrepublik Deutschland sehr großzügig ist: sie stellt ihrem Regierungschef drei Ärzte zur Verfügung! Da sehen Sie, wie gut behütet ich bin. Meine Ärzte würden Sie gar nicht dulden.« – Er lachte in sich hinein. – »Die hätten bestimmt Angst, Sie könnten sich als ›französischer Rasputin‹ entpuppen. Aber später können wir uns ausführlicher unterhalten, denn wir sind ja schließlich zur Jagd hierher gekommen, also los: Auf zur Jagd!«

Dieser Tag, an den ich mich noch so gut erinnere, stand unter dem Zeichen der Natur. Konrad Adenauer und Robert Schuman schritten mit einem fast sinnlosen Vergnügen fröhlich dahin, durchmaßen diese mit Moos, mit rostroten, glatten Tannennadeln und Preiselbeersträuchern überzogene Erde, wobei sie ausgelassen auf die Büsche hieben, um einen dicken Hasen oder einen Goldfasan aufzuscheuchen.

Die diffusen Sonnenstrahlen, die durch die Tannen schimmerten, verliehen dem Wald die Feierlichkeit einer Kathedrale. Gegen Mittag nahm ich meine Flinte unter den Arm, gab das Jagen auf, und wir gingen unbeschwert weiter.

Adenauer kratzte behutsam mit seinem Stock am Boden und deckte ab und zu einen Pfifferling oder ein Hälmchen auf. Diese Geste brachte mich ihm näher. Wir waren sehr weit voneinander entfernt, ich, der Junge aus dem Gers, und er, der Kanzler der Bundesrepublik Deutschland. Zwischen uns lag fast ein halbes

Jahrhundert; ich war dreißig, er siebenundsiebzig Jahre alt. Da richtete er plötzlich eine Preiselbeerwurzel auf:

»Preiselbeeren ...«

»Was machen Sie mit denen, Monsieur Mességué?‹

»Nichts, Herr Präsident, denn bei uns daheim, im Gers, da wachsen sie nicht, und ich benütze nur die Pflanzen meiner Heimat, die meine Familie seit Jahrhunderten erprobt hat.«

»Aha, ich verstehe. Sie hat aber dieselben Eigenschaften wie diese hier.«

Und er zeigte auf die Heidelbeeren.

»Die roten sind herber, säuerlicher und für einen empfindlichen Magen meist schwerer verdaulich.«

Das Gespräch zwischen uns ging schleppend, denn es war ein Gemisch aus Deutsch und Französisch. Schuman diente uns als Dolmetscher.

»Ich halte sehr viel von den Pflanzen, müssen Sie wissen. Die Preiselbeeren zum Beispiel sind ein gutes Mittel gegen Dickdarmentzündung, ihre Blätter vermögen den Blutzucker zu senken. Auch gegen Infektionen der Harnwege werden sie benützt, man kann aber auch damit gurgeln, wenn man Halsschmerzen hat. Welche Pflanzen benützen Sie denn gegen all diese Beschwerden?«

»Gegen Dickdarmentzündung nehme ich Brombeeren und gegen Infektionen der Harnwege Heidekraut.«

»Da brauchen Sie also zwei Pflanzen, während wir mit einer auskommen. Außerdem ist das noch nicht alles über die Preiselbeeren: die Früchte sind reich an Zucker, Vitamin A und C sowie an Mineralien. In Tinkturen verwendet man sie gegen Mundschleimhautentzündung und Mundfäule, aber auch gegen Angina. Und gegen Ekzeme!«

Er war stehengeblieben und sah mich an.

Ich hatte das Gefühl, ein Examen abzulegen.

»Und Meerrettich, benützen Sie den?«

»Nein, Herr Präsident, aber wissen Sie, daß man ihn bei uns den ›Senf der Deutschen‹ nannte?«

Zum erstenmal sah ich ihn lächeln. Und ich fuhr fort: »Ich kann Ihnen auch noch sagen, daß er gegen Skorbut wirkt, stimulierend, diuretisch und expektorierend ist. Außerdem ist er ein sehr gutes Kräftigungsmittel. Bei skrofulösen Entzündungen, Chlorose, Anämie, allgemeiner Debilität und Rachitis wird er sehr empfohlen. Da er in meiner Heimat nicht wächst, habe ich ihn durch die Kresse ersetzt, die genau dieselben Eigenschaften besitzt und den Vorteil hat, weniger stark und daher für einen empfindlichen Magen verträglicher zu sein.«

»Ich sehe, daß Sie sehr gelehrt sind, Monsieur Mességué! Kennen Sie auch jenes schwedische Rezept, das gegen Rheumatismus und Hydropsie aller Art wirklich ganz ausgezeichnet ist? Man reibt den Meerrettich, befeuchtet die Masse mit etwas Essigwasser und gießt abgekochte Milch darauf. Sobald die Milch zu stocken beginnt, schöpft man die Sauermilch ab und trinkt täglich ein oder zwei Gläser. Mir persönlich ist geriebener, mit Butter vermischter Meerrettich, aufs Brot gestrichen, allerdings lieber. Das Nützliche und das Angenehme . . .«

»Das alles kann man ebensogut mit Kresse machen.«

»Ich werde es versuchen.« Er wandte sich Schuman zu:

»Seit sechzig Jahren esse ich jeden Morgen Haferflocken. Damit lassen sich Magengeschwüre vermeiden und auch behandeln. Die Franzosen gehen mit ihrer Gesundheit sehr leichtfertig um, sie beginnen den Tag gleich mit einem Gift, mit Milchkaffee. Kaum sind sie aufgewacht, reizen sie schon ihren Magen und überanstrengen die Leber. Was meinen Sie dazu?«

»Ich bin ganz Ihrer Meinung, Herr Präsident, aber auf dem Land sind die Leute doch etwas vernünftiger. Die meisten unserer Bauern essen morgens Suppe.«

Wir hatten die anderen wieder eingeholt und nahmen mit ihnen eine richtige Jägermahlzeit ein. Wenn Adenauer auch keinen Alkohol trank – nur zu den Mahlzeiten gestattete er sich ein einziges Glas Rheinwein –, so hatte er doch eine Schwäche für Süßigkeiten. Daher bekam er von allen Seiten welche geschenkt, und es erging ihm wie Churchill mit den Zigarren. Nach unserem Imbiß fragte ihn jemand:

»Der Rauch stört Sie doch nicht, Herr Kanzler?«

»Ich weiß es nicht. In meiner Gegenwart hat noch nie jemand geraucht.«

Das war schlagfertig und gefiel mir.

»Monsieur Mességué, können Sie Boccia spielen?«

Bei einem Aufenthalt im Süden wurde er mit diesem Spiel vertraut, und seitdem hatte er immer seine Bocciakugeln im Auto. Wir spielten gleich eine Partie. Er beherrschte das Spiel.

Dieser Mann begann mir zu gefallen. Mit einem einzigen Satz hatte er mich ganz gewonnen.

»Lieben Sie Rosen?«

»Ich finde sie himmlisch. Ohne sie kann ich gar nicht leben, und ich leide richtig, wenn ich eine Rose abschneide. Am meisten liebe ich die roten, da sie das Symbol der Leidenschaft sind. Die Legende erzählt allerdings, die Rose sei früher weiß gewesen. Beim Festmahl der Götter soll Cupido, als er um Venus herumflatterte, durch einen Flügelschlag eine Amphore mit Wein umgeworfen haben. Der Wein hätte die Rosen rot gefärbt; eine andere Legende berichtet, er habe sich an einem Rosendorn gestochen und dann diese mit seinem Blut gefärbte Rose der Venus gereicht . . .«

»Ach, diese Franzosen können auch nie ernsthaft sein! Immer ist das Gefühl mit im Spiel! . . .«

»In der Heilkunst halte ich die roten Rosen für besser, für wirksamer.«

»Ihre Gründe?«

»Die rote Rose von Provins* ist die einzige, die in der Pflanzenheilkunde verwendet wird, seit sie, wie die Legende berichtet, durch Thibaud de Champagne von den Kreuzzügen mitgebracht worden ist. Sie ist stärker und reicher an Gerbsäure als die anderen.«

»Schon möglich, aber die blassen und gelben Rosen besitzen laxative Eigenschaften, die die rote nicht hat. Aber ich will Ihnen ein Zugeständnis machen: Im 18. Jahrhundert hat sich der deutsche Arzt Dr. Kruger mit einem Extrakt aus roten Rosen von einer Lungentuberkulose geheilt. Vervollständigt hat er diese Behandlung noch durch Gerstentee. Und wogegen verwenden Sie Ihre Rosen?«

»Gegen Darmstörungen, Weißfluß, Blutungen, Augenmigräne und vor allem gegen Husten. Sie sind ein ausgezeichnetes Expektorans.«

»Ich habe die gelben Rosen lieber, sie sind auch sehr wirksam; ich benütze sie viel. Ich leide oft an Husten, und sie sind sanfter als die roten.«

Schuman erklärte mir später:

»Der Kanzler hat Ihnen nicht gesagt, daß er einen prachtvollen Rosengarten an seiner Villa in Rhöndorf besitzt. Und da man seine Vorliebe für die gelben Rosen kennt, hat man speziell für ihn eine wunderschöne, schwefelgelbe Rose gezüchtet und ihr den Namen ›Konrad Adenauer‹ gegeben.«

Der Kanzler hat sich für meine Methode des Pflanzensammelns sehr interessiert sowie für die Tatsache, daß ich nur die wildwach-

* Stadt im Departement Seine-et-Marne; diese Rosen sind berühmt!

senden Pflanzen verwende und die auf künstlich gedüngtem Boden gezüchteten ablehne.

»Hieran krankt unsere ganze Ernährungsweise, Monsieur Mességué. Unsere Nahrungsmittel sind nicht mehr natürlich genug.« Er bedauerte sein Unvermögen, dem abzuhelfen.

»Ich denke genau wie Sie, aber ich bin Regierungschef, und die wirtschaftliche Position Deutschlands in der chemischen Industrie ist äußerst wichtig. Manchmal bedauere ich diese Expansion in gewissen Bereichen, dann tröste ich mich aber wieder und sage mir, daß die Chemie schließlich auch das Aspirin entdeckt hat.«

Er hielt viel von Kräutertees. Seine Zauberpflanze war die Gerste, die er in Form von Tee in Unmengen zu trinken pflegte. Aber auch Maisnarben, Salbei und Malvenblüten schätzte er sehr; sie waren seine Lieblingspflanzen, und er besaß fundierte Kenntnisse und eine große Erfahrung im Umgang mit ihnen.

»Nie gehe ich ohne meinen Kräutertee zu Bett!«

Schuman sagte von ihm: »Er ist so stark wie die Brücke von Kehl«, und das stimmte.

Als die Sonne unterging und hinter dem Wald versank, sagte er einmal zu mir:

»Schauen Sie mich an, Monsieur Mességué, alles, was ich bin, verdanke ich den Pflanzen, der Natur. Mit zwanzig wurde ich meiner Lungen wegen für den Militärdienst als untauglich erklärt. Als ich vierzig war, verweigerte mir eine Versicherungsgesellschaft den Beitritt, da sie der Meinung war, ich würde nicht einmal das Jahresende erleben. Heute, siebenunddreißig Jahre später, arbeite ich immer noch zehn Stunden täglich, reise, eröffne Gebäude, mache Besuche, fresse Kilometer und, zu Hause angekommen, klettere ich wie ein junger Mann die vierundfünfzig Stufen hoch, die zu meiner Villa führen.«

Das war nicht mehr derselbe Mann, der am Morgen mit hartem und mißtrauischem Blick aus seinem Wagen gestiegen war. Nun war er völlig entspannt, und dieses Thema beflügelte ihn.

»Sagen Sie mir, was ist eigentlich ›das Alter‹? Ein Mann, der zehn Jahre älter ist als Sie, gilt schon als ein alter Mann. Also ist jeder der Greis eines anderen!«

Und mit unerwarteter Freimütigkeit sprach der Kanzler über die Probleme der Virilität.

»Sie ist für das innere Gleichgewicht eines Mannes sehr wichtig. Man muß diese Kräfte, die die wahre Jugend eines Mannes ausmachen, bewahren; ich halte viel von Wirbelsäulenmassagen mit einer Pomade aus Brombeeren, Weißdornblüten und Minze. Und welches Rezept empfehlen Sie?«

»Bärenklau, Schöllkraut, Minze und Bockshornklee.«

Adenauer hörte mir interessiert zu, aber weder er noch ich vermochten einander zu beeinflussen. Wie man es so oft in der Politik von Deutschland und Frankreich sagt: Keiner ist von seinen Positionen abgewichen!

18 Impotenz und Frigidität

Sexuelle Probleme scheinen an kein Alter gebunden und sind manchmal sehr überraschend.

Prinz Ali Khan hatte mich zu sich gebeten, ohne mir genau zu sagen, woran er eigentlich litt. An der Art, wie er mir am Telefon angedeutet hatte: »Darüber werden wir unter Männern sprechen«, konnte ich erraten, daß es sich um eine sehr »persönliche« Angelegenheit handeln mußte.

Ich fühlte mich sicher, denn bei derartigen Problemen hatte ich immer sehr gute Resultate erzielt. Etwa 80 Prozent der Fälle konnte ich heilen.

Die Wohnung Ali Khans in Neuilly, Avenue de Madrid, konnte man mit Recht als prunkvoll bezeichnen. Es dominierten die Farben Dunkelrot und Violett. Die innenarchitektonische Ausgestaltung mit Statuen, Vasen, Reliefs und modernen Bildern war äußerst wertvoll.

Ein Kammerdiener führte mich in die Privaträume des Prinzen.

Der Prinz empfing mich, in einem Fauteuil sitzend, die eine Hand auf den Knien einer Maniküre, umgeben von hübschen Mädchen . . . Kammerzofen, Sekretärinnen . . .?

»Sie sind also der Pflanzenmensch? Aber Sie sind ja ganz jung. Komisch, wegen Ihrer Fußbäder hatte ich Sie mir als einen alten, schmuddeligen Kerl vorgestellt.«

Er gebrauchte viel vulgäre Wörter, aber wußte sie mit einer solchen Distinktion auszusprechen, daß ich nicht einmal schockiert war.

Ich betrachtete ihn: die Beschaffenheit seines Haars, seine Haut, die Farbe seiner Nägel, alles an ihm ließ einen völlig gesunden Mann vermuten.

Mit einer nachlässigen Geste entließ er die Maniküre, während die anderen Mädchen weiterhin ein und aus gingen. Ab und zu neigte sich eines dieser hübschen Geschöpfe zu ihm hinunter, um ihn um eine Auskunft zu bitten oder ihm ein Papier hinzuhalten oder um ihm den Namen einer Person zuzuflüstern, die am Telefon war.

Ich hatte mein Pendel hervorgeholt und ließ es über seinem Kopf kreisen.

»Glauben Sie vielleicht an diesen Quatsch? Mir brauchen Sie nämlich kein Theater vorzumachen!«

Er schaute mich mit einem ironischen, ein wenig zärtlichen Lächeln an, das bei den Frauen verheerende Wirkungen haben mußte.

»Also, wie finden Sie mich, Mességué?«

»Kerngesund.«

»Stimmt, ich rauche, ich trinke und versage mir nichts. Alle Exzesse, die mir Spaß machen, halte ich mühelos durch. Und trotzdem gibt es da ein Aber ... Ich weiß, daß Sie sich mit sexuellen Problemen beschäftigen, daß man Sie in arabische Staaten gerufen hat, wo die Menschen der Virilität eine große Bedeutung beimessen. Man hat mir auch erzählt, daß Sie sehr gute Resultate erzielen und daß sich die Frauen nach Ihrer Abreise nicht mehr über ihre Männer zu beklagen haben. Und deswegen habe ich Sie hergerufen. Ich habe keinen Spaß an der Liebe.«

Mit großer Freizügigkeit erklärte mir der Prinz, daß er zwar über die physischen Möglichkeiten verfüge, daß der Vollzug des Liebesaktes ihm keine Schwierigkeiten bereite, daß er aber das Ganze eher als eine hygienische Maßnahme zur Kontrolle seiner Virilität als aus wirklicher Begierde zu tun pflege.

»Sie müssen verstehen, daß mich das ankotzt. Dieser Mangel an echtem Interesse an den Frauen, die mich umgeben, weist das nicht auf ein frühzeitiges Altern hin? Können Sie mir da irgendwie helfen?«

»Zuerst muß ich Ihnen eine Frage stellen: Wie oft wöchentlich?«

Er sah erstaunt drein.

»Regelmäßig dreimal pro Tag.«

»Und immer mit demselben Erfolg? Der gleichen Leichtigkeit?«

»Absolut!«

»Dann allerdings, Prinz, ist es wohl an mir, Sie um einen Rat zu bitten.«

Er hat fürchterlich gelacht, und wir haben uns nie wiedergesehen.

Für gewöhnlich sind die sexuellen Probleme der Menschen aber alles andere als lustig. Ich kenne dieses Thema sehr gut, nachdem ich etwa 15 000 Menschen und von diesen etwa 12 000 mit bestem Erfolg behandelt habe.

Trotz Sexwelle und lauter Erklärungen über Freiheit und sexuelle Aufklärung wird dieses Thema noch immer nicht freimütig und ungezwungen betrachtet. Selten höre ich:

»Ich komme zu Ihnen, weil ich den Liebesakt nicht vollziehen kann ...« Oder: »Ich empfinde keinerlei Vergnügen dabei, die Liebe ist für mich eine lästige Plage ...«

Ich muß die meisten Patienten erst aus dem Dickicht ihrer Komplexe herausholen, wie einen ängstlichen Hasen aus seinem Gebüsch. Ich tue das wirklich nicht aus Freude an intimen Bekenntnissen, sondern weil ich um die Bedeutung des sexuellen Gleichgewichts für das Gesamtbefinden weiß sowie für jene körperlichen Beschwerden, die dem Kranken davon völlig unabhängig zu sein scheinen, wie z. B. Zwölffingerdarmgeschwür, Leberleiden, nervöse Störungen, Darmstörungen.

Die Männer schweigen aus Eitelkeit und Eigenliebe. Die Frauen werden von ihrer Schüchternheit, ihrem Schamgefühl, von einer verklemmten Erziehung zurückgehalten. Ihre Mütter haben ihnen zu oft gepredigt: »Nicht das macht die glückliche Ehe aus!«, dabei hätten sie ihnen genau das Gegenteil klarmachen müssen.

Betritt ein Patient zum erstenmal meine Praxis, sehe ich ihn zunächst einmal an, und nach kurzer Zeit weiß ich bereits eine ganze Menge über ihn. Seine Figur, sein Auftreten, sein rascher oder langsamer, schleppender oder forscher, schwerfälliger oder leichter Gang verraten mir viel über ihn. Auch den Augen messe ich eine große Bedeutung zu; am Blick erkennt man, ob ein Mensch traurig, pessimistisch, unruhig oder optimistisch, vertrauensvoll oder mißtrauisch ist. Sein Gesichtsschnitt enthüllt seine dominierenden Charakterzüge, an der Beschaffenheit seiner Haut, ihrer Farbe erkenne ich, ob er ein Zwölffingerdarmgeschwür oder einen Leberschaden hat, ob er ein Sanguiniker ist, zu Ausschweifungen neigt oder sexuell gestört ist.

Die Form und Gestik der Hände verrät den Arbeiter oder den Intellektuellen. Häufig sage ich sofort: »Erzählen Sie nichts, ich werde Ihnen sagen, wer Sie sind.« Manche Details können von großer Wichtigkeit sein: kaut ein Mann an den Fingernägeln, ist er nicht nur nervös und voller Komplexe, sondern hat auch sexuelle Schwierigkeiten, ja manchmal sogar Perversionen zu bekennen. Niemals habe ich einen potenten, ausgeglichenen Mann Nägel kauen gesehen!

Auch die Kleidung ist aufschlußreich. Die außergewöhnlich Nervösen und Unruhigen ziehen sich ganz anders an als die Ausgeglichenen und Optimistischen.

Bei den Frauen kommt derartigen Beobachtungen eine noch größere Bedeutung zu. Auf den ersten Blick erkenne ich, ob ich eine frigide oder eine vor Lebenslust strahlende Frau vor mir habe. Der Gang einer ausgeglichenen, glücklichen Frau ist feierlich, geschmeidig und immer ein wenig langsam. Ihr Körper scheint ihre Gesten zu unterstreichen, und sie wiegt mit den Hüften. Die frustrierte Frau hingegen hat einen mechanischen, marionettenhaften Gang, sie ist nervös und unruhig.

Auch bei den Frauen ist die Art der Kleidung äußerst aufschlußreich: die frigide Frau bemüht sich besonders um ihr Aussehen. In Ermangelung einer anderen Befriedigung lenkt sie all ihre Aufmerksamkeit auf ihre Kleidung und ihr Make-up. Sie möchte verführerisch und aufregend wirken.

Man kann bei sexuellen Störungen zwei große Unterteilungen vornehmen: organische und psychische Störungen.

Die organisch Kranken sind jene, die angeborene oder andere Mißbildungen aufweisen; sie vermag ich selbstverständlich nicht zu heilen.

Es bleiben also die psychisch Kranken, bei denen die Funktionsstörungen nervöse oder psychische Ursachen haben, und jene, für deren Beschwerden Harnwegentzündungen, Diabetes, Albuminurie oder Fettleibigkeit verantwortlich sind. Speziell gegen diese Leiden sind meine Pflanzen äußerst wirksam.

Nur sehr wenig Ehepaare führen ein normales Sexualleben. Manchmal genügt ganz wenig, um eine Frau kalt werden zu lassen. Der Mechanismus der Sexualität ist sehr empfindlich.

Entgegen der weitverbreiteten Meinung ist der Mann gar kein grobes und tierisches Wesen. So manche Impotenz hat ebenso subtile, wenn auch anders gelagerte Ursachen wie jene, die das Sexualleben der Frau stören.

Trotzdem muß ich betonen, daß (nach meiner Statistik) von hundert untersuchten Frauen zweiundachtzig das körperliche Glück, davon 95 Prozent durch Verschulden der Männer, nicht kennengelernt haben.

Die drei Fälle von Funktionsstörungen des Mannes, die ich feststellen konnte, sind die folgenden: Impotenz oder das Bedürfnis nach sexueller Befriedigung ohne physisches Vermögen; Anaphrodisie oder Mangel an Sexualtrieb; verfrühte Ejakulation oder Unfähigkeit der Selbstkontrolle.

Ich verabscheue diese technischen Ausdrücke, die die Liebe jeglicher Poesie berauben, und ich benütze sie nie. Wenn man in dieser Weise über die Liebe spricht, setzt man sie mit einem organischen Mechanismus gleich.

Die schmerzlichsten »Bekenntnisse« in meiner beruflichen Laufbahn habe ich in Zusammenhang mit der körperlichen Liebe zu hören bekommen.

Die Frau war jung, sah appetitlich und aufgeweckt aus. Sie erzählte mir:

»Monsieur, ich bin vierundzwanzig Jahre alt, mein Mann dreiundzwanzig; sechs Monate sind wir jetzt verheiratet, und ich habe noch keine Hochzeitsnacht gehabt. Ich weiß aber, daß er mich liebt. Vor ihm hatte ich einen Geliebten, mit dem ich das Glück kennenlernte, das ein Mann mir zu geben vermag und auf das ich auch nicht mehr verzichten kann. Ich möchte meinen Mann nicht betrügen, was soll ich also tun? Ich schlafe sehr schlecht, bin nervös und reizbar und spüre ganz genau, daß ich langsam unmöglich werde. Aber wenn ich die ganze Nacht seinen Körper an meinem gefühlt habe, von seiner Wärme durchdrungen wurde und meine Hand seine Haut berührt hat, dann bin ich ihm morgens einfach böse, es ist stärker als ich. Und stellen Sie sich vor, gestern habe ich ihn sogar ›impotent‹ geschimpft. Wie ein Kind hat er geweint. Ich war ganz durcheinander.«

Sie weinte.

»Madame, erklären Sie mir, wie alles vor sich geht.«

»Mein Mann küßt mich lange, das liebt er sehr. Und ich muß Ihnen gestehen, daß ich während unserer Verlobungszeit gedacht habe: wenn er alles mit der gleichen Hingabe macht, werden wir sehr glücklich sein. Er hatte strenge Prinzipien und wollte mich vor der Heirat nicht berühren; am Hochzeitsabend dann küßte er mich, streichelte mich ein wenig, wandte sich dann aber von mir ab mit den Worten: ›Es ist nicht meine Schuld, ich liebe dich zu sehr, ich habe zu lange auf diesen Augenblick gewartet . . .‹ Ich glaubte ihm, aber auch an den folgenden Tagen änderte sich nichts.«

»Vielleicht ist Ihnen unbekannt, daß es Männer gibt, die von ihren Frauen etwas herausgefordert werden wollen.«

»O nein, Monsieur, er will gar nicht, daß ich ihn anfasse, da wird er wütend.«

»Hat er Ihnen den Grund dafür genannt?«

»Er sagte: ›Überlaß das lieber den Huren, mir reicht es schon, daß ich nicht der erste bin!‹«

Mir war alles klar. Ich gab ihr ein Beruhigungsmittel und bat sie, ihren Mann doch einmal zu mir zu schicken.

Er gestand mir:

»Ich muß immer daran denken, daß sie schon einen anderen gehabt hat, und dann kann ich nicht.«

»Lieben Sie sie?«

»Bis zum Wahnsinn.«

Ich erfuhr, daß er von seiner Mutter, die seit vielen Jahren Witwe war, nach ziemlich engstirnigen religiösen Prinzipien erzogen worden war und daß sie seine Heirat nicht billigte. Er fügte hinzu:

»Dabei wußte meine Mutter gar nicht, daß meine Frau schon einen anderen Mann gehabt hatte, sonst hätte sie mir diese Heirat überhaupt verboten.«

Da seine sexuellen Bedürfnisse nicht sehr stark waren, hatte er auch nie eine Geliebte gehabt. Einige flüchtige Beziehungen zu Prostituierten hatten ihm genügt:

»Ich habe es danach immer bedauert, denn diese Frauen haben eine so abstoßende Art. Ich habe sie nie geküßt.«

»Aber Sie waren nie impotent?«

»Nein!«

Seine jetzige Impotenz war psychisch bedingt. Seine Beziehungen zu den Prostituierten hatten die körperliche Liebe in seinen Augen zu einem vulgären Akt reduziert, den er der Frau, die er liebte, nicht zumuten wollte. Verstärkt wurde seine Unfähigkeit noch durch den Gedanken, daß seine Frau bereits einem anderen Mann gehört hatte.

Es bedurfte mehrerer Gespräche zwischen ihm und mir, um ihn von seinen Tabus zu befreien. Pflanzen, die sein physisches Begehren verstärkten, taten das übrige.

Aber es gab auch weitaus schwierigere Fälle.

Eines Tages erschien die hübsche, blonde und elegante Mme. W. bei mir. Nach nur kurzem Zögern kam sie auf ihr Anliegen zu sprechen. Ich hatte den Eindruck, sie konnte ihr Bekenntnis auswendig.

»Mit zweiunddreißig Jahren habe ich einen gutaussehenden, reichen und sehr netten Mann geheiratet. Trotz des Altersunterschieds – er ist fünfzig – war ich fest davon überzeugt, das große Glück gefunden zu haben. Im täglichen Leben ist mein Mann der perfekte Ehemann, er ist feinfühlig, aufmerksam, außerordentlich gütig und frei von jeglichem Egoismus. Aber in der Liebe ist er nicht wiederzuerkennen. Da ist er abnormal. Seit wir verheiratet sind, bin ich nicht ein einzigesmal glücklich geworden!«

»Aber, Madame, haben Sie denn vor Ihrer Ehe Vergnügen daran gefunden?«

»Ja natürlich. Ich hatte einen Geliebten, mit dem ich mich wunderbar verstand. Aber zwischen meinem Mann und mir verläuft alles immer in der gleichen Weise. Er betritt mein Zimmer, völlig unerwartet, wenn ich gerade vor dem Frisiertisch sitze. Er nähert sich mir, und ich fühle sein Begehren. Schnell lege ich mich auf das Bett, aber da ist schon alles vorbei, ohne daß er mich überhaupt berührt hätte. Beim erstenmal habe ich das auf zu heftige Begierde zurückgeführt. Dann aber, das muß ich gestehen, habe ich ihm meine Enttäuschung nicht verheimlicht. Ich sah, daß er darüber selbst sehr unglücklich war. Ich hatte Angst, daß unsere Liebe bedroht sei. Daher habe ich so getan, als empfände ich dabei Vergnügen. Darüber war er glücklicher, ohne sich die Mühe zu machen zu begreifen, daß das ganze unmöglich war. Eines Tages aber habe ich vor ohnmächtigem Zorn über diese jämmerliche Komödie zu schreien begonnen. Er glaubte, ich tat es vor Vergnügen. Seitdem schreie ich immer lauter. Er bemerkt nicht, daß dies der tierische Schrei eines ständig genarrten und schließlich erschöpften Körpers ist. Ich werde noch wahnsinnig und hasse ihn und verachte mich.«

»Madame, es ist unbedingt nötig, daß ich Ihren Mann sehe.«

Er sah gut aus, war charmant und sehr männlich. Er erklärte mir, daß es bei ihm mit fünfzehn Jahren angefangen habe. Er saß damals in der Garderobe einer Tänzerin, die vor ihrem Schminktisch saß.

»Ich stand hinter ihr und sah ihr zu; die Garderobe roch nach Schweiß, Parfüm und Schminke. Mir war heiß, meine Hände jedoch waren eisig. Da hob sie ihre Arme, und ich sah ihre rasierten Achselhöhlen, in denen kleine Schweißtropfen standen. Da löste sich in mir plötzlich die Spannung, ich glaubte, ohnmächtig zu werden. Danach fühlte ich mich wunderbar erleichtert.«

»Waren Sie in diese Tänzerin verliebt?«

»Wie man es eben in diesem Alter ist, ich war verrückt nach ihr.«

»Und wenn Sie eine Frau nicht lieben, wie geht das dann vor sich?«

»Das weiß ich nicht, Monsieur, denn ich war nie mit einer Frau beisammen, wenn ich sie nicht geliebt habe.«

Ich habe ihn sexuell aufgeklärt und sein labiles Nervensystem behandelt. Das Ergebnis war gut, wenn es auch lange auf sich warten ließ.

Zwei Jahre später erhielt ich einen Brief von Mme. W., in dem sie mir die Geburt eines kleinen Mädchens anzeigte; sie fügte hinzu: »... und es ist kein Retortenkind!«

Ich bin der Pate vieler Kinder geworden, denn ich behandelte viele Frauen, die glaubten, unfruchtbar zu sein. Selbstverständlich behandle ich nur die psychisch bedingte Sterilität, aber sie macht 85 Prozent der Fälle aus. Das Verhalten des Paares ist immer sehr aufschlußreich. Ich gebe jedem der beiden eine Viertelstunde Zeit, seinen Standpunkt darzulegen. Ich beobachte nur.

Ergreift der Mann als erster das Wort, weiß ich, daß ich es mit einem Egoisten zu tun habe. Er wird sich im Bett kaum anders verhalten und sich sicher nicht in einen rücksichtslosen Liebhaber verwandeln ... Ich lasse ihn zwanzig Minuten reden und wende mich dann der Frau zu:

»Bitte sprechen Sie, Madame.«

Für gewöhnlich schneidet diese Art von Mann seiner Frau ständig das Wort ab, um mich glauben zu machen, daß sie ja sowieso nichts Interessantes hinzuzufügen habe.

Diese Männer sind im allgemeinen Sanguiniker, haben Stiernacken und halten sich für äußerst männlich, bloß weil sie schnell zur Liebe bereit und ebenso schnell wieder damit fertig sind. Niemals würden sie von sich aus zu mir kommen, immer kommt zuerst die Frau. Bei Liliane S. und ihrem Mann traf das allerdings nicht zu.

Da hatte er mich um einen Termin gebeten. Er war ein Mann von etwa fünfzig Jahren mit silbergrauem, kräftigem Haar. Seine kurzen Hände mit den breiten Innenflächen ließen eine Kämpfernatur vermuten. Sie war klein, zierlich, rassig, hatte ein junges Gesicht. Ihre Lippen aber hatten etwas Müdes, und ihr Blick war hart.

»Meine Frau wollte nicht herkommen, sie hielt es für unsinnig, da sie die Scheidung eingereicht hat. Und dabei haben wir ein hübsches Haus und genau den mondänen Lebensstil, den sie liebt. Ich habe ihr Schmuck und Pelze geschenkt. Sie hat alles, was eine Frau sich nur wünschen kann.«

Sie richtete sich auf ihrem Sessel auf und schleuderte ihm ins

Gesicht:

»Alles, nur kein Vergnügen! Ich habe einen Impotenten geheiratet.«

Sie war rot geworden, und die Adern an ihrem Hals traten hervor.

»Sie ist verrückt. Wir haben fünf Kinder, Monsieur.«

Er wandte sich zu ihr:

»Und die willst du von einem impotenten Mann bekommen haben? Da sehen Sie die weibliche Logik!«

»Ja«, antwortete sie mit eisiger Ironie, »wir haben fünf Kinder, aber diese fünf Kinder hast du in fünf Sekunden zustande gebracht.«

Vor kurzem erst begegnete mir wieder ein sehr trauriger Fall. Eine glückliche Ehe, die mehr als fünfzehn Jahre gedauert hatte, zerbrach.

Sie war eine entzückende Vierzigerin, ihre Eleganz war ein wenig provinziell, voller Charme. Ihre Stimme klang jung, etwas aggressiv:

»Monsieur, ich kann meinen Mann nicht mehr ertragen. Seit zwei Jahren schlafen wir bereits in getrennten Zimmern. Bis heute habe ich es durchgehalten, ich wollte es mir nicht eingestehen, aber ich leide darunter. Ich habe mir niemals überlegt, ob er eigentlich gut aussieht. Meine Freundinnen beneideten mich um Lucien, sie nannten ihn ›schön‹, und das genügte mir. Für mich war nur eines wichtig, daß ich in seinen Armen glücklich war. Da er mich in meiner Art, ihn körperlich zu lieben, ein wenig einfallslos und simpel fand, nannte er mich ›mein kleines Bürgermädchen‹. Ich hätte gern ein Kind von ihm gehabt, aber er wollte nicht, da er schon zwei aus erster Ehe hatte und sie nicht benachteiligen wollte.

Am Anfang liebten wir uns oft, dann, im Laufe der Jahre, immer seltener. Aber war es denn nicht normal, daß wir ruhiger wurden? Er war es vor allem bei mir, denn ich hatte erfahren, daß er Freundinnen hatte. Das hat mir sehr weh getan, und ich habe es ihm gesagt. Er antwortete mir, daß er für diese Frauen nichts empfinde, daß er aber gewisse Erregungen brauche, die ich ihm nicht zu geben vermochte. Er erklärte mir, daß er mich gefühlsmäßig genauso liebte wie früher, daß es aber interessantere Formen der Liebe gebe. Und wenn die Vorurteile sozusagen als dritte Person mit im Bett lägen, würden bestimmte, sehr angenehme Arten des Vergnügens eben automatisch unterbunden. So wäre es zum Beispiel raffinierter und erotischer, sich bei der Umarmung in einem Spiegel zu betrachten; dadurch würde das Vergnügen verdoppelt.

Ich habe auch die Spiegel akzeptiert, ohne übermäßig schockiert zu sein. Er forderte aber immer mehr und bat mich schließlich, als Beweis meiner Liebe, in eine Begegnung mit anderen Paaren einzuwilligen. Wir trafen uns in einem Hotel in Paris. Ich fand uns alle ein wenig lächerlich. Alle sahen sie wie schmierige, lasterhafte Kinder aus, allerdings mit fünfzig Jahre alten Falten. Als ich meinen Mann in den Armen einer anderen Frau sah (er glaubt, einen sehr schönen Körper zu haben), bemerkte ich, daß er einen Bauch und eine dicke Speckfalte, dünne, behaarte Beine und eine faltige Haut hatte. Sein Körper sah verbraucht aus, viel älter, als er eigentlich war. Ich hatte es vorher niemals bemerkt, denn die Liebe hatte mich blind gemacht.

All das war widerlich. Wenn dieses hündische Treiben Liebe sein sollte, hatte ich für immer genug davon. Am nächsten Tag habe ich ihm meine Tür vor der Nase zugesperrt und ihn in sein Büro zum Schlafen geschickt. Leider bin ich seitdem sehr unglücklich. Ich fühle, daß mir etwas fehlt, und außerdem kann man ein Paar, das bei der Umarmung kein Vergnügen empfindet, ja wohl nicht mehr als ein Paar bezeichnen.«

Wie recht sie hatte! Ich konnte nicht viel für sie tun. Beruhigende Bäder vermochten ihr nicht das Gleichgewicht wiederzugeben, das sie in der Liebe empfunden hatte.

Auch ihren Mann habe ich gesehen. Gefühlsmäßig war er recht unglücklich, seine Frau verloren zu haben.

»Aber verstehen Sie mich richtig, Monsieur, ich brauche gewisse Aufputschmittel, sonst werde ich impotent.«

»Warum haben Sie Ihre Frau gezwungen, an Ihren Experimenten teilzunehmen? Sie kannten Sie doch gut genug, um zu wissen, daß sie das nicht ertragen konnte.«

»Ich liebte sie und hatte geglaubt, mit ihr würde es stärker sein als mit den anderen.«

Ich empfand Mitleid für ihn, und gleichzeitig ärgerte ich mich über ihn. Er liebte sie, aber nicht genug, um ihr ein Kind zu schenken, und auch nicht, um den Fortbestand seiner Ehe über sein persönliches Vergnügen zu stellen.

Bei solchen Menschen nützen weder meine Pflanzen noch mein gesunder Hausverstand oder meine Menschenkenntnis. Trotzdem hatte ich im allgemeinen wenig Mißerfolge.

Sie war achtunddreißig Jahre alt, ein wenig rundlich, ganz der Typ Frau, von dem die Männer sagen: »Hm, die muß gut sein im Bett!« Madame Colette D. war das auch gewesen, doch inzwischen übte gerade das Bett keinerlei Reize mehr auf sie aus.

Sie war eine nette, schlichte Frau. Sie erzählte mir von ihrem Kummer in einfachen Worten, ganz wie es ihr gerade einfiel:

»Ich habe Angst, Monsieur, es ist stärker als ich. Sobald mein Mann mir in die Nähe kommt, weiche ich auch schon zurück. Ich liebe ihn immer noch sehr, aber ich kann in seinen Armen nicht mehr glücklich sein. Früher war es schön, ihn zu lieben. Damals ließ ich mich einfach gehen. Ich vertraute ihm. Er hatte mir gesagt: ›Mach dir keine Sorgen, ich paß schon auf.‹ Ich glaubte ihm das. Ich habe schon sehr jung geheiratet, mit achtzehn, und vor ihm habe ich niemanden gehabt, daher fehlte es mir an Erfahrung. Und eines Tages hatte es mich dann erwischt. Er sagte: ›Das war eine Panne, mach dir keine Sorgen, es wird nicht mehr vorkommen.‹ Ich habe ihm geglaubt, und zwischen meinem achtzehnten und fünfundzwanzigsten Lebensjahr mußte ich fünf Schwangerschaften unterbrechen! Wir hatten schon zwei Kinder und wollten keine mehr. In diesem Punkt ist mein Mann recht vernünftig. Er sagt: ›Man muß die Kinder nicht nur in die Welt setzen, sondern sie auch aufziehen.‹

Ich habe mit anderen darüber gesprochen, denn unter Frauen redet man ja darüber, und meine Freundinnen haben mir recht gegeben, daß er es wirklich übertreibe, es sei seine Schuld, er brauchte ja nur . . ., na ja, Sie wissen schon, was ich sagen will.«

Vor allem wußte ich, daß dieser Mann ein großer Egoist war, ein Mensch ohne Willen und Selbstkontrolle.

»Und da habe ich begriffen, daß er nur sein Vergnügen auskostete. Die Folgen waren ihm egal. Die hatte ja ich zu tragen. Und da habe ich angefangen, ihn zu beobachten. Es war immer das gleiche. Im Anfang war ich vertrauensvoll, wenn er mich umarmte, ich wußte ja, daß noch keine Gefahr bestand. Ich war glücklich, aber wenn ich merkte, daß ich nahe daran war, mich meinem Vergnügen hinzugeben, bekam ich Angst und wurde starr. Um mich nicht gehenzulassen, dachte ich dann an die Angst, die ich haben würde, wenn ich meine Periode erwartete. Ich stellte mir all diese demütigenden und schmerzhaften Untersuchungen vor, denen ich mich unterziehen müßte. Und da stieß ich ihn dann von mir, und er hatte sein Vergnügen allein. Inzwischen brauche ich schon gar nicht mehr an all das zu denken. Es ist schon ganz automatisch geworden, ich stoße meinen Mann zurück und bleibe eben unbefriedigt.

Er will auch nicht, daß ich die Pille nehme. Wahrscheinlich ist es sowieso zu spät. Die Liebe ist für mich eine Schweinerei geworden, die nur etwas für Männer ist. Jetzt macht mir das überhaupt nichts mehr, ich bin völlig kalt.«

Frigidität aus Angst vor Schwangerschaft ist sehr häufig. Oft stößt die Frau den Mann von sich, bevor sie selbst glücklich geworden ist; so wird sie physisch zunehmend indifferent. Um dieses Unbefriedigtsein zu vermeiden, wird mitunter der gefahrlose Weg zum Vergnügen gefunden und in kurzer Zeit zu einer sexuellen Gewohnheit, auf die die Frau nicht mehr verzichten kann und die sie der normalen Umarmung gegenüber gleichgültig macht.

Eine sehr junge Frau erklärte mir einmal, sie sei absolut frigide. Sie war nur in den Armen einer Frau glücklich gewesen, aber sie sagte:

»Ich weiß schon, das das nicht das richtige gewesen ist, weil ich ja nicht mit einem Mann glücklich gewesen bin.«

Sie wollte sich diese sexuelle Abweichung nicht eingestehen, und daher zog sie es vor, sich für frigide zu halten.

Ich besitze nicht die Vermessenheit, hier Vorlesungen über Sexualerziehung zu halten. Man kann nicht einen unwiderstehlichen Liebhaber und eine verführerische Geliebte fabrizieren, so wie man Athleten für die Olympischen Spiele trainiert. Aber meine Ratschläge sollen jenen, die mir vertrauen, eine Hilfe sein, ihr inneres Gleichgewicht und ihr Lebensglück wiederzufinden.

Meine Methoden sind denkbar einfach: ich verbiete alle Aphrodisiaka, die unter der Hand überall verkauft werden. Diese Aufputschmittel für eine Nacht sind äußerst gefährlich. Sie können sogar zu einem plötzlichen Stillstand des Herzens führen. Sicher ist jedenfalls, daß ihr Gebrauch und vor allem ihr Mißbrauch keine Heilung bringt, sondern Impotenz.

Meine Behandlung mit Fußbädern und Vaginalspülungen soll durch Wirbelsäulenmassagen mit einer Creme auf pflanzlicher Basis unterstützt werden. Oft haben mich schon kurz nach Beginn dieser Behandlungen Patienten angerufen, um mir zu sagen, daß sie überraschende Wirkungen verzeichnen konnten. Diese glückbringenden Pflanzen sind Schöllkraut, Bärenklau und Pfefferkraut.

Das Schöllkraut muß frisch, das heißt, es darf nicht mehr als 15 bis 18 Tage alt sein. Daher lehne ich im Januar und Februar die Behandlung von Impotenz ab. Im März verleiht dann der aufsteigende Saft den Pflanzen eine ungeheure Kraft und Stärke. Dies ist die beste Zeit für derartige Behandlungen.

Der Bärenklau, den mein Vater »Bärenpfote« nannte, wird von Dr. H. Leclerc als ein natürliches Aphrodisiakum ohne Nebenwirkungen empfohlen. Seine Experimente bei angeborener Asthenie waren überzeugend.

Zum Pfefferkraut – Satureia hortensis – gibt es eine Legende, die seine Wirkung illustriert. In der Antike glaubte man, sein Name sei von »Satyr« abgeleitet, also vom Namen jener fröhlichen, gehörnten Gesellen, von denen man sagte, daß sie die leidenschaftlichen Liebhaber zärtlicher Nymphen wären. Der Ursprung des Namens mag umstritten sein, die Wirkung dieser Pflanze ist jedoch eindeutig.

Manchmal füge ich dieser Mischung noch Minze und Wegerich hinzu.

Zur Unterstützung meiner »Wunderkräuter« verordne ich auch körperliche Disziplin und eine wirksame Diät. Sie kann ebenso erfolgreich auch vorbeugend durchgeführt werden.

Man sollte sich vor sexuellen Exzessen hüten. Die menschlichen Reserven sind nicht unerschöpflich. Medizinisch gesehen, gehört Unmäßigkeit durchaus zu den Ursachen der Impotenz. In gleicher Weise kann übertriebenes Körpertraining, das alle Nerven und Muskeln eines Menschen beansprucht, vorübergehend Impotenz hervorrufen, die durchaus bedenkliche Folgen haben kann.

Ich rate besonders zu Spaziergängen im Wald, auf dem Land und an der See, denn die jodhaltige Luft ist ein ausgezeichnetes Stimulans.

Alkohol sollte man meiden, höchstens Wein in vernünftigem Maß trinken. Alle Alkoholiker sind impotent.

Aber auch mit Tabak und allen anderen Aufputschmitteln, die das Nervensystem beeinträchtigen können, soll kein Mißbrauch getrieben werden.

Wieviel Unheil richten die chemischen Aufputschmittel an, die einen wachhalten, wenn der ganze Organismus nach Ruhe verlangt. Oder jene euphorisch stimmenden Mittel, die die Schwierigkeiten und Sorgen des Lebens und die körperliche und geistige Überbeanspruchung vergessen lassen sollen und die in Wirklichkeit den Menschen nur Depressionen und völliger Impotenz ausliefern.

Dann ist man nämlich »wach« und muß, will man Schlaf finden, zu einem Schlafmittel greifen, dessen Dosis sich bald erhöht. Alle Aufputschmittel müssen strikt gemieden werden; weitaus wirksamer sind Meeresfische, Hirn und phosphorhaltige Schalentiere. Denn Phosphor baut der Körper täglich in hohem Maße ab: physisch, geistig und sexuell.

Um sicherzugehen, im richtigen Augenblick den nötigen Appetit zu haben, essen Sie – in Maßen – einige Gewürze: Pfeffer, Zimt, Muskat, Paprika. Essen Sie Sellerie, denn nach altem Volksglauben macht er verliebt, und das ist nicht falsch.

19 Ein faszinierendes Ungeheuer: Faruk

Auch in der Liebe ist Übersättigung ein Grund für Appetitlosigkeit.

Nach einem Essen, das nur aus scharfgewürzten Speisen besteht, brennt einem der Mund, und man schmeckt gar nichts mehr. Wenn man jeden Tag die raffiniertesten Gerichte vorgesetzt bekommt, träumt man schließlich von einer deftigen Hausmannskost. Man verliert auch jeglichen Appetit auf seine Lieblingsspeise, wenn man sie täglich und bei jeder Mahlzeit im Überfluß zu sich nimmt. Das gleiche gilt für die Liebe!

Ich habe einen Mann kennengelernt, dem jeder Wunsch von den Augen abgelesen wurde; er brauchte nicht einmal mit der Hand zu winken, und schon wurden alle seine Wünsche erfüllt – es war König Faruk.

Er war kein großer Mann, er war nur ein dicker Mann, dessen Aggressivität zugleich mit seiner Fettleibigkeit zunahm!

Damals praktizierte ich noch im Majestic in Nizza. An jenem Nachmittag war ich gerade recht müde von Lyon zurückgekehrt, als meine Sekretärin zu mir sagte:

»Monsieur, König Faruk wünscht Sie zu sehen, er hat bereits zweimal angerufen.«

Das schmeichelte natürlich meiner Eitelkeit; und während ich meine Sprechstunde hielt, überlegte ich insgeheim, wer ihm wohl von mir erzählt haben konnte.

Ich untersuchte gerade ein Fischweib vom Markt in Nizza, als meine Sekretärin die Tür aufriß und rief:

»Monsieur, der König ist da!«

Das Fischweib geriet völlig außer sich:

»Lassen Sie ihn um Gottes willen nicht warten! Denken Sie bloß: ein König! ... Du lieber Gott! Was für ein Glück, daß ich gerade an einem solchen Tag bei Ihnen bin! ... Aber ich will Sie nicht länger aufhalten, Sie können mich ja später wieder hereinrufen.«

Der Mann, der mit mir sprach, hatte einen ausgeprägten italienischen Akzent. Erst später erfuhr ich, daß er Gino hieß und die »rechte Hand« des Königs war.

»Seine Majestät, König Faruk, wünscht Sie zu sehen.«

»Ich fühle mich sehr geehrt«, antwortete ich.

Und da ich annahm, dem Zeremoniell hinreichend Genüge getan zu haben, fügte ich hinzu:

»An welchem Tag und um wieviel Uhr?«

»Seiner Majestät wäre es sehr lieb, wenn Sie sofort aufbrechen würden.«

Einen Augenblick lang war ich versucht, zu antworten: »Aber ich habe doch jetzt Sprechstunde!« Dann bedachte ich aber, daß es immerhin König Faruk war, der mich zu sehen wünschte, und der Hochmut ließ mir den Kamm schwellen. Ich war sicher ganz rot davon.

»Wieso aufbrechen, wohin soll ich denn kommen?«

»Nach Monte Carlo, wo sich Seine Hoheit im Augenblick aufhält. Im ›Hotel de Paris‹ haben wir Ihnen bereits ein Apartment reserviert. Sollten Sie jedoch eine Suite bevorzugen, werde ich umgehend Order erteilen. Seine Majestät wird Ihnen jeden Wunsch erfüllen.«

Blasiert entgegnete ich:

»Ach nein, es ist schon recht so.«

»Dürfen wir uns erlauben, Ihnen sofort den Rolls zu schicken?«

»Ich habe meinen eigenen Wagen.«

»Seine Majestät wünscht, daß Sie den Rolls benützen, da Seine Majestät glaubt, er sei bequemer für Sie.«

Jetzt war meine Stimme nicht mehr blasiert, sondern hart. Mein Wagen war schließlich genausoviel wert wie der eines Königs, und ich würde reisen, wie es mir paßte.

»Erstens habe ich meinen eigenen Wagen, zweitens einen Chauffeur, und drittens fahre ich sehr gern selbst!«

Ich hatte zwar keinen Chauffeur, aber der Sekretär, offensichtlich beeindruckt, bestand nicht weiter darauf und zog sich zurück, so daß ich mein Fischweib wieder hereinrufen konnte. »Sagen Sie, Monsieur, dieser König war doch auch bestimmt echt, nicht wahr? Das war doch kein Witz, oder?«

Ich war zufrieden mit mir. Ich hatte meine Sprechstunde zu

Ende geführt und war nicht wie ein Verrückter losgerannt, bloß weil ein König mich rufen ließ!

Um 19 Uhr hielt ich vor dem »Hotel de Paris«. Kaum hatte ich meine Wagentür geöffnet, als sich auch schon die Grooms, der tressengeschmückte Portier, gefolgt von einem dunklen jungen Mann, der einen Fez trug, auf mich stürzten. Ich sagte:

»Wollen Sie mich bitte auf mein Apartment führen!«

Der Portier stürzte auch schon davon, wurde aber von dem jungen Mann, der der dritte Sekretär des Königs war, zurückgehalten:

»Das ist nicht nötig, wir brauchen Sie nicht! Monsieur Mességué wird in seinem Apartment bereits erwartet; ich selbst werde ihn dorthin begleiten!«

Nachdem ich zwei Salons meines Apartments durchschritten hatte, kam ich in einen dritten, der wie in ein Blumengeschäft verwandelt aussah; alles blühte und duftete. Dort erwartete mich der erste Sekretär Seiner Majestät, der mir meine Aktentasche abnahm, die leer war und die ich nur mitgenommen hatte, um einen seriösen Eindruck zu machen. Dann erst begrüßte mich ein korpulenter Mann:

»Ich habe Sie angerufen.«

Darauf folgte ein längeres Schweigen. Ich dachte: Er wird mich jetzt zum König führen. Aber er öffnete eine Tür:

»Hier ist Ihr Schlafzimmer. Sie können sich jetzt ausruhen.«

»Aber ich bin nicht müde. Führen Sie mich lieber gleich zum König!«

»Seine Majestät ist sehr beschäftigt. Vielleicht werden Sie lange warten müssen. Bestellen Sie sich, was Sie wünschen! Aber verlassen Sie Ihr Apartment nicht, denn ich werde Sie hier abholen, sobald Seine Majestät den Wunsch hat, Sie zu sehen.«

Dann zogen sie sich zurück. Ich war allein. Was mein Fischweib wohl sagen würde, wenn es mich hier mitten in diesen Gemächern stehen sehen würde? Meine Phantasie hatte mich auf alles andere als auf diese »Gefängnishaft« vorbereitet. Die »Zelle« allerdings war bequem. Das riesige Schlafzimmer war berauschend schön, ein niedriges, breites Bett mit einer schwarzen Seidendecke, beigefarbener Teppichboden, dick wie ein englischer Rasen, niedrige Tischchen, Glasvasen in Rosa und Grün und zwei zartblaue Telefone. Das Badezimmer, riesig wie ein Speisesaal für eine kinderreiche Familie, war in Marmor und schwarzgoldenem Mosaik gehalten. Das Innere der Badewanne, die einem Schwimmbecken glich, leuchtete in raffiniertem Türkisblau. Und die Aussicht hätte auf eine Postkarte gepaßt: das violette Meer, weiße Felsen, im Sonnenuntergang das Weiß und Rot der monegassischen Fahne, die über dem Palast flatterte und aussah, als wäre sie aus Gold gewebt!

Aber das Gefühl, mich im Dienste jener unsichtbaren Majestät zu befinden, ärgerte mich. Gottlob hatte die Müdigkeit nach einem langen Arbeitstag jedes Gefühl der Auflehnung in mir erstickt. Ich zog meine Jacke aus, lockerte meine Krawatte, streckte mich auf dem Bett aus und schloß die Augen.

Ein Klingeln weckte mich; ich nahm den Telefonhörer ab:

»Seine Majestät wird Sie in wenigen Minuten empfangen; ich hole Sie jetzt ab.«

Ich sah auf die Uhr: es war 4.30.

Ich zog meine Jacke wieder an, betastete meine Taschen und stellte zu meinem Entsetzen fest, daß ich mein Pendel vergessen hatte. Zu dieser nachtschlafenden Zeit konnte ich auch keines mehr auftreiben!

Aber an den Vorhangkordeln hingen dicke Kupferkugeln. Ich schnitt eine Kordel ab und nahm die Kugel. Jetzt brauchte ich das Zimmermädchen nur mehr um ein Stück Faden zu bitten, und mein Pendel war fertig. Seine Majestät würde nun eben mit einer Vorhangkugel untersucht werden! Die Idee gefiel mir!

Zehn Minuten später erschien Gino:

»Wenn Sie mir bitte folgen wollen . . .«

Gänge, Aufzüge, wieder Gänge und nochmals Aufzüge. Ich fragte mich, ob ich nicht noch träumte.

»Ja, wo gehen wir denn eigentlich hin?«

»Dieser Aufzug führt ins Souterrain. Von dort aus geht es in die Gemächer Seiner Majestät.« Diesmal träumte ich bestimmt. Gino erklärte mir:

»Seine Majestät spielt in den Privatgemächern des Casinos, die durch dieses Kellergeschoß mit dem Hotel verbunden sind.«

Wenige Minuten später betraten wir einen Salon, der in Weiß und Gold gehalten war.

Dort, vor einem Spieltisch, sah unter einer lässig übergeworfenen Wildseidenjacke ein riesiger Hals aus einem rosagestreiften Hemd heraus. Seine Majestät, König Faruk, beendete soeben – wie man mir sagte – die siebenundzwanzigste Partie dieser Nacht. In Reichweite standen zwei Flaschen Champagner in einem Eiskübel, eine große, bereits angefangene Büchse Kaviar und ein Berg gebratener Hähnchenkeulen.

Der Spieltisch war grün. Ein hartes Licht beleuchtete den Tisch und die Hände und höhlte die Gesichter aus, die sich ab und zu nach vorne beugten. Ausdruckslos hielt ein Croupier die Bank. In Faruks Gesellschaft befanden sich vier Männer und zwei etwa fünfzigjährige Frauen. Dieser Tisch bereitete ihnen die gleiche Wollust wie ein Bett, sie zitterten nur bei dem Gedanken zu verlieren. Und ihr einziges Vergnügen hieß: gewinnen. Sie warteten und starrten die ganze Nacht, bis zum frühen Morgen, auf diesen Tisch. Die Galalithplättchen, die der Rechen des Croupiers hin und her schob, fesselten ihre ganze Aufmerksamkeit; ihre Hände krallten sich um die Karten. Körperlich und geistig – mitunter auch finanziell – ausgepumpt würden sie von hier fortgehen.

Ich beobachtete »meinen Patienten«. Nach den Fotografien hatte ich ihn für schwarzhaarig und dunkeläugig gehalten. Was ihm an Haaren noch verblieben war, war jedoch hell kastanienfarben. Er hatte mich bemerkt und musterte mich mit einem seltsamen, bläulichen Blick. Ich fand, er sah intelligent aus. Sein Gesicht war glatt, die Nacht hatte keine Spuren hinterlassen. Mitten unter den toten Gesichtern der Spieler, die ihn umgaben, wirkte er erstaunlich lebendig.

Trotzdem fühlte ich mich in Gegenwart dieses Mannes unbehaglich. Seine Ausstrahlung war mir nicht geheuer. Er lächelte mir zu, wobei er seine weißen Zähne zeigte, die einem fleischfressenden Tier hätten gehören können, und in demselben Augenblick begriff ich die Faszination, die von diesem geradezu gemütlich fettleibigen Tyrannen ausging.

»Monsieur Mességué, Sie werden mir noch die Zeit lassen, diese Partie zu beenden, nicht wahr?«

Das war höflich, aber eine Antwort konnte ich mir sparen.

Er spielte königlich. Zu verlieren schien ihn ebenso zu amüsieren wie zu gewinnen. Später erfuhr ich, daß er in jener Nacht mit einer einzigen Karte 420 000 Franc verloren hatte.

Ich wußte zwar nicht viel über den Spieler Faruk, aber es genügte mir. Eines Abends hatte ein Gegner ihn darauf hingewiesen, daß er nur drei Könige ausgelegt habe, worauf er geantwortet hatte:

»Ja, macht das denn mit mir, dem König von Ägypten, nicht vier?«

Ein anderesmal spielte er in San Remo mit einem Mailänder Industriellen, dem Commendatore P. B., Poker. Faruk erhöhte den

Einsatz auf drei Millionen Lire.

»Wir werden ja sehen«, hatte der Industrielle gesagt.

Sofort verkündete Seine Majestät eine »Sequenz«, warf seine Karten, ohne sie vorzuzeigen, auf die übrigen und sagte:

»Auf das Wort eines Königs können Sie sich verlassen.« Niemand hat je erfahren, ob es wirklich B. war, der verloren hatte.

Vom Menschen Faruk wußte ich, daß er zum Frühstück ein Dutzend Eier und achthundert Gramm gegrilltes Fleisch zu verspeisen pflegte. Und daß er einmal in einem römischen Restaurant zwanzig Koteletts bestellt hatte, aber nur neunzehn davon verzehrte und das zwanzigste dem Oberkellner mit den Worten überließ: »Hier, nehmen Sie den Armenanteil.«

Diesen Mann also hatte ich hier vor mir. Alle Hemmungen und Ängste waren von mir abgefallen. Er war sichtlich nicht besonders krank. In ihm wohnte eine ungewöhnliche Kraft. Ihn auf Diät zu setzen würde wahrscheinlich nicht leichtfallen. Aber es war notwendig.

»Treten Sie doch näher, Monsieur Mességué.«

Gelassen warf er eine kaum berührte Hähnchenkeule über seine Schulter und wischte sich die Hände an seiner Hose ab. Auf ein Zeichen von ihm bot mir ein Kellner ein Glas Champagner an, das ich jedoch ablehnte.

»Oder hätten Sie lieber einen Scotch?«

Aber auch diesen lehnte ich wie die Hähnchenkeulen, die Süßigkeiten und die dicke Havanna, die Seine Majestät mir persönlich hinstreckte, ab.

In seinen Augen blitzte zorniges Staunen.

»Sie sind sehr schwierig, Monsieur Mességué! Und wie ist es damit?«

Er schnippte mit den Fingern, und schon tauchte wie ein gutdressierter Hund neben mir ein blondes Mädchen auf. Aber ich brauchte nicht zu antworten, denn Faruk fuhr fort:

»Auf jeden Fall ist das erst für später.«

Er lachte bösartig.

»Und jetzt werden Sie einen Mann sehen, der auf Befehl ein Spiel verliert, weil ich der König bin. Dieser Herr ist mein Minister.«

Er wies auf einen kräftigen Mann von etwa fünfzig Jahren, dessen Augenlider schwer und schwarz herunterhingen und der sich bemühte, unbeteiligt und gelassen auszusehen.

Diskret hatten die Spieler sich erhoben. Diese Partie ging sie nichts mehr an. Von der anderen Seite des Tisches warf mir der Mann einen hastigen Blick zu. Dieser Blick, in dem kurz Entsetzen aufleuchtete, erinnerte mich an ein gehetztes Tier. Gino murmelte mir zu: »Halten Sie vor allem den Mund!« Mir reichte es langsam. Dies war genau die Atmosphäre, die ich nicht ertragen kann.

»Geben Sie«, befahl Faruk.

Der Croupier verteilte die Karten.

»Verlieren Sie!« befahl Faruk. »Aber mogeln Sie ja nicht!«

Wie in einer Großaufnahme auf der Leinwand, sah ich, wie der Schweiß auf der Stirn des Ministers aus den Poren trat.

Faruk deckte seine Karten auf. Sie waren gut. Auf dem Gesicht des Ministers zeigte sich Erleichterung. Seine waren weniger gut.

»Er braucht nicht einmal zu mogeln, um auf Befehl zu verlieren. Wie nennen Sie das doch in Frankreich? Scheiße ... Ja, ein Scheißkerl ist er, das sind sie alle.«

Er wiederholte dieses ordinäre Wort mit einem peinlichen Vergnügen. Ich hatte nur noch einen Wunsch: nach Hause zu gehen!

Mit einer Handbewegung rief er seinen Harem einer Nacht herbei, hob das blonde Mädchen auf seine Knie und streichelte ihr mit seiner riesigen, beringten Hand die Hüfte.

»Sie hat nichts an unter ihrem hübschen Kleid, nicht einmal ein Gewissen, denn sie hat keins.«

Plötzlich hatte er genug und schickte alle fort. Das Schauspiel war beendet.

»Und jetzt, Monsieur Mességué, werden wir über mich sprechen. Ich werde Ihnen sagen, warum ich Sie hergerufen habe.«

Zum erstenmal hielt ich in einem Casinosaal Sprechstunde. Ich untersuchte König Faruk gewissenhaft mit meinem improvisierten Pendel. Anschließend verordnete ich ihm Hand- und Fußbäder.

Ich spreche niemals über die Krankheiten meiner Patienten, es sei denn, sie sind so bekannt wie Herriots Rheuma oder Churchills Husten. Aus diesem Grund kann ich auch hier nicht veröffentlichen, mit welchen Pflanzen ich Faruk behandelt habe.

Das Ergebnis war jedenfalls zufriedenstellend, denn er rief mich einige Zeit später nach Koubbah, in die Nähe von Kairo.

Sein Palast war großartig, aber er strahlte Kälte aus. Ich habe noch nie so viele schöne Dinge gesehen, die in einem solchen Maß seelenlos waren. Es war wie ein Traum aus Tausendundeiner Nacht, der aber leicht zu einem Alptraum hätte werden können. Alles war aus Marmor, Bronze oder Gold. Überall hingen Kristalllüster. Es war erdrückend.

Es war etwa ein Jahr vergangen, seitdem ich den König in Monte Carlo gesehen hatte. Ich fand ihn verändert. Faruk hatte den Rest seiner Haare fast völlig verloren und war wesentlich dicker geworden. Seine Augen verschwanden beinahe in unappetitlichem Fett, und ein grausames, verächtliches Leuchten drang zwischen den träge herabhängenden Lidern hervor.

Mit einer Herzlichkeit, die mich in Erstaunen versetzte, streckte er mir die Hand entgegen:

»Seien Sie willkommen!«

Er war umgeben von seinen Ministern, ordengeschmückten Würdenträgern, Höflingen und Sekretären. Seine Diener, muskulöse Kolosse und lässige Epheben, kamen und gingen schweigend und aufmerksam.

»Meine Herren, ich stelle Ihnen Monsieur Mességué vor und befehle Ihnen, sich von ihm behandeln zu lassen und ihm seinen Aufenthalt so angenehm wie möglich zu gestalten. Sie können sich jetzt zurückziehen. Kommen Sie, Mességué, ich werde Ihnen ein paar nette Dinge zeigen.«

Er besaß eine prachtvolle Sammlung von Spieldosen und Automaten, auf die er sehr stolz war.

»Schauen Sie sie nur an, sie sind genauso lebendig wie meine Minister; auch sie führen immer wieder dieselben Handlungen aus, nämlich die, die man ihnen eingetrichtert hat.«

In respektvollem Abstand folgte uns Gino. Er hatte mir zugeflüstert:

»Es ist eine sehr große Ehre, vom König persönlich geführt zu werden!«

Ich aber hätte sehr gut auf Faruks Begleitung verzichten können, um in Ruhe all diese wunderbaren Dinge zu betrachten. Seine Bemerkungen waren wie Zähneknirschen:

»Ich liebe diese Gegenstände, die Männern gehörten, die davon überzeugt waren, daß sie allein sie besäßen. Ein wenig Geld genügte, und jetzt gehören sie mir. Sehen Sie, hier das Necessaire von General Kléber. Oder hier, das Fieberthermometer des Zaren, ganz in Gold und Diamanten! Diesen Stab hat Hitler dem Generalfeldmarschall von Brauchitsch überreicht. Goldadler und Eisernes Kreuz in Hämatit. Und da ist die Tabakdose Friedrichs des Großen, die ich wegen ihrer Inschrift besonders schätze: ›Ich habe Friedrich I. gehört, Friedrich II. hat mich seinem Sohn geschenkt, und ich muß in der Familie bleiben.‹ Amüsant, nicht wahr?«

An der Wand in seinem Büro hing das Porträt eines schönen, schlanken Jünglings, der einen zärtlichen, fast kindlichen Blick hatte.

»Stimmt schon, das bin ich. Sie finden, daß ich ihm jetzt nicht mehr ähnlich sehe? Es ist 1936 gemalt worden, als ich auf den Thron kam. Ich habe mich verändert, nicht?« Es war keinerlei Ähnlichkeit zu erkennen, dabei war Faruk, dieser fettleibige, kahle Koloß, erst dreißig Jahre alt.

»Das hier kennen Sie doch sicher vom Hörensagen?«

Auf seinem Schreibtisch – einem riesigen Tisch mit Einlegearbeit – stand eine Bronzefaust.

»Aber ja, Mességué, alles was ich will, erreiche ich mit der Faust!«

Ich fand ihn noch abscheulicher als in Monte Carlo.

»Sie, Mességué, lesen im Körper des Menschen, ich hingegen in seinem Gehirn. Und ich bin ziemlich scharfsichtig. Nur fünf Könige werden auf dieser Erde bestehen bleiben: der Treffkönig, der Karokönig, der Herzkönig, der Pikkönig und . . . der König von England! Ein Aufenthalt in Koubbah ist sehr angenehm, nützen Sie ihn heute abend, die Nächte im Orient sind sehr schön!«

Es war Abend, und ich befand mich in einem orientalischen Märchenzimmer: Seide, Gold, Teppiche, sanftes Licht, Düfte und Musik von ich weiß nicht woher und – Zwillingsschwestern, die auf mich warteten. Sie waren entzückend mit ihren Gazellenaugen und ihren vollendet schönen Körpern. Aus jeder ihrer Bewegungen, aus ihren Tänzen und aus ihren Stimmen wuchs berauschend und faszinierend reine Wollust . . . Die Liebe war für sie ein Ritus, jede Geste erfüllte sie mit heiliger Glut. Das Ägypten der Pharaonen hatte solche Priesterinnen gekannt.

Mein breites, von Kissen bedecktes Bett stand auf einer Estrade, und nicht weit davon entfernt stand ein rosafarbenes Marmorbecken, das mit merkwürdig blauem, süßem Wasser gefüllt war. Nach jeder Umarmung badeten sie und besprengten einander mit Parfüm. Es war berauschend. Sie brachten mir Früchte, Honiggebäck, voll von Nüssen, Pistazien, Mandeln und Gewürzen, Rosenkonfekt mit Haschisch.

Gegen Mitternacht erschienen schöne, nackte, samthäutige Negerinnen, um die jungen Mädchen zu massieren und mit duftenden Ölen einzureiben. Dann wandten sie sich mir zu. Unter ihren geschickten Händen fiel alle Müdigkeit von mir ab. Ich fühlte mich geschmeidig, frisch, wie neu geboren. Zwei Neger schenkten mir Wein ein, der süßlich nach Zimt schmeckte und dessen Färbung an hellen Bernstein erinnerte.

Ich muß zugeben, ich habe diese außergewöhnliche Nacht bis zur Neige ausgekostet. Und sollte ein normaler Mann vorgeben, so viel Wollust widerstehen zu können – ich würde ihm nicht glauben.

Als ich am Morgen erwachte, war die Sonne über Ägypten schon lange aufgegangen. Ich war allein. In meinem Zimmer herrschte vollkommene Ordnung. Der Springbrunnen verstreute seine Diamanttropfen ins Licht. Es war ganz still.

Jetzt verstand ich, daß man, würde man jede Nacht ähnliches erleben, sehr schnell zu einem König Faruk werden müßte! Und ich dankte meinem Vater, mich zu dem gemacht zu haben, was ich bin, und dem lieben Gott, daß ich das nicht vergessen hatte.

Vierundzwanzig Stunden später verließ ich den Palast. Vom Flugzeug aus sah ich die Fellachen, klein und schwarz wie Insekten, wie sie die Erde der Pharaonen bearbeiteten.

Faruk habe ich nie wiedergesehen. Er hat mich nie mehr nach Ägypten gerufen. Ich war darüber recht froh, denn ich weiß nicht, ob ich die Kraft gehabt hätte, den sanften und zärtlichen Gazellen des Palastes von Koubbah zu widerstehen!

20 Der Maler und der Poet: Utrillo und Cocteau

Ich halte nicht viel von Statistiken, dieser Manie unserer Zeit. Ich wäre daher nie auf den Gedanken gekommen, eine Statistik meiner Behandlungsergebnisse aufzustellen; aber einer meiner Mitarbeiter hat es für mich getan, indem er Abende und wahrscheinlich auch Nächte damit zubrachte, meine Karteikarten zu sichten, die alle in der Rubrik »Resultat« den Vermerk tragen: »Heilung«, »Besserung«, »Mißerfolg« oder »ohne Fortsetzung«, was bedeutet, daß der Kranke sich nicht gemeldet hat, um uns das Ergebnis mitzuteilen. Und zum erstenmal machten mir Zahlenkolonnen Spaß:

	Heilung in Prozenten	Besserung in Prozenten	Mißerfolg in Prozenten
Angina pectoris und Herzinfarkt	50	40	10
Arteriitis	15	70	15
Arthritis	30	60	10
Asthma	60	30	10
Chronische Bronchitis	10	80	10
Herz	50	40	10
Unregelmäßigkeiten des Sympathikus	85	10	5
Ekzeme	98	—	2
Emphyseme	10	70	20
Magen	80	15	5
Erhöhung des Cholesterols	60	20	20
Leber	80	15	5
Hämorrhoiden	50	20	30
Schlaflosigkeit	80	10	10
Migräne	80	10	10
Chronischer Rheumatismus	30	65	5
Ischias	60	30	10
Blutdruck	30	30	40
Kreislaufstörungen	80	10	10
Nervöse Störungen	80	15	5
Verdauungstrakt	50	30	20
Ulcus duodeni	90	5	5
Ulcus cruris varicosum	30	30	40
Harnstoff	50	30	20

Trotz der für mich schmeichelhaften Daten sprechen mich diese Statistiken nicht wirklich an; ein Name hingegen läßt mich den ganzen Kampf, den der Kranke und ich gemeinsam gegen sein Leiden geführt haben, wieder erleben. Wie jeder Arzt bin auch ich auf die Mitarbeit und den Glauben des Kranken angewiesen, ohne die eine Heilung nicht möglich ist. Beim Namen einer Krankheit läuft manchmal in meinem Inneren eine ganze Serie von Bildern ab. Wenn ich z. B. Asthma sage, erlebe ich das tolle Abenteuer mit Narcose Murciano in Marokko noch einmal.

Man hatte mich für vier Vorträge mit anschließender Diskussion nach Casablanca gerufen. Das Publikum war leicht erregbar. Viele meiner Zuhörer hatten schon an den vorangegangenen Vorträgen teilgenommen; sie verfolgten sie wie einen Fortsetzungsfilm.

Einen Teil meines Erfolges verdankte ich vier Ärzten, die allabendlich kamen, um mich in Widersprüche zu verwickeln. Um mich zu verteidigen, ging ich zum Gegenangriff über. Dieser hitzige, aber höfliche Kampf hatte das Publikum begeistert. Und am Ausgang des Saales trafen die Pro- und die Anti-Mességuéisten mit bildhaften Worten aufeinander. An jenem Abend, dem letzten meiner Vortragsreihe, wurde die Diskussion immer erregter, bis plötzlich ein Arzt, es war Prof. Corcos, sich erhob und zu mir sagte:

»Monsieur Mességué, auch wenn ich Ihre Ehrlichkeit und Aufrichtigkeit absolut nicht in Frage stelle, zweifle ich doch an der Wirkung Ihrer Behandlungsmethoden. Darin gleiche ich dem heiligen Thomas, der nur glaubte, was er sah.«

Mein Temperament ging mit mir durch.

»Ich mache Ihnen einen Vorschlag: ich werde einen von Ihnen bestimmten Patienten behandeln, ich werde ihn im Flugzeug mitnehmen und zwei bis drei Monate bei mir behalten. Ich übernehme alle Kosten und zahle ihm zusätzlich den Lohn, den er in Marokko verdient hätte. Nur eine Bedingung muß ich stellen: dieselben Ärzte sollen ihn bei seiner Abreise und seiner Rückkehr untersuchen.«

»Gut, Monsieur, ich nehme an.«

»Ich möchte nur das Recht haben, die Krankheit wählen zu dürfen.«

»Also wählen Sie!«

»Asthma.«

Der Saal brüllte, scharrte mit den Füßen. Nachdem sich die Leute etwas beruhigt hatten, stand ein anderer Herr auf. Es war der Generaldirektor der Air France.

»Monsieur, die Air France wird den Hin- und Rücktransport des Patienten unentgeltlich übernehmen.«

Am nächsten Tag durfte ich »meinen« Patienten sehen. Er hieß Narcose Murciano, war Friseur, hatte fünf Kinder und litt an einem chronischen Asthma, so daß er seinen Beruf nicht mehr ausüben konnte. Seine Anfälle erreichten eine derartige Heftigkeit, daß der letzte beinahe tödlich verlaufen wäre. Dieser Fall war hoffnungslos. Ich untersuchte ihn. Ich nahm seine Haut zwischen die Finger, aber sie blieb am Körper kleben, wie bei einem kranken Hund. Die vier Ärzte waren auch erschienen. Einer von ihnen nahm mich beiseite und sagte:

»Wir haben ihn in der letzten Zeit nicht mehr gesehen und wußten nicht, daß es so schlecht um ihn steht; sie können ohne weiteres ablehnen.«

Ich wollte es gerade tun, als »mein« Patient zwischen zwei Erstickungsanfällen zu mir sagte:

»Monsieur, bitte nehmen Sie mich mit! Sie sind meine letzte Chance, und meine Kinder brauchen mich noch.«

Er hatte wunderschöne schwarze Augen. Niemals habe ich den Blick dieses Mannes vergessen, diese Hilflosigkeit eines Menschen, nach dem der Tod bereits seine Hand ausstreckt. Ich übernahm den Fall.

Der Hinflug war fürchterlich; der Unglückliche hielt das bißchen Leben, das ihm geblieben war, krampfhaft fest, bewegte keine Hand, hielt die Augen geschlossen, einzig und allein darauf konzentriert, am Leben zu bleiben. Angesichts eines solch ungestümen Lebenswillens faßte ich wieder Mut: ich würde nicht allein zu kämpfen haben, dieser Mann würde mir helfen.

Zwei Monate später konnte ich ihn geheilt nach Casablanca zurückbringen. Und seitdem schicken mir alle Ärzte Marokkos ihre hoffnungslosen Asthmakranken.

Meine größten Erfolge allerdings erzielte ich bei der Heilung von Ekzemen. Durch diese Krankheit lernte ich Utrillo kennen.

Damals traf ich die Terminvereinbarungen mit meinem Patienten noch selbst. Wenn ich es heute nicht mehr tue, geschieht das nur aus Vorsicht, denn es passierte mir regelmäßig, daß ich vergaß, meine Sekretärin von den Vormerkungen zu informieren, und dann kamen immer zwei oder drei Patienten zur selben Zeit.

Damals also hatte meine Sekretärin notiert: 16.30 Uhr Lucie Valore. Und da ich wieder einmal mehrere Leute zur selben Zeit bestellt hatte, mußte ich Lucie Valore und ihren Mann zwei Stunden lang warten lassen. Ich hatte keine Ahnung, wer diese üppige Dame war, die mit Perlenketten und Goldarmbändern behängt und in Schals gehüllt war, die unsere Hippies in Entzücken versetzt hätten. Neben ihr wartete ein hagerer, nervöser, tänzelnder Greis, den ich in aller Unschuld für Herrn Valore hielt. Sein erschreckend magerer Körper ertrank fast in seinem marineblauen Anzug. Dieser alte Herr war Maurice Utrillo.

Lucie Valores Auftritt in meiner Praxis war großartig: sie glitt majestätisch auf mich zu wie eine Galeone, die mit Aztekenschätzen beladen ist.

»Sie können sich setzen«, sagte sie zu mir, »und du auch, Maurice; und vor allem, tu alles, was dieser Herr von dir verlangen wird. Ich bin nämlich seinetwegen hier! Ich kann Ihnen auch sagen, was er hat: er trinkt zuviel, und davon bekommt er Ausschlag. Zeig mal dein Bein, Maurice, und deine Hände!«

Artig hielt er mir seine beiden Hände hin, die wie zwei kleine, ängstliche Vögel zitterten. Trotz ihres faltigen Alters waren sie ungemein schön, und die abgeflachten Daumen hätten einem Bildhauer gehören können.

»Sie müssen wissen, wir sind zwei große Maler. Das Unglück will es, daß Maurice jetzt das Malen und selbst das Signieren schwerfällt. Das ist dumm, denn seine Signatur ist Gold wert. Was können Sie für ihn tun?«

»Um Ihnen eine Antwort geben zu können, muß ich ihn erst untersuchen und ihm einige Fragen stellen.«

»Also, dann würden Sie am besten mal nach Vésinet kommen, denn hier fühlt sich Maurice nicht wohl. Es fehlt wirklich an Schönheit hier bei Ihnen! Maurice ist es gewohnt, von meinen Kunstwerken umgeben zu sein, sie sind für ihn lebenswichtig. Dann werden Sie auch unsere Bilder sehen, und das macht die ganze Behandlung wesentlich interessanter.«

Ich willigte natürlich ein, denn ich war begierig darauf, dieses Paar in seinem eigenen Rahmen zu sehen.

Als ich das Gartentor ihrer Villa in Vésinet aufstieß, glaubte ich, auf alles gefaßt zu sein. Aber das war ich nicht. Mir, der ich die Natur in ihrer Wildheit so liebe, erschien dieser Garten fürchterlich gekünstelt. Er war mit kleinen Rokokostatuen vollgestopft, und die komplizierten Windungen der Wege erinnerten mich an einen Minigolfplatz. Tief drinnen stand ein Haus* undefinierbaren Stils, dessen Mauern in einem verblichenen Rosa angestrichen waren.

Am Eingang zum Garten stand eine Kapelle. In ihren Ausmaßen und ihrer Architektur erinnerte sie an eine Friedhofskapelle.

Dieses Haus war ein Museum. Rechts hinter dem Eingang erspähte ich den »Valadon-Saal«, der als Speisezimmer diente. An den Wänden hingen dreiundzwanzig Meisterwerke von Suzanne Valadon, der Mutter des Malers. Links ging es in den »Utrillo-Saal«. Es war unmöglich, die Farbe der Wände zu bestimmen, denn sie waren bis zur Decke mit Bildern des Meisters behängt.

* Dieses Haus ist heute das Utrillo-Museum.

Ich konnte eine Inschrift von der Hand Utrillos lesen: »Indem Gott Lucie schuf, hat er mein Glück erschaffen.«

Der Hauptraum war »Utrillo-Valore« gewidmet. Dort hingen sehr viele Valores und sehr wenige Utrillos. Dies war der Aufenthaltsraum, und hier empfing mich Lucie. Sie thronte in einem Armsessel, und ihre von Diamanten funkelnden Hände streichelten einen ihrer Lieblingspekinesen, während die vier anderen vor Eifersucht um sie herumliefen und kläfften.

»Ich stelle Ihnen meine Lieblinge vor: Choudi, Chouchou, Utrillette, Valorette und Marquise. Sie dulden nur Leute, die sie lieben.«

Man konnte sich nur mit Mühe verständigen, denn in dem Zimmer war ein Vogelkäfig mit etwa dreißig Wellensittichen, die ein ohrenbetäubendes Gezwitscher angestimmt hatten.

In einer Ecke stand Utrillo; stumm, an einem von Nikotin triefenden Zigarettenstummel kauend, den Anzug voll von Asche; er sah mich an. Diese Augen in ihrem verwaschenen Vergißmeinnichtblau waren rührend und ergreifend in ihrer Traurigkeit. Es war der Blick eines geprügelten alten Menschen.

Unter dem herrischen und wachsamen Blick jener, die Maurice an den Tagen des Gehorsams »meine gute Lucie« zu nennen pflegte, untersuchte ich diesen großen Maler, der einem verlassenen Kind glich.

Ich stellte ihm Fragen, und das Bild Schoums, des Clochards, erstand in meiner Phantasie. Utrillos Ekzeme hatten dieselbe Ursache: den Rotwein. Daher verwendete ich die gleiche Essenz. Aber die Nerven des Malers waren in einem unvergleichlich schlechteren Zustand als jene Schoums. Daher fügte ich noch Butterblumen, Hundsrose und Minze hinzu.

Da ich diesem mageren Mann ja keine Diät vorschreiben konnte, verordnete ich nur Fuß- und Handbäder. Er wandte sie eine Zeitlang an und erzielte gute Resultate.

Nachdem die »Sprechstunde« beendet war, führte mich Lucie in ihre Malerei ein.

»Sehen Sie sich mal dieses Bild genau an; es ist ein Porträt von Rita Hayworth, das ich gemalt habe. Prinz Ali Khan hatte es bei Maurice bestellt, es sollte sein Hochzeitsgeschenk für Rita werden. Maurice lehnte natürlich ab und sagte: ›Wenn Sie wollen, kann ich Ihnen ein Haus oder eine Straße malen, aber nicht Ihre Frau. Ich male nie Frauen, höchstens meine gute Lucie.‹ Um ihm einen Gefallen zu erweisen, habe ich dann dieses Porträt gemalt, aber er hat es nicht gewollt. Ich war sehr böse darüber, vor allem weil es wirklich schwierig war. Ich kann nur echte Schönheit malen, die der Seele und des Geistes ... Und dieses Mädchen hatte davon so gar nichts. An Stelle eines Gesichts hatte sie eine von Hollywood gemalte Maske!«

Lucies Malerei erschien mir ziemlich häßlich. Sie war eine Anhäufung von vulgären, schreienden Farben, die so dick aufgetragen waren, daß ich sie schon fragen wollte, ob sie etwa mit einem Spachtel malte.

Utrillo langweilte sich. Er setzte sich vor ein Harmonium und begann zu spielen, in einer kindlichen Art, indem er die näselnden und schleppenden Töne in die Länge zog. Trotz des Hundegekläffs und des Zwitscherns der Wellensittiche hörte ich, wie er mit schwacher, zittriger Stimme ein Kirchenlied vor sich hinsummte.

»Er ist sehr fromm, müssen Sie wissen. Ein großer Mystiker. Maurice, stell doch mal Monsieur Mességué deine Freunde vor, die da auf deinem Harmonium stehen.«

Neben einer Gipsfigur, die den heiligen Paulus darstellte, sah ich Fotografien von Sacha Guitry und Maurice Chevalier. Letztere trug die Widmung: »Einem Maurice von einem anderen.«

Hoheitsvoll sagte Lucie zu mir:

»Ich begleite Sie nicht weiter. Wenn Sie Lust haben, können Sie beim Hinausgehen noch die Malereien in den beiden anderen Sälen anschauen.«

Utrillos Mystizismus hatte etwas Herzergreifendes. Mehrmals fand ich ihn bei meiner Ankunft auf dem Boden der Kapelle kniend, vor einer scheußlichen Statue der Jungfrau Maria im Gebet versunken. Er betete den Rosenkranz, und seine zittrigen Hände ließen ihn auf dem Boden klingeln.

Diese Kapelle hatte ihre Geschichte. Maurice hatte Lucie angefleht, sie ihm bauen zu lassen; anschließend bestand er darauf, daß sie geweiht wurde. Seitdem schien Maurice sein Gleichgewicht ein wenig wiedergefunden zu haben. Aber um das alles zu bekommen, hatte er »schön brav« und »schön gehorsam« sein müssen: Lucie hatte verlangt, daß er eine beträchtliche Anzahl von Bildern malte.

Ich habe mich oft gefragt, welche Gnade des Himmels er wohl so sehnlich erflehte. Vielleicht den Frieden? Niemals habe ich peinlichere Szenen erlebt als jene, die Lucie ihm bereitete. Er antwortete übrigens in der gleichen Weise, mit Ausdrücken der Gosse: die harmlosesten Wörter ihres Repertoires waren »Saukerl«

und »Schlampe«. Bei meinen wenigen Besuchen hörte ich mehr vulgäre Ausdrücke als während meiner fünfzehnjährigen Praxis, Faruk inbegriffen.

Maurice, den wiederholte Entziehungskuren und Anstaltsaufenthalte nicht hatten heilen können, fing an und brüllte:

»Gib den Wein her, du Schlampe ...«

»Leck mich ...«

»Scheiße, Scheiße und nochmals Scheiße ...«

»Ich geb ihn dir ja, aber nur, wenn du Monsieur Mességué sagst, daß ich eine größere Malerin bin als deine Mutter!«

»Dann krieg ich den Wein? Einen ganzen Liter? Und ohne Wasser?«

»Ja. Monsieur Mességué, schauen Sie sich doch bloß mal dieses Bild an (sie zeigte mir ihr letztes Werk); das ist doch mehr wert als die Valadon? Darin drückt sich die Freiheit eines Genies aus. Es schwebt richtig davon ... Während diese armselige Valadon mit ihrem dicken Pinselstrich doch immer nur in der Scheiße herumpatschte. Gib es doch zu, Maurice! Du willst es bloß nicht sagen, weil sie deine Mutter war. Er ist ja völlig übergeschnappt, dieser Idiot! ...«

»Mein Wein!«

»Du kriegst ihn ja, aber sag es erst.«

»Nein! Gib erst die Flasche her!«

»Da hast du sie!«

Sie hielt sie Maurice vor die Nase, und dieser streckte mit glasigen Augen und zittrigem Mund seine Hände aus und stotterte:

»Du hast Talent, Lucie, viel Talent ...«

»Sag: mehr als meine Mutter!«

»Leck mich doch mit deinem Liter!«

Und dieser arme Mann begann zu weinen. Aber ich glaube, er war glücklich, seine Mutter nicht verraten zu haben.

Als Lucie mit diesem Thema fertig war, sagte sie zu ihm: »Maurice, Petridés* hat eine Schneelandschaft von dir verlangt, mein Liebling. Mal ihm doch seinen Schnee. Das kannst du doch am besten, und außerdem bringt es Millionen ein. Mach's doch endlich!«

»Nein! Einen Frühling will ich machen, der ewige ›Schnee‹ kotzt mich langsam an. Ich will Grün und Rosa auf meine Leinwand klecksen können, bei Weiß zittere ich vor Kälte.«

* Paul Petridés, der Kunsthändler Utrillos.

Diese Szenen spielten sich für gewöhnlich im oberen Stock, im verrauchten und nach kaltem Tabak stinkenden Atelier von Maurice ab. Er pflegte seine Kippen überall hinzuspucken.

»Mal eine Schneelandschaft und du bekommst die doppelte Menge Wein!«

»Zwei Liter?«

Er wandte sich seiner noch unberührten Leinwand zu. Er war besiegt und preßte mit beiden Händen die Farbe aus den Tuben. Maurice Utrillo kopierte sich selbst. Er hatte nichts mehr zu sagen. Obwohl ich kein Kenner der Malerei bin, konnte ich doch den Unterschied zwischen dem, was er nun malte, und jenen Bildern, die im »Utrillo-Saal« hingen und deren schönstes mit 1912 datiert war, ausmachen.

Mein Patient war zutraulich geworden, und mit dem rührenden Blick, den Tiere und Kinder haben, sagte er zu mir:

»Ich mag dich richtig gern, weißt du. Aber warum weichst du deine Gräser in Wasser auf? Ich mag Wasser nicht.«

»Das macht nichts, Sie brauchen es ja nicht zu trinken.«

Sein Lachen klang wie das einer zerbrochenen Marionette.

Manchmal, wenn Lucie uns für einige Augenblicke allein ließ, zeigte er mit dem Finger auf sich und sagte:

»Du hast mich ja jetzt gesehen. Das hat sie aus mir gemacht: einen Bürger ... Und deswegen trinke ich ... Um es zu vergessen.«

Er hatte vieles zu vergessen: seine Kindheit, sein Elend, den Tod seiner Mutter. Je vertraulicher Utrillo mir gegenüber wurde, desto mißtrauischer verhielt sich Lucie. Mein größter Fehler aber war, unverhohlen ihr letztes »Werk« zu kritisieren:

»Sagen Sie, was Sie davon halten, Mességué. Aber ehrlich! Seien Sie unbesorgt, Sie werden mich nicht beeinflussen, denn ich weiß, was es wert ist.«

Sehr viel, da sie die Utrillo-Käufer zwang, auch eine Lucie Valore zu nehmen. Und sie gab ihre Bilder nicht etwa zusätzlich ab, sondern verlangte einen recht ansehnlichen Preis dafür.

»Na los, das Bild sagt Ihnen doch irgend etwas!«

Es sagte mir aber nur, was ich besser verschwieg.

»Was stellt es für Sie dar?«

»Maiskolben.«

»Aber Sie sehen doch ein Gesicht! Erkennen Sie es denn nicht?«

»Nein.«

»Es ist Danièle Delorme. Ihre ganze Seele liegt darin, wie ein Schmetterling, den man auf die Wand gespießt hat.«

Da sie mir auf die Nerven ging und ihre Art, Utrillo zu quälen, mich anekelte, ließ ich mich gehen:

»Vielleicht stellt es das wirklich dar, was Sie behaupten, aber Sie sind bestimmt die einzige, die es sieht. Für einen normalen Menschen wie mich ist es nichts anderes als ein Haufen Farbkleckse.«

Ich dachte nicht, heil davonzukommen. Wie eine Welle sah ich den Zorn in ihr hochsteigen. Sie war ganz aufgeblasen, es war beinahe schön anzusehen.

»Sie sind ein Banause, ein ungebildeter Bauer, ein vulgäres Individuum und der ungezogenste Kerl, den ich je gesehen habe.«

Im übrigen hatte ich schon begonnen, ihr zu mißfallen, als sie zum zweitenmal zu mir in die Sprechstunde kam und fragte, wieviel sie mir schuldig wäre.

Ich glaube, damals verlangte ich für die Behandlung 5000 Franc. Das sagte ich ihr.

»Maurice wird Ihnen eine Zeichnung machen.«

Ich holte die Buntstifte meines Sohnes und Papier. Utrillo zeichnete mir »Moulin de la Galette«.

»Hier«, sagte Lucie, »das ist viel mehr wert, aber das Kleingeld können Sie behalten.«

Später sahen wir uns weniger oft. Dennoch hatte Lucie dem »ungebildeten Bauern« kein allzu schlechtes Andenken bewahrt.

1955 schickte sie mir einen kurzen, sehr netten Brief, in dem sie mir den Tod von Maurice mitteilte. Noch einmal habe ich sie wiedergesehen. Sie wollte unbedingt Maître Floriot* kennenlernen. Er lud uns zu Fouquet zum Abendessen ein.

Während des Essens ließ sie plötzlich ihren Blick über die Versammlung schweifen und erklärte meinem Freund, dem Anwalt:

»Jetzt, da man Sie mit mir gesehen hat, wird ganz Paris Sie kennen.«

Ich habe Maurice Utrillo nicht vergessen, und oft sehe ich ihn im Geist vor mir, wie er mit gekreuzten Armen, im Gebet versunken, auf dem Boden seiner Kapelle kniet. Als armen, leidenden, ausgemergelten Christus, der alle Ängste seines Lebens versinnbildlicht:

». . . Mutter, warum hast du mich verlassen?«

* Staranwalt in Paris.

Ein Infarkt war der Anlaß für meine Begegnung mit dem Mann, den ich vielleicht am meisten von allen bewundert und geliebt habe: Jean Cocteau. Unser Zusammentreffen war sehr merkwürdig.

Ich bin überzeugt, daß es Dinge gibt, die geschehen müssen. Die Begegnung zweier Menschen ist nicht zufällig, sie ist vielmehr von bestimmten Kräften, die wir nicht kennen, gewollt, und da uns alles, was wir uns nicht erklären können, beunruhigt, neigen wir dazu, das alles zu negieren. Ich glaube an die Vorbestimmung, obwohl ich weiß, daß mich gewisse Leute deswegen für verrückt halten. Aber ich bin überzeugt, daß die anderen die Verrückten sind ... Ich halte es für Hochmut, wenn jemand glaubt, alles zu wissen und alles zu kennen, und daß das, was er nicht erklären kann, einfach nicht existiert.

Der Anwalt Pasquini hatte Cocteau von mir erzählt, worauf sich dieser für die folgende Woche bei mir anmeldete. Aber alles kam anders.

Ich weiß nicht mehr, warum ich mich im Wald von Fontainebleau befand.

Müdigkeit? Nervliche Erschöpfung? Das Bedürfnis, den Kontakt mit der Natur wiederzufinden? Vielleicht von allem ein wenig. Jedenfalls hatte mich ein ausgedehnter Spaziergang nach Milly-la-Forêt geführt. Am Dorfeingang war ich beim Schloß stehengeblieben und hatte in das schwarze Wasser der Gräben geschaut, wo langhaarige Gräser dahinschwammen. Dieses Haus gehörte Jean Cocteau.

An jenem Tag erschien mir alles wunderbar, vielleicht, weil ich mich einem Zauberer näherte. Mein zielloser Spaziergang hatte mich zu einer Kapelle geführt, die von einem Gärtchen umgeben war. Das Wetter war strahlend schön. Hier standen all meine Pflanzen, waren glücklich und frei und atmeten die milde, sanfte Luft. Und der Blütenstaub tanzte in der Sonne. Ich beschloß, in die Kapelle hineinzugehen, denn der Gott, der dort wohnte, war bestimmt der meine.

Da sah ich Jean Cocteau. Er trug eine Wildlederjacke in der Farbe herabgefallener Blätter, und seine weißen Haare, die in einem Sonnenstrahl tanzten, umgaben sein Haupt wie eine Aureole. Er stand auf einer Leiter und malte die Wände der kleinen Kirche aus. Er kehrte mir den Rücken. Unter seinem Pinsel entstand gerade eine Butterblume, die Pflanze, mit der ich ihn behandeln würde und die hier im Augenblick meines Erscheinens wie ein

Orakel war. Wie kann man an die unsichtbaren Dinge denn nicht glauben, wenn die Vorsehung solche Zeichen gibt? Als Cocteau sich umwandte, sagte ich:

»Ich bin Maurice Mességué.«

»Ich habe Sie erwartet.«

»Ich wußte aber nicht, daß ich hierher kommen würde.«

Er lächelte: »Ich auch nicht.«

»Sie malen die Blume, mit der ich Sie behandeln werde.«

»Woher wissen Sie das?«

»Ich verwende sie oft, und ich weiß, daß sie Ihnen guttun wird.«

Mit keinem anderen Menschen hätte ich ein solches Gespräch führen können. Cocteau besaß die Kraft, Menschen ganz auf sich abzustimmen.

Er stieg von seiner Leiter herunter und sah mich an. Unter seiner Jacke trug er einen butterblumengelben Wollpullover.

»Ich freue mich, daß Ihre Poesie mit der meinen verwandt ist.«

»Oh, ich bin nur ein Bauer.«

»Sie sind aus Lehm und Blut gemacht. Sie wiegen das schwere Gewicht eines Mannes, wie mein Freund Pablo Picasso.«

Unbeweglich stand er auf der Türschwelle und betrachtete mich. Er schien leicht wie ein Vogel, der sich soeben auf der Erde niedergelassen hat.

»Ist es denn nicht wunderbar, Maurice Mességué, daß Sie gerade jetzt hier eintreten, ohne daß jemand Sie gerufen hat, und mich dabei antreffen, wie ich gerade Ihre Kräuter male, die, die Sie mir verordnen wollen? Zeigen Sie sie mir. Sagen Sie mir, welche Kraft in ihnen steckt; ich habe sie ganz ahnungslos skizziert. Ich kannte nur das Vergnügen, diese Gräser zu lieben. Erzählen Sie mir von ihnen.«

Und ich sagte ihm all die Namen, die mein Vater den Pflanzen gegeben hatte: Bettlerkraut, Hexenkraut, Tausendlöcherkraut ...

»Welch wunderbare Litanei, hören Sie nur:

Kraut gegen Stürze,
Kraut gegen Schnittwunden,
Fieberkraut,
heilt uns.
Hexenkraut,
Katzenkraut,
beschützt uns.
Gewinnkraut,

Glückskraut,
seid mit uns.
Heiliges Kraut und
jungfräuliches Kraut,
gehört uns.
Sankt-Johannes-Krone,
Kraut der hundert Geschmäcker,
liebt uns!«

»Ich möchte, daß dieses Gedicht am Tag meines Todes in dieser Kapelle gesungen wird.«

»Schreiben Sie es auf.«

»Nein, es steht schon in dieses Gewölbe geschrieben. Das Gewölbe wird es mir singen, und ich allein werde es hören.« Einen Augenblick lang waren seine Hände bewegungslos.

»Ich fürchte mich nicht vor dem Sterben. Nur den Übergang vom Leben zum Tod fürchte ich, aber wahrscheinlich werde ich es ja vorher wissen, denn der Tod ist ein Freund, er ist mir so vertraut, daß ich ihn auch auf der anderen Seite des Spiegels wahrscheinlich leicht wiedererkennen werde ...

Kommen Sie, gehen wir zu mir. Wissen Sie, daß ich genauso alt bin wie der Eiffelturm und daß es mir genauso gutgeht wie ihm? Ich habe eine eiserne Gesundheit.«

Er war stehengeblieben und lächelte mir zu.

»Sagen Sie mir, daß ich jung bin, denn erstens ist es wahr und zweitens macht es mir Freude, das zu hören. Die Jugend, darauf bin ich gekommen, als ich mir vor fünfzig Jahren sagte: man muß immer wieder anfangen! Und nichts anderes habe ich mein Leben lang gemacht. Wissen Sie, was André Maurois zu mir sagte, als er mich in die Académie française aufnahm? ›Wenn irgendeines fernen Tages Sie, Jean Cocteau, sich damit abfinden werden, zu altern, dann bin ich für Sie und für uns beruhigt, denn dann werden Sie das Alter lancieren!‹ Aber glauben Sie nicht auch, daß ich mit dieser Mode noch ein bißchen warten kann? Mit dieser Académie française hatte ich überhaupt Schwierigkeiten. Meine Freunde waren dagegen, daß ich mich dort aufnehmen ließ; sie haben sich zu großen Worten hinreißen lassen: Verrat, Verleugnung ... Aber sie haben es ganz einfach nicht verstanden. Immer schon erwartete man von mir Außergewöhnliches. Wenn man es also für außergewöhnlich hält, daß ich in die Académie eintrete, warum wirft man mir es dann vor? Die Académie ist eben mein letzter Skandal!

Wie finden Sie dieses Haus?«

»Als ich vorbeiging, bin ich hier stehengeblieben, um die Gräser in den Wassergräben zu betrachten.«

»Ich liebe diese grünen Opheliahaare, die sich an den Gräben festgesaugt haben. Ich lasse sie nicht entfernen.«

So unangenehm mir der Garten von Lucie Valore war, so sehr bezauberte mich dieser. Die Blumen kletterten an den Statuen hoch und verliehen ihnen das Aussehen festlich gekleideter Nymphen. In diesem Garten machten die Pflanzen, die Tiere und vielleicht auch die Menschen, was sie wollten.

Wir betraten sein Haus, und ich untersuchte ihn.

»Ich altere wie ein Anachoret, mein Körper wird zu Geist ...«

Neben ihm fühlte ich mich schwerfällig und klobig, obwohl wir im Gespräch miteinander harmonierten. Eigentlich war nicht ich es, der sich hier auf ihn abstimmte, es war Camilles Sohn. In seiner Nähe fand ich die Reinheit und den Adel meines Vaters wieder. Auch dies ist ein Grund für meine Zuneigung zu ihm.

Mehrere Jahre lang, bis zu seinem Tod, besuchte ich Jean Cocteau zweimal wöchentlich entweder in Milly oder in seiner Wohnung in der rue de Montpensier. In seiner Stadtwohnung regierte Madame Racine, seine Haushälterin, deren Name Cocteau entzückte. Wenn ein Besucher ihr nicht gefiel, drängte sie ihn mit einem nachdrücklichen: »Monsieur schläft noch« ins Treppenhaus zurück.

Cocteaus Wohnungsnachbarin war Colette, und eines Tages statteten wir ihr gemeinsam einen Besuch ab.

Während wir durch den Salon gingen, zeigte mir Cocteau eine Sammlung von Kristallkugeln, die auf dem Kaminsims standen: »Die Kugeln der Magierin; sie betrachtet sich in ihnen und erblickt die Welt.«

Schon damals konnte Colette das Bett nicht mehr verlassen, aber ihre entstellten Hände bemühten sich noch, auf lavendelblauem Papier zu schreiben. Als sie uns sah, schob sie die Blätter beiseite. Ihre Augen, zu den Schläfen hin durch einen Pinselstrich verlängert, waren noch sehr schön und verliehen ihr ein katzenhaftes Aussehen. Aber Nase und Kinn waren spitz geworden.

»Seien Sie willkommen, Jean hat mir erzählt, daß Sie die Pflanzen zu zähmen verstehen wie ich die Tiere.«

Ihre Stimme war ein wenig gebrochen, und sie rollte die »r«, wie man es in Burgund hört.

»Wer sind Sie eigentlich, Mességué?«

»Ein Bauer.«

»Das könnte ich gesagt haben mit meinem Heimatstolz. Jean, du hast gut daran getan, ihn mir herzubringen.«

Ich wäre gern näher mit ihr bekannt geworden, um ihr die Schmerzen ertragen zu helfen, aber sie starb bereits wenige Monate nach unserem Besuch.

Die Begegnungen mit Cocteau hatten, von der ersten bis zur letzten, etwas Irreales an sich. Seine Freundschaft war etwas Außergewöhnliches. Er benahm sich in der Freundschaft, wie andere es nur in der Liebe vermögen. Niemals ließ er mich auf Nachricht warten, und in jedem seiner Briefe fand ich immer einen Satz, der mir Freude machen oder mich ermutigen sollte.

Er befand sich in Antibes, während ich gerade in der Höllenmaschine eines neuen Prozesses steckte. Da schrieb er mir:

»Mein lieber Schüler von Saint-Blaise-des-Simples. Unsere Schwierigkeiten sind gleicher Natur, auch ich will nicht, daß man mich bewundert, sondern daß man mir glaubt.«

Meine auf der Basis von Butterblumen zubereiteten Essenzen haben ihm sehr gutgetan. Eines Tages verkündete er: »Dank diesem Wässerchen vermag ich Hindernisse zu überwinden, die viele junge Leute nicht bewältigen würden.«

Dieser zärtliche »Spinner« hatte ein sehr genaues Gefühl für die Zeit. Er haßte es so wie ich, zu spät zu kommen. Und wenn wir miteinander ins Theater gingen, was häufig vorkam, so erschienen wir zur gleichen Zeit wie die Platzanweiserinnen und warteten draußen, bis uns aufgemacht wurde.

»Maurice, ich bin so von der Idee der Pünktlichkeit besessen, daß ich dadurch noch kostbare Minuten meines Lebens verlieren werde. Es könnte mir glatt passieren, daß ich auch zum letzten Rendezvous zu früh erscheine . . .«

Am 11. Oktober 1963 wurde ihm die Freundschaft zum Verhängnis. Die Erschütterung über Edith Piafs Tod war für das alte Herz dieses Jünglings zuviel gewesen.

Nur wenige Meter von der Kapelle von Saint-Blaise-des-Simples entfernt, ruht der Poet heute wie ein großes geflügeltes Insekt. Seine Seele hat die Sterne eingeholt, die er so großzügig in seinen Gedichten und Zeichnungen zu verstreuen pflegte.

Meinen größten Sieg, 98 Prozent Heilungen, habe ich gegen die Zellulitis errungen. Diese Krankheit ist zum Schreckgespenst aller Frauen geworden, da sie zu einem hohen Prozentsatz (95 Prozent) von ihr befallen sind; von den Männern leiden nur 2 Prozent an dieser Krankheit.

Es gibt nun sehr wenige Frauen, die nicht hübsch sind. Natürlich spreche ich nicht von jenen strahlenden Schönheiten, nach denen man sich umdreht. Sie betrachtet man wie ein schönes Bild oder wie eine schöne Skulptur. Sie entzücken das Auge, aber es würde einem nie in den Sinn kommen, ein solches Meisterwerk in die Arme zu nehmen. Diese allzu schönen Wesen lassen mich immer an die Rosen in meinem Garten in Feucherolles denken, die viel vollkommener sind als die Heckenrosen. Aber wenn man an ihnen riecht, haben sie keinen Duft. Diese Rosen sind verdummt... Meiner Meinung nach trifft das gleiche für die allzu vollkommenen Frauen zu, deren Schönheit es oft an Geist fehlt. Aber was einen Mann bezaubert, ist doch gerade ein winziger Fehler, der seine Frau von den anderen unterscheidet und sie eben zu der seinen macht. So ein kleiner Fehler vermag das Herz zu rühren und das Begehren zu wecken.

Leider verleitet die häßliche »Orangenhaut« der Zellulitis, die aus verhärteten Knötchen besteht und noch nicht ganz Leder, aber auch nicht mehr ganz Haut ist, nicht zu Zärtlichkeiten.

Wenn ich Frauen sehe, die an so hübschen Stellen wie Hals, Oberschenkel, Taille, Knien und Hüften davon befallen sind, werde ich traurig, für mich, weil ich sie doch so gern ansehe, und ihretwegen, weil eine Frau, die nicht mehr an sich selbst glaubt, all ihre Kraft und all ihr Glück verliert.

Ich habe mich immer bemüht, den Frauen zu helfen, ihre Schönheit zu bewahren, oder gar noch schöner zu werden. Diese Beschäftigung ist genauso schön und angenehm wie die Pflege meiner Rosensträucher.

Da die Zellulitis heute der hartnäckigste Feind der Frauen ist, war ich fest entschlossen, ihn zu bekämpfen. Wenn auch viele Frauen nach meiner Behandlung abgenommen hatten, so war ich doch dem Problem noch nicht auf den Grund gegangen. Meine diuretischen Fußbäder auf der Basis von Schöllkraut, Quecke, Schachtelhalm, Ginster, Butterblume und Gundermann waren sehr wirksam und brachten mich auf den Gedanken, daß ich damit ein geeignetes Heilmittel für verschiedene Formen von Ödemen und Fettleibigkeit besaß. Ich hatte mich aber mit diesen Erfolgen zufriedengegeben, ohne mir weiter darüber Gedanken zu machen. Wahrscheinlich hätte ich das noch lange nicht, wenn nicht eine junge Frau, Paulette L., zu mir in die Sprechstunde gekommen wäre. Sie war klein, blond und rundlich. Ihre hellen Augen mit dem etwas verschwommenen Blick ähnelten denen von Michèle Morgan.

Als sie eintrat, fragte sie hastig:

»Ich brauche mich doch nicht auszuziehen?«

»Aber nein, Madame.«

»Um so besser, denn ich glaube, ich hätte mich nicht getraut. Monsieur, ich muß unbedingt abnehmen, sagen Sie nicht, daß ich es nicht nötig habe! Sie würden mich sofort verstehen, wenn Sie meine Oberschenkel sähen. Die sind riesig. Unter dem Kleid fällt das nicht so auf, aber im Badeanzug wirken sie geradezu grotesk.«

»Übertreiben Sie nicht ein bißchen?«

»Nein. Ich habe Ihnen ein Foto mitgebracht, das mein Mann diesen Sommer aufgenommen hat. Sie werden gleich sehen, daß ich recht habe.«

Sie hatte recht. Diese entzückende, wohlproportionierte Frau mit einer kleinen Brust und schlanken Beinen, hatte die Schenkel eines Kolosses. Zwischen Hüften und Knien saßen sie wie eine Pluderhose. Ich dachte, ihr Mann müsse entweder pervers oder bösartig sein, sie im Badeanzug zu fotografieren.

»Wegen dieses Fotos stehen wir kurz vor der Scheidung. Aus purer Bosheit hat mein Mann es aufgenommen. Als ich ihn vor fünf Jahren geheiratet habe, war ich völlig normal. Wir gingen viel schwimmen, weil er das so liebt, und natürlich verbrachten wir unsere Ferien immer am Meer. Vor drei Jahren hat mein Mann ein Kanu gekauft, und so haben wir einen ganzen Monat auf und im Wasser verlebt. Und damals fing es bei mir an; ich wurde immer dicker.«

»Dabei müßte Schwimmen der ideale Sport für Sie sein.«

»Das habe ich auch gedacht. Anfangs meinte ich auch, meine Oberschenkel würden einfach muskulöser, aber als ich eines Tages die Haut zwischen die Finger nahm, sah ich, daß sie lauter Knötchen hatte. Es war entsetzlich. Denn da habe ich gewußt, daß es Zellulitis war. Im folgenden Jahr sind wir im Kanu die Wasserfälle hinuntergesaust, aber da fing ich bereits an, ganz unförmig zu werden. Und um mich zu beschämen, hat mein Mann dort dieses abscheuliche Foto gemacht. Seitdem gehe ich nicht mehr mit ihm schwimmen; ins Schwimmbad geht er allein, und zu Kanufahrten nimmt er eine unserer Freundinnen mit ... Verstehen Sie mich nun, Monsieur?«

»Ja, sehr gut sogar. Aber die Ursache Ihrer Zellulitis ist mir unklar. Sind Ihre Nieren in Ordnung?«

»Völlig normal.«

»Und die Leber?«

»Manchmal habe ich ein wenig Beschwerden.«

»Und der Darm?«

»Nicht so ganz ... Verstehen Sie, die letzten drei Jahre haben wir auf dem Boot natürlich nur Konserven gegessen; frisch haben wir höchstens ein wenig Obst gekauft. Und das auch nicht jeden Tag. Wenn wir die Wildwasser hinunterfuhren, haben wir abends in einer kleinen Bucht, ganz weit weg von jeglicher Zivilisation, übernachtet. Es war herrlich.«

»Bestimmt, aber nicht für Ihre Gesundheit. Sie haben sich innerlich vergiftet. Harnstau und Leberschäden sind zwei Krankheiten unserer Zeit. Sie haben sich unglaublich verbreitet, und diese Funktionsstörungen von Nieren, Leber und natürlich Darm sind meistens die Ursache für Gewebeveränderungen, die schlimm und vor allem chronisch werden können und die man Zellulitis nennt.«

»Wenn ich harntreibende Mittel nahm, habe ich unverzüglich an Gewicht verloren.«

Das war klar. Aber gegen diese Krankheit mit harntreibenden Mitteln vorzugehen ist geradezu kriminell. Man kann auf diese Weise zwar binnen eines Tages ein bis drei Kilo an Gewicht verlieren. Doch am nächsten Tag ist die Harnverhaltung nur noch ärger. Die Nieren, die zu funktionieren gezwungen wurden, waren überbeansprucht und werden danach um so fauler.

Auch der Leber ergeht es nicht besser. Die Diuretika verursachen oft überaus heftige Leberkrisen. Anstatt dem Kranken behilflich zu sein, sich zu entgiften, »vergiftet« man seinen Organismus noch mehr.

Zu Paulette sagte ich:

»Ich verspreche Ihnen, daß Sie bald wieder Ihre hübschen Oberschenkel haben werden und daß Ihr Mann dann nur mehr Augen für Sie haben wird.«

Nun mußte ich aber auch alles tun, um mein Versprechen zu halten. In drei Wochen sollte sie wiederkommen, und wenn sie durch die Fußbäder nicht genügend Gewicht verloren haben würde, was sollte ich ihr dann verordnen? Und wenn ihr Gewichtsverlust aber zufriedenstellend sein sollte, wie konnte ich dann verhindern, daß sie wieder dick wurde?

Das Problem »Zellulitis« stellte sich mir folgendermaßen dar: Meiner Meinung nach ist die Zellulitis das Resultat einer chronischen »Vergiftung« des Körpers, die Auswirkung eines Funktionsversagens von Niere, Leber und Darm. Daher mußte es in erster Linie darum gehen, diese wieder in Gang zu setzen. Das war Aufgabe meiner Pflanzen.

Der zweite springende Punkt mußte wohl die Ernährung sein. Sie war die Hauptschuldige. Ich hätte offene Türen eingerannt, wenn ich mich damit zufriedengegeben hätte, Mehlspeisen, Fett und Alkohol zu verbieten und der Kranken eine Diät zu verordnen, die sie zwingen würde, ausschließlich von ihren Reserven zu zehren. Das ist eine für die Betroffenen recht entmutigende Methode; bei mancher Art von Fettleibigkeit erzielt sie jedoch gute Resultate. Bei Zellulitis ist sie aber wohl nur ein Notbehelf, denn – ich muß es noch einmal sagen – mit Beschränkungen im Essen behandelt man nur die Erscheinungen, nicht aber die Ursache dieses Leidens.

Drei Wochen blieben mir also zum Studium dieses Problems. Meine Aufmerksamkeit galt im besonderen den Kalorien und den Vitaminen.

Im Jahre 1899 hatte Marcelin Berthelot entdeckt, daß die in unserem Körper bei der Verbrennung von Nahrungsmitteln entstehende Energie jener Wärmemenge gleichkommt, die man erzielt, wenn man diese Nahrungsmittel an offener Luft verbrennt. Das führte ihn zu der These, daß der Mensch, je nach der Leistung, die er zu vollbringen hat, täglich eine bestimmte Menge von Kalorien proportional zu seiner Arbeit benötigt.

Die Kalorien sind also die Kohle, die man im Ofen verbrennt, um Energie zu erzeugen. Diese Theorie erschien mir sehr logisch. Nur brennen nicht alle Kohlensorten in gleicher Weise! Einige verbrennen schnell und hinterlassen keine Rückstände, zwingen einen jedoch, ständig nachzufüllen. Andere wiederum sind fetthaltig, halten zwar länger vor, verschmutzen aber den Ofen. Wieder andere heizen stark und halten auch lange vor, hinterlassen jedoch eine Unmenge von Schlacken.

Meine Gedanken kreisten also um diesen Unterschied zwischen Quantität und Qualität. Natürlich wußte ich auch etwas gelehrtere Dinge als nur mein Kohlenbeispiel. Um ein Funktionsversagen der

Organe zu vermeiden, muß man eine gewisse Menge »Kraftnahrung« zu sich nehmen; sobald diese im Körper mit dem von den Lungen aufgenommenen Sauerstoff in Berührung kommt, verbrennt sie und produziert Energie. Solche Energiespender sind:

Die Proteine: Eier, Käse, Hülsenfrüchte, Fisch und Fleisch;

Zucker: Zucker, Getreide und Obst;

Fette: Öl, Ölpflanzen, Fleisch und Milchprodukte.

Der Körper braucht aber auch andere Nahrung, die lebenswichtige Substanzen enthält. Diese sind hauptsächlich in den Mineralsalzen enthalten.

Kalzium: Milch, Käse, Frischgemüse;

Phosphor: Fleisch, Fisch, Eier;

Eisen: Fleisch, Gemüse, Austern, Eigelb, Fisch.

Blieben mir also noch die Vitamine. Man weiß, daß sie lebenswichtig sind und in jedem Lebewesen vorkommen. Man hat sie nach den Buchstaben des Alphabets etikettiert: A, B, C, D, E etc. Ich glaube, daß noch viele unentdeckt sind!

Vitamin A: Das Wachstumsvitamin. Es findet sich hauptsächlich im Spinat, in den Wurzelgemüsen, in Zitronen, Orangen, Bananen, Nüssen, Mandeln, Kohl, Champignons, Kopfsalat, Artischocken, weißen Bohnen, Kürbis, Tomaten, Leber, Hirn, Herz, Milchpulver, Butter, Lebertran, Rahm, fetthaltigem Käse, Eigelb, Vollkornbrot, Getreidekleie . . .

Vitamin B: Stützt das Nervensystem. Findet sich in Bierhefe, Weizenkeimen, Linsen, Kohl, Karotten, Spinat, Äpfeln, Bohnen, Tomaten, Champignons, Kastanien, Zitronen, Orangen, Nüssen, Eigelb, Hirn, Leber, Milchpulver und Maltextrakt.

Vitamin C: Antiskorbutisch. Man findet es in frischer Milch, Buttermilch, Fleischsaft, Austern, Orangen, Zitronen, Bananen, Trauben, Äpfeln, Kohl, Blumenkohl, Tomaten, Zwiebeln, Kopfsalat, Löwenzahn, Erbsen, Spinat, roten Rüben, Karotten, grünen Bohnen, Kartoffeln und Steckrüben.

Vitamin D: Antirachitisch. Enthalten im Lebertran, in Fisch, Champignons, grünen Bohnen, Milch und Hefe.

Vitamin E: Antisterilitätsvitamin. Enthalten in Fetten, Butter, Margarine, Kopfsalat, Hafer, Getreidekeimen, Sojabohnen, Weizen und Reis.

Vitamin K: Koagulationsvitamin. Zu finden in Spinat, Sojaöl . . .

Obwohl dies alles sehr interessant und wichtig ist, hatte ich doch keine Lust, meinen Patienten eine Diät zu verordnen, die sich einzig und allein auf diese Kenntnisse stützte. Je tiefer ich in das Problem eindrang, desto mehr wurde ich in dem Gefühl bestärkt, daß man von allem essen, also eine ausgeglichene Ernährungsweise befolgen mußte, um sich wohl zu fühlen. Vor allem aber durfte man keine Hungerkuren machen, denn dabei lief man Gefahr, sich schwere Avitaminosen zuzufügen.

Zwei Tatsachen, die mit diesem Problem in keinem Zusammenhang zu stehen scheinen, frappierten mich:

Eines Tages erhielt ich einen Anruf meines Jagdaufsehers in Marckolsheim:

»Monsieur, alle Ihre Fasane krepieren.«

»Hat sie jemand vergiftet?«

»Nein, aber sie fressen die Kartoffelkäfer, die auf den Kartoffelstauden sitzen.«

»Sind denn Kartoffelkäfer für Fasane schädlich? Wieso?«

»Eigentlich nicht. Aber sie fressen die, die auf den Stauden sitzen, die mit einem Insektenschutzmittel behandelt worden sind. Wenn sie die fressen, sterben die Fasane.«

Ich rief sofort den Bürgermeister an, der mir versicherte, daß dieses Sulfat, für Menschen jedenfalls, völlig ungefährlich sei.

»Außerdem ist das ganz unwichtig, Monsieur Mességué. Die Kartoffeln können nicht betroffen sein, weil sie ja in der Erde stecken!«

»Haben Sie denn nicht bedacht, daß der Regen dieses Sulfat fortspült, es in die Erde hinein schwemmt und daß Ihre Kartoffeln dann damit begossen werden?«

»Ach, wissen Sie, die werden ja gewaschen, geschält und gekocht . . .«

»Und wer beweist Ihnen, daß die Kartoffeln das Sulfat nicht enthalten? Sind Sie so sicher, daß seine Wirkung beim Kochen zerstört wird?«

Für mich stand jedenfalls fest, daß mit Chemikalien behandelte Kartoffeln gefährlich sein konnten!

Als anderes Beispiel kann einer meiner Freunde dienen, der Präsident aller Baumschulenbesitzer im Rhonetal. Er hatte sich einen fürchterlichen Ausschlag zugezogen, als er seine Apfelbäume gegen verschiedene Pilzkrankheiten behandelte, ohne dabei Handschuhe zu tragen.

»Meine Hände, das ist ja schon nicht das schlimmste. Aber meine Spanferkel sind alle daran gestorben!«

»Wieso? Haben Sie die denn auch besprüht?«

»Machen Sie keine Witze! Natürlich nicht. Meine Frau hat eine kleine Schweinezucht. Kurz vor der Obsternte sind die Ferkel ausgerissen, ich glaube, es waren etwa dreißig oder zweiunddreißig, und dann haben sie die heruntergefallenen Äpfel gefressen. Eine halbe Stunde später war kein einziges mehr am Leben.«

»Wie erklären Sie sich das?«

»Das ist ganz einfach; sechs Tage zuvor waren die Früchte besprüht worden, und es hatte inzwischen nicht geregnet. Es hätte genügt, sie zu waschen.«

»Wie oft besprühen Sie Ihre Bäume pro Jahr?«

»Zehn- bis zwölfmal.«

Unter diesen Umständen halte ich es für unbedingt notwendig, die Früchte, die man ißt, zu schälen. Das ist bedauerlich, da bei vielen Früchten die Schale jene Vitamine enthält, die sich in der Frucht manchmal gar nicht oder nur in geringem Maße finden.

Schon die Luft, die wir in unseren Städten einatmen, ist verseucht. Das Wasser, mit dem wir uns waschen, in dem wir schwimmen und das wir trinken, ist durch Zusätze von Chlor, Desinfektionsmitteln und Mikrobentötungsmitteln »trinkbar« gemacht worden.

Alle Putz-, Reinigungs- und Spülmittel sind vom Erdöl hergeleitet und enthalten daher krebsfördernde Stoffe.

Gemüse und Früchte, die unsere Gesundheit garantieren müßten, enthalten alle schädlichen Stoffe. Sie wachsen in einem Boden, der mit chemischem Dünger fruchtbar gemacht und mit Pflanzenschutzmitteln gereinigt wurde, die – wie es in der Gebrauchsanweisung steht – nicht in Reichweite von Kindern aufbewahrt werden dürfen, von denen man die Haustiere fernhalten muß und nach deren Verwendung man sich selbst gründlich die Hände waschen soll. Man kümmert sich nicht weiter darum, daß diese Stoffe ja durch die Wurzeln in die Pflanze gelangen und diese anstecken. Gemüse und Früchte werden gegen Ungeziefer durch Pflanzenschutzmittel und Insektizide geschützt, die sehr häufig DDT enthalten.

Jahrelang haben die Chemiker versichert, DDT sei völlig unschädlich. Daher wurden Natur, Tiere und Menschen großzügig damit besprüht. Heute weiß man, daß der menschliche Körper es nur zum Teil ausscheidet und daß es sich daher gefährlich anhäuft und später schwere Störungen hervorruft. Bei dem Gedanken, daß die tägliche Nahrungsration eines Durchschnittsamerikaners einhundertachtzig Milligramm DDT enthält, könnte man Angst bekommen. Auch die Meere bleiben nicht verschont. 1964 stellte der Direktor der Gesundheitsorganisation Amerikas das Vorkommen dieses Gifts – und zwar in hohen Dosen – in den Ölen und Fetten von Fischen fest, die in tiefen Gewässern gefangen worden waren.

Es ist verblüffend, zu erfahren, daß in Frankreich einer von fünf Todesfällen auf Krebs zurückzuführen ist (von 1937 bis 1967 stieg die Zahl der Krebstoten von 43 000 auf 72 965 jährlich) und daß die schöne gelbe Farbe der Butter mit p-Dimethylaminoazobenol und mit Anilingelb (oder Aminoazotoluol) erzielt wird.

Diese Zusätze sind ebenso gestattet wie jenes Lichtgrün und jenes Eosin, die in der Nahrungsmittelchemie und bei gewissen Medikamenten als gängige Farbstoffe verwendet werden. Man ernährt die Tiere mit Wurzeln (Futterrüben) und Gräsern (Heu), die auf einem vergifteten Boden gewachsen sind. Mit Ausnahme der Bergalmen werden nämlich auch die Weideplätze nicht verschont. Sie werden mit Chemikalien besprüht oder begossen. Im Winter werden dem Vieh sogar »künstliche« Futterrüben verfüttert, die man durch chemische Substanzen mit Vitaminen angereichert hat.

Um sein Wachstum zu beschleunigen, schreckt man nicht einmal davor zurück, ihm Hormone und Antibiotika zu injizieren. Diese kriminellen Techniken werden sowohl bei großen Tieren wie beim Geflügel angewendet.

In Frankreich haben einige Züchter mit radioaktiven Körperchen experimentiert, die sie den Kälbern nahe der Schilddrüse einführten und somit äußerlich prachtvolle und finanziell einträgliche Exemplare erhielten. 1965 legte M. Taverna, der Präsident des Europäischen Landwirtschafts- und Ernährungshygieneverbandes, der Generalversammlung einen Bericht vor, in dem er bewies, daß Ochsen, die auf diese Weise gezüchtet worden waren, tatsächlich im Schlachthof von Paris geschlachtet und dem Verbraucher angeboten wurden.

Nicht einmal der Meeresgrund ist vor diesen Versuchungen sicher, und so können auch Fische gefährlich werden. Heringe zum Beispiel werden allzuoft mit Hölzern geräuchert, deren Teergehalt krebsfördernd ist.

Je weiter ich mich in diese Materie vertiefte, um so mehr Grund hatte ich, besorgt zu sein. Professor Paul Brouardei, einer der Vorkämpfer der Hygiene, schrieb um 1900 in einer Abhandlung zu diesem Thema: »Wenn ein Mensch morgens zum Frühstück Milch getrunken hat, die mit Formaldehyd konserviert wurde, wenn er zu Mittag eine Scheibe mit Borax konservierten

Schinken sowie durch Kupfersulfat grün gefärbten Spinat gegessen, dieses Mahl dann mit Wein begossen hat, der Rosanilin und Kalkdünger enthält, und das alles zwanzig Jahre lang, wie soll dieser Mann dann noch einen Magen haben?«

Was würde der Professor wohl heute sagen? Wahrscheinlich dasselbe wie Professor W. Heupke aus Frankfurt am Main, der eine Liste der in der Landwirtschaft verwendeten Produkte sowie ihrer Schädlichkeit für den menschlichen Organismus aufgestellt hat. Wein, der aus Trauben gewonnen wird, die mit kupfersulfathaltigen Schutzmitteln gegen Pilzkrankheiten behandelt wurden, beschleunigt Leberzirrhosen. Früchte, die der gleichen Behandlung unterzogen wurden, erzeugen Leberentzündung, und jene, die mit blei- oder quecksilberhaltigem Pulver besprüht wurden, begünstigen nicht nur Lebererkrankungen, sondern verursachen zusätzlich auch noch Nieren- und Nervenschäden. Wenn dieses Pulver z. B. vom Thallium hergeleitet wurde, kann es zu Haarausfall, Erblinden und Lähmungen kommen . . .

Keiner von uns ist vor dieser langsamen und heimtückischen chemischen Invasion sicher. Ich weiß sehr wohl, daß der menschliche Körper wunderbar ist und daß unser Organismus so angelegt ist, daß er sich gegen äußere Angriffe wehren und Antikörper zu seiner Verteidigung produzieren kann.

Trotzdem packte mich die Angst, als ich erkannte, in welchem Maß wir alle vergiftet sind. Ich habe mir vor Augen geführt, wie schlimm das für jene sein mußte, die infolge von Funktionsstörungen nur ungenügend ausscheiden konnten. Sie sind ständig vergiftet. Und hier hat die Zellulitis ihr gelobtes Land gefunden. Und diese Krankheit hat nicht nur ästhetische Nachteile, sie macht die, die von ihr befallen sind, auch zu Krebs- und Herzinfarktkandidaten!

Mit Wehmut träumte ich von den Gemüsen und Früchten meiner Kindheit und dachte an die Alten, die sagen: »Zu meiner Zeit gab es all diese ekelhaften Produkte noch nicht, das Obst schmeckte anders, das Brot war viel besser . . .« Sie haben recht. Und so beschloß ich, aus der Nahrung alles Chemische zu verbannen, um zu einer möglichst natürlichen Ernährungsweise zurückzukehren.

Als Paulette L. wieder zu mir kam, schien sie recht befriedigt.

»Einzig und allein mit Ihren Fußbädern habe ich vier Kilo abgenommen. Das ist doch ein Erfolg, nicht?«

»Nur ein Teilerfolg, Madame, denn Sie können sie genauso

schnell wieder ansetzen, wenn Sie nicht bei Ihrer Ernährung achtgeben.«

»Sie wollen mir eine Diät verordnen?«

»Nein. Ich bin schon gegen das Wort allergisch. Man verliert dabei doch jede Freude am Leben. Nein, ich will Ihnen nur eine andere Ernährungsweise vorschlagen.«

In kurzen Zügen erklärte ich ihr die Gefahren der Chemikalien, die sich in unserer täglichen Nahrung befinden. Bestürzt sah sie mich an:

»Dann darf man überhaupt nichts mehr essen . . .«

»Doch. Sehr vieles sogar. Die Diät, die ich Ihnen verschreiben werde, gilt selbstverständlich nur für die Zellulitis. Die Chemie ist für Ihren Zustand hauptverantwortlich, und sie erhöht noch die Gefahren, in die Sie jene fünf Feinde bringen, auf deren Konto Sie Ihre jetzige Figur setzen können: Salz, Zucker, Brot, Fett und Alkohol.

Einige Monate lang werden Sie völlig salzlos essen, anschließend dürfen Sie ganz sparsam wieder damit anfangen: aber es muß Meersalz sein!

Mit Zucker müssen Sie vorsichtig sein: höchstens zwei Stückchen pro Tag. Aber es muß nichtraffinierter Rohrzucker sein! Bei der Raffinerie werden alle jene Elemente, die Sie dringend brauchen, zerstört. Sooft Sie können, ersetzen Sie ihn lieber durch einen Kaffeelöffel voll Alpenhonig. Im Gebirge werden die Felder nämlich nicht mit chemischem Dünger besprüht, und daher bleiben die Blütenpollen rein. Die Bienen transportieren keine giftigen Stoffe. Die Diastasen im Honig erleichtern die Verdauung. Seine Mineralsalze und seine Säuren verleihen ihm desinfizierende Eigenschaften. Ihre Zuckerration sollte gleichmäßig sein. Wenn Sie Honig gegessen haben, verzichten Sie an diesem Tag auf Marmeladen. Auch diese dürfen nur »hausgemacht« sein und ausschließlich roten Zucker enthalten.

Verzichten Sic gänzlich auf gekaufte Konditoreiwaren. Auch mit hausgemachtem Gebäck sollten sie vorsichtig sein und es nur bei besonderen Anlässen zu sich nehmen. Damit sind wir auch schon bei Ihrem Hauptfeind, dem Brot und dem Mehl.

Die Getreidesorten, die in der Mühle gemahlen werden, wuchsen dank massiver Zusätze von chemischem Dünger. In Stahlzylindern werden sie zerkleinert und dann so gesiebt, daß sie weder Kleie noch Aleuron, Gluten oder Keime enthalten. Sie sind also nur eine Art nahrhafter Stärke, die keinerlei Vitamine, Öl, Phosphor, Eisen, Magnesium und Aminosäure enthält.

Auch das Mehl wird chemisch behandelt, es wird mit Gas auf Chlor- oder Benzolbasis gebleicht. Diese Gase töten die Fermentdiastasen, deren Fehlen in unserer Ernährung uns für Tuberkulose und Krebs anfällig macht.

Das Brot schließlich wird mit chemischer Hefe ›angereichert‹, die Ammoniumpersulfat, Kaliumbromid, Magnesiumkarbonat, Kaliumsulfat, Natrium und Kalziumsulfate und -phosphate enthält. Der letzte Vorgang, das Backen des Brotes in mit Öl geheizten Öfen, ist ebenfalls gefährlich.

Dieses Brot macht nicht nur dick, es ist außerdem noch gefährlich. Aber auch Zwieback, der aus dem gleichen Mehl gemacht wird, ist um nichts harmloser.

Begnügen Sie sich mit zwei oder drei dünnen Scheiben Vollkornbrot, nach Möglichkeit aus Roggen. Es wirkt leicht abführend, macht die Adern geschmeidiger und regt die Blutzirkulation an. In Rußland und Polen, wo fast ausschließlich Roggenbrot gegessen wird, sind Arteriosklerose ebenso wie Gefäßkrankheiten und die Verdickung des Blutes so gut wie unbekannt.

In Ihrem Fall ist keine Art von Getreide- oder Mehlspeise ratsam.

Ein wenig Landbutter können Sie schon essen, wenn Sie wissen, woher sie kommt. Verkochte Butter hingegen müssen Sie absolut meiden. Sie macht eine chemische Umwandlung durch und wird für Leber, Magen und Darm äußerst gefährlich.

Alle, oder fast alle, Buttersorten werden künstlich konserviert und somit schädlich gemacht. Die Margarine, die aus pflanzlichen Ölen abgeleitet wird, ist ein reines Industrieprodukt. Denn auch Öle werden chemisch behandelt. Das beste ist eindeutig das Olivenöl. Benützen Sie es, aber in geringen Mengen. Verlangen Sie eins aus der ersten kalten Pressung mit 0,5 Säuregehalt; es ist das einzige, das die Leber wirklich verträgt und das daher nicht dazu beiträgt, Sie mit Giftstoffen zu füllen.

Alkohol ist Gift für Sie. Sie müssen wissen, daß sich hinter dem Etikett ›Schnaps‹ eine Mischung aus Schnaps und Industriealkohol verbirgt, wobei letzterer mehr als 50 Prozent ausmacht.

Die gängigen Tischweine enthalten Aether aceticus, Monobromessigsäure und Natriumfluorid; letzteres ist schon in einer Kaffeelöffeldosis giftig.

Natürlich sind nicht alle Alkoholika und Weine gepanscht. Nehmen Sie daher keine zu billigen. Verlangen Sie naturreinen Markenwein, und da Sie während dieser Kur sowieso nicht mehr als zwei Glas pro Tag trinken dürfen, entstehen Ihnen dadurch keine großen Ausgaben. Schnäpse und Liköre aber muß ich Ihnen strikte untersagen, wenn sie auch von noch so guter Qualität sind.

Dies wären also die vier wichtigsten Punkte! Aber seien Sie auch vorsichtig mit Aufschnitt; er enthält nicht nur viele tierische Fette, sondern häufig außerdem noch chemische Produkte (z. B. Polyphosphate), die Ihrem Organismus schaden. Kaufen Sie nur bei einem Metzger, von dem Sie wissen, daß er hausgemachte Ware hat. Begnügen Sie sich mit Schinken und etwas Hartwurst, verbannen Sie aber sämtliche Pasteten, Fleischsülze, Frikadellen aus Schweinefleisch etc. aus Ihrem Küchenzettel. Ebenso wie Vollmilch, Sahne oder Käse!«

Je länger ich auf sie einredete, desto mehr veränderte sich das Gesicht der armen, kleinen Paulette L. Sie lächelte nicht einmal mehr.

»Von den Konserven haben Sie noch gar nichts gesagt.«

»In Ihrem Fall wäre es ratsam, eine Zeitlang völlig auf Konserven zu verzichten. Meiner Meinung nach sind sie für Ihre Zellulitis verantwortlich. Aber trotzdem sind sie viel weniger gefährlich als manche andere Erzeugnisse, wenn man nur das Etikett zu lesen versteht. Ihre Herstellung unterliegt einer strengen und ständigen Kontrolle, und wenn auf dem Etikett versichert wird, daß sie keine chemischen Stoffe, Stärke oder Farbstoff enthalten, können Sie völlig beruhigt sein. Alle tiefgefrorenen Erzeugnisse sind hervorragend, da all ihre Qualitäten erhalten bleiben.

Was die Gewürze betrifft, so sind Ihnen alle erlaubt, ja sogar empfohlen: Zwiebel, Knoblauch, Schalotten, Petersilie, Kerbel, Thymian, Rosmarin, Salbei, Estragon, Fenchel, Kümmel, Pfeffer etc.«

»Nach alldem, was Sie mir jetzt erzählt haben, traue ich mich überhaupt nicht mehr, noch irgend etwas zu essen . . .«

»Warum denn nicht?«

»Das ist doch ganz klar: ich habe Angst, mich entweder zu vergiften oder wieder zuzunehmen.«

Ich hatte mich also von meinem Thema hinreißen lassen und dabei jegliche Psychologie vergessen. Also mußte ich nachholen, womit ich eigentlich hätte beginnen sollen:

»Rotes, gegrilltes Fleisch können Sie essen, soviel Sie Lust haben. Weißes Fleisch ist weniger nahrhaft, und ich persönlich hüte mich ein wenig vor Kalbfleisch. Erinnern Sie sich an die Geschichte mit den Antibiotika, die man Kälbern einspritzt. Aber auch Geflügel können Sie unbesorgt essen, wenn es natürlich ernährt wurde; Sie finden es überall unter dem Gütesiegel. Auch gegrillte Meeresfische, mit Ausnahme von Makrelen und Lachs, sind erlaubt; Muschel- und Schalentiere sowie Kaffee, Tee, Obst und Gemüsesäfte kann ich Ihnen nur empfehlen.

Lassen Sie sich jetzt nicht entmutigen, ich werde Ihnen ein Menü zusammenstellen:

Mittagessen:

Gemische Rohkost, mit einem Löffel Olivenöl und Zitrone angemacht.

Hammelkotelett mit Kräutern,
grünes Gemüse,
nicht fermentierter Käse,
Erdbeeren mit Joghurt.

Abendessen:

Gemüsesuppe,
gegrillter Fisch mit Fenchel,
Salat,
Joghurt und Obst.

Zu jeder Mahlzeit eine Scheibe Graubrot.

Glauben Sie nun, daß Sie Hunger leiden und traurig sein werden?«

»Nein. Ganz gewiß nicht.«

»Also, dann versuchen Sie es mal . . ., und kommen Sie in zwei Wochen wieder.«

Zwei Wochen später erklärte mir Paulette L.:

»Ich nehme immer mehr ab, das ist wunderbar! Mein Mann ißt dasselbe wie ich, und dabei sind all seine kleinen Unpäßlichkeiten wie Kopfschmerzen oder Müdigkeit nach dem Essen verschwunden. Und nächsten Sonntag machen wir gemeinsam eine Kanufahrt auf der Marne!«

Ohne es zu wissen, war Paulette L. für mich ein kostbares Versuchsobjekt gewesen. Alle zwei Wochen besuchte sie mich, und den erzielten Ergebnissen entsprechend, modifizierte ich ihre Diät.

Natürlich wandte ich meine neue Methode bei all jenen an, die bei mir Hilfe gegen ihre Zellulitis suchten. Die Ergebnisse waren allerdings unterschiedlich. Einige nahmen phantastisch ab, andere weniger oder fast gar nicht. Bevor ich meine Bäderessenzen zusammenstellte, trug ich allen Faktoren Rechnung, die bei Frauen von besonderer Wichtigkeit sind: Nerven, unregelmäßige oder zu geringe Menstruation, hormonelle Störungen und anderes; und trotzdem befriedigten mich meine, wenn auch beachtlichen Erfolge nicht ganz. Ich mußte ein echtes Experiment machen, und zwar mit mehreren Frauen, die ständig unter meiner Kontrolle stehen müßten. Dann könnte ich ihre Reaktionen notieren, Gewichtskurven aufzeichnen und anschließend eine Spezialbehandlung gegen Zellulitis ausarbeiten. Ich wollte zwölf Frauen als »Versuchskaninchen« auswählen. Überaus wichtig war dabei, daß sie aus verschiedenen Gegenden kamen und daheim weder dasselbe Klima noch dieselbe Grundnahrung hatten. Sie sollten zwischen dreißig (dem Alter, da die Zellulitis sich für gewöhnlich anzeigt) und sechzig (dem Alter, da sie sich endgültig einnistet) sein. Die Dauer dieser Kur hatte ich auf achtzehn Tage festgesetzt.

Es sollten jedoch Jahre vergehen, ehe ich dieses Experiment, das mich so begeisterte, in die Tat umsetzen konnte.

Schließlich hatte ich dann meine zwölf »Versuchskaninchen« beisammen; je zwei Deutsche, Spanierinnen, Französinnen, Holländerinnen, Italienerinnen und Schweizerinnen. Am Tag ihrer Ankunft war ich ziemlich nervös, denn ich wußte, daß sie von mir einen echten Erfolg erwarteten. Ich verfügte über Waffen, an deren Wirksamkeit ich heute nicht mehr zweifle: meine diuretischen Kräuter und meine Ernährungsmethode. Dazu kam noch eine Geheimwaffe: meine Creme gegen Zellulitis. Ich hatte sie vor kurzem entwickelt und allen Grund, viel von ihr zu erhoffen, da meine vorangegangenen Experimente zu voller Zufriedenheit ausgefallen waren.

Diese Creme verfügt über die Eigenschaft, die Knötchen der Zellulitis schmerzlos aufzulösen. Das ist besonders wichtig, da die Massagen gegen diese Krankheit, wenn sie wirksam sein sollen, auch schmerzhaft sind und daher von vielen Frauen rasch wieder aufgegeben werden. Ich habe auch festgestellt, daß der Schmerz der Heilung entgegenwirkt. Indem sich die Muskeln dagegen wehren, verspannen sie sich und verhindern somit die notwendige Entspannung. Versucht man aber, diese Knötchen mit der Hand zu zerquetschen, verursachte man leicht Entzündungen, die die Vergiftung des Gewebes noch begünstigen. Daher hatte ich beschlossen, Massagen lediglich anzuwenden, um die Nerven zu entspannen und die Blutzirkulation anzuregen. Sie sollten dazu beitragen, meine Kräutercreme durch Osmose in die Haut eindringen zu lassen.

Natürlich wirkt die Creme langsamer als die Bäder. Andererseits hat sie den Vorteil, die Zellulitis lokal anzugreifen. Ich hatte bereits vorher feststellen können, daß sie die Haut elastisch und geschmeidig machte und ermüdeten Beinen ihre Zartheit und Grazie wiederzugeben vermochte.

Natürlich durften diese zwölf Damen meinen Besitz in Mougins nicht verlassen. Nur so konnte ich sie ständig überwachen, mich vergewissern, daß die Bäder zur vorgeschriebenen Zeit durchgeführt wurden, daß sie keines ausließen, daß ihre Nahrung genau nach meinen Vorschriften zusammengestellt wurde und daß meine Creme in der richtigen Weise angewendet und aufgetragen wurde.

Bei ihrer Ankunft wurden sie gewogen und gemessen, mußten sich acht Tage später und bei ihrer Abfahrt der gleichen Prozedur unter den gleichen Bedingungen unterziehen.

Die Zeit meiner »Versuchskaninchen« war genau eingeteilt:

8 Uhr: Aufstehen, 8 Minuten Kräuterfußbad.

8.30 Uhr: Frühstück: Kaffee oder Tee mit Zitrone bzw. Spezialkakao (entfettet), eine Scheibe Graubrot. Eine Frucht aus meinem Obstgarten. Ruhe. Lektüre.

10 Uhr: Leichte Massage mit meiner Creme. Die ausgebildete Masseuse handelte ganz nach meinen Anweisungen und bearbeitete Hüften, Oberschenkel und den Schulteransatz.

11 Uhr: Ruhe und Bad oder Dusche, je nach Gewohnheit.

12.30 Uhr: Mittagessen, bestehend aus natürlichen Nahrungsmitteln: gemischte Rohkost mit Olivenöl und Zitrone; 150 g rotes, gegrilltes Fleisch, salzlos, aber mit Kräutern der Provence gewürzt. Grünes Gemüse nach Wahl mit Petersilie, Kerbel, Estragon, Knoblauch, Zwiebel und ein wenig Butter. 30 g nichtfermentierter Käse, eine Scheibe Graubrot und Kaffee oder Tee ohne Zucker.

14.30 Uhr: Ruhe, Lektüre, Gespräch, nach Möglichkeit im Liegen. Denn diese für die Nieren erholsame Lage begünstigt die Wirkung der diuretischen Kräuter.

16 Uhr: Gesichts- und Körperpflege mit einer belebenden Creme auf Kräuterbasis; anschließend Schönheitsmaske mit Kräutern, um das Erschlaffen des Gewebes, das nach einer Abmagerung erfolgt, zu verhindern.

17 Uhr: Zweite medizinische Massage, Antizellulitiscreme.

18 Uhr: Spaziergang.

19.30 Uhr: 8 Minuten Handbad.

20 Uhr: Abendessen, bestehend aus Gemüsesuppe, grünem Gemüse ohne Salz, einem harten Ei oder gegrilltem Fisch mit Fenchel bzw. salzlosem Schinken; dann Joghurt und eine Frucht. Eine Scheibe Graubrot.

22 Uhr: Schlafengehen; Gesichtsmaske mit Verjüngungscreme.

Pro Tag nahmen sie einen Liter Flüssigkeit zu sich: leichtes Mineralwasser, natürlichen Obstsaft, wobei der Zuckergehalt zu beachten war. Wer es vertragen konnte, bekam ungesüßten Zitronensaft.

Selbstverständlich waren alkoholische Getränke strikte untersagt; ebenso Aufschnitt, Gebäck und Süßigkeiten.

Diese Schockbehandlung brachte erstaunliche Resultate. Am Ende der Kur hatten meine »Versuchskaninchen« zusammen mehr als hundert Kilo verloren. An Taillenweite durchschnittlich sechs und an Brust- und Hüftumfang durchschnittlich acht bis zehn Zentimeter.

»Meravilloso!« riefen die Spanierinnen.

»Bellissima!« berauschten sich die Italienerinnen, die allerdings jeweils nur um fünf Kilo erleichtert waren.

»Prima!« sagten die Deutschen, wenn sie in den Spiegel sahen.

Sie konnten sich mit Recht wohlgefällig betrachten: Frau L. hatte es von 87 auf 76 Kilo gebracht.

Die zwei interessantesten Fälle aber waren die Französinnen: Madame D. aus Saint-Claude im Jura wog bei ihrer Ankunft 72 Kilo, war 1,52 m groß und 57 Jahre alt.

»Bei meiner Heirat, Monsieur, wog ich knapp 55 Kilo. Ich war etwas rundlich, aber das lag in meinem Naturell, und mein Mann fand das nett. Er liebte auch meine kleinen Feinschmeckergerichte, die ich ihm kochte. Wir waren beide rechte Schlemmermäuler. Ich konnte es mir auch erlauben, denn ich nahm kein Gramm zu dabei. Ich war glücklich. Dann starb mein Mann. Mein Kummer war so groß, daß ich vier Kilo abnahm.«

Da sie kein anderes Vergnügen mehr hatte, begann sie alsbald zu essen, wie andere sich dem Trinken hingeben.

In wenigen Monaten schon hatte sie siebzehn Kilo zugenommen. Diät, Medikamente, ausgedehnte Spaziergänge, nichts vermochte ihr einen dauerhaften Gewichtsverlust zu verschaffen.

Nach den achtzehn Tagen Kur aber wog sie nur mehr dreiundsechzig Kilo, hatte also neun Kilo abgenommen; ihre Halsweite war um zwei Zentimeter kleiner geworden, Brust- und Hüftumfang um acht Zentimeter, ihre Oberschenkel waren um fünfeinhalb Zentimeter dünner, die Waden um drei und die Knöchel um zwei Zentimeter schlanker. Sie war nicht wiederzuerkennen!

»Als ich in den Spiegel sah, sagte ich mir: das bist nicht du! Und das wunderbarste dabei ist, daß ich gar nicht gelitten habe. Alles ist ganz mühelos von allein gekommen. Ich hatte befürchtet, neue Falten zu bekommen. Aber nichts dergleichen! Dank Ihrer Massagen und Ihrer Creme bin ich sogar wieder jünger geworden.«

Madame G. aus Limoges war ein schwieriger Fall. Sie wog achtzig Kilo bei einer Größe von 1,62 m und war einundsechzig Jahre alt.

»Stellen Sie sich vor, Monsieur, daß ich 1928 zur ›Königin von Paris‹ gewählt worden bin. Ich war damals das Double von der ›Miss‹ im Moulin Rouge und wog, angezogen, einundfünfzig Kilo; und sehen Sie, was jetzt aus mir geworden ist.

Sorgen tun Frauen wirklich nicht gut. 1934 habe ich geheiratet, 1947 wurde ich im Alter von vierzig Jahren geschieden. Das ist ein schlimmes Alter für eine Frau. Ich langweilte mich, ich war zuviel allein, daher begann ich zu essen und nahm langsam, aber sicher zu.«

Ihre Taille maß 104 Zentimeter, Hüft- und Brustumfang 116 Zentimeter. Ihr Blutdruck war viel zu hoch. Ihr überlastetes Herz war vom Infarkt bedroht. Sie litt unter Schlaflosigkeit und war so deprimiert, daß sie bei der geringsten Gelegenheit in Tränen ausbrach. Sie war eine dicke, kurzatmige Dame mit feuchtem Blick.

Nach beendeter Kur wog sie noch 71 Kilo, Brustumfang: 108 cm, Taillenweite: 86 cm, Hüften: 94 cm und Oberschenkel: 48 cm. Sogar die Arme waren um 3 cm schlanker geworden. Ihr Blutdruck war normal, und sie schlief acht Stunden – ohne Schlafmittel!

Ihre Freude war unbeschreiblich; sie wiederholte ständig: »Ich bin um zehn Jahre jünger ... Beim Gehen habe ich Flügel ... Monsieur, Sie haben ein Wunder vollbracht! Ich hätte das nie für möglich gehalten!«

Ein Jahr später erfuhr ich, daß sie inzwischen kein Gramm zugenommen hatte.

Dieses Experiment war für mich sehr lehrreich. Es bewies nicht nur, daß meine Methode gut war, sondern lehrte mich auch, der Psyche bei Abmagerungskuren eine größere Bedeutung beizumessen.

Eine meiner Holländerinnen sagte zu mir:

»Ihre Kur hat wahre Wunder bewirkt. Aber in einer traurigen, regnerischen, grauen Gegend hätten Sie nicht dieselben Erfolge gehabt. Es fällt wirklich nicht schwer, auf eine Freude des Lebens, das Essen, zu verzichten, wenn man von so viel schönen Dingen umgeben ist: Blumen, Sonne und Fröhlichkeit. Denn Langeweile kann furchtbar dick machen.«

Die Deutsche bestätigte es:

»Hätte ich dieselben achtzehn Tage daheim zubringen müssen, sie wären die Hölle gewesen! Hier waren sie das Paradies.«

Jetzt wurde mir klar, warum die Italienerinnen 50 Prozent weniger abgenommen hatten als ihre Leidensgenossinnen: diese Gegend bot ihnen nicht mehr als ihre Heimat, sie fühlten sich hier nicht fremd genug. Für sie war Südfrankreich nur ein erweitertes Italien.

Wenn diese Überlegung richtig war, warum hatten dann die Spanierinnen ebensoviel Gewicht verloren wie die Frauen aus dem Norden und Osten? Es wurde mir klar, als eine von ihnen erklärte:

»Unsere Heimat ist vielleicht noch schöner als diese Gegend, aber wir fühlen uns dort nicht so frei. Nach wie vor lebt die Spanierin hauptsächlich zu Hause, denn unsere Männer mögen es nicht, wenn wir allein ausgehen ... Hier war das möglich. Eingeschlossen zu sein macht nämlich auch dick!«

Meine größte Freude bestand darin, sie jetzt von ihren Kilos befreit und als glückliche Frauen heimfahren zu sehen.

Wenn auch Schönheit für das Glück der Frau genauso wichtig ist wie Regen für die Natur, so ist Mutterschaft für sie jedenfalls unentbehrlich.

Jene kinderlosen Frauen, die mich anflehten, doch ein Wunder für sie zu vollbringen, als wäre ich der liebe Gott, haben mich immer sehr erschüttert ...

Sofern es sich nicht um organische Schäden handelt, erziele ich bei Sterilität immer gute Ergebnisse. Meine Erfolge brachten mich dazu, an den werdenden Müttern meine Vorstellungen von gesunder Ernährung zu verwirklichen. Sie kamen zu mir, weil sie erfahren wollten, was zu tun sei, damit ihr Kind gesund und kräftig werde. Eine schwangere Frau muß zwei Leben behüten, die eng miteinander verbunden sind. Sie muß doppelt vorsichtig sein und mehr als alle anderen auf eine natürliche Ernährung achten. Sie muß unbedingt vermeiden, daß das werdende Kind durch sie chemische Produkte, auch nur in geringfügigen Mengen, aufnimmt. Erinnern wir uns nur an das schreckliche Drama mit Thalidomid!

Die Leichtfertigkeit, mit der chemische Produkte angewendet werden, ist erschreckend. Seit 1961 sind Wälder und Pflanzenkulturen in Südvietnam mit 50 000 Tonnen eines amerikanischen Erzeugnisses, dem 2-4-5 T, besprüht worden, und im Laufe der letzten Jahre konnte man feststellen, daß eine Vielzahl von Frauen unförmige Wesen zur Welt brachte und daß der Prozentsatz an Mißbildungen bei Neugeborenen anomal angestiegen ist.

Handelt es sich um leichte Krankheiten wie Grippe, Rheuma oder Angina, warne ich die schwangeren Frauen vor einem Mißbrauch von Sulfonamiden, Penizillin, Barbitursäure oder anderen Schlaf- und Beruhigungsmitteln. Eine werdende Mutter hat häufig recht unangenehme Beschwerden zu ertragen. Sie braucht Mut und Geduld; aber sie muß Medikamente jeder Art zum Schlafen, zum Glücklichsein und zum »Durchhalten« unterlassen.

Ich gehe sogar so weit, sie ernsthaft vor dem Gebrauch von Schönheitscremes, die chemische Stoffe enthalten, zu warnen. Ich empfehle ihr, Handschuhe anzuziehen, wenn sie mit Waschpulver, Putzmitteln und anderen toxischen Produkten umgeht. Meine Kräuter etwa wirken durch Osmose, und es besteht kein Grund zur Annahme, daß diese Produkte nicht ebenso reagieren!

Das Kleinkind, das im Mutterleib schon mehr oder weniger vergiftet ist, wird in eine Gesellschaft hineingeboren, die in seiner Umgebung und angeblich zu seinem Nutzen, zahlreiche chemische Erzeunisse verwendet, die seiner Gesundheit schädlich sind. Viele Ekzeme und Hautausschläge, die auf der Sitzfläche des Babys auftauchen, sind den Waschpulvern zuzuschreiben, mit denen man seine Windeln gewaschen hat. Zahlreiche Produkte, die man täglich für das Kind benützt, sind vom Erdöl hergeleitet oder enthalten krebsfördernde Teere. Aus Angst vor Fliegen besprüht man sein Zimmer mit insekten- und mikrobentötenden Mitteln, die vielleicht schädlicher sind als die Tierchen und deren Dünste es einatmet. Dieser »Insektentod« in der Sprühflasche ist so gefährlich, daß man in der Gebrauchsanleitung nachdrücklich angewiesen wird, Früchte und Nahrungsmittel aus dem Zimmer zu entfernen. Aber ein wenige Monate altes Baby darf sie einatmen! Zur Reinigung der Luft sollte man lieber ein paar Eukalyptusblätter auskochen, einige Tropfen Menthol hinzufügen und abwarten, bis sich dieser Dampf im Zimmer verbreitet. Das tut den Lungen des Babys gut und wird es nicht vergiften!

Die Babys haben oft bei ihrer Geburt schon eine Leber wie ein Erwachsener, leiden an Darmbeschwerden und heftigem Gelenkrheumatismus ... Und das nur, weil die Mama sich selbst gepflegt hat, ohne an ihr Kind zu denken!

Unsere Großeltern wußten sich gegen Wehwehchen aller Art weitaus besser zu schützen als wir. Sie griffen nicht gleich zum Penizillin, wenn sie Halsschmerzen hatten. Auf dem Nachttischchen stand ein Teekessel, der leise vor sich hinbrodelte, daneben ein Glas Zucker und ein Fläschchen Orangenblütentee.

In der Kinderheilkunde sollte man hauptsächlich Pflanzen verwenden. Sie können dem kleinen Organismus keinen »Schock« versetzen. Jene Schocktherapie, die in der Medizin so beliebt ist, kann viel mehr Unheil anrichten als die Krankheit selbst ...!

Bei Kindern sind die Pflanzen auch am wirksamsten. Die erzielten Ergebnisse sind hier keinesfalls auf Autosuggestion zurückzuführen, denn die Babys weinen, wenn man ihnen Fußbäder macht, die Drei- und Vierjährigen heulen und toben, wenn man ihnen einen Breiumschlag auflegt. Und wenn die Kinder erst zehn oder zwölf Jahre alt sind, halten sie all diese Methoden meist für lächerlich. Dennoch erzielt man gerade bei ihnen die besten Resultate. Meine Söhne wurden nur mit Pflanzen behandelt; wenn sie unter Verstopfung litten, gab ich ihnen kein drastisches Abführmittel, sondern einen Löffel Olivenöl und eine Essenz aus Malven- und Heckenwindenblüten.

Zeigten sie Symptome, die auf eine Lebererkrankung hindeuten konnten, legte ich ihnen einen heißen Breiumschlag auf die Leber, dessen Grundsubstanz aus Schöllkraut, Nesseln und Artischockenblättern bestand.

Waren sie nervös, gab es Weißdorn, Lindenblüten und roten Klee.

Hatten sie Halsweh: Veilchen und Klatschmohn!

Hatte ein Insekt, eine Biene oder Wespe sie gestochen, rieb ich den Stich mit Wegerichblättern ein.

Bei schwereren Erkrankungen oder Infektionskrankheiten habe ich selbstverständlich den Arzt zugezogen. Es wäre mir nie in den Sinn gekommen, Röteln oder Scharlach mit meinen Kräutern zu behandeln. Die offizielle Medizin und meine Heilkunst haben bei meinen Söhnen zum größten Nutzen für ihre Gesundheit immer glänzend zusammengewirkt.

Da sie nicht von Kindheit an mit chemischen Präparaten behandelt wurden, erzielt die kleinste Dosis bei ihnen schon erstaunliche Wirkungen. Und das ist, glaube ich, ein interessanter und lehrreicher Aspekt dieses Problems. Er setzt meiner Meinung nach die Grenzen der Chemie fest. In meinen Augen ist sie wie die Zunge des Äsop: das Beste und das Schlimmste.

Die in diesem Kapitel erwähnten Präparate werden für den Raum Deutschland von der Firma Rudi Karcher, Karlsruhe, Werder Platz 41, vertrieben, für den Raum Österreich von Interherbes-Reform, Generalvertretung für Österreich, Hans Oswald, Paradeisergasse 6, 9020 Klagenfurt.

22 Ich gewinne die »Tour de France«

Stets spricht man von der Nervosität und der zarten psychischen Konstitution der Frauen, aber von den Sportlern wird in diesem Zusammenhang fast nie geredet. Und das ist nicht richtig, denn diese einsamen Größen, die ihren Titel an einem einzigen Abend im Ring, in wenigen Stunden auf dem Rad oder in wenigen Minuten im Stadion verlieren können, sind überaus nervöse und unruhige Menschen.

Die Folgen unserer unausgeglichenen Ernährung haben mich nicht nur in bezug auf Frauen und Kranke, sondern auch auf die Sportler beschäftigt.

Gerade sie müßten wie Vollblutpferde ernährt werden, mit der gleichen Sorgfalt und der gleichen Strenge! Gerade für sie kann der kleinste Fehler in der Ernährung tragische Folgen mit sich bringen. Bei jeder »Tour de France« kann man beobachten, wie irgendein Mann auf der Strecke zusammenbricht, sich vor Schmerzen windet, über Bauch- und Magenkrämpfe klagt . . . Und wie oft wurde dabei das Wort »Vergiftung« genannt?

Und das ist durchaus zutreffend, wenn auch nicht so ganz im wörtlichen Sinne. Außer in Kriminalromanen geschieht es wohl kaum, daß eine verbrecherische Hand Gift in das Essen eines Konkurrenten schüttet; und dennoch hat er Gift zu sich genommen.

Es war mir klar, daß ein Sportler leichte Kraftnahrung brauchte, die seine Muskelkraft aufrechtzuerhalten und zu regenerieren vermochte; ferner sollte sie das Herz stärken, ohne jedoch Herzflimmern zu verursachen, den Nervenzellen eine ausgleichende Nahrung verschaffen; sie mußte abwechslungsreich sein, um nicht ermüdend zu wirken, und kraftspendend, ohne jedoch schwer zu sein.

Da mich dieser Gegenstand interessierte, begann ich ihn zu meinem eigenen Vergnügen zu erforschen. Natürlich dachte ich keineswegs, daß man gerade auf mich gewartet hatte, um eine Sportlerdiät zusammenzustellen. Auch hier verwendet man wieder das Wort »Diät«, das Zwang und nur eine beschränkte Dauer impliziert. Man hat »Diätprogramme« ausgearbeitet, die man einen Monat vor Olympischen Spielen, vor Radrennen oder während des Trainings anwendet und die man der gesamten Nationalmannschaft auferlegt! Manchmal berücksichtigt man dabei die verschiedenen Disziplinen, nie aber das Temperament und die Bedürfnisse des einzelnen. Daher kommt es, daß ein Sportler manchmal sein Training beginnt wie andere ihre Exerzitien. Er weiß genau, daß er Nahrung verabreicht bekommen wird, die ihm wenig zusagt, der er sich aber widerspruchslos unterwirft, weil sie ja zu seinem Besten ist.

Ist die Zeit der Wettkämpfe vorüber, ernährt er sich den Rest des Jahres wieder so, wie es ihm paßt. Das entspricht nur selten den Bedürfnissen, die seine körperliche Fitness erfordert.

Wenn es nach mir ginge, sollte sich ein Sportler das ganze Jahr über zu seinem Vergnügen und zu seinem Nutzen ernähren. Ich glaube einfach nicht, daß man einen Sportler zwei Wochen vor dem Match, dem Rennen oder einem anderen Wettkampf zu einem Champion formen kann! Man vermag ihn zu »dopen«, aber man kann ihm nicht Muskeln, Sehnen und Nerven schenken.

Auf meine diesbezüglichen Fragen an die Trainer antworteten sie mir einstimmig: »*Die* sind recht launisch. Während des Training sind sie vernünftigen Argumenten gegenüber durchaus aufgeschlossen und essen sogar mehr oder weniger das, was man ihnen aufzwingt . . ., aber daheim . . . Und wenn sie eine Zeitlang nicht gelaufen sind oder nicht geboxt haben, muß man meistens erst einmal das Gewicht runterkriegen. Fett ist der Feind des Sportlers, es frißt die Muskeln auf!«

Dieses Vorgehen schien mir jedoch schädlich. Denn der Organismus des Sportlers muß somit zwei Schocks »verkraften«: zunächst einmal das Abmagern und dann das intensive Muskeltraining. Manchmal sogar noch einen dritten: das Doping.

Was mußte man also bei ihrer Ernährung weglassen? Mir scheint, das schädlichste sind Pommes frites und Chips.

Ich bin nicht vom Kalorienteufel besessen. Ich mag weder jene »Waagediäten«, bei denen alle Nahrungsmittel gewogen werden, noch jene »Berechnungsdiäten«, die für alle unterschiedslos zu gelten scheinen. Aber ich halte sehr viel von den vergleichenden Tabellen, die ich aufgestellt habe; und dabei ist gerade die Tabelle für die Kartoffel äußerst aufschlußreich.

Eine gekochte Kartoffel besitzt 86 Kalorien; dieselbe, in Pommes frites umgewandelt, enthält 400 und in Form von Chips sogar 544 Kalorien. Wodurch entsteht diese Erhöhung des Kaloriengehalts? Durch die Fette oder Öle, in die sie getaucht wird und von denen sie 8 bis 10 Prozent absorbiert. Das bedeutet, daß diese »umgewandelte« Kartoffel schädlich geworden ist! Vor allem, wenn man bedenkt, daß sich diese Fette, die schon zuvor chemisch behandelt wurden, bei hohen Temperaturen in nahezu unverdauliche Säuren zersetzen! Man darf auch nicht vergessen, daß jedes Bratfett bei erneuter Verwendung, bei jeder weiteren Erhitzung, an Wert verliert.

Dann würde ich natürlich auch all jene Nahrungsmittel streichen, die reich an tierischen und pflanzlichen Fetten, an Ölen, Butter, Margarine und Erdnußöl sind, denn ihre Säuren schaden Leber und Magen.

Dasselbe gilt für Innereien, in denen sich nur allzuoft alle möglichen Arten von Giften und Bakterien befinden und deren Kalorienwert ein derartiges Risiko nicht rechtfertigen: 100 Gramm Lammnieren enthalten 87 Kalorien, 100 Gramm Gekröse 94 und 100 Gramm Rindsleber 116 Kalorien.

Was die tierischen Fette betrifft, so ist meine Tabelle nicht sehr ermutigend: Rind 771 Kalorien, Speck 670, Schweineschmalz 850 Kalorien. Ist ihr Wert an Kalorien auch hoch, so ist ihr Nutzen doch gleich Null, und ihre Haupteigenschaft besteht darin, schlechtes Fett zu produzieren.

In gleicher Weise lehne ich alle Nahrungsmittel ab, die schwer verdaulich sind und die Leber belasten, wie z. B. Frikadellen, wenn sie viel Schweine- oder Gänsefett enthalten.

Da ich nun allerlei Dinge ausgeschlossen habe, bleibt mir nur mehr übrig, unter den restlichen Nahrungsmitteln die besten auszuwählen:

Ein Sportler, der in guter körperlicher Form bleiben möchte, braucht täglich 3000 bis 4000 Kalorien, 100 bis 110 Einheiten Eiweiß, 95 Fette, 850/1000 Glukose, 1400/1600 Kalzium, 2000/2400 Phosphor, 30/45 Eisen und 130/150 Einheiten Vitamin C.

Das allein sagt jedoch sehr wenig. Diese Zahlen lassen sich durch beliebige Nahrungsmittel leicht erreichen, aber für mich zählt nur die Qualität. Wenn sie nicht das wichtigste wäre, warum sollte man sich dann nicht mit Chips vollstopfen? Schon mit 100 Gramm Reis nimmt man 300 Kalorien zu sich. Aber diese schöne

Rechnung wird hinfällig, wenn man weiß, daß der geschälte Reis bereits alle seine Vitamine und wichtigsten Mineralien eingebüßt hat. Gereinigt und geschält ist er von einer Mischung aus Glukose, Talkum, Silikaten und Magnesia umgeben, die für die Gesundheit nicht nur wertlos, sondern sogar schädlich sind.

Mehr noch als jeder andere Mensch müßte »mein« Sportler gesund und natürlich ernährt werden. Daher habe ich meine ideale Ernährungstafel auf sechs Nahrungskategorien in folgender Reihenfolge gestützt: Getreide, Zucker, Fleisch, Gemüse, Obst und gewisse Milchprodukte.

Beim Getreide steht bei mir an erster Stelle das Weizenvollkorn, auf keinen Fall aber Mehl. Der Weizen wird von allen Diätforschern als die nahezu alleinige Quelle der Muskelkraft angesehen. Daher ist er vor allem *das* Nahrungsmittel für Sportler und Schwerarbeiter und weniger für Menschen mit sitzender Tätigkeit geeignet. Er ist eine ganz ausgezeichnete Kohle, aber nur, wenn sie auch verbrannt wird.

Meine kleinen vergleichenden Tabellen sprechen für sich und erläutern meine Vorstellungen. Aber dabei ist zu beachten, daß sie sich nur auf naturreine Nahrungsmittel beziehen und nicht auf jene, die Zusätze verschiedener chemischer Produkte erfahren haben.

	Kalorien	Wasser	Eiweiß	Fette	Kohlehydrate	
100 g Weizen	332	13,5	10,5	1,5	69	+ Mineralsalze
100 g Mais	354	13,5	9,5	4,4	69	
100 g Gerste	330	13	11	2	67	
100 g Reis	300	12	8	1,1	77	
100 g Roggen	335	13	11	1,8	69	

Jede Getreidesorte hat ihre speziellen Eigenschaften: Der *Mais* ist ein Regulator für die Schilddrüse.

Ein frischer Maiskolben, im Ofen gebacken, ist eine vitaminreiche und völlig verdauliche Vollnahrung.

Der *Hafer* enthält Vitamin D, er ist duiretisch und wirkt leicht abführend.

Die *Gerste* wirkt auf die Nervenzellen und die Kalkbildung des Knochenbaues ein.

Buchweizen ist reich an Vitamin P und beeinflußt den Stoffwechsel sowie das Gleichgewicht des Nervensystems.

Roggen ist bei jeder Art von Kreislaufstörungen zu empfehlen.

Der rote Zucker (ausschließlich Rohrzucker) ist in geringem Volumen besonders reich an Kohlehydraten. Ich ziehe aber bei weitem den Honig vor, der neben dem Getreide eines der besten kraftspendenden Nahrungsmittel ist. Es ist unnötig, ihn zu »bearbeiten«, um seine Konservierung zu garantieren. Das besorgt schon die Biene, indem sie in ihre Zellen einen Tropfen natürlicher Ameisensäure legt.

Marmeladen aus reinen Früchten und ungebleichtem Rohrzucker sind ganz ausgezeichnet, besonders jene, die aus roten Früchten gewonnen werden, aus Erdbeeren, Johannisbeeren, Heidelbeeren, Himbeeren. Niemals sollte man Gelees essen, die chemische Gelierstoffe, Pektin und Salizylsäure sowie Traubenzucker enthalten, der reich an Glukose ist und zu einem Drittel aus Dextrinen und Kalziumsulfaten besteht.

Auch Fleisch enthält lebenswichtige Elemente. Aus Gründen, die durch die folgende Tabelle illustriert werden, ziehe ich Rindfleisch allen anderen Sorten vor:

	Kalorien	Wasser	Eiweiß	Fette	Kohlehydrate
100 g Rindfleisch	266	59	17	22	0
100 g Hammelfleisch	225	63	18	18	0
100 g Kalbfleisch	175	69	19	11	0

In der gleichen Menge enthält Rindfleisch also mehr Kalorien, fast ebensoviel Eiweiß und mehr Fette als die anderen Fleischsorten.

Gemüse und Früchte enthalten außer wichtigen Mineralsalzen alle lebensnotwendigen Vitamine.

Zu der Zeit, als die Marine noch mit Segelschiffen fuhr, waren die Besatzungen aus Mangel an frischem Gemüse und Obst von Skorbut und Avitaminosen befallen worden.

Unter den Gemüsen würde ich der Kresse einen wichtigen Platz einräumen, da sie Vitamin C, Schwefel, Eisen, Kupfer, Mangan und Jod enthält; ebenso der Petersilie, nicht nur wegen ihrer diuretischen Eigenschaften, sondern auch wegen ihres Eisengehalts, der mehr als 10 mg beträgt, und der Karotte, die reich an Vitaminen, Naturzucker und Mineralsalzen ist.

In der Rohkost stelle ich die Tomate an die erste Stelle, die Phosphor, Eisen, Silizium und Vitamine enthält. Trotzdem soll man nicht übertreiben und eine volle Mahlzeit aus Rohkost machen. Für empfindliche Därme ist sie ungeeignet.

Beim Obst sieht meine Rangliste folgendermaßen aus: Zitrone, die außer Vitamin C noch mineralisierende und wichtige kalkbildende Eigenschaften enthält (aber Vorsicht: sie verliert die letztgenannten, wenn man ihr Zucker hinzufügt, dann wird sie sauer und entzieht sogar Mineralien). Dann käme die Weintraube, die Zuckerstoffe, Pektin, organische Säuren (etwa 1,7 g stickstoffhaltige Verbindungen auf 100 g Fruchtfleisch), Mineralsalze (Eisen, Mangan, Kalium, Phosphor, Kalzium), Vitamin B und C enthält und, was sehr selten ist: Wasser mit radioaktiven Eigenschaften.

Natürlich soll diese Auswahl keine Art von Gemüse oder Obst ausschließen. Sie will nur besagen, daß die tägliche Ernährung auf jeden Fall Zitrone, Kresse, Petersilie, Karotte, im Wechsel mit der Tomate, und Trauben, sobald sie auf den Markt kommen, enthalten sollte.

Denn die Originalität meiner Behandlung bestand ja gerade in der Rolle, die ich den Gemüsen und Früchten zuteilen wollte. Ich hatte beschlossen, Kalorien, Eiweiß, Fette, Kohlenhydrate, Mineralsalze und Vitamine zu vergessen und Obst und Gemüse hauptsächlich ihrer therapeutischen Wirkung entsprechend zu verwenden.

Mit Milchprodukten war ich jedoch weiterhin vorsichtig. Aus Gründen der Konservierung werden sie häufig »bearbeitet«, und es hat sich erwiesen, daß viele Erwachsene sie nur schlecht vertragen.

Sterilisierte Milch ist zwar im Hinblick auf Mikroben rein, aber mit den Mikroben werden auch die Vitamine zerstört. Sie wird zwar völlig unschädlich, verliert aber auch ihren Nährwert.

Ohne chemische Behandlung entrahmte Milch ist zwar gesund und leicht verdaulich, besitzt jedoch nur sehr wenig Kalorien.

	Kalorien	Wasser	Eiweiß	Fette	Kohlehydrate
100 g Vollmilch	68	87,5	3,9	4,6	0
100 g entrahmte Milch	36	90	3,5	0,1	4,6

Milchprodukte wie gestockte Milch, Quark ect. sind hervorragend, unter der Bedingung, daß sie hausgemacht sind und man die Herkunft der Milch kennt. Dennoch ziehe ich ihnen neben gehärtetem Schmelzkäse (Schweizer Käse) den trockenen, weißen Ziegenkäse vor.

	Kalorien	Wasser	Eiweiß	Fette	Kohlehydrate
100 g Schweizerkäse	391	34	29	30	1,5
100 g Ziegenkäse	280/380	40/60	16/33	15/25	15

Für alle, die eine körperliche Leistung vollbringen müssen, gibt es nichts Wertvolleres als eine Handvoll Trockenobst: Mandeln, Nüsse, Trauben, Feigen . . . wegen ihres hohen Phosphor- und Kalziumgehaltes.

Im Winter pflegte mein Vater zu sagen:

»Hier, mein Junge, nimm eine Handvoll ›Studentenfutter‹, dann wird dir den ganzen Tag warm sein.«

Natürlich ist Alkohol untersagt, denn wie jeder weiß, macht er einen schlapp. Dagegen empfehle ich Frucht- und Gemüsesäfte. Oder kaltes Wasser, Kaffee und Tee.

Kaffee gilt zu recht als kreislaufanregend, aber man muß ihn in vernünftigen Mengen zu sich nehmen, da er das Nervensystem leicht überreizt und sogar ernsthafte Vergiftungen hervorrufen kann, die das Herz übermäßig belasten. Ich bin daher eher für Tee, dessen diuretische Eigenschaften das Ausscheiden von Giftstoffen fördern; aber auch er muß leicht sein, um ungefährlich zu bleiben!

Dieser meiner Idealnahrung für den Sportler wären dann noch Hand- und Fußbäder hinzuzufügen, die zugleich beruhigend und stärker wirken. Mit Ausnahme einiger besonderer Fälle dachte ich dabei an eine Mischung aus Weißdorn, Salbei, Schöllkraut, Butterblume, Minze, Lavendel, Benediktendistel und Enzian.

Auch Massagen mit einer belebenden Creme aus Kräutern hatte ich vorgesehen.

So stand mir also eine ganze Klaviatur zur Verfügung, auf der ich nun gern gespielt hätte. Mir fehlte nur mehr der Sportler, der mir als Versuchskaninchen dienen könnte. Zuversichtlich wartete ich auf ihn und fand ihn schließlich in der Person des Radrennfahrers Raphaël Géminiani.

Ich befand mich gerade in Clermont-Ferrand, als ein Freund zu mir sagte:

»Sind Sie noch immer so sportbegeistert?«

»Welche Frage!«

»Kennen Sie Gem?«

»Dem Namen nach.«

»Sie wissen, was man über ihn sagt. Er ist nicht mehr in Form! Sie müssen ihm helfen.«

Am Nachmittag traf ich dann Géminiani. Meine erste Frage war:

»Glauben Sie an die Kraft der Pflanzen?«

»Auf jeden Fall mehr als an die Drogen, die man mir einflößt. Ich bin erst neunundzwanzig Jahre alt, und schon machen meine Beine nicht mehr mit. Können Sie mich wieder aufmöbeln?«

»Das werde ich Ihnen sagen, wenn Sie mir meine Fragen beantwortet haben. Was essen Sie?«

»Meinen Sie immer oder während des Rennens?«

»Ist das für Sie nicht dasselbe?«

»Natürlich nicht; beim Rennen muß ich aufpassen. Aber sonst esse ich eigentlich alles: Nudeln, Fleisch, Eier . . .«

»Und wie ist es mit Gemüse, Obst, Rohkost und Getreide?«

»Wenn es sich gerade so ergibt; aber abgesehen davon bin ich nicht überzeugt, daß man sich mit diesem Grünzeug Muskeln erwirbt. Da habe ich schon lieber deftige Nahrung.«

Ich wußte nicht, ob Gem ein ideales »Versuchskaninchen« sein würde, aber eines war sicher: Arbeit würde ich mit ihm haben.

»Meiner Meinung nach haben Sie unrecht, Ihre Ernährung nur wenige Monate im Jahr zu kontrollieren. Kondition erwirbt man nicht nur während des Trainings.« Ich brachte das Beispiel mit den Pommes frites.

Er wirkte etwas enttäuscht:

»Ich dachte, Ihre Kräuter würden genügen und schnell wirken.«

»Meine Kräuter sind nicht allmächtig, und gerade in Ihrem Fall werden sie nicht sehr wirkungsvoll sein. Wenn Sie aber die Ernährungsweise, die ich Ihnen verordnen werde, befolgen, dann garantiere ich Ihnen, daß Sie nächstes Jahr wieder an der Spitze sein werden.«

Man sah seinem Gesicht an, daß er mir nicht glaubte, und dieser Zweifel machte mich wütend:

»Es ist Ihnen vielleicht nicht klar, daß Sie innerlich vergiftet sind; und gerade für Sie, der Sie von Ihren Muskeln leben, ist das tragisch.«

Er lächelte höflich:

»Seien Sie nicht böse, ich verspreche Ihnen, wie eine Kuh zu grasen.«

»Bloß das nicht! Sie könnten dabei mehr chemischen Dünger als Vitamine wiederkäuen. Kennen Sie die Eigenschaften des Selleries?«

Ich erklärte sie ihm: »Der Stengel enthält Kalium, Natrium, und Kalzium, Phosphor und Eisen. Eine halbe Tonne Sellerieknolle enthält mehr Mineralsalze und Vitamin C als die gleiche Menge roher Karotten. Und dabei ist diese schon besonders zu empfehlen. Für die Nerven ist Sellerie hervorragend. Die Blätter enthalten Vitamin A, B, und C sowie Kalium und Natrium. Trinken Sie Selleriesaft, und Sie beugen der Arthritis vor. Gelegentlichem Überschuß an Magensäure wird er auch abhelfen. Außerdem ist er ein ausgezeichnetes ›Gegengift‹ gegen Alkohol. Eine Einschränkung muß ich allerdings machen: die Blätter müssen noch grün sein!«

»Und außer Sellerie?«

»Steckrüben, wegen ihres Gehaltes an Vitamin A, B und C. Paprika, wegen seines Gehaltes an Vitamin P. Grüne Bohnen sind ausgezeichnet für Nieren, Herz und gegen Rheumatismus. Spinat enthält viel Eisen. Aber essen Sie ihn nicht, wenn Sie eine empfindliche Leber haben! Auberginen, mit Kernen und Schale, sind für den Darm sehr günstig. Die Gurke ist stark Vitamin-C-haltig und führt Wasser aus dem Zellgewebe ab. Sie löst am besten die Harnsäure auf. Nur schälen dürfen Sie sie nicht, auch nicht salzen, und am besten trinken Sie ihren Saft.«

»Sind Sie überzeugt?«

Wenn ich es ihm auch bestätigte, war ich doch beunruhigt. Zum erstenmal in meiner Laufbahn als Heilpraktiker hatte ich mich mit der Theorie eingelassen. Ich konnte mich irren.

Aber 1953, zehn Monate später, war er wieder der »große Gem«, war er unter den ersten Champions Frankreichs.

Für mich war dies ein beachtlicher Erfolg. Übrigens hat sich Gem meinen Leitspruch: »Essen Sie gesund, essen Sie natürlich«, so sehr zu Herzen genommen, daß er schließlich ein Reformhaus aufmachte und viele seiner Kameraden zu mir schickte.

Ihm verdanke ich die bestimmt spannendste Behandlung, die ich je durchgeführt habe.

Pierre Barbotin, mit dem Spitznamen Pierrot, war ein kleiner

Bursche, von dem es hieß: »Schade um ihn, er hatte das Zeug zu einem Champion!« Gem sagte mir: »Wenn du ihn wieder auf die Beine bringst, nehme ich ihn in meine Mannschaft auf. Wenn nicht, fürchte ich, daß es mit ihm aus ist.«

»Woran fehlt es denn bei ihm?«

»So ungefähr an allem; er ist psychisch und physisch fertig. Vor zwei Jahren hieß es noch, er gehöre zu den glänzendsten Hoffnungen des Radsports. Bei der Tour de France war er Fünfter geworden, und beim Rennen Paris-Roubaix fanden wir ihn ganz toll, mit einer solchen Angriffslust und phantastischen Ausdauer war er bei der Sache. Wir hätten geschworen, daß er 1952 Champion würde. Und dann wurde es das Jahr seiner Niederlage. Er sollte die Tour d'Algérie mitmachen, aber da wurde er krank. Und seitdem hat er sich nicht wieder hochgerappelt. Armer Pierrot, das hatte er wirklich nicht verdient! Er hat eine nette Frau und eine kleine Tochter. Er hat sich in seiner Heimat, in der Nähe von Nantes, in Port-la-Blanche, eine Villa gekauft. Jetzt muß er das alles irgendwie erhalten? Der französische Radsportverband läßt ihn gerade noch an Lokalrennen teilnehmen. Wenn er das Haus verkaufen müßte, um Frau und Kind zu ernähren, wäre das ein solcher Schlag für ihn, daß er sich nie mehr davon erholen würde . . .«

Als Barbotin meine Praxis betrat, war ich nicht sehr optimistisch. Mit gekrümmtem Rücken und hängenden Schultern setzte er sich auf die Stuhlkante und sah so schuldbewußt drein wie ein Jagdhund, der nichts mehr apportieren kann.

Ich dachte: »Er hält sich für erledigt. Es wird nicht leicht sein, ihm sein Selbstvertrauen zurückzugeben . . .«

Sein Gesicht war ausgehöhlt, das Kinn spitz, und seine Wangen waren schlaff. Er sah mich an; es war der Blick eines Besiegten.

»Gem wollte, daß ich zu Ihnen komme. Er hat mir versprochen, mich 1956 in seine Mannschaft aufzunehmen. Er ist wirklich ein feiner Kerl, das hat er nur aus Mitleid gesagt. Denn ich bin endgültig erledigt, Monsieur, leergepumpt, völlig fertig . . .«

»Sie scheinen vor allem keine Zuversicht zu haben.«

»Ach wenn es nur das wäre! Aber ich habe einfach keine Beine mehr, und ein Rennfahrer ohne Beine . . .«

In seinem erloschenen Blick leuchtete es kurz auf.

»Gem hat mir gesagt, daß er im gleichen Zustand war wie ich und daß Sie ihn da rausgeholt haben. Und deswegen bin ich da. Sie wissen, wie es mir ergangen ist?«

»Nicht in Einzelheiten. Erzählen Sie es mir.«

»Also, 1953 wurde ich krank. Die Beine waren im Eimer, und ich war entsetzlich schlapp. Alle möglichen Ärzte habe ich aufgesucht; es hieß schließlich, ich hätte eine Darminfektion. Dann haben sie mir den Blinddarm rausgenommen. Abgehorcht haben sie mich, Analysen haben sie gemacht; von Laboratorium zu Laboratorium haben sie mich geschleift – nichts! Nicht ein Arzt konnte feststellen, was ich wirklich hatte, und dann ging es mit mir rapide abwärts ... Jetzt bin ich bei den kleinen Lokalrennen angelangt ... Und das kostet mich schon Mühe!«

Er machte eine müde Handbewegung, und seine starken Kiefer verzerrten sich. Wie schwer mußte es ihm fallen, mir das alles zu erzählen!

»Man muß ja schließlich leben ..., aber lange wird es nicht mehr dauern, dann werden sie mich gar nicht mehr wollen ... und dann ...«

Ich untersuchte ihn zunächst mit meinem Pendel. Aber alle Organe schienen in Ordnung zu sein. Merkwürdig war, daß sie im Zeitlupentempo zu arbeiten schienen. Seine Energie glich einem Radio, dessen Batterien nichts mehr taugen.

»Trainieren Sie immer noch?«

»Natürlich. Ich versuche es. Wir Bretonen haben einen dicken Schädel. Jeden Tag packe ich mein Rad und fahre los. Bei den ersten fünfzig Kilometern ist auch alles okay, das heißt so ungefähr, und dann plötzlich habe ich Gummibeine. Die letzten fünfzig Kilometer bringe ich nur in einer Art Nebel hinter mich. Es kommt mir vor, als müßte ich in einem Alptraum radfahren, ohne vorwärtszukommen ... Meinen Kilometerzähler brauche ich gar nicht anzuschauen, ich weiß genau, daß es bei fünfzig Kilometern mit mir aus ist ... Man könnte meinen, ich sei verhext ...«

Ich erklärte ihm, daß er ja nun nicht mehr allein sei, daß wir zu weit gegen seine Schlappheit und seine schlechte Kondition ankämpfen würden und alles bald anders sein würde.

»Sind Sie sicher?«

»Ja.«

Die nächsten sechs Monate habe ich ihn nicht eine Woche lang in Ruhe gelassen. Ich verfolgte jede seiner Reaktionen auf meine Pflanzenbäder und die Diät. Da er am Meer wohnte, habe ich ihm Fische empfohlen. Da diese keine Kohlenhydrate und nur sehr wenig Fett enthalten, achtete ich darauf, daß er kohlehydratisches Getreide zu sich nahm. Er aß viel Muscheln, vor allem Seemuscheln und Miesmuscheln.

Da er Eier sehr gut vertrug, ließ ich ihn ruhig welche essen. Trotz ihres geringen Volumens sind sie eine Vollnahrung. Aber eine Bedingung gab es auch hier: die Hühner mußten natürlich gefüttert worden sein, in freier Natur gelebt haben und durften nicht mit Antibiotika und weiblichen Hormonen vollgestopft worden sein.

Nach drei Monaten rief Pierrot mich an:

»Ich hab's geschafft! Jetzt packe ich schon hunderzehn Kilometer!«

Sechs Monate später fuhr er das Rennen Paris-Nizza. Er fühlte sich fabelhaft, und ich war sicher, daß er körperlich in guter Verfassung war. Um ihm auch wirklich bis zum Schluß beizustehen, hatte ich beschlossen, ihn zu begleiten. Wir befanden uns auf halber Strecke dieses Rennens gegen die Uhr. Bis jetzt war alles gutgegangen. Bei der Ausfahrt aus Apt schoß er wie ein Pfeil davon. Um mich herum hörte ich die Kommentare: »Aber das ist ja Pierrot! Der ist doch wahnsinnig! Mit dem Tempo kommt er ja nicht weit!« Die Rennbegleiter zuckten mit den Achseln und prophezeiten: »Das wird er nicht durchhalten.« Ich allein wußte, daß er durchhalten konnte, aber auch ich hatte Angst. Hier ging es um alles oder nichts; ein technischer Schaden, ein geplatzter Reifen, und er würde sagen: »Ich habe eben kein Glück mehr.« Und ich wußte sehr wohl, daß er sich ein zweitesmal nicht mehr hochrappeln könnte. Er würde es psychisch einfach nicht mehr verkraften. Dieses Rennen war seine letzte Chance!

Aber offensichtlich lief alles planmäßig ab; er radelte wie ein geölter Blitz. Sein Gesicht war nur unmerklich angespannt, ganz locker saß er auf dem Rad, und die Hände umklammerten die Lenkstange nicht mehr so krampfhaft wie früher ... Leicht wie ein Tänzer überholte er Bernard Gauthier, der seinen Augen nicht trauen wollte. Da packte uns alle plötzlich der Enthusiasmus, und wir riefen ihm zu: »Nur weiter so, Pierrot, du hast schon eine Minute Vorsprung vor Fornara!«

Er richtete sich leicht in den Pedalen auf und jagte schnurgerade voran. Niemals habe ich ein aufregenderes Rennen erlebt. Er hängte sich an Debruyer an. Es wurde ein Kampf zwischen zwei Männern. Wir alle hatten einen einzigen Gedanken: »Wenn er nur durchhält!« Er wollte den Sieg! Würde er es schaffen?

Als er bei der Einfahrt nach Manosque die Ziellinie überfuhr, hatte er gleich zweimal gesiegt: er war Sieger der Etappe und Sieger über sich selbst. Dieser Blick eines siegreichen Jungen in dem Männergesicht war rührend anzusehen. Beim Rennen Paris–Nizza wurde er Zweiter; er war wieder oben, die Flaute war überwunden.

Diese beiden ermutigenden Erfahrungen bestärkten mich in meinen Vorstellungen über die richtige Ernährungsweise. Ich hatte viel über den Zusammenhang zwischen Ernährung und Leistung gelernt. Ich erhielt so viele Besuche von Radrennfahrern, daß ich eine eigene Mannschaft hätte aufstellen können!

Zwei Wochen vor Beginn der Tour de France kam Hassenforder zu mir:

»Ich mache mir Sorgen, den ich weiß genau, was man um mich herum munkelt; sie sagen alle, ich würde keine fünf Etappen durchhalten . . . Und ich fürchte, daß sie recht haben . . .«

Er hielt nicht nur durch, sondern gewann sogar vier. Kurz darauf kam Martino zu mir. Er war völlig ausgepumpt:

»In bin zweiundvierzig Jahre alt; ich bin gekommen, obwohl ich fürchte, daß bei mir nichts mehr zu machen ist . . .«

Knapp zwei Monate später nahm er an einem Rennen in Italien teil und siegte mit zwölf Runden Vorsprung.

Meine einzige Pleite erlebte ich mit dem »Championissimo« Fausto Coppi. Dabei hatte alles so gut angefangen. Wie all die anderen war auch er zu mir gekommen, weil er sich in gar nicht guter Form fühlte. Physisch und psychisch fühlte er sich schlapp. Zehn Minuten später gelang es mir aber, ihn zum Lachen zu bringen, als ich ihm die Geschichten von Kardinal Angelo Giuseppe Roncalli, dem Apostolischen Nuntius in Frankreich und späteren Papst Johannes XXIII., erzählte.

»Wie haben Sie ihn denn kennengelernt?« fragte Fausto Coppi.

»Och, ganz einfach. Ich hörte, wie er Ihren Namen brüllte. Es war im Juli 1949, als ich an einem Wochenende in der Nähe vom Rambouillet zum Fischen eingeladen war, bei Georgel, dem Friseur des Elysee-Palastes. Ehrengast war Präsident Vincent Auriol. Daher achtete man wenig auf den rundlichen, schalkhaft lächelnden Kardinal. Ich vernahm die Resonanz seiner behäbigen Stimme, die durch den italienischen Akzent ganz sanft klang, und ich betrachtete ihn mit Sympathie. Ich kann eigentlich nicht sagen, warum er mir so gut gefiel, vielleicht, weil er so stämmig und ruhig wie ein Bauer aussah. Plötzlich bemerkte ich, daß er sich von der kleinen Gruppe löste, in deren Mitte er eben noch geplaudert hatte, und sich nach einem hastigen Blick auf die Uhr auf das Radio stürzte: ›Sie entschuldigen mich bitte; jetzt läuft die Tour de France.‹ Über den Apparat geneigt, hörte er andächtig zu. Plötzlich hieb er rhythmisch mit dem Fuß den Boden und skandierte: ›Cop-pi! Cop-pi!‹ Sie waren gerade dabei, die Etappe zu gewinnen.«

Fausto war entzückt. Wie die meisten Italiener fühlte er sich dem römischen Klerus eng verbunden.

»Haben Sie auch mit ihm gesprochen?«

»Ja. Ich habe den ganzen Tag mit ihm verbracht. Das erste, was ich ihm sagte, war: ›Ich habe Eurer Eminenz eine Sünde zu beichten: ich bin Heilpraktiker, übe also eine Tätigkeit aus, die die Ärzte als ein Sakrileg betrachten.‹

›Welch ein Irrtum! Heilen ist eine absolut katholische Tätigkeit. Auch wir Priester versuchen uns doch darin. Wie könnten wir denn vergessen, daß unser Herr Jesus Christus darin der Größte von allen gewesen ist! Aber es stimmt, man hat ihn gekreuzigt . . .‹«

Coppi war glücklich. »Wie fanden Sie ihn?«

»Großartig! Er besaß jene bewundernswerte Einfachheit wirklich großer Geister. Abends beim Diner sah ich ihn noch einmal, als er gerade, mit einer Art zärtlichem Respekt, den Duft des Weines einsog: ›Sehen Sie nur dieses Wunder: Gott hat den herrlichen Wein auf der Erde angepflanzt, damit wir ihn trinken können‹, er wandte sich zu seiner Nachbarin: ›Und die hübschen Frauen, damit wir sie ansehen können.‹«

Ich muß zugeben, daß ich mich seitdem immer, wenn ich einen guten Wein trinke oder eine seltene Schönheit betrachte, im Besitz des apostolischen Segens fühle. Er liebte die guten Dinge. Er aß mit gutem Appetit, aber immer mit Ehrfurcht.

». . . Sie werden sich über mich wundern, Monsieur Mességué«, sagte er an jenem Abend, indem er sein Glas absetzte. »Ich muß viel nachholen. Als ich klein war, mußte ich mit meinem Bruder Saverio immer ein Ei teilen, bevor wir zur Schule gingen; er bekam das Gelbe und ich das Weiße. Aber da das Weiße so wenig nahrhaft ist, habe ich seitdem immer noch etwas vom Hunger der Armen, und daher habe ich eine solche Ehrfurcht vor allem, was gut und kostbar ist.«

Diese Ankedoten begeisterten Coppi. Er wollte sie alle hören.

»Und haben Sie ihn wiedergesehen?«

»Ja. Ich habe ihn sogar behandelt. Als wir uns an jenem Abend trennten, sagte er mir: ›Besuchen Sie mich doch einmal. Ich fürchte, ich habe Ihre Behandlung auch nötig ...‹ Er faltete seine Hände, die sehr weiß waren, aber deren Finger mit den kräftigen Gelenken immer noch die eines Bauern geblieben waren. Halblaut, schamhaft, sagte er: ›Sono troppo grosso*.‹«

Als ich mich zwei Tage später bei der Nuntiatur, Avenue du Président Wilson, meldete, begrüßte er mich auf lateinisch:

»Ave, Mauricius!« Er hatte mich zu sehr früher Stunde bestellt; es war sechs Uhr morgens, und ich fragte verwundert:

»Stehen Eminenz immer so früh auf?«

»Ich stehe um fünf Uhr auf und brauche nicht einmal einen Wecker. Abends bitte ich einfach meinen Schutzengel, mich rechtzeitig zu wecken.«

Was mich an ihm am meisten gerührt hat, war seine Liebe zu den Menschen. Ich fragte ihn: »Wie machen Sie es, Eminenz, daß Sie sich immer so gut mit allen Menschen vertragen?«

»... Das ist ganz einfach. Weil ich mich mit mir selbst gut vertrage. Dafür braucht man nur einen guten Magen, eine gute Leber und ein ruhiges Gewissen.«

»Eine schöne Antwort, nicht?«

»Aber wogegen haben Sie ihn denn behandelt?«

»Sie glauben doch wohl nicht, daß ich das verraten werde?«

Damals wußte ich natürlich nicht, daß er einmal Papst werden würde. Genausowenig wie er. Bei einer unserer letzten Begegnungen sagte er:

»Ich möchte nicht Papst sein, Monsieur Mességué. Denn sehen Sie, ich esse so gern in Gesellschaft. Und im Vatikan verlangt es das Protokoll, daß der Papst allein an seinem Tisch sitzt, und, was noch schlimmer ist: hinter ihm steht ein kirchlicher Würdenträger und bewacht ihn! Das würde mir völlig den Appetit verderben! Ich glaube, ich wäre imstande, mir den Gärtner zum Essen einzuladen. Stellen Sie sich einmal den Skandal vor!«

Und er lachte aus vollem Halse, ohne zu ahnen, daß er neun Jahre später Papst Johannes XXIII. sein sollte.

Nach einem so netten Anfang blieben meine Beziehungen zu Fausto Coppi freundschaftlich, dennoch war der Mißerfolg, den ich mit ihm erlebte, vollkommen.

Ich weiß nicht, ob er meine Behandlung wirklich ernsthaft durchgeführt hat oder ob er einfach gegen Pflanzen immun war wie andere gegen Penizillin; jedenfalls konnte ich keinerlei Ver-

* »Ich bin zu dick.«

änderung in seinem Zustand feststellen.

Er beteuerte mir immer wieder:

»Ich schwöre Ihnen, daß ich meine Fußbäder mache und daß ich auch meine Hände gewissenhaft in Ihr grünes Pflanzenwasser tauche, aber mein Zustand bleibt derselbe. Ich habe zu nichts Lust, und nichts macht mir Freude. Ich habe den Eindruck, daß mir irgend etwas fehlt. Aber was?«

Einige Monate später fand er, was ihm fehlte. Glücklich und völlig verändert erschien er bei mir:

»Mességué, ich hab gefunden, was mir fehlte.«

Ich bezweifelte zu Recht, daß meine Kräuter die Ursache dieser Verwandlung waren. Fausto Coppi war seiner »Weißen Dame« begegnet.

Wieder einmal konnte ich feststellen, daß es manchmal genügt, glücklich zu sein, um gesund zu sein oder zu werden.

23 Krebs

Der Ruf eines Heilpraktikers ist ebenso vergänglich wie der Titel eines Champions. Bei einem Arzt läßt man das »Errare humanum est« jederzeit gelten. Von denen aber, die kein Diplom besitzen, erwartet man eine sichere Heilung; sinkt die Erfolgsquote, ist der »Wunderdoktor« nur mehr ein Scharlatan.

Ich glaube, daß mich die von meinem Vater ererbte Aufrichtigkeit und Schlichtheit des Denkens vor vielen Irrtümern bewahrte.

Im Jahre 1957 wurde ich zu Sacha Guitry gerufen. Sein Name stellte für mich eine ganze Epoche dar, die ich zwar nicht kannte, die aber funkelte und sprühte wie Champagner in einem Kristallgefäß.

Sacha Guitry bewohnte eine kleine Villa an der Ecke der Avenue Elisée-Raclus und der Avenue Emile-Pouvillon. In dem Gärtchen, das spitz zulief wie der Bug eines Schiffes, stand als Galionsfigur die Büste seines Vaters Lucien Guitry.

In der ein wenig kalten Eingangshalle schwang sich eine hübsche Steintreppe mit schmiedeeisernem Geländer zur ersten Etage empor, die der Meister bewohnte. An den Wänden hingen Bilder, die wohl der Betrachtung wert gewesen wären, aber ich lasse Kranke nicht gerne warten. Und leider galt mein Besuch in diesem Hause einem Kranken, der Sacha Guitrys Züge trug.

Ich war erschüttert von der Maske dieses Mannes, den die

Frauen so sehr geliebt hatten. Sein Teint war grau und fahl geworden; ein Bart unterstrich noch die persönliche Note dieses klassischen Gesichts, das bereits einer vergangenen Epoche angehörte. Um den Hals trug er einen orientalischen »Rosenkranz« aus rotem Bernstein, der sein Talismann war und den er nie ablegte. Seine Hände, auf die er sehr stolz war, hatten die Gewohnheit, diesen mit einer sanften Gebärde abzuzählen. Aber jetzt hatten sie nicht einmal mehr dazu die Kraft. Sein hagerer Körper versank in den glänzenden Falten eines Morgenrocks aus malvenfarbenem Satin.

Und zum ersten- und letztenmal in meinem Leben vernahm ich jenes berühmte »Aaah«, mit dem alle seine Sätze begannen:

»Aaah ... Der Herr Kräuterdoktor! Wieviel Kraft müßten Ihre Pflanzen haben, um mich da wieder herauszuziehen ... Hat man Ihnen erzählt, daß ich die Veilchen so liebte, wenn sie aus Parma kamen!«

Seine Nase lief spitz und traurig zum Mund hin zu, und zwei tiefe Falten nahmen von ihr ihren Ausgang. Diese Maske, die der Tod zu zeichnen begann, besaß Adel; die Augen erblickten schon Dinge, die wir anderen nicht zu erkennen vermochten.

Mein Besuch war ganz kurz. Der Kranke war erschöpft und ich machtlos. Lana Marconi, seine Frau, führte mich in sein Büro. Dort betrachtete ich bewegt die Sammlung von Kunstgegenständen, die er so liebte: Molières Tintenfaß, der winzige Gehstock Toulouse-Lautrecs, Joffres Fahne aus der Marneschlacht, Modellabgüsse berühmter Hände, der Hände Jean Cocteaus, der Colette, seiner eigenen ...

Seine Frau fragte:

»Was können Sie für ihn tun?«

Ich konnte nur antworten:

»Nichts, Madame. Sie haben mir gesagt, daß der Meister an Krebs leidet. Ich kann Krebs nicht behandeln.«

Die Behauptung, Krebs heilen zu können, wäre ein verbrecherischer Wahnsinn gewesen. Um so schmerzlicher empfinde ich die Verwüstungen, die diese Geißel unserer Zivilisation anrichtet. Früher war diese Krankheit kaum bekannt gewesen. Mit der Entwicklung unserer Städte, mit den chemischen Zusätzen in unserer Ernährung, mit dem Mißbrauch, der mit Tabak getrieben wird, mit der Luftverschmutzung, mit dem Rückgang der großen Wälder und der freien Natur geht der tragische Aufstieg des Karzinoms Hand in Hand.

Ich habe täglich eine bis sechs von dieser Krankheit befallene Personen in meiner Praxis. Es ist qualvoll, diesen zum Tode Verurteilen in die Augen blicken und ihnen sagen zu müssen: »Ich kann nichts für Sie tun.« Ich bin überzeugt, daß der Tag kommen wird, an dem es den Wissenschaftlern gelingt, den krebserzeugenden Virus zu isolieren. Inzwischen aber hat man gegen ihn nur wenig einzusetzen: die Kobaltkanone und die Chirurgie.

Dennoch mußte ich vor dem Krebs nicht gänzlich meine Fahnen strecken; ich kann beweisen, daß mehrere Krebskranke ihre Heilung mir verdanken, wenn ich auch das Karzinom als solches nicht behandelte. Ich begnüge mich nämlich nicht damit, den Krebskranken die Behandlung zu verweigern oder ihnen nur zu raten, sich operieren zu lassen: ich zwinge sie geradezu zur Operation! Für viele Krebskranke, die zu mir kommen, bin ich nichts anderes als der letzte Strohhalm, an den sie sich verzweifelt klammern. Meine Weigerung zwingt sie, sich vor Augen zu halten, daß nur die Chirurgie noch etwas für sie tun kann.

Wären sie allerdings an jemanden geraten, der ihnen versichert hätte, sie heilen zu können, dann hätten sie sich nicht operieren lassen und damit die letzte Chance zu ihrer Rettung verpaßt. Man kann es nicht oft genug sagen: Ein früh erkanntes Karzinom ist heilbar!

Erst kürzlich suchte mich eine junge Berlinerin auf. Sie war strahlend schön, blond, hatte tiefblaue Augen, eine zarte, feinporige Haut, sie schien Jugend und Gesundheit zu personifizieren. Aber hinter dieser schönen Fassade verbarg sich eine schreckliche Wahrheit. Das junge Mädchen bekannte mir: »Ich habe Brustkrebs.«

Ich riet ihr, sich unverzüglich operieren zu lassen. Da wurden ihre blauen Augen dunkel wie das Meer vor einem Sturm. Ihr Mund verzog sich, und mit heiserer Stimme rief sie:

»Lieber würde ich mich umbringen!«

Mehr als eine Stunde rang ich mit ihr.

»Monsieur, ich habe einen schönen Körper.«

Daran konnte man nicht zweifeln.

»Ich könnte den Gedanken, verstümmelt zu sein, einfach nicht ertragen.«

Vergeblich versuchte ich ihr klarzumachen, daß sie sich eines Tages doch operieren lassen würde, es dann aber zu spät sein könnte und daß die Entfernung einer Brust unumgänglich werden würde. Sie war aber nicht zur Vernunft zu bringen. Als sie mich verließ, sagte sie noch:

»Monsieur, es wäre mir lieber gewesen, Sie hätten sich nicht als so ehrlich erwiesen, denn dann könnte ich Sie jetzt glücklich verlassen.«

»Aber nur für sehr kurze Zeit, Mademoiselle!«

Mit der verzweifelten Romantik der Deutschen antwortete sie mir:

»Das Glück ist immer nur von kurzer Dauer. Aber ich danke Ihnen trotzdem. Nur um einen Gefallen möchte ich Sie noch bitten: Verständigen Sie meine Eltern nicht. Meine Mutter könnte es nicht ertragen. Versprechen Sie mir, meinen Besuch völlig zu vergessen.«

Ich versprach es, aber der Gedanke an dieses schöne Mädchen verfolgte mich. Das durfte einfach nicht sein, es mußte etwas geschehen! Sie hatte noch die größten Chancen, gerettet zu werden. Bei früh erkanntem Krebs sind die Statistiken durchaus ermutigend. Ich brach mein Versprechen, ihren Eltern nichts zu sagen, denn es wog nicht viel im Vergleich zu dem, was auf dem Spiel stand. Ich schrieb ihnen.

Ich erhielt zwei Antwortbriefe: einen Dankesbrief der Eltern und ein wütendes Schreiben des Mädchens.

Diese Geschichte liegt nun schon einige Jahre zurück, aber ich weiß, daß es ihr jetzt gut geht, und wir sind seit langem versöhnt.

Heute sterben jährlich zweieinhalb Millionen Menschen an Krebs; 100 000 davon sind Franzosen. Durchschnittlich rechnet man bei 100 000 Einwohnern mit 300 neuen Fällen pro Jahr. Im Laufe des Jahres 1969 wurden allein in Frankreich 170 000 aufgedeckt. Einer von fünf Menschen fällt also dem Krebs zum Opfer.

Die gleichen Statistiken beweisen, daß es 49 oder 50 Prozent Heilungen gibt. Dennoch ist diese durchaus richtige Zahl falsch. Nicht alle Karzinome sind in der gleichen Proportion heilbar: Hautkrebs etwa ist zu 95 Prozent heilbar, bei Leukämie hingegen sind nur selten Erfolge zu verzeichnen.

Das Karzinom der Atemwege hat zwei Hauptursachen; eine davon ist die verseuchte Luft, die durch die unvollständige Verbrennung von Kohle und Ölprodukten entsteht. Einige Industriezentren sind wahre Nährböden für Krebskulturen. Die andere Ursache ist der Tabak.

1957 sind in Frankreich allein 3503 Raucher an Lungen- und Bronchialkrebs gestorben; dazu kommen dann noch Speiseröhren- und Kehlkopfkrebs sowie die Karzinome der Atemwege, die auf die gleichen Ursachen zurückzuführen sind. Ungefähr ein Drittel der durch Krebs verursachten Todesfälle geht auf das Konto des Tabaks.

Eine in Kanada kürzlich gemachte Studie, die 92 000 Erwachsene erfaßte, läßt den Schluß zu, daß ein Zigarettenraucher fast vierzehnmal mehr Gefahr läuft, an Lungenkrebs zu sterben, als ein Nichtraucher.

Warum gerade die Zigarettenraucher? Weil Zigarettenrauchen mit Abstand die gefährlichste Art des Rauchens ist. Beim Verbrennen sondert die Zigarette krebsfördernde Teere ab; das ist bei Zigarre und Pfeife nicht der Fall. Auch im Tabakrauch ist das Vorkommen von krebsfördernden Körperchen chemisch und biologisch nachgewiesen. Sind Sie Nichtraucher, haben Sie eine Chance von 99 zu 100, nicht an einem Karzinom der Atemwege zu sterben. Vierzig Zigaretten pro Tag aber lassen diese Chance auf 10 Prozent sinken. Wer den Rauch inhaliert, verdoppelt das Risiko. Die gleichen Proportionen gelten für Kehlkopf- und Blasenkrebs, die auf dieselben Ursachen zurückzuführen sind. Zigarette, Zigarre und Pfeife haben die gleiche Auswirkung bei Karzinomen der Mundhöhle, des Rachenraumes und der Speiseröhre.

Man hat auch festgestellt, daß Karzinome, die auf den Tabakgenuß zurückzuführen sind, häufiger bei Personen anzutreffen sind, die zuckerhaltige Zigaretten englischen und amerikanischen Typs rauchen, als bei Rauchern von schwarzem Tabak.

Die Liste der Risiken, die der heutige Mensch eingeht, wird vollständig, wenn man weiß, daß krebsfördernde Substanzen auch in Teer, Anilin, Azofarbstoffen und Benzoesäuren nachgewiesen wurden, zu denen noch Aflatoxin hinzukommt, das in den Erdnüssen enthalten ist, die zur Herstellung von Erdnußöl verwendet werden, und das für Leberkrebs verantwortlich ist. Es gibt mehr als hundert Substanzen, von denen man weiß, daß sie die Entwicklung eines krebsartigen Geschwüres beschleunigen.

Angesichts der verheerenden Folgen des Krebses erweist sich das alte Sprichwort »Vorsorgen ist besser als heilen« wieder in seiner ganzen Weisheit. Ich bin der Meinung, daß eine gesunde Ernährung sich auch hier günstig auswirkt. Einer meiner Freunde, der Chirurg in einem großen Krankenhaus ist und bereits zahlreiche Operationen durchgeführt hat, stellte fest, daß bei denen, die sich an eine strenge Ernährungsvorschrift hielten, keine Rückfälle vorkamen, während normalerweise in einem Zeitraum von zwei bis fünf Jahren nach dem chirurgischen Eingriff bei denen, die keine Diät einhielten, erneut Karzinombildungen auftraten. Diese Untersuchungen stützen sich auf eine Praxis von sechzehn Jahren. Also bin ich nicht der einzige, der die Wirkung der Ernährung in bezug auf den Krebs festgestellt hat.

Während eines Vortrags zu diesem Thema, den ich in Dakar hielt, betrat ein Medizinprofessor das Podium, um seine Meinung hierzu kundzutun:

»Die Neger, die hier bei uns arbeiten und sich wie wir ernähren, sterben im gleichen Verhältnis wie die Europäer an Krebs. Die Neger jedoch, die in einem Umkreis von 50 bis 60 km im Busch leben, haben zwar alle möglichen Arten von anderen Krankheiten aufzuweisen, zeigen aber nur ganz selten Krebssymptome. Hautkrebs kennen sie so gut wie gar nicht, da ihre natürliche Pigmentierung sie vor ultravioletten Strahlen schützt, die häufig Karzinome hervorrufen. Ich kann daher gar nicht oft und deutlich genug davor warnen, sich allzulange der Sonneneinstrahlung auszusetzen.«

Einer meiner Freunde, Dr. Renon, der im Süden Marokkos als Chirurg tätig war, sagte zu mir:

»Während einer vierzigjährigen Praxis habe ich fast nur Beduinen operiert. Dabei habe ich nur zweimal ein Karzinom angetroffen. Sobald aber die Schiffe größere Mengen von europäischen Nahrungsmittelvorräten abzuladen begannen und deren Verwendung sich mehr und mehr verbreitete, hatte ich auch immer mehr Karzinome zu operieren. Ich will keine Schlußfolgerungen ziehen, ich stelle nur Tatsachen fest.«

Aussagen dieser Art haben mich nachdenklich gemacht. Ich weiß sehr wohl, daß berühmte Krebsforscher der Ernährung lange Zeit keine solche Bedeutung beigemessen haben. Warum aber steigt dann die Sterblichkeitsquote derart an, sobald ein Land seine Nahrungsmittel industrialisiert hat? In Ländern, die für ihre gesunde Ernährung berühmt sind, wie z. B. Norwegen, Schweden und die Niederlande, ist die Sterblichkeit an Krebs wesentlich geringer. Die gleiche Beobachtung konnte man sogar bei einem Land machen, wo man hauptsächlich Teigwaren und Gemüse verzehrt, nämlich bei Italien.

Die Ernährung sollte abwechslungsreich sein. Seien Sie vor allem mit bewußten Einschränkungen vorsichtig, die Mangelerscheinungen und Störungen im Eiweißhaushalt verursachen und dadurch oft Ursache gewisser Karzinome werden können.

Zu ihrem wirkungsvolleren Schutz sollten Sie auf Weißbrot, gebleichten Zucker, pasteurisierte, schön gelb gefärbte Butter, Margarine und pflanzliche Öle verzichten. Auch bei Essig, vor allem bei Weinessig, ist Vorsicht geboten.

Benützen Sie kein raffiniertes Salz.

Essen Sie keine Aufschnittwaren, Saucen und Konserven, deren Zusammensetzung Sie nicht kennen.

Seien Sie aufmerksam, wenn Sie aut Etiketten lesen: »Farbstoffe«, »Geschmack«, »Künstliche Duftstoffe«. Hier verbirgt sich Ihr Todfeind.

Verzichten Sie auf Bonbons, Fruchtjoghurt, sogenannte Fruchtlimonaden, Getränke in Beutelchen etc.

Essen Sie keine Waren, die industriell geräuchert sind.

Meiden Sie stärkehaltige Nahrungsmittel; Sie können sich nicht irren, denn dieser Begriff muß auf dem Etikett stehen.

Merken Sie sich als Faustregel: Verlangen Sie reine und natürliche Nahrungsmittel! Die Nahrungsmittelkontrolle hat sich nämlich bisher als sehr wirksam erwiesen.

Streichen Sie von Ihrem Küchenzettel Aperitif, Schnaps, Rotwein und Weißwein. Rotwein ist allerdings weniger bearbeitet als der weiße. Nur wenn Sie die Herkunft des Alkohols genau kennen, dürfen Sie ihn trinken, aber in Maßen!

Wählen Sie natürliche Milchbutter.

Nehmen Sie trotzdem lieber Olivenöl, aber achten Sie auf die Zahl 0,5 auf dem Etikett der Flasche oder des Kanisters.

Ersetzen Sie Essig durch Zitrone.

Essen Sie viel Obst und rohes Gemüse, nachdem Sie es gut gewaschen haben, ferner Honig, Fische, Muscheltiere und Vollkorngetreide.

Etwas mäßiger sollten Sie bei Fleisch, Milch, Dickmilch, Quark, Eiern und Geflügel sein und diese nur essen, wenn Ihnen deren Herkunft bekannt ist.

Trinken Sie Bier und Apfelmost auch nur in Maßen und nur unter der Bedingung, daß sie naturrein sind.

Kaufen Sie Ihren Kaffee ungemahlen.

Essen Sie viel Knoblauch, der erwiesenermaßen antiseptisch, keimtötend, blutdrucksenkend, expektorierend, fiebersenkend, wurmtötend und, bei äußerlicher Anwendung, lösend wirkt. Angeblich wirkt er auch vorbeugend gegen Krebs. Dieser Ruf erklärt sich wahrscheinlich aus der Tatsache, daß seine unbestreitbar positive Einwirkung auf den Organismus Menschen, die regelmäßig Knoblauch essen, befähigt, verschiedenen Krankheiten, insbesondere jenen bakteriellen Ursprungs, erfolgreicher zu widerstehen.

In meiner Heimat, im Gers, wird sehr viel Knoblauch gegessen, und die Bauern behaupten steif und fest, daß er sie gegen Krebs schützt. Obwohl das nicht erwiesen ist, bezeugen Statistiken, daß in Ländern, in denen viel Knoblauch gegessen wird, die Sterblichkeitsquote infolge von Krebs auffallend geringer ist als anderswo. So ist diese Krankheit in einigen Dörfern Korsikas völlig unbekannt. Die Bauern dieser Gegend leben fast ausschließlich von ihren eigenen wirtschaftlichen Produkten: Mais, Honig, Ziegenkäse; chemischen Dünger kennen sie gar nicht.

Natürlich kann ich nicht mit absoluter Sicherheit behaupten, daß man durch gesunde Ernährung allein von dieser entsetzlichen Krankheit verschont bleibt, aber eines steht fest: Man ist neunzigmal mehr krebsgefährdet, wenn man raucht und sich von x-beliebigen Lebensmitteln ernährt.

Abgesehen von Krebs, weise ich auch eine Behandlung der Leukämie, der in Flecken auftretenden Sklerose, der Tuberkulose sowie aller anderen Krankheiten, für die Antibiotika und Chirurgie zuständig sind, von mir. Wenn eine Krankheit durch Medikamente oder durch einen chirurgischen Eingriff geheilt werden kann, wäre es kriminell und vermessen von mir, diese durch meine Kräuter ersetzen zu wollen!

Aber leider gibt es Erkrankungen, die sich jeder Therapie widersetzen. Eines Tages erhielt ich einen Brief von Dr. Th. L. aus Paris:

»Ich schicke Ihnen zwei Patienten, die einzig und allein Ihretwegen diese Reise unternehmen. Seien Sie bitte so freundlich, mir Ihre Telefonnummer mitzuteilen. Falls Sie eines Tages nach Paris kommen sollten, wäre es Ihnen dann möglich, mir einen Besuch abzustatten? In Tag und Stunde werde ich mich ganz nach Ihnen richten.

Wahrscheinlich wissen Sie von unseren gemeinsamen Freunden D., daß ich seit mehreren Jahren an der Parkinsonschen Krankheit leide. Vor drei Jahren mußte ich meinen Beruf als Arzt aufgeben; vielleicht könnten Sie etwas für mich tun?

Rufen Sie mich doch bitte einmal an und lassen Sie mich wissen, ob Sie vielleicht hierherkommen könnten, was für mich natürlich viel bequemer wäre, da es mir schwerfällt zu reisen.«

Ich aber konnte ihm nur für sein Vertrauen danken und mußte ihm mitteilen:

»Leider verfüge ich über keine Behandlungsmethode, die Ihnen irgendwie helfen könnte. Glauben Sie mir bitte, daß ich dies aufrichtig bedaure.«

In einem meiner Prozesse hat Monsieur Rémy, der damalige Oberstaatsanwalt von Amiens, mit folgenden Worten für mich ausgesagt:

»Ich habe Monsieur Mességué aufgesucht, um eine Operation, die mein Arzt mir angeraten hatte, mit seiner Hilfe vielleicht aufzuschieben. Monsieur Mességué jedoch hat mich nicht nur beschworen, mich umgehend operieren zu lassen, sondern hat mich sogar an einen berühmten Chirurgen verwiesen. Für die Reise stellte er mir außerdem noch seinen Chauffeur zur Verfügung. Dieser sofortige Eingriff hat mir das Leben gerettet, und ich danke es Monsieur Mességué, mich von seiner Notwendigkeit überzeugt zu haben.«

24 Mein Kampf gegen die Scharlatane

Wenn ich meine Berufsbezeichnung »Heilpraktiker« durch »Phytotherapeut« ersetzt habe, geschah das nicht aus Snobismus oder Angeberei; es lag auch nicht in meiner Absicht, mir meinen Patienten gegenüber einen wissenschaftlichen Anstrich zu geben. Aber ich sah mich gezwungen, den Titel, der mir so teuer war, aufzugeben, um nicht mit all jenen verwechselt zu werden, die sich diesen Namen zu geben wagen, obwohl sie in Wirklichkeit nur die Bezeichnung »Scharlatan« verdienen.

Meinen härtesten Kampf hatte ich weder mit den Ärzten noch mit meinem früheren Erzfeind, dem Staatlichen Berufsverband der Ärzte, auszufechten, sondern mit jenen Heilpraktikern, die ich naiverweise für meine Kollegen hielt.

Mein Freund Dr. Claoué war ein großmütiger Mann, und mit Anwalt Pasquini und mir bildeten wir ein hübsches Utopistentrio. Eines Abends waren wir wieder einmal alle versammelt und Claoué sagte:

»Maurice, du betrachtest dich doch als einen Heilpraktiker?«

»Ja, natürlich.«

Daraufhin wandte er sich Pasquini zu

»Halten Sie Maurice für einen Ehrenmann? Die Antwort können Sie sich sparen, ich kenne sie schon. Aber können Sie mir dann sagen, was ihn vor einem Gericht von den anderen Heilpraktikern unterscheidet?«

»Die Tatsache, daß er heilt.«

»Maurice«, fuhr Claoué fort, »glaubst du, daß es außer dir noch andere gibt, die dazu in der Lage sind?«

»Aber sicher.«

»Du leugnest jedoch nicht, daß es auch Scharlatane gibt?«

»Das ist klar.«

»Hast du noch nie darüber nachgedacht, wie du deinen Berufszweig von ihnen säubern könntest?«

»Bei jeder sich bietenden Gelegenheit prangere ich sie öffentlich an.«

»Aber mit welchem Recht? Du brauchst gar nicht zu protestieren, du hast einfach kein Recht dazu. Und Menschen wie du, die ehrlich sind, werden immer mit diesen anderen verwechselt werden.«

Pasquini und ich sahen ihn an, ohne recht zu begreifen, worauf er hinauswollte.

»Wir müssen die offizielle Anerkennung der freien Medizin durchsetzen.«

Ich brauche wohl nicht zu betonen, wie sehr mich dieser revolutionäre Plan begeisterte.

Meine beiden Freunde und ich haben schließlich ein ganzes Programm ausgearbeitet. Pierre Pasquini, der damals Abgeordneter war, wollte in der Deputiertenkammer einen Gesetzesentwurf einbringen, den wir von Juristen redigieren lassen wollten. Um zugleich die Zustimmung der Staatsgewalt und der Öffentlichkeit zu erwerben, sollte ich ein Gremium von praktischen Ärzten zusammenstellen, das seinerseits jene Heilpraktiker auszuwählen hätte, die dieses Namens würdig waren, und das gegen die Scharlatane vorgehen würde. Um unsere Ideen zu verbreiten, wollten Dr. Claoué und ich eine Reihe von Vorträgen zugunsten der freien Medizin und gegen die falschen Heilpraktiker halten.

Ich weiß nicht mehr, um wieviel Uhr wir in jener Nacht auseinandergingen, aber es war sicher bereits Morgen. Ich war so glücklich, und von all den Gedanken beflügelt, die in meinem Kopf durcheinanderwirbelten, daß ich einen langen Spaziergang machen mußte, um mich wieder zu beruhigen. Ich sah das goldene Zeitalter der freien Medizin voraus, meine Zusammenarbeit mit den Ärzten und mit meinen »Kollegen«, den Heilpraktikern, mit denen ich Arbeitssitzungen durchführen würde, in denen wir unsere Kenntnisse, Erfahrungen und Einwände diskutieren könnten ... Der Don Quichotte in mir besiegte bereits im Geiste all die albernen Vorurteile eines unwissenden Publikums, kämpfte gegen Betrüger, Halunken und Verbrecher der Heilkunst! Es waren wirklich schöne Stunden, die ich an jenem anbrechenden Morgen durchlebte! Es waren die einzigen unbeschwerten Stunden, die mir in diesem Kampf beschert sein sollten.

Am selben Tag noch nahmen wir den Kampf auf. Im Grunde glichen einander die Resultate überall: Verständnis beim Publikum, Mißtrauen auf seiten der Behörden und totaler Mißerfolg bei meinen lieben »Kollegen«, den Heilpraktikern.

Die Statuten dieser zukünftigen Vereinigung waren bald abgefaßt; sie enthielten folgende Artikel:

Unter freier Medizin versteht man jede Tätigkeit, die zum Ziel hat, Krankheiten mit Behandlungsmethoden, die in der therapeutischen Nomenklatur der wissenschaftlichen und diplomierten Medizin noch nicht vorgesehen sind, zu heilen. Jeder unheilbar Kranke und jeder, der von der offiziellen Medizin aufgegeben ist, darf sich von Rechts wegen an die freie Medizin wenden.

Jeder freie Mediziner darf seine Behandlungsmethoden nur bei Kranken anwenden, denen die allgemein üblichen Behandlungsmethoden keine Heilung bringen, sowie nur nach vorangegangener ärztlicher Diagnose. Die Anwendung toxischer Mittel und chirurgischer Eingriffe bleiben ausschließlich diplomierten Ärzten vorbehalten.

Jeder Kranke, der im Rahmen der freien Medizin behandelt wird und dessen Krankheit chronische Anzeichen aufweist, muß von einem diplomierten und zuständigen Arzt periodisch überwacht werden. Der freie Mediziner muß hierfür ausdrücklich Sorge tragen!

Jeder freie Mediziner ist angehalten, eine Bescheinigung zu unterzeichnen, in der er seine Position gegenüber der offiziellen Medizin festlegt.

Jeder Verstoß gegen die Statuten der freien Medizin kann eine gerichtliche Verfolgung wegen illegaler Ausübung medizinischer Tätigkeit nach sich ziehen.

Dr. Claoué mobilisierte befreundete Abgeordnete, es gelang ihm sogar, eine Fernsehsendung zu diesem Thema zu organisieren, in deren Verlauf den Zuschauern folgende Frage gestellt wurde: »Wenn die offizielle Medizin sich als unfähig erklärt, einen schwerkranken Menschen, der Ihnen lieb ist, zu heilen, würden Sie dann einen Heilpraktiker zu Rate ziehen?«

Innerhalb weniger Stunden kam die Antwort der Zuschauer: 1325 stimmten mit Ja und 187 mit Nein.

Blind in meiner Begeisterung und fest entschlossen, eine ansehnliche Zahl von ehrenwerten und erfolgreichen Heilpraktikern vorzustellen, gründete ich die »Nationale Vereinigung der Ausübenden der freien Medizin«.

Vom gleichen Enthusiasmus beseelt, haben wir auch die sechzehn Artikel der ziemlich drakonischen Bestimmungen erarbeitet, die ich den Mitgliedern meines Verbandes aufzuerlegen beabsichtigte. Sie waren der Eid des Hippokrates der freien Medizin, die Charta der Heilpraktiker. Sie basierte in erster Linie auf dem Prinzip des »Primum non nocere« (Vor allem, niemandem schaden). Ihre Hauptpunkte waren:

Meine Kunst, meine Gaben und mein Wissen will ich mit Würde anwenden. Ich werde nicht mit der Krankheit, der Verzweiflung und dem menschlichen Elend spekulieren.

Ich werde unbestechlich und gerecht sein, ohne Rücksicht auf Vermögen, Religion, Rasse oder Geschlecht dessen, der bei mir Hilfe sucht.

Ich werde den Kranken meine Hilfe zuteil werden lassen, ohne einen anderen Lohn als ein ruhiges Gewissen zu erwarten.

Ich werde nur jenen Patienten meine Behandlung zukommen lassen, die nach der Diagnose eines Arztes unheilbar sind, als unheilbar gelten oder an chronischen Erkrankungen leiden, sowie jenen, die von der Ärzteschaft aufgegeben wurden.

Ich werde niemals eine medizinische Behandlung unterbrechen noch einen dringenden chirurgischen Eingriff verzögern.

Ich werde jenen Patienten meine Hilfe verweigern, die eine meiner Behandlung parallellaufende, regelmäßige Kontrolle durch einen Arzt ablehnen.

Sollte ich jemals meinen Eid brechen oder einer meiner Verpflichtungen nicht nachkommen, werde ich meine berufliche Tätigkeit abbrechen und mich dem Urteil jener unterwerfen, die ich dazu auserwählt habe. Vor meiner Seele und meinem Gewissen lege ich diesen Eid freiwillig ab.

Sobald die Gründung dieses Verbandes bekanntgeworden war, liefen unzählige Anfragen ein, und in der allgemeinen Begeisterung wurde ich zum Präsidenten gewählt. Kaum hatte ich meine neue Stellung angetreten, wurde ich mir auch schon bewußt, daß mein Verband in erster Linie ein Instrument zum Kampf gegen die Scharlatane zu werden im Begriff war. Indem wir uns verteidigten, griffen wir zugleich all jene Verbrecher in unserem Berufszweig an, deren Anzahl weitaus größer war als die der ehrenhaften und untadeligen Männer.

Dann begann eine Flut erstaunlicher Briefe von Leuten, die mir in naivster Weise ihre »Träume« darlegten. Einer von ihnen erklärte zum Beispiel, er komme gerade aus dem Gefängnis, sein Arbeitgeber wolle ihn aber nicht wieder einstellen und so habe er an den Beruf des Heilpraktikers gedacht, von dem er gehört habe, daß er ein einträgliches Geschäft sei, dem er sich daher gern widmen wolle. Da ja auch ich verurteilt worden war, so wie er, würde ich ihm sicherlich behilflich sein und ihm als Starthilfe einige Patienten schicken. Ein anderer, ein Bäckergehilfe, wollte sein Monatsgehalt aufbessern und aus diesem Grunde Heilpraktiker werden.

So viel Dummheit hätte komisch sein können. Aber sie war es nicht mehr, als ein Mann mir schrieb, er habe die Protokolle meiner Prozesse gelesen und festgestellt, daß ich weder Krebs noch Tuberkulose behandeln wolle, und sich daher gedacht, man könne sich arrangieren, indem ich ihm diese Kranken schickte.

Auch Prospekte wie den folgenden erhielt ich:

»M. D.

Homöopathie – Wünschelrutengänger.

Wahrsager – Silikose, Lepra und alle anderen Krankheiten.

Tuberkulose, Krebs, spinale Kinderlähmung, Syphilis, Rheumatismus, Haarausfall, Beschwörung von Verbrennungen und skrofulösen Geschwüren, Verrenkungen etc.

Korrespondenz und nach Vereinbarung; in ganz Frankreich. In bezug auf Heilung können wir es mit jeder medizinischen Kapazität aufnehmen. Lassen Sie sich von den echten Heilpraktikern behandeln! Die echten Heilpraktiker verfügen über eine übernatürliche Gabe und können sich nicht irren.«

Meiner Meinung nach besaßen sie vor allem eine übernatürliche Begabung zur Gaunerei, und zwar der schlimmsten Sorte: sie betrogen die Kranken.

Es gibt auch Zeitungen, die sich auf die Veröffentlichung von Kleinanzeigen spezialisiert haben; neben den Heiratsinseraten stehen solche, die in meinen Augen kriminell sind. Sie versprechen dem Leser, ihn schnell von allen Leiden zu heilen. Da liest man unter anderem: »Regeneration Ihrer Männlichkeit durch den elektronischen Gürtel.« Oder: »Krebs, Leukämie, hier Ihre letzte

Chance.«

Ich erinnere mich noch, daß ich einmal nach einem Vortrag mit einem Taxichauffeur gefahren bin, der mir zu verstehen gab, daß er, falls ich selbst oder jemand aus meiner Familie an irgendeiner Krankheit litte, mir die Adresse einer Frau geben könne, die im Besitz der »Gabe« sei. Und ganz zufällig hatte er ihre Visitenkarte bei sich, die er mir diskret in die Hand drückte. Der Text war simpel: »Sie, die Sie leidend sind, kommen Sie zu mir; meine Hände werden Sie heilen.«

An demselben Abend erklärte mir ein Herr an der Hotelbar, daß er Krebs durch Handauflegen heilen könnte. Neugierig fragte ich ihn:

»Was ist Ihrer Meinung nach Krebs?«

»Das ist ganz einfach. Krebs ist eine Mikrobe, die sich weiterentwickelt, sobald man einen Schlag erhalten oder sich irgendwo angestoßen hat. Und da Sie sich offensichtlich damit nicht abgeben wollen, schicken Sie doch Ihre Patienten zu mir.«

Langsam wurde mir klar, daß dieser Berufszweig, bevor er offiziell anerkannt werden konnte, erst einmal gründlich von allem Unrat gesäubert werden mußte . . .

Es mochte paradox erscheinen, daß ich, selbst ein »Heilpraktiker«, mich zu dieser Säuberungsaktion berufen fühlte. Aber wer konnte es schließlich besser tun als ich?

Ich hatte erfahren, daß in Frankreich von 40 000 Heilpraktikern kaum 500 offiziell eingetragen waren und Steuern zahlten. Für den Fiskus gehörten nämlich auch wir in die Kategorie der freien Berufe wie die Ärzte. Der Staat zieht uns offiziell genau das ab, was wir rechtmäßig eigentlich gar nicht erwerben dürften.

Schon sehr bald brachte mir mein neues Amt viel Verdruß. Dr. Claoué und ich hielten in ganz Frankreich Vorträge, die bei der Öffentlichkeit gut ankamen; bei den Heilpraktikern allerdings weitaus weniger.

Wenn ich sagte: »Ich klage die Scharlatane an«, erntete ich heftigen Applaus. Die anwesenden Ärzte beglückwünschten mich öffentlich; aber die Heilpraktiker, die von Mal zu Mal zahlreicher kamen, protestierten heftig. Einer von ihnen, ich glaube, es war in Poitiers, kam sogar aufs Podium und sagte:

»Wenn Monsieur Mességué die echten Heilpraktiker angreift, beweist er, daß er nicht zu ihnen gehört. Er wagt zu behaupten, daß man Krebs nicht heilen kann; aber das heißt doch nur, daß er es nicht kann! Ich aber sage hier laut und deutlich: dieser Mann ist ein Lügner! Er verfügt nicht über die Gabe des Heilens!«

Ich war nicht einmal wütend, es war einfach zu plump. Ich antwortete nur:

»Es stimmt, ich habe die Gabe nicht. Und darüber bin ich nur froh. Das schützt mich nämlich davor, blind an mich zu glauben und mir einzureden, Krebs heilen zu können; vor allem aber, das auch den Kranken zu sagen, um ihnen ihr Geld abzuknöpfen.«

»Sehen Sie«, schrie dieser Exaltierte. »Er gibt es sogar zu! Er vollbringt keine Wunder!«

»Auch das stimmt. Und dennoch kann man nicht bestreiten, daß ich Heilerfolge zu verzeichnen habe. Allerdings sage ich wie einst Ambroise Paré: ›Ich verbinde sie, Gott heilt sie.‹«

Derlei Interventionen fand ich nur lächerlich. Ich war nach wie vor überzeugt, daß die Charta der freien Medizin das Licht der Welt erblicken würde. Sogar von seiten der Ärzte war ich ermutigt worden. Professor Portmann, Vizepräsident des Senats und Dekan der medizinischen Fakultät von Bordeaux, hatte erklärt:

»Meine Einstellung zu den Heilpraktikern war eindeutig, als ich vor dem Senat das Wort ergriff: wir müssen scharf trennen zwischen den Heilpraktikern auf der einen Seite und den Scharlatanen auf der anderen.

Wir wissen, daß es gegenwärtig 1500 Scharlatane gibt. Ich kenne einen Mann, dem ein solcher untersagt hat, sich von einem Chirurgen behandeln zu lassen. Meiner Ansicht nach ist der, der einen solchen Rat erteilt, ein Mörder, weswegen ich seinen Namen auch dem Senat genannt habe.

Diese Scharlatane müssen bestraft werden, aber nicht, indem man sie wegen illegaler Ausübung ärztlicher Tätigkeit vor Gericht stellt; damit erzielt man nicht den erwünschten Effekt, denn das wollen diese Kerle ja nur! Richtig wäre es vielmehr, sie wegen fahrlässiger Tötung zu verfolgen!

Andererseits ist sicher, daß es zwischen Menschen Beziehungen und Vorgänge gibt, die sich von einem Gehirn zum anderen übertragen und gegenwärtig noch nicht geklärt sind. In diesem Rahmen können die Heilpraktiker auf gewisse Kranke einen Einfluß ausüben, wobei sie sich allerdings auf den rein psychischen Sektor beschränken müssen.«

Je intensiver sich mich mit all diesen Problemen beschäftigte, desto klarer erkannte ich, daß die Zahl der Ehrenmänner unter den Heilpraktikern ziemlich beschränkt war. Daher schlug ich in meinen Vorträgen einen schärferen Ton an. Ich erinnere mich noch, einmal mit folgenden Worten begonnen zu haben:

»Heilpraktiker töten jährlich Tausende von Kranken! In der Gegend von Paris gibt es einen, der sich auf die Heilung von Krebs spezialisiert hat. Selbstverständlich ist er dazu nicht in der Lage. Bis sich der Kranke aber entschließ, einen wirklichen Arzt aufzusuchen, ist es bereits zu spät. Ich sage es hier deshalb unmißverständlich: Dieser Mann ist ein Mörder! Er gehört nicht wegen illegaler Ausübung ärztlicher Tätigkeit vor Gericht, sondern wegen Mordes vor ein Schwurgericht . . .«

Nach Beendigung meines Vortrags sagte ein Universitätsprofessor, der mit einer Gruppe von Studenten gekommen war, um mich auszupfeifen:

»Monsieur, ich bin eigentlich gekommen, um Sie auf frischer Tat zu ertappen und Sie öffentlich anzuprangern. Aber ich habe mich geirrt: Sie sind ein vertrauenswürdiger Mann. Ich bin mit Ihnen völlig einer Meinung. Wenn alle therapeutischen Methoden versagt haben, hat der Kranke das Recht, zu jedem anderen Mittel zu greifen, das ihm vielleicht Erleichterung verschaffen kann. Aber nur, wenn wir alles andere versucht haben! Denn Sie üben einen gefährlichen Beruf aus!

Auf meiner Station hatte ich einen Diabetiker liegen, der nur mit drei Spritzen Insulin täglich am Leben erhalten werden konnte. Eines Tages suchte er einen Heilpraktiker auf, der ihm sagte: ›Diabetes? Die heile ich doch jeden Tag. Meine Hände enthalten mehr Insulin als all Ihre Ampullen zusammen. Werfen Sie das ganze Zeug weg und vertrauen Sie mir. In drei Wochen werden Sie das alles hinter sich haben.‹ Er hatte recht. Nach zwei Wochen war der Kranke tot.«

Hört man von derartigen Begebenheiten, muß man den Ärzten recht geben, die gegen die Heilpraktiker scharf vorgehen. Ich war außer mir vor Entrüstung, als ich den Brief las, den ein Heilpraktiker aus Nizza einem Krebskranken geschrieben hatte:

»Einen Besuch bei Ihnen kann ich mir sparen, er wäre unnütz. Meine Behandlung besteht aus einem Tee, den Sie trinken müssen. Der Krebs wird dann mit dem Stuhlgang ausgeschieden . . .« Der Preis für diese Behandlung betrug 200 000 Franc!

Bei jedem Vortrag wurde ich von den Heilpraktikern der Umgebung angegriffen. In meiner Ahnungslosigkeit sagte ich mir: »Nun, einer mehr, der sich deklariert, ein räudiges Schaf weniger in der Herde, um so besser!« Ich war überzeugt, zur Säuberung meines Berufszweiges beizutragen, und bereitete mich vertrauensvoll auf die erste Sitzung meines Verbandes vor. Der Zustrom war nicht gerade überwältigend; etwa 100 hatten sich gemeldet, aber diese Anzahl schien mir ausreichend, unsere Branche entsprechend zu repräsentieren. Diese Sitzung werde ich nie vergessen. Es dauerte nicht lange, bis mir klar wurde, daß ich so ungefähr der einzige war, der meine Meinung vertrat.

Die Herren machten sich eine Menge Komplimente über ihre »Gabe« und ihre Behandlungsmethoden. Sie tauschten Anekdoten aus. Und einer ging wahrhaftig so weit, die Veröffentlichung eines »Führers der Heilpraktiker« anzuregen.

Unter dem Buchstaben »K«, meinte er, würde man zum Beispiel »Krebs« finden. Aber um hier aufgenommen zu werden, muß man schon eine Reihe von Krebsheilungen anführen können ...

Nun ist Geduld nicht gerade meine Stärke. Und so blieb ich mit der Faust auf den Tisch und schrie: »Sie sind ja Mörder!«

Die Stille, die darauf folgte, war vollkommen. Ich nützte sie: »Sie sind Scharlatane schlimmster Sorte, Schurken, Betrüger, die mit der Krankheit anderer spekulieren ... Ich stehe auf der Seite der Ärzte, die Sie verfolgen. Sie gehören nicht in eine Praxis, sondern auf die Anklagebank vor ein Schwurgericht!«

Die Antworten kamen schnell. In wenigen Sekunden hörte ich mehr Flüche als in meinem ganzen vergangenen Leben.

»Gauner! Ärztespitzel! Verräter, Schurke, Versager, Aas, Kapitalist, Judas ...«

Man hätte meinen können, bei einer politischen Wahlkundgebung zu sein. Langsam wurde er grotesk.

Die meisten von ihnen hatten unsere Charta noch nicht unterschrieben. Ich brüllte sie an: »Sie unterzeichnen die Statuten und respektieren sie, sonst werden Sie aus dem Verband ausgeschlossen!«

Da die »Kollegen« aber fast einstimmig gegen diese Bestimmungen waren, trat ich zurück. Langsam begann ich zu verstehen, wie sehr Claoué und ich uns geirrt hatten. Das Grüppchen der echten Heilpraktiker wurde von Tag zu Tag kleiner.

Der Ernst der Situation kam mir aber erst richtig zum Bewußtsein, als ich fingierte Briefe an 800 »Heilpraktiker« verschickte:

»Monsieur,

da ich von Ihren wunderbaren Heilerfolgen gehört habe, bin ich entschlossen, mich Ihrer Heilkunst anzuvertrauen.

Ich leide an einem Uterustumor, der sich nach der Biopsie als bösartig erwiesen hat. Die Ärzte raten mir zur Operation. Glauben

Sie, mich mit Erfolg behandeln zu können? Ich bin bereit, alle Kosten auf mich zu nehmen. Hochachtungsvoll ...«

Das Ergebnis war schmerzlich. Ich mußte meine Illusionen begraben. 717 rieten von der Operation ab und versprachen nach Zahlung einer Pauschalsumme Heilung; diese Pauschale schwankte zwischen 10 000 und 1 500 000 Franc. Unter den Schreibern waren Mitglieder meines Exverbandes.

Nur elf waren so aufrichtig, zu erklären, daß in diesem Fall einzig und allein der Chirurg zuständig sei.

Nun hatte ich allen Mut verloren.

Von allen Seiten erhielt ich Zuschriften, die mir allzuoft von tragischen Erfahrungen mit Scharlatanen berichteten. Ich teilte sie in verschiedene Gruppen ein: die Geldgierigen, die die Kranken ausnehmen, die Halberleuchteten, die an ihre »Tricks« glauben und Geld oder Geschenke annehmen; die Erleuchteten, halb oder völlig Verrückte, die mit Sicherheit glauben, die Kranken zu retten. Letztere glauben übrigens, daß sie für ihre Krankheit zuständig sind, obwohl ihnen die unheilbaren Leiden am liebsten sind. Das sind die vom »Wunder« Besessenen. Sie wären sogar in der Lage, einem die Hand abzuschneiden, weil sie ja fest überzeugt sind, daß diese dank ihrer Kunst wieder wachsen wird. Alle sind gleich gefährlich.

Im Sommer 1958 kam ein junges Mädchen, Colette M., zu mir. Sie war siebzehn Jahre alt und fühlte ich von einer unbeschreiblichen Schlappheit wie gelähmt. Man sprach von Wachstumbeschwerden, Überbelastungen etc. ... Keiner sah Grund zur Beunruhigung. Am 8. November wurden die Eltern jedoch mißtrauisch und lieferten sie zur Kontrolle in ein Pariser Krankenhaus ein. Colette hatte Leukämie. Es blieben ihr nur mehr wenige Monate. Ihr Vater, der an der offiziellen Medizin verzweifelte, suchte nacheinander vier Heilpraktiker auf. Der erste gab ihm für 10 000 Franc heiße Breiumschläge aus magnetisiertem Lehm. Mit der gleichen Summe erwarb er beim zweiten Zäpfchen. Die beiden letzten waren »Spezialisten« für Fernbehandlung. Für diese »Behandlung« zahlte Monsieur M., der nur ein kleiner Handwerker war, jedem 50 000 Franc, die er nur mehr mit Mühe aufbringen konnte. Seine kleine Colette starb am 25. März 1959.

Madame G. aus Lyon schrieb mir:

»Monsieur,

um Ihnen in Ihrer Kampagne gegen die falschen Heilpraktiker behilflich zu sein, gestatte ich Ihnen, meinen Brief bei Ihren Vorträgen vorzulesen:

Mein Mann, der den Algerienkrieg mitgemacht hat, beklagte sich eines Morgens über heftige Kopfschmerzen. Er versuchte es zunächst mit verschiedenen Tabletten, aber ohne Erfolg. Schließlich suchte er einen Arzt auf, der feststellte, daß sich die Nackenwirbel verschoben hatten, und ihm sagte, seine Schmerzen würden verschwinden, sobald die Wirbel wieder an die richtige Stelle gerückt würden. Ich habe nie verstanden, warum mein Mann ihm nicht glauben wollte. Er sagte zu mir: ›Er verheimlicht mir die Wahrheit. Ein verschobener Wirbel kann doch nicht solche heftigen Schmerzen verursachen.‹ Daraufhin suchte er einen Heilpraktiker in unserer Nähe auf. Er kam nach Hause, sprach kein Wort, küßte und umarmte mich und die Kinder und schloß sich dann in unserem Schlafzimmer ein, wo er sich eine Kugel durch den Kopf jagte.

Später habe ich erfahren, daß ihm dieser Verbrecher gesagt hatte: ›Sie leiden an einem Gehirntumor; aber mit meinem Mittel kann ich Wunder wirken und Sie davon befreien. In wenigen Tagen werden Sie geheilt sein.‹

Das Unglück wollte es, daß mein Mann dieser Diagnose glaubte, der Heilung aber kein Vertrauen schenkte. Dieser Scharlatan hat seinen Tod auf dem Gewissen.«

Aber das war noch harmlos im Vergleich zu der Verantwortung, die ein gewisser Naessens auf sich nahm, den ich für einen gefährlichen Verbrecher halte.

Vor etwa fünfzehn Jahren suchte er mich auf:

»Ich besuche Sie in meiner Eigenschaft als Arzt der Universität . . . (Es handelte sich um eine Stadt in Belgien, deren Namen ich vergessen habe.) Meine Spezialität ist das Karzinom; meine Forschungen sind schon weit gediehen. Befassen Sie sich mit dieser Krankheit?«

»Nein. Das wäre wahnsinnig von mir.«

»Was machen Sie denn mit einem Krebskranken?«

»Ich überlasse ihn seinem Arzt, und wenn er noch keinen hat, verweise ich ihn an einen Chirurgen.«

»In diesem Falle könnten wir zusammenarbeiten. Schicken Sie Ihre Patienten zu mir. Selbstverständlich werde ich halbe und halbe mit Ihnen machen. Übrigens kann auch ich Ihnen Patienten überweisen, für die Ihre Behandlungsmethoden nützlich sein können.«

Er mißfiel mir. Sein Händedruck war schwammig und feucht. Er wirkte auf mich wie ein Bandwurm. Ich spürte, daß er schlimmer war als ein Scharlatan, er war ein Bandit.

Ich gab ihm zur Antwort, daß meine Auffassung in bezug auf Krebs äußerst traditionell sei und ich nur der Chirurgie und den anerkannten Behandlungsmethoden vertraute.

Er blieb keine zehn Minuten. Ich interessierte ihn nicht mehr.

Ich hätte ihn vergessen, wenn nicht im Dezember 1963 in den Zeitungen zu lesen gestanden wäre, daß er sich in Prunelé, auf Korsika, niedergelassen hatte und mit einem von ihm entdeckten Serum – dem Anablast – Krebs und insbesondere Leukämie zu behandeln pflegte.

In den Artikeln, die ich über ihn las, stand nichts davon, daß er ein diplomierter Mediziner einer belgischen Universität war, wie er behauptet hatte, sondern er wurde als genialer Autodidakt bezeichnet. Die Angst vor dem Krebs und der Leukämie ist so groß, daß selbst intelligente Menschen den Kopf verlieren und eine kritiklose Gläubigkeit entwickeln, sobald von einer »Wunderentdeckung« die Rede ist. Man hofft so intensiv, endlich ein Mittel gegen diese Krankheit zu finden, daß man bereit ist, alles zu glauben. Diese Geisteshaltung nützte Naessens weidlich aus, um daraus seinen Profit zu schlagen.

Ich war überzeugt, daß er ein Schurke war, und beschloß, ihn öffentlich anzugreifen. Im Januar 1964 beschloß ich, mich in Korsika einmal selbst umzusehen und dort einen Vortrag zu halten.

Was ich zu sehen bekam, erschütterte mich zutiefst.

Ich begann diesen Kerl zu hassen. Sanitäts- und Frachtflugzeuge aus aller Welt landeten in der Nähe von Bastia, und Krankenwagen oder Privatautos transportierten die leukämiekranken Kinder zu ihrem »Retter«. Die Prozession der kleinen, durchsichtigen Gesichtchen mit den riesigen Augen, dieser Zug von Eltern, die sich ruiniert hatten, damit ihr Kleines am Leben bleibe – das war herzzerreißend.

Sie kamen aus aller Herren Ländern, und unter den vierzehn an Leukämie erkrankten englischen Kindern waren zwei, die mich besonders rührten, ohne daß ich sagen konnte, warum. Es waren Edward Burke aus Blackpool, den die Gendarmerie im Hubschrauber transportiert hatte, und Barney Shenton, die knapp sieben Jahre alt war und deren Blick ich niemals vergessen werde.

Argentinien hatte ein Spezialflugzeug gechartert, um 50 Leukämiekranke hierher zu transportieren. Es war purer Wahnsinn!

Naessens besaß die Frechheit, allen, die es sehen wollten, sein »kleines Wunder« vorzuführen: es war Bernard Ferran, ein Junge von 16 Jahren, er war also schon alt genug, sich über die Tragik seiner Situation völlig im klaren zu sein. Daher war der Rummel, der um ihn gemacht wurde, besonders ekelhaft. Auf Korsika galt dieser Bandit als ein wahres Genie, als der Retter der Menschheit! Ohne ungerecht oder boshaft sein zu wollen, muß ich doch sagen, daß diese Bewunderung nicht ganz uneigennützig war. Die Umgebung von Pruneté erlebte ihr goldenes Zeitalter! Die Hotels quollen über, die bescheidensten Zimmer wurden zu Dollarpreisen verschachert.

In Ajaccio hielt ich schließlich meinen Vortrag gegen die Scharlatane, und ich zögerte nicht, meine Meinung über Naessens kundzutun. Ich dachte, sie würden mich lynchen. Denn Naessens gehörte neben Napoleon bereits zum Nationalbesitz. Kritik an ihm zu üben oder gar ihn anzugreifen galt daher als eine ganz Korsika treffende Beleidigung.

Unter Polizeischutz konnte ich den Saal dann doch noch verlassen und unter Schmährufen zu meinem Flugzeug gelangen, ohne allerdings meinen Koffer im Hotel mehr abholen zu können.

Da korsische Freunde mich regelmäßig über das Tun und Treiben dieses falschen Arztes auf dem laufenden hielten, konnte ich auch in der Folgezeit diese Angelegenheit verfolgen.

Jeder schien vergessen zu haben, daß dieser Scharlatan bereits 1956 wegen illegaler Ausübung ärztlicher Tätigkeit verurteilt worden war. Auch sein Serum gab es bereits seit 1950; es war in der Schweiz unter dem Namen G. N. 24 in den Handel gekommen und sehr bald wieder aus dem Verkauf gezogen worden.

Professor Denoix, den das Gesundheitsministerium nach Pruneté geschickt hatte, forderte, daß Naessens so lange keine neuen Behandlungsmethoden anwenden und sich mit den Medikamenten begnügen sollte, die im Umlauf waren, bis die Nachforschungen abgeschlossen sein würden.

Nun stieg die Temperatur merklich an. Die Neuankömmlinge wollten nicht mehr wegfahren, die Preise stiegen, all diese Unglücklichen versuchten um jeden Preis noch eine Behandlung zu erhalten und boten Naessens Unsummen an. Dieser allerdings konnte sie aus Zeitmangel gar nicht mehr alle annehmen. Denn Professor Denoix hatte soeben Marcellin, dem damaligen Gesundheitsminister, seinen Bericht vorgelegt, der entschied: »Naessens hat sich geirrt. Anablast hat keinerlei Wirkung.«

Meine Freunde schrieben mir, daß auf Korsika Demonstrationen zugunsten von Naessens stattfänden. Mehr als 4000 Personen brachten ihre Empörung gegen die offizielle Medizin zum Ausdruck, um einen Scharlatan zu unterstützen.

Aber auch das konnte nicht verhindern, daß Naessens am 3. Februar 1964 wegen illegaler Ausübung medizinischer und pharmazeutischer Tätigkeit angeklagt wurde. In diesem Fall empfand auch ich, der ich doch selbst so oft durch die Härte der Justiz zu leiden hatte, Freude darüber, daß sie in scharfer Weise durchgriff.

Am 9. Februar starb Bernard Ferran. Aber es dauerte noch lange, bis alle, die an Naessens geglaubt hatten, begriffen, daß er ein Monstrum war, das mit der Hoffnung Verzweifelter Geschäfte machte.

Der britische Konsul auf Korsika hatte die letzten Leukämiekranken nach England zurücktransportieren lassen. Naessens setzte sich stillschweigend nach Kanada ab, wo es ihm gelang, sich beim Ehepaar Guynemer Aufnahme zu verschaffen, das ein dreijähriges, an Leukämie erkranktes Kind hatte. In manchen Fällen ist auch Hoffnung eine unheilbare Krankheit! Aber vielleicht ist das gut so!

Im Mai 1964 starb der kleine Engländer Edward Burke; ihm folgten im Juli ein kleiner Kanadier und im August Barney Shenton.

Ein Jahr nach dem falschen Ruhm Naessens' war kein einziges leukämiekrankes Kind, das von ihm »behandelt« worden war, mehr am Leben.

Im Mai 1965 wurde Naessens von der 16. Kammer des Strafgerichts zu einer Strafe von 18 000 Franc verurteilt. Das war ein niedriger Preis!

Das Jahr 1964 war für mich sehr hart, und in der Geschichte meines Kampfes gegen die Betrüger der Krebskranken könnte ich es mit einem schwarzen Kreuz markieren. Die Affäre Naessens war noch nicht abgeschlossen, als Freunde mich wissen ließen, daß es in Barrenac, in Corrèze, eine Heilpraktikerin, Mademoiselle Andrée Delmas, gebe, deren Tätigkeit ziemlich merkwürdig zu nennen war. Bereits 1955 hatte ich in der Zeitung gelesen, daß eine Heilpraktikerin aus der Gegend von Brive in ihrem Dorf Sioniac eine Klinik hatte bauen lassen, die den Namen »Esperance« trug und sogar von Abbé Mage eingeweiht wurde. In diesem Etablissement gedachte sie Kranke aufzunehmen und mit der Kunst des Handauflegens zu heilen.

Ich hatte die Existenz von Mademoiselle Delmas bereits wieder vergessen, als mein Freund Pasquini mich im April 1964 darauf aufmerksam machte, daß ein Abgeordneter des Departements Seine-et-Oise den Justizminister um eine Entscheidung im Fall einer Heilpraktikerin angerufen habe, gegen die drei Personen Klage eingereicht hatten. Ein Satz in seiner schriftlichen Stellungnahme hatte mich frappiert: »Ist es möglich, daß eine Person, die praktisch Analphabetin ist, vor mehr als zehn Jahren eine Klinik zur Krebsbehandlung aufmachen konnte?« Er konnte es kaum glauben, daß die drei eingegangenen Klagen noch nicht behandelt worden waren, obwohl doch die Herren Edmond Joullié aus Millau und Taillefer aus Saint-Jean-d'Alcapiès ihre Frauen und Monsieur Besse aus Lavercadière seine Mutter verloren hatten. Ich wollte genau wissen, was sie Mlle. Delmas vorzuwerfen hatten.

Daher brach ich zu einem neuen Kreuzzug auf.

Ich erfuhr, daß die Familie von Monsieur Joullié, dessen Frau am 15. Februar 1963 in der Hotel-Klinik »Esperance« gestorben war, unter Mademoiselle Delmas besonders zu leiden gehabt hatte. Sie hatte auch zwei seiner Vettern »behandelt«, die daran gestorben waren. Es fiel mir schwer, zu begreifen, wie diese Leute der Heilpraktikerin so lange vertrauen konnten.

Monsieur Taillefer, den der Zustand seiner Frau, die im Haus »Esperance« lag, beunruhigte, wollte sie von dort abholen und zu einem Arzt bringen. Mademoiselle Delmas hat ihn beschimpft und sich seinem Plan heftig widersetzt, wobei sie versicherte, daß sie bei einer Unterbrechung der Behandlung für nichts mehr garantieren könnte. Sie behielt recht. Kaum hatte Madame Taillefer die Klinik verlassen, starb sie an einem Karzinom, das bereits vom ganzen Körper Besitz ergriffen hatte.

Monsieur Besse hatte seine an Brustkrebs erkrankte Mutter, die sich vor einer Operation gefürchtet hatte, der Pflege von Mademoiselle Delmas anvertraut. Sie hatte prophezeit: »Wenn ein Arzt sie erst unter seine Finger bekommt, verstreut er den Krebs überallhin.« Nach mehreren aufeinanderfolgenden Aufenthalten bei Mademoiselle Delmas starb auch Madame Besse.

Diese Vorfälle waren so skandalös, daß ich unverzüglich nach Brive aufbrach, begleitet von meinem Freund Besson, einem ehrenhaften Heilpraktiker, der wie ich den Wunsch hegte, unseren Berufszweig von Ungeziefer zu säubern.

Was wir in Barrenac zu sehen bekamen, überstieg all unsere Erwartungen und Vorstellungen. Für den größten Teil der Bevölkerung bestand kein Zweifel daran, daß Mademoiselle Delmas, der »gute Engel« genannt, eine echte Heilpraktikerin und Wohltäterin war, ihr hatten auch die kleinsten Hotels in der Umgebung ihren Aufschwung zu verdanken. Jeder war bereit, die »wunderbare« Geschichte dieser »Wunderheilerin« in allen Einzelheiten zu erzählen.

Der Anfang gefiel mir. Andrée Delmas war eine einfache Bauerntochter. Sie hütete für ihre Eltern die Viehherden. Die Stimmen, die dieses elfjährige Hirtenmädchen vernahm, hatten es zur Heilkunst berufen; sie gehörten einer Handauflegerin aus Bussière-Galant und einem Missionar, dem Pater Bourdeau, einem Spezialisten für Parapsychologie. Beide hatten ihr gesagt: »In deinen Händen liegt eine ungeheure Gabe; du mußt heilen.« Sie hatten sich nicht getäuscht. Andrée Delmas verfügte über eine Gabe, die es ihr ermöglicht hatte, im Alter von 45 Jahren ein recht ansehnliches Vermögen ihr eigen zu nennen. Ihr System war denkbar einfach: indem sie ihre Wunderhände dem Kranken näherte, wußte sie schon, an welcher Krankheit er litt. Anschließend heilten ihn dieselben Hände. Natürlich entdeckte sie nur schwere Krankheiten: Krebs, Tuberkulose, Fleckensklerose, bösartige Tumore aller Art, die stets langwierige Behandlungen erforderlich machten und die Geduld und noch mehr die Geldbörse der Patienten erschöpften. Wenn sie sich damit zufriedengegeben hätte, falsche Krankheiten zu diagnostizieren, wäre sie nur eine Gaunerin gewesen, aber zum Unglück jener, deren Vertrauen sie ausnützte, übernahm es Andrée Delmas auch, echte Karzinome zu behandeln!

Mein Freund Besson und ich hatten sofort begriffen, daß es schwierig sein würde, Andrée Delmas beizukommen. Ihre Verfahrensweise war perfekt. Ihr als »Hotel garni« bezeichnetes Etablissement konnte etwa fünfzig »Touristen« aufnehmen. Sie schien nichts anderes als eine Zimmervermieterin zu sein. Aber in jedem Zimmer hing eine seltsame »Hausordnung«. Einige Artikel daraus habe ich mir gemerkt:

Im Untersuchungszimmer wirst du warten,
im Evas- oder Adamskostüm,
auf dem Billardtisch wirst du erfahren
ausgestreckt das Berührungsgefühl.

Wohl dich wirst nun fühlen
und mit Dank
schnell nun sollst dich rühren,
dich anziehen, bist frei und frank.

Was der »gute Engel« hier Billardtisch nannte, war nichts anderes als ein in der »Praxis« aufgestellter Untersuchungstisch.

Mit einem weißen Kittel bekleidet, empfing sie ihre Pensionsgäste und legte ihnen die Hände auf. Jede dieser nur Sekunden dauernden Sitzungen kostete 1000 Franc. Wollte man jedoch ein Resultat erzielen, waren drei oder vier Sitzungen pro Tag nötig. Selbstverständlich entschied der »gute Engel« über die notwendige Anzahl der Sitzungen.

Mehr brauchten wir gar nicht zu wissen. Es war völlig klar, daß Mademoiselle Delmas ein Scharlatan schlimmster Sorte war. Aus diesem Grunde gab ich am 20. Mai 1964 im »Hotel de Bordeaux« von Brive eine Pressekonferenz, in der ich noch einmal betonte: »Jeder Heilpraktiker, der sich dieses Namens würdig erweisen will, sollte immer versuchen, mit der Ärzteschaft zusammen und nicht als Einzelgänger zu arbeiten. Ich halte sehr viel von der Chirurgie und den Ärzten und kann nur eines bedauern: daß es nicht mehr von ihnen gibt, die auch an uns glauben. Ich bin nicht hier, um die Ärztekammer zu bekämpfen, sondern hoffe ganz im Gegenteil, mich eines Tages ihr an die Seite stellen zu können, um mit ihr gemeinsam gegen die falschen Heilpraktiker vorzugehen.«

Ich kann nicht behaupten, daß meine Intervention einen besonderen Einfluß ausgeübt hätte. Vielleicht war sie aber im richtigen Augenblick erfolgt, denn einige Tage danach, am 29. Mai, wurde Andrée Delmas verhaftet. Ich habe ihrem Strafprozeß in Brive beigewohnt. Sie war bereits in den Jahren 1952 und 1953 verurteilt worden.

Sie war groß, eckig, mit rotblondem, gutfrisiertem Haar, einem Kostüm, das von einem erstklassigen Schneider stammte, hatte ein blendendes Auftreten. Ihr Lächeln und ihre sanfte Stimme besaßen einen verführerischen Reiz. Aber wenn ihr etwas mißfiel, verengten sich die Pupillen ihrer tiefblauen Augen, ihr Blick wurde hart, und ihre knappen Antworten klangen metallisch. Dann verlor sie jeglichen weiblichen Charme, und es war sicherlich nicht gelogen, wenn die Leute behaupteten, daß sie fähig war, einen alten Mann hinauszuwerfen, weil er die 200 Franc für die Behandlung, die »sein Leben retten« würde, nicht besaß.

Das einzig Schöne an ihr waren die Hände: sie waren groß und gepflegt. Sie zogen den Blick auf sich und vermochten ihn zu fesseln.

Wenn ich an diese zwei Affären zurückdenke, frage ich mich, wie es kommt, daß die Justiz Menschen wie Naessens und Delmas und einen Mann wie mich mit gleichen Maßen mißt ...

25 Dura lex, sed lex

Einundzwanzigmal ist mein Name im Justizpalast aufgerufen worden. Immer stand ich aufrecht, in meinem schönsten Anzug, in der Anklagebank des Strafgerichts. Ich kannte das Ritual ebenso gut wie ein Priester seine Messe. Und dennoch habe ich mich nie daran gewöhnen können. Stets war ich vorher nervös und kreiste um mich selbst wie der Tiger in seinem Käfig. Vor Gericht geschleift zu werden bedeutete für mich, in einem Käfig gefangengehalten zu werden, dessen Stäbe die Gesetze waren; und zwar jene Gesetze, die man immer wieder, mit mehr oder weniger Nachsicht, aber immer mit der gleichen Konsequenz auf mich anwandte.

Obwohl ich mir vorsagte, daß jeder Prozeß einen neuen Sieg bedeutete, war ich damit doch nicht zufrieden. Diese Art von Ruhm wollte ich nicht. Und nicht ein einziges Mal stand ich in der Anklagebank, ohne an meinen Vater zu denken und ihn zu beneiden. Die Bescheidenheit seines Lebens bleibt in meinen Augen ein Vorbild, das ich niemals erreichen konnte.

Auch wenn ich immer die gleichen Gefühle empfand, unterschieden sich meine Prozesse doch immer voneinander. Jedesmal verlieh ihnen ein dominierendes Element eine besondere Prägung.

1949 fand mein erster Prozeß in Nizza statt; 1950 in Paris der zweite, und am 13. März 1951 stand ich in Lyon zum drittenmal vor Gericht. Das ergab also einen pro Jahr; die Ärztekammer konnte annehmen, daß ich dieses Tempo nicht lange durchhalten würde. Aber wer das glaubte, kannte mich schlecht. Unterstützt von meinem Freund, Anwalt Pasquini, hatte Maître Maurice Garcon von der Académie Francaise meine Verteidigung übernommen. Seine Zustimmung beruhte allerdings auf einem Mißverständnis. Als man ihm von mir erzählte, nahm er sofort an, ich sei Heilpraktiker, und dieses Wort war für ihn ein Synonym für geheimnisvolle Kräfte. Er hatte geglaubt, ich sei im Besitz der

»Gabe«, und dabei hatte ich nur mit Pflanzen aufzuwarten. Für diesen Bewunderer okkulter Kräfte war das viel zu banal. Er war ein bekannter Autor von Studien zur Hexenkunst und besaß in seinem kleinen Haus in Poitou Dokumente über die schwarze und die weiße Magie, die er mir zeigte, weil er mich für mehr oder weniger »eingeweiht« hielt. Er fragte mich:

»Welcher Macht schreiben Sie Ihre Gabe zu?«

»Der, die der liebe Gott in die Pflanzen gelegt hat.«

Er war enttäuscht, hat mich aber trotzdem mit Intelligenz und Talent verteidigt. Er hatte von einem mittelalterlichen Prozeß geträumt, und er bekam nur den Prozeß eines Menschen, der keine Geheimnisse hat. Dennoch war dieser einer der erstaunlichsten meiner Karriere. Es trat der seltene Fall ein, daß ein Staatsanwalt als Zeuge des Angeklagten auftrat.

Staatsanwalt Alexis Thomas trat also in den Zeugenstand. Man erwartete seine Aussage. Aufmerksames Schweigen herrschte im Saal, als er zu sprechen begann:

»Wenn ich es vorgezogen habe, im Zeugenstand zu stehen, anstatt meinen üblichen Platz einzunehmen, dann geschah das, weil ich es ablehne, gegen Maurice Mességué zu plädieren, der mich von einem Leberleiden geheilt hat, gegen das die offizielle Medizin machtlos war.«

Trotz dieser Zeugenaussage wurde ich – wie erwartet – verurteilt. Eine große Pariser Tageszeitung brachte als Überschrift: »Die Verurteilung von Maurice Mességué bedeutet für die Heilpraktiker eine Siegesmeldung.«

In seiner Begründung hatte das Gericht nämlich festgestellt, daß ich tatsächlich heilte und daß mein Prozeß nichts mit dem gegen einen Scharlatan zu tun habe, und sein Bedauern darüber ausgesprochen, daß es zwischen der offiziellen Medizin und den Heilpraktikern noch keine Möglichkeit der Verständigung gebe.

Meine Umgebung freute sich, ich aber war, um ehrlich zu sein, nicht sehr zufrieden. Diese Art des Triumphes gefiel mir nicht. Vielleicht fühlte ich, daß mir noch Schlimmeres bevorstand, jedenfalls lag mir daran, Maître Floriot kennenzulernen.

Er war der Verteidiger, von dem jeder Angeklagte träumte. Aber der erste Eindruck, den er auf mich machte, war schlecht. Nachlässig über seine Bank gebeugt, schien er fast zu schlafen. Er schien sich tödlich zu langweilen. Das Publikum war ziemlich mondän. Ich war von hübschen, eleganten Frauen umgeben, die eher nach Theaterpremiere als nach Gerichtsverhandlung aussahen. Meine Begeisterung begann abzukühlen.

Der Angeklagte war ein Betrüger, und alles, was hier um ihn herum geschah, schien ihm gleichgültig zu sein. Träge wie eine dicke Katze, die sich gähnend ausstreckt, erhob sich Maître Floriot, um einen einzigen Satz zu sagen. Aber welch einen Satz! Er zitierte einen Artikel des Gesetzbuches, der dem Präsidenten die Formulierung der Frage, die er soeben an den Angeklagten gerichtet hatte, untersagte. Mit diesem einen Satz hatte Floriot den Ablauf der Verhandlung gestört, und diese Unordnung verhalf ihm zum Sieg.

Hingerissen ging ich noch einige Male zu Gerichtsverhandlungen, um ihn zu hören. Eines Tages, als ich von seiner Intelligenz und Begabung wieder wie berauscht war, sprach ich ihn am Ausgang des Gerichtssaales an. Ich glaube, meine Naivität und meine Aufrichtigkeit rührten ihn, und so bestellte er mich für den nächsten Tag in seine Kanzlei.

»Sie benützen also Pflanzen. Folglich haben sie die Ärzte, die Pharmazeuten und 50 Prozent der kleinen Leute gegen sich. Und außerdem das Gesetz.«

Mit der gewohnten Geste schob er seine Brille zurecht, während er mich nicht aus den Augen ließ.

Ich war betroffen: die kleinen Leute sollten gegen mich sein? »Das ist unmöglich. Die kleinen Leute, wie Sie sagen, lieben mich. Ich behandle sie umsonst. Für sie habe ich immer Zeit. Sie sind meine treuesten Zeugen. Gerade ihre Existenz ermutigt mich, wenn ich am liebsten alles hinschmeißen möchte.«

»Ich habe ja nicht von allen gesprochen, nur von 50 Prozent. Und damit meine ich jene, die sich nur behandeln lassen, weil es eine Krankenversicherung gibt, die ihnen das Geld zurückerstattet. Für mich ist das ein erster Punkt gegen Sie. Zweitens werden Sie immer verurteilt werden, egal welchen Anwalt Sie haben. Selbst wenn es wollte, könnte kein Gericht Sie freisprechen. Da Sie dies nun alles wissen, wollen Sie immer noch, daß ich Sie verteidige?«

»Ja.«

»Nun gut. Da wir also keinen Freispruch erlangen können, müssen wir uns auf die Gründe konzentrieren, die das Urteil motivieren, denn sie sind in den Augen des Gerichts wichtiger als das Urteil selbst. Sie sind Fleisch und Blut der Justiz, wohingegen das Urteil nur das Skelett ist.«

Maître Floriot hatte wieder zu seinem Füller gegriffen:

»Hier also Ihre Pluspunkte: A) Sie behandeln keinen Kranken

ohne Zustimmung seines Arztes; b) Sie stellen nie Diagnosen; c) Sie stellen keine Rezepte aus ... Das sind drei Tatsachen, die beweisen, daß sie nur praktizieren, indem Sie gleichzeitig die rechtmäßige Medizin respektieren.«

An diesem Tag begriff ich eine juristische Grundwahrheit: Für einen Angeklagten ist das, was er nicht getan hat, wichtiger als das, was er getan hat.

Erst bei unserem zweiten Treffen kam auch der Mensch Floriot zum Vorschein. Bisher hatte ich ihn nur von seiner beruflichen Seite kennengelernt. Nun erkannte ich, daß sich eine große Sensibilität hinter dem rauhen Äußeren verbarg.

»Ich werde Sie aus keinem der Gründe, die ich Ihnen genannt habe, verteidigen. Der wahre Grund ist, daß ich an Ihre Pflanzen glaube. Jahrelang sah ich, wie meine Mutter sich mit ihrem Rheuma quälte. Die kleinste Bewegung ließ sie vor Schmerzen wimmern. Sie konnte sich nicht einmal mehr alleine anziehen. Die Ärzte stopften sie mit Medikamenten voll, ohne das geringste Ergebnis. Schließlich hat ihr jemand Breiumschläge aus Eschenblättern empfohlen. Drei Tage später waren die Schmerzen verschwunden.«

Bald lernte ich den echten Floriot kennen. Er war ein Mensch, der seine alten Jagdhunde noch behielt, wenn sie auch gar nicht mehr für die Jagd taugten; der in seinem Park einen richtigen Jahrmarktschießstand hatte errichten lassen und der auf ein Essen mit einem wichtigen Klienten verzichtet, um statt dessen mit Freunden in einer Kneipe zu sitzen.

Floriot ist ein falscher Zyniker. Seine Worte sind zynisch, aber nicht sein Blick. Auch wenn er sich hinter seiner Brille versteckt, sieht man doch seinen sanften, ein wenig schalkhaften, gütigen Blick. Wie groß diese Sensibilität war, erkannte ich an jenem Tag, da sein Gesicht sich aufzulösen und sein Blick in die Ferne zu irren schien wie der eines verlorenen Kindes, als man ihm das Telegramm übergab, das ihm den Tod seiner Mutter mitteilte.

Sein Debüt mit mir war für Maître Floriot nicht besonders reizvoll.

Die Richter in Colmar im Jahre 1953 sahen streng drein und waren es auch, da sie mir 200 000 Franc Strafe aufbrummten. Das war die höchste Strafe, zu der ich je verurteilt wurde. Für sie war Gesetz eben Gesetz, und sie wandten es unnachsichtig an.

Trotzdem verlief die Verhandlung in einer fast warmherzigen Atmosphäre. Das verdankte ich dem Untersuchungsrichter Monsieur Doll, der meinen Prozeß sehr gewissenhaft vorbereitet hatte. Er hatte unter siebzig meiner ehemaligen Patienten eine Umfrage angestellt: 62 erklärten sich für geheilt, vier hatten eine Besserung ihres Zustandes zu verzeichnen, und die anderen enthielten sich der Aussage. Mit großer Ehrlichkeit hatte er diese Ergebnisse in die Akten aufgenommen.

Ebenfalls in Colmar erlebte ich auch eine schöne Genugtuung. Kurz nach dem Prozeß überraschte mich der Besuch des Richters Nettre, der in der Verhandlung den Vorsitz geführt hatte. Er ging sofort in medias res:

»Ich habe Sie verurteilt, Monsieur Mességué, weil mein Beruf mich zwingt, das Gesetz anzuwenden, und das kann mir niemand verübeln. Aber ich war sehr gerührt von der Aufrichtigkeit der Zeugenaussagen. Was ich Ihnen nun sagen möchte, wird Ihnen vielleicht paradox erscheinen: ich bin krank; ich leide an einer Polyarthritis in der linken Schulter. Bisher hat mir kein Arzt und kein Medikament helfen können. Würden Sie mich behandeln?«

»Ohne jeden Groll, Herr Präsident! ... und seien Sie sicher, daß ich Ihnen werde helfen können.«

Ich heilte ihn.

Das Gericht der 16. Strafkammer von Paris, dem Maître Floriot und ich 1953 gegenübertreten mußten, war viel nachsichtiger, da es meinen unbestreitbar guten Willen berücksichtigte; es verurteilte mich nur zu 25 000 Franc Strafe; die Zeitungen schrieben: »25 000 Franc bedeuten Freispruch!«

Fast drei Jahre sollten vergehen, ehe die Attacke von neuem einsetzte. 1956 verteidigte mich Maître Floriot in zwei wichtigen Prozessen; im April in Tours, im Juni in Corbeil.

Über den Prozeß stand später in der Zeitung, daß ich mit 10 000 Franc Strafe eine moralische Absolution erhalten hätte.

Als sich der Staatsanwalt erhob, war ich sicher, wieder den üblichen Strafantrag zu vernehmen.

Nach Verlesung von Artikel 272 des Strafgesetzbuches fügte er jedoch lediglich hinzu:

»Hier kann es sich nicht um Streitigkeiten zwischen verschiedenen Heilmethoden handeln, sondern wir wollen nur feststellen, ob der Beschuldigte sich als Arzt betätigt und ob er dafür das vom Gesetz geforderte Diplom besitzt.«

Damit war sein Plädoyer beendet. Maître Floriot erhob sich: »Vor dem Gesetz ist mein Klient schuldig, meine Aufgabe aber besteht darin, dem Gericht den Mann zu beschreiben, den es heute zu richten hat.«

Nachdem er erklärt hatte, daß er dem Gericht bewußt nur einen kleinen Teil der Zeugenaussagen vorgelegt habe, sagte er: »Aus den Hunderten von Dankesbriefen, die mein Klient erhalten hat, werde ich Ihnen nur vier vorlesen. Sie stammen von Richtern und Ärzten.«

Wieder einmal sagte ein Richter zu meinen Gunsten aus: »Seit 1939 litt ich an Krämpfen, die sich in regelmäßigen Abständen nach den Mahlzeiten einstellten ... Meine Erschöpfungszustände und mein Gewichtsverlust beunruhigten meine Umgebung. Als ich Sie aufsuchte, war ich körperlich und seelisch völlig zerrüttet.

Zwei Monate lang legte ich mir dann Ihre Breiumschläge auf und empfand eine unmittelbare Besserung.

... Meine Gesundheit ist heute völlig wiederhergestellt.«

Der nächste Brief stammte vom Präsidenten der Kammer des Berufungsgerichts. Ich hatte ihm zu schreiben gewagt: »Vor drei Jahren haben Sie mich verurteilt, da Sie nicht anders konnten. Auf Ihren Wunsch habe ich Sie geheilt. Ich werde erneut vor Gericht kommen, aber diesmal werden nicht Sie den Vorsitz führen. Würden Sie zu meinen Gunsten aussagen?«

Er entschuldigte sich, daß er nicht persönlich kommen konnte, und fuhr dann fort:

»Seit 1942 litt ich an einer doppelseitigen Polyarthritis, die allen Behandlungsmethoden trotzte: Gold- und Kupfersalze und Thermalbäder blieben ohne Wirkung.«

Da die Krankheit sich stabilisiert hatte, waren seine beiden Handgelenke steif geworden, und er hatte Schmerzen im rechten Ellbogen, im Nacken, im Rücken und in einem Fuß.

»Mit ziemlicher Skepsis habe ich Ihre Behandlung durchgeführt, das muß ich zugeben; aber bereits nach der dritten Woche spürte ich eine eindeutige Besserung meines Zustandes. Ich muß betonen, daß Sie mir bei unserer ersten Begegnung schon gesagt hatten, daß mit Ihrer Methode keine vollkommene Heilung zu erzielen sei, daß Sie aber Hoffnung hätten, mich von meinen Schmerzen zu befreien und meinen Gelenken wieder mehr Bewegungsfreiheit geben zu können ... Nach zwei Monaten war es soweit. Diese Aussage hätte ich gern persönlich vor dem Strafgericht gemacht.«

Anschließend verlas Floriot mit seiner scharfen, klaren Stimme die Aussagen von Ärzten. Der erste, ein Stationsarzt der Hals-, Nasen- und Ohrenabteilung eines Krankenhauses, schrieb:

»Mir liegt daran, Ihnen meine Dankbarkeit auszudrücken. Seit mehreren Jahren litt meine Frau an Funktionsstörungen, die wir nicht zu heilen vermochten. Allein Ihrem Eingreifen ist es zu verdanken, daß meine Frau sich wieder bester Gesundheit erfreut.«

Ein anderer gab zu, daß er vorsichtshalber selbst seine Patientin zu mir begleitet hätte; es handelte sich um ein junges Mädchen, das an Angina pectoris litt und einen großen Teil seines Lebens im Bett zubringen mußte.

»Sie hatte die besten Spezialisten aufgesucht, aber ohne Erfolg. Nach Ihrer Behandlung jedoch war sie wie verwandelt.« Er schloß mit einer skeptischen Bemerkung: »Ich glaube zwar nicht daran, aber wie der heilige Thomas verneige ich mich tief.«

Floriots Geschicklichkeit bestand darin, das Gericht nicht durch lange Verlesungen zu ermüden und seine Beispiele sorgfältig auszuwählen. Zeugenaussagen wie diese konnte man nicht einfach vom Tische fegen.

Dr. med. G. T.
Paris VIII

28. Mai 1951

Monsieur,

meine Patientin, Madame B., die an akutem Gelenkrheumatismus erkrankt ist, leidet unter immer quälenderen Schmerzen, und ich hätte gern Ihre Stellungnahme zu diesem interessanten Fall gehört. Ich hoffe, daß Sie sie untersuchen können. In dieser Erwartung und mit herzlichem Dank im voraus bin ich, mit vorzüglicher Hochachtung,

Ihr ...

Dr. med. G. S.
Medizinische Fakultät der
Universität Straßburg

10. Dezember 1953

Mein lieber Freund,

ich schicke Ihnen Major G., einen schwierigen Fall. Er hat siebzehn Jahre in den Kolonien zugebracht, er wird Ihnen seine Geschichte selbst erzählen.

Sein Fall entzieht sich den üblichen medizinischen Möglichkeiten. Ob Sie etwas für ihn tun können?

Mit Dank und herzlichen Grüßen

Ihr ...

Dr. M. E.
Professor an der
Hochschule für Homöopathie
Paris

Lieber Freund Mességué,

hiermit möchte ich Ihnen einen jungen Mann ganz besonders ans Herz legen; er ist der Sohn des Wächters auf unserem Familienbesitz in Anjou.

Seine Familie, die wir sehr lieben, ist uns zutiefst ergeben. Obwohl ich ihn als Kind gekannt habe, sah ich ihn längere Zeit nicht mehr, da mich der Hochschulbetrieb hier festhält. Angeblich leidet er an ständig wiederkehrenden Asthmaanfällen.

Da ich Ihre Erfolge auf diesem Sektor kenne, dachte ich mir, Sie könnten ihn vielleicht heilen oder ihm zumindest Linderung verschaffen.

Im Laufe der nächsten Woche wird er in Paris eintreffen und sich dann mit Ihnen in Verbindung setzen.

Er ist ein junger Mann von etwa zwanzig Jahren und heißt M. Q. Ich danke Ihnen im voraus für alles, was Sie vielleicht für ihn tun können.

Mit freundschaftlichen Grüßen . . .

Der Antrag meines Anwalts war recht seltsam. »Ich bitte das Gericht, in seinem Urteil sein Bedauern, Mességué verurteilen zu müssen, schriftlich zu fixieren.«

Das Gericht tat dies auch, indem es folgendermaßen formulierte: »Der Fall rechtfertigt im weitesten Sinne mildernde Umstände, und der Angeklagte verdient die Nachsicht des Gerichts.«

Der Prozeß von Corbeil wird für mich immer untrennbar verbunden sein mit der Geschichte von Madame Germaine Houlier aus Angerville und mit der Voreingenommenheit der Sachverständigen.

An dem Tag, an dem sie zu mir kam, wartete bereits eine große Anzahl von Patienten geduldig darauf, zu mir vorzukommen. Ich war nervös, spürte einen Druck auf den Schläfen und hatte das unangenehme Gefühl, daß »irgend etwas passieren« würde . . .

In diese unangenehme Atmosphäre platzte Monsieur Houlier.

Ich hatte soeben die Tür hinter einem neuen Patienten geschlossen, als meine Sekretärin mir am Telefon mitteilte:

»Hier ist ein Herr, der keinen Termin vereinbart hat und der Sie unbedingt sehen will. Er sagt, es sei dringend, es gehe sozusagen um Leben und Tod.«

»In diesem Fall sagen Sie ihm, er soll einen Arzt aufsuchen.«

Wenige Minuten später klopfte meine Sekretärin sogar an meine Tür:

»Was ist denn?«

»Der Herr besteht darauf, Sie zu sehen, er kommt aus dem Krankenhaus und ist völlig verzweifelt. Seine Frau wartet im Auto vor der Tür.«

Ich war gereizt. Zum ersten Mal spielte sich eine derartige Szene vor einem meiner Patienten ab. Dieser, ein wohlbeleibter Geschäftsmann, meinte:

»Monsieur Mességué, ich möchte mich ja nicht in eine Angelegenheit einmischen, die mich nichts angeht, aber ich bin bereit, diesem Mann meinen Platz abzutreten. Ich habe ihn gesehen, als er weinend das Wartezimmer betrat, daher . . ., verstehen Sie – unter diesen Umständen . . .«

Er hatte keine Zeit, seinen Satz zu beenden, denn ich war schon auf dem Flur.

Da stand ein etwa sechzigjähriger Mann; er hatte graues, völlig verwirrtes Haar, war klein und dürr und sah mich flehend an. Sein Taschentuch zerknüllte er in der Hand, aber er dachte gar nicht mehr daran, es zu benutzen, die Tränen liefen ihm über die zitternden Lippen.

»Ich bin siebzig Kilometer gefahren, Monsieur, um Sie zu sehen. Morgen wird man meiner Frau das Bein abnehmen. Das müssen Sie verhindern.«

»Kann sie gehen?«

»Ja, heute noch.«

»Kommen Sie in etwa zehn Minuten mit ihr in mein Sprechzimmer.«

Als ich Madame Houlier, schwer auf ihren Mann gestützt, eintreten sah, wußte ich, daß mir Schweres bevorstand.

Dieses alte Paar, das gemeinsam litt und gemeinsam weinte, war erschütternd. Ich schickte ein Stoßgebet zum Himmel: »Lieber Gott, gib, daß ich sie heilen kann!«

Mit sanften und vorsichtigen Bewegungen löste Monsieur Houlir die Verbände vom Bein seiner Frau, die mit Leukoplast befestigt waren. Sie entschuldigte sich:

»Das ist wegen des Eiters, der überall durchkommt.« Der fade Geruch verbreitete sich bereits im ganzen Raum.

Schön sah es nicht aus, das Bein von Madame Houlier; es war

unförmig, violett verfärbt, aufgeplatzt und eitrig nässend.

»Wie hat das denn angefangen?«

»Mein Mann und ich besitzen ein kleines Haus an der Straße nach Méréville, in der Nähe von Angerville, und ich kümmere mich um die Hühner und Kaninchen. Eines Morgens, als ich vom Feld zurückkam, wo ich Gras geschnitten hatte, sagte ich zu meinem Mann: ›Irgendein ekelhaftes Tier muß mich gestochen haben. Ich habe einen kleinen Pickel auf dem Bein, der mir weh tut.‹.

Wenige Tage später war es schon ein ganzer Fleck, der sich immer weiter ausbreitete und schließlich den Oberschenkel und den Fuß erreicht hatte. Sehen Sie selbst, sogar die Zehennägel habe ich verloren. Ich habe alles versucht.

Um das zu behandeln, haben wir mehr als zwei Millionen Franc ausgegeben, mehr, als wir überhaupt besaßen. Man hat mich mit Antibiotika vollgestopft. Am Anfang nützte das auch, aber dann plötzlich nicht mehr. Unser Hausarzt tippte schließlich auf ein Gangrän. Er machte für uns einen Termin mit einem Professor der Rothschild-Stiftung aus. Und da kommen wir gerade her. Der Professor hat mein Bein kaum angeschaut und dann einen Brief an seinen Kollegen geschrieben.«

»Zeigen Sie mir diesen Brief.«

Ich las: »Diese enorme, wachsende Pyodermie mit sekundärer Elephantiasis entzieht sich jeder ärztlichen Behandlung. Ich sehe keine andere Möglichkeit als die Amputation.«

Ich warf einen fragenden Blick auf die Frau. Sie antwortete:

»Der Assistent des Professors hat uns sogar gesagt, daß es . . ., wenn ich mich nicht innerhalb einer Woche dazu entschließen würde, oberhalb des Knies sein würde.«

Sie wagte das Wort Amputation nicht auszusprechen.

»Ich habe fünfzehn Kilo abgenommen und verliere täglich mehr als einen Liter Flüssigkeit durch den Eiter . . . Ich kann einfach nicht mehr, Monsieur, lieber will ich sterben . . .«

Ich gab ihr den Brief zurück. Ich konnte nichts für sie tun. Acht Tage waren zuwenig. Und wenn man nicht sofort amputierte und sie stürbe, wäre ich dafür verantwortlich. Ich mußte sie wegschicken.

Ich sah die beiden an. Sie hatte braune, er blaue Augen, in denen sich jedoch die gleiche Spannung und Angst spiegelte . . .

»Ich kann die Verantwortung nicht übernehmen. Ihr Fall ist zu schwer . . .«

»Das ist doch nicht möglich ...« Versuchen Sie irgend etwas, aber lassen Sie meine Frau nicht im Stich.«

»Monsieur, ich glaube an Sie. Ich habe nämlich zu meinem Mann gesagt: ›Wir kommen fast in Feucherolles vorbei, und dort wohnt Maurice Mességué, der Heilpraktiker; gehen wir doch noch zu ihm.‹«

»Ich werde Ihnen Bäder verordnen, aber machen Sie sie nur acht Tage lang. Wenn diese Frist verstrichen ist und sich keine Veränderung zeigt, gehen Sie ins Krankenhaus.«

»Acht Tage sind sehr wenig.«

»Mehr wäre Wahnsinn.«

Meine Essenz für sie bestand aus: römischer Kamille, Knoblauch, Lavendel, Zwiebel, roter Rose, Salbei, Thymian, Eibisch, Quecke und Weißdorn als Beruhigungsmittel.

Die folgenden Ereignisse berichteten sie mir dann:

»Ich begann noch am selben Abend mit meinen Handbädern, da ja keine Zeit zu verlieren war. Am zweiten Tag war die Haut schon weniger gespannt, und die Eiterabsonderung hatte nachgelassen. Mein Mann hat Tag für Tag die Fortschritte aufgeschrieben, um Ihnen alles genau berichten zu können.«

In einem Schulheft hatte Monsieur Houlier in seiner sorgfältigen Schrift die Fortschritte der Heilung festgehalten. Für mich war es ein Wunder. Wieder einmal hatte die Kraft meiner Pflanzen meine Vorstellungen übertroffen.

»Acht Tage später sah unser Hausarzt bei uns herein, weil er gerade vorbeikam. ›Sie sind immer noch hier, Madame Houlier?‹ sagte er, ›Ich glaubte Sie bereits im Krankenhaus.‹ Ich zeigte ihm mein Bein. Er fragte: ›Wie haben Sie denn das gemacht? Mein Mann gab ihm zur Antwort: ›Sie dürfen es mir nicht übelnehmen, Herr Doktor, aber da ja nichts mehr zu machen war, habe ich einen Heilpraktiker aufgesucht, und der hat ihr eine Flüssigkeit auf Pflanzenbasis gegeben.«

›Trinkt sie die?‹

›Nein. Sie badet ihre Hände darin.‹

›Das ist erstaunlich.‹

Das war alles, was ihm dazu einfiel, Monsieur.«

Sie irrte sich, denn ihr Arzt war ein Ehrenmann. Acht Monate nachdem er die völlige Heilung seiner Expatientin konstatiert hatte, schickte er mir eine Bescheinigung, in der er hervorhob, daß er Madame Houlier seit dem 14. August 1957 gegen einen Hautausschlag mit Elephantiasis, starker Eiterung und entzündlichen Stellen am linken Bein behandelt habe. Hydro-Kortison und Penizillin hätte der Kranken weder Erleichterung noch Heilung gebracht. Er erwähnte den Brief des Professors, der eine Amputation empfohlen hatte, und schloß mit der Bestätigung, daß er nach meiner Behandlung eine vollständige Heilung hatte feststellen können.

Nach der erschütternden Aussage von Madame Houlier und nach Verlesung der ärztlichen Bescheinigung bat Maître Floriot das Gericht um Bewilligung eines medizinischen Gutachtens. Diesem Antrag wurde stattgegeben. Es war das erste Mal, daß einem Heilpraktiker etwas Derartiges zugestanden wurde.

Das Ergebnis dieser Expertise, die ein Jahr später vorlag, verwunderte mich eigentlich nicht: die Heilung konnte mir nicht mit Sicherheit zugestanden werden, da die Patientin vorher ja von Ärzten behandelt worden war.

Meine Beziehungen zu den Richtern waren manchmal ziemlich überraschend. Ich fuhr in Richtung Aix-en-Provence, wo einer meiner Prozesse in der Berufungsinstanz verhandelt werden sollte. Ich hatte Angst, mich zu verspäten, und fuhr daher ziemlich schnell. An einer Kreuzung kam seelenruhig ein kleiner Wagen aus einer Nebenstraße heraus. Daß ich keinen Unfall baute, war wirklich ein besonderer Glücksfall. Ich stieg aus, um diesem Unvorsichtigen gehörig meine Meinung zu sagen. Er trug einen Kneifer und ein kleines weißes Hütchen ... Er war in eine schwarze, enge Jacke hineingezwängt und sah mich, zitternd vor Angst, an. Ich war so wütend, daß ich ihn gar nicht erst zu Wort kommen ließ. Ich habe ihm gehörig die Leviten gelesen. Mein Abgang war besonders gut gelungen:

»Jetzt gehe ich. Ich habe keine Zeit zu verlieren mit solchen Idioten wie Ihnen. Eigentlich müßte ich Ihre Nummer notieren und Sie an der nächsten Polizeidienststelle anzeigen. Sie sind eine öffentliche Gefahr, und ich kann Ihnen nur sagen, daß ich, wenn ich Richter wäre, Ihnen sofort den Führerschein abnehmen würde!«

Dann fuhr ich weiter und ließ ihn völlig verdattert zurück. Er reinigte gerade mit einem großen Taschentuch seinen Kneifer.

Als ich im Gerichtsgebäude ankam, hatte die Verhandlung zum Glück noch nicht begonnen. Floriot meinte:

»Du kommst spät. Kannst von Glück sagen, daß der Präsident noch nicht da ist.«

Es vergingen keine zehn Minuten und das Hohe Gericht hielt seinen Einzug. Der kleine Mann von der Landstraße war der Präsident. An diesem Tag hatte ich Gelegenheit, die Integrität der Richter schätzenzulernen.

In Nancy verwandelte sich das Beweismaterial, das gegen mich verwendet werden sollte, in ein Plädoyer zu meinen Gunsten.

»In Anbetracht dessen, daß alle Zeugen bestätigen, die Möglichkeiten der klassischen Medizin voll in Anspruch genommen und sich erst an Mességué gewandt zu haben, als sie keine andere Chance mehr hatten, wobei sie zu Beginn absolut nicht von einem Erfolg überzeugt waren,

in Anbetracht dessen, daß manche Ärzte seinen Methoden gegenüber positiv eingestellt sind und ihm sogar ihre Patienten schicken,

in Anbetracht dessen, daß die zahlreichen Persönlichkeiten aus Politik, Kunst, Literatur oder Justiz, die er behandelt hat, einstimmig Zeugnis ablegten für das Vertrauen, das er genießt,

in Anbetracht dessen, daß Mességué unzweifelhaft Erfolge erzielt hat in Fällen, bei denen die Methoden der klassischen Medizin sich als unwirksam erwiesen hatten,

in Anbetracht dessen, daß die zahlreichen, vom Gericht angehörten Zeugen bestätigt haben, sich manchmal mehrere Jahre lang ohne Erfolg einer medizinischen Behandlung unterzogen und schließlich Mességué aufgesucht zu haben, der sie zu heilen vermochte,

in Anbetracht dessen, daß Ärzte zugunsten Mességués ausgesagt haben, die er geheilt hat beziehungsweise deren Verwandte er geheilt hat, die von der Medizin aufgegeben waren,

aus allen diesen Gründen rechtfertigt sich eine mehr als maßvolle Anwendung des Gesetzes und eine nur der Form genügende Strafe.«

1962 stand ich vor der 7. Strafkammer des Departements Seine, und Monsieur Besson, Exstaatsanwalt des Kassationshofs, hatte einen Brief an den Präsidenten geschickt, der allein schon ein beredtes Plädoyer zu meinen Gunsten darstellte:

»Herr Präsident,

ich halte es für meine Pflicht, Ihnen zu bestätigen, daß Maurice Mességué, der vor der Kammer, in der Sie den Vorsitz führen, der Mittäterschaft an der illegalen Ausübung medizinischer Tätigkeit angeklagt wird, meine Frau von einem chronischen Leiden geheilt hat, gegen das jahrelange ärztliche Bemühungen erfolglos geblieben waren.

Ich füge hinzu, daß ich Monsieur Mességué für einen außerordentlich ehrenhaften Mann halte, dessen Verhalten als beispielhaft zu bezeichnen ist.

Während gewisse Zeitungen seitenweise über Scharlatane, die Krebs zu heilen vorgeben, berichten, führt Maurice Mességué gerade gegen diesen einen echten Feldzug zum Wohle der öffentlichen Gesundheit.

Mein Brief hat keinen anderen Grund, als Ihnen meine Hochachtung und Freundschaft, die ich Maurice Mességué entgegenbringe, auszudrücken.«

In Versailles begann am 2. April 1963 der Vertreter des Staatsanwalts seinen Strafantrag folgendermaßen:

»Ich werde die Anwendung des Gesetzes fordern, aber zuvor möchte ich Monsieur Mességué sagen, daß er in jeder Beziehung ein Ehrenmann ist.«

Langsam hatte ich mich an diese Phrasen schon gewöhnt. Man ließ mir Gerechtigkeit widerfahren, aber von Freispruch war keine Rede.

26 Mein letzter Prozeß

Auch wenn ich in all meinen Prozessen sozusagen mit Blumen überhäuft wurde, brachte ich es dennoch nicht fertig, mich dabei wohl zu fühlen. Anscheinend war das falsch, denn ohne meine Prozesse wäre ich nie so bekannt geworden. Aber ihretwegen haftete mir auch immer der Anstrich des »Illegalen« an, und daran konnte ich mich nur schwer gewöhnen.

Sicher war mein letzter Prozeß, der am 6. Mai 1968 in Grasse stattfand, für mich und für die Sache der freien Medizin der wichtigste. In ihm wurden Briefe von Richtern und 220 Bescheinigungen von Ärzten vorgelegt, von etwa 20 000 Patienten war die Rede, rührende Aussagen wurden gemacht, und als Krönung des Ganzen kam es noch zur Intervention eines Universitätsprofessors. Zum ersten Mal ging ein solcher Prozeß über die Person Maurice Mességué hinaus und kam zum Kern der Sache.

Ich war nicht von der Ärzte- oder Pharmazeutenkammer angeklagt, sondern auf Grund eines schon längere Zeit zurückliegenden ministeriellen Rundschreibens verfolgt worden, das an die Präfekten ergangen war und das die Dienststellen der Departements ermächtigte, Informationen über die Heilpraktiker einzuholen und strafrechtlich gegen sie vorzugehen.

So kam es, daß die Verwaltung des Amts für öffentliches Gesundheitswesen Klage gegen mich erhob.

1965 bekamen Dorf- und Landpolizei den Auftrag, in unauffälliger Weise die Umgebung meines Hauses in Mougins zu überwachen und mit Teleobjektiven die vor meinem Haus parkenden Autos zu fotografieren.

Die Autokennzeichen verrieten die Anwesenheit zweier Minister. Natürlich wurde diese Tatsache nirgends erwähnt. Die anderen Personen wurden in den jeweiligen Departements vorgeladen, denn der Richter wollte den Prozentsatz der erfolgten Heilungen feststellen.

Die Ergebnisse dieser Umfrage waren folgende: Von 14 Personen antworteten 12, daß die Behandlung ihnen eine einer Heilung entsprechende Besserung gebracht habe.

Welch eine Enttäuschung für die Polizisten, die ihre Aufgabe so gewissenhaft durchgeführt hatten!

Diese Geschichten hatte ich schon völlig vergessen, als ich am 6. Mai 1968 vor das Strafgericht von Grasse geladen wurde.

Auf dem Weg zum Gericht entschloß ich mich, ohne Rücksicht auf den Ausgang der Verhandlung, meine Arbeit niederzulegen. Ich war der ewigen Schikanen müde. In dieser seelischen Verfassung stand ich dem Präsidenten Préau gegenüber. Er gefiel mir. Er war ein intelligenter Mann mit einer ruhigen und liebenswürdigen Stimme, direkten und geraden Worten, mit einem wachen Blick, ein Richter, für den der Angeklagte mehr zählte als die Anklage.

Ein Professor der Medizin und Pharmazie eröffnete die Verhandlungen.

Er war etwa sechzig Jahre alt und jene Art von Mensch, die Esprit und Humor durch Sarkasmus ersetzt.

»Wir haben im Haus des Angeklagten Kanister beschlagnahmen lassen, die jene Essenzen enthalten, die er seinen Patienten zu verordnen pflegt. Sie besitzen keinerlei Wirkung und können in gewissen Fällen sogar schädlich sein.

An Hunden haben wir den Inhalt eines Kanisters, der für Leberleidende bestimmt war, getestet. Der erste Hund bekam Angst. Der zweite hat sich dem Experiment unterzogen, aber sein Zustand besserte sich nicht.«

Das war mir zuviel! Ich unterbrach ihn:

»Ich bin doch kein Tierarzt!«

Das Publikum begann zu lachen. Der Präsident forderte Ruhe.

Ich fuhr fort:

»Ich habe nie versucht, Hunde mit Pfotenbädern zu behandeln! Ferner erlaube ich mir, den Herrn Professor darauf hinzuweisen, daß Hunde eine viel empfindlichere Pfotenfläche besitzen als Menschen und die Art Behandlung daher nicht ertragen können. Außerdem waren meine Essenzen niemals zum Trinken bestimmt!«

Ein Journalist warf ein:

»Werden die Pfoten hier als Füße oder als Hände betrachtet?«

Lautes Gelächter lief durch die Bankreihen.

Ich fuhr fort:

»Es wäre Ihnen ein leichtes gewesen, Herr Professor, mich nach meinen Beobachtungen zu fragen und jene zweitausend Ärzte, die mir ihre Patienten geschickt haben, über ihre Erfahrungen zu interviewen. Und warum haben Sie keinen Versuch mit Menschen gemacht?«

Der Professor, dessen hagere Hände sich wie Vogelklauen um das Geländer krallten, würdigte mich nicht einmal eines Blickes. Nur unmerklich zuckte er mit seinen knochigen Schultern.

Richter Préau war nicht überzeugt.

»Herr Professor«, sagte er, »wissenschaftlich lassen sich Mességués Heilerfolge vielleicht nicht nachweisen, aber anerkennen muß man doch, daß eine Vielzahl von Kranken sich nach seinen Behandlungen als geheilt betrachtete. Worauf führen Sie also diese Resultate zurück?«

»Wie sollten denn Ihrer Meinung nach Kranke, die von ihrem Arzt behandelt werden und außerdem noch zu Mességué Vertrauen haben, nicht geheilt werden?«

Wiederum brach das Publikum in Gelächter aus.

»Das ist ganz einfach, Herr Präsident«, fuhr der Professor fort. »Wir können drei verschiedene Arten von Fällen feststellen, erstens: Die Person war gar nicht krank, sondern hielt sich nur dafür, vielleicht war auch der behandelnde Arzt diesem Irrtum verfallen (errare humanum est). Mességué behandelte sie also, und die eingebildete Krankheit verschwand. In diesem Fall sind die Aussagen des Patienten und des Arztes wertlos, da Mességué ja nur einen gesunden Menschen behandelt hat.

Zweitens: Ein wirklich Kranker ist seit langem in medizinischer Behandlung. Seiner Meinung nach verzögert sich die Heilung zu lange. Also sucht er Mességué auf, der ihm Fußbäder verordnet, die dann mit den vorher verwendeten Mitteln wirkungsvoll koinzidieren. Daher erntet Mességué die Früchte dieser Behandlung. Für mich hat er in diesem Fall nur einen bereits Geheilten geheilt.

Drittens: Der Patient ist ein Psychopath. Dieser Art von Kranken genügt schon ein Brotkrümelchen, und sie fühlen sich am nächsten Tag besser. Die Rolle dieser Beruhigungspille übernehmen hier die Hand- und Fußbäder. Ohne es zu wissen, hat Maurice Mességué also eine Person geheilt, die nur scheinbar krank war.«

Präsident Préau war auch diesmal nicht zufrieden:

»Danke, Herr Professor. Können Sie uns jetzt sagen, was Sie von jenen Kranken halten, die mit Erlaubnis oder auf Anraten eines Arztes ausschließlich die Methode Mességué befolgt haben und deren Heilung ebenfalls festgestellt wurde?«

Der Professor machte nur eine müde Geste.

»Ich würde sagen, Herr Präsident ... ich würde sagen ... das ist dann Lourdes!«

»Und wie Sie schon sagten: es ist ganz einfach!« bemerkte Pasquini ironisch.

Der Präsident erhob sich:

»Wie kommt es eigentlich, Herr Professor, daß Sie nicht auf den Gedanken gekommen sind, jene Kranken, die sich als geheilt betrachten, zu befragen? Ich hätte es sogar begrüßt, daß gerade diese von Ihnen untersucht würden!«

»Aus Zeitmangel, Herr Präsident, sie sind zu zahlreich ...«

»Sie hätten aber doch mit Herrn Mességué Kontakt aufnehmen können, ihm Fragen stellen ...«

Der Professor richtete sich auf:

»Herr Präsident, glauben Sie wirklich, daß in einem Zeitalter, in dem die offizielle Wissenschaft das Problem der Hormone und der Allergien beinahe bewältigt hat, in einer Zeit, in der rationale Erkenntnisse die Entdeckung der Antibiotika, die Beherrschung der Anästhesie ermöglicht haben, in der man auf dem Gebiet der Wiederbelebung enorme Fortschritte zu verzeichnen hat ..., glauben Sie, daß in einer solchen Epoche, in der man elektronische Mikroskopie betreibt, ein wirkliches Interesse besteht, die folkloristischen Experimente des Herrn Mességué zu studieren?«

Keine zehn Pferde hätten mich jetzt noch zurückhalten können, nicht einmal mein Anwalt Pasquini. Ich sprang auf:

»Meine Folklore, Herr Professor, hat es ermöglicht, Kranke zu retten, die trotz Ihrer sich in ständigem Fortschritt befindlichen

Medizin den Selbstmord als letzten Ausweg ansahen!«

Der Herr Professor würdigte mich keiner Antwort, er hatte mit mir endgültig abgeschlossen. Man konnte zum Zeugenverhör übergehen. Zeugen der Anklage gab es keine. Es gab nur einen Polizisten, der erklärte: »Auf Grund eines Rechtshilfegesuchs habe ich im Hause des Angeklagten eine Haussuchung unternommen, wobei ich Plastikbehälter von zwölf Zentimeter Höhe und etwa fünfzehn Zentimeter Breite sichergestellt habe.«

Es blieben also die Zeugen der Verteidigung. Um die Debatte anzukurbeln, bestand Maître Pasquini jedoch darauf, vor dem Verhör noch einige Briefe zu verlesen; unter ihnen war jener von Madame Bailly, die über die Geschicke einer der größten Pariser Apotheken wachte und die einzige war, die eine perfekt ausgestattete Abteilung für Heilkräuter besaß:

»Seit dreieinhalb Jahren werde ich von Monsieur Mességué behandelt, nachdem ich eine Menge unwirksamer medizinischer Behandlungen hinter mir hatte.

Ich litt an chronischer Bronchitis und außerdem noch an starken Schmerzen infolge einer verzerrten Wirbelsäule. Meine völlig entstellten Beine waren zudem noch von Zellulitis befallen. Schon nach kurzer Zeit stellte ich eine deutlich spürbare Besserung fest, die es mir erlaubt, heute wieder ein normales Leben zu führen, ohne ständig erschöpft zu sein.

Ich bin Monsieur Mességué unendlich dankbar, mich mit Hilfe seiner Pflanzen derartig verwandelt und mir neue Lebensfreude geschenkt zu haben.«

Diesem Brief folgten rührende Erklärungen von Ärzten, wie z. B. von Dr. S. Guéroult. »Man hat mich über die gegen Mességué erhobenen Beschuldigungen informiert. Er hat zwei meiner Töchter behandelt. Die erste, Alix, im Alter von elf Jahren. Die Behandlung dauerte einen Monat, und danach war meine Tochter völlig ausgeheilt. Seitdem ist sie nie wieder krank gewesen und absolvierte die Oberschule mit Leichtigkeit.

Die an diesem Kind, das immer übermäßig empfindlich gewesen war, erzielten Resultate haben mich veranlaßt, auch meine zweite Tochter im Dezember 1961 zu Monsieur Mességué zu bringen. Sie war ein sehr schwächliches Kind, das oft in der Schule fehlen mußte, und jetzt ist sie in der vierten Klasse und eine sehr gute Schülerin.

Im Schuljahr 1964/65 ist dieses Kind kein einziges Mal krank gewesen. Die Konsultationen bei Monsieur Mességué verliefen immer in einer Atmosphäre ausgesuchter Höflichkeit und bedeuteten für mich eine große seelische Hilfe.«

Aber das Schreiben, welches das größte Aufsehen erregte, war das des Präsidenten Antoine Pinay:

»Maurice Mességué, der mir von einem der höchsten Beamten des Departements Seine vorgestellt und empfohlen wurde, hat den Gesundheitszustand einer meiner Verwandten in erheblichem Maße gebessert. Diese litt seit vielen Jahren an einer außerordentlich schmerzhaften Arthritis, und kein Arzt hatte ihr Erleichterung verschaffen oder auch nur versprechen können . . .«

Während Maître Pasquini diese Zeugenaussage verlas, sah ich im Geiste meine erste Begegnung mit Antoine Pinay wieder vor mir. Er war mir wie der Prototyp des Franzosen vorgekommen: mittelgroß, bescheidener, im Ärmelausschnitt etwas zu eng gewordener Anzug und im Knopfloch das diskrete Bändchen der militärischen Auszeichnung. Der etwas unmoderne Hut verriet die Liebe zu Ordnung und Sparsamkeit, die sich auch darin äußert, daß man immer ein bißchen weniger ausgibt, als man eigentlich könnte.

Er trug korrekte, bequeme, sorgfältig gewichste Boxcalfschuhe und hatte beide Füße artig nebeneinander auf den Boden gesetzt. Schon auf den ersten Blick fand ich ihn vollkommen: Offen, genau, präzise, rechtschaffen, gegen alle Versuchungen der Eitelkeit gefeit. Sein Eintreffen bei mir war allerdings etwas ungewöhnlich gewesen. Sein Auto hatte eine Panne, und so sah man ihn schon auf dreihundert Meter Entfernung seinen Wagen eigenhändig heranschieben.

Sehr bald waren wir Freunde geworden. Seine kleine, in einem strengen Empirestil möblierte Wohnung am Boulevard Suchet paßte gut zu ihm. Bei meinem ersten Besuch zum Abendessen sagte er gleich an der Tür:

»Legen Sie doch Ihre Jacke ab, Mességué!«

Diese Aufforderung, es mir bequem zu machen, bestimmte überhaupt unsere Beziehung. Der Schluß seines Satzes: »Sonst zwingen Sie mich, meine wieder anzuziehen«, entsprach genau seinem Charakter, seiner diskreten Liebenswürdigkeit und seinem Taktgefühl.

Antoine Pinay gehörte zu den Männern wie Édouard Herriot, Churchill und Robert Schuman, von denen ich viel gelernt habe. Alle hatten sie mir etwas anderes zu sagen, aber wie kostbar waren mir ihre Lehren! Es ist ein großes Glück, solchen Menschen zu begegnen!

»Ich werde Ihnen verraten, worin meine Stärke besteht«, hatte Antoine Pinay gesagt. »Ich habe keine Bedürfnisse, ich mag keinen Aufwand und kein Gepränge.«

Ich hatte ihm geantwortet:

»Und wenn Sie eines Tages im Elysée-Palast sein werden, Herr Präsident?«

»Im Elysée? Auf keinen Fall möchte ich mich dort sehen. Niemand würde mich hindern können, abends zu mir nach Hause zu gehen.

Für einen ernsthaften und gesunden Mann muß das Regieren etwas Schlichtes sein, wie eine Familienangelegenheit. Sehen Sie, Mességué, selbst angesichts der verworrensten Situationen kann man immer noch schlicht und einfach sein, wenn man es wirklich will.

Schlicht ... einfach ...«, er wiederholte diese zwei Worte, den Blick auf den Boden geheftet.

Das alles sagte er mit seiner ruhigen, klaren, ein wenig trockenen Stimme. Sein Gesicht blieb unbeweglich.

Wenn ich ihm zuhörte, empfand ich ein Gefühl des Friedens, das ich bei den aufgeregten, gehetzten Städtern, die meine Patienten waren, verloren hatte. Mit ihm wurde tatsächlich alles ganz einfach und ruhig; nichts war mehr tragisch. Dieser Mann hätte selbst die Hölle beruhigt, indem er eine normale Temperatur eingeführt hätte. Er hat die Finanzen Frankreichs mit derselben peinlichen Sorgfalt verwaltet, die er seiner Buchführung widmete, als er noch Gerber in Saint-Chamond war.

Ich hatte Gelegenheit, festzustellen, daß Antoine Pinay von David Rockefeller, einem Kenner der Materie, für einen großen Finanzmann gehalten wurde ...

Bei meinem Besuch auf den Antillen hatte er zu mir gesagt:

»Für uns Amerikaner sind Sie ein erstaunliches Volk. Ständig haben Sie Ärger mit Ihrem Geld, und dabei haben Sie doch einen ganz großen Finanzmann an der Hand: Antoine Pinay. Warum setzen Sie den nicht häufiger ein; Ihr redet viel über Logik, aber selbst seid ihr gar nicht logisch.«

Pinays Vitalität war verblüffend. Er hatte die Sechzig schon überschritten, sah aber immer noch um zwanzig Jahre jünger aus; eines Tages wagte ich, ihn nach seinem Geheimrezept zu fragen:

»Ich habe gar keines. Ich bin geblieben, was ich war.« Er klopfte mir freundschaftlich auf die Schulter. »Es gibt einfach nichts, was ich nicht mit fünfundvierzig getan hätte und nicht heute auch noch tun könnte . . .«

Er hielt kurz inne:

»Absolut nichts, das muß man schon sagen.«

»Wenn es auch kein Geheimrezept ist, so haben Sie doch sicherlich eine Methode?«

»Eher eine Disziplin: 750 Gramm Obst pro Tag, denn ich behandle mich selbst mit Obst . . . Was mich aber nicht daran hindert, die Verdienste Ihrer Pflanzen anzuerkennen.«

Und er sah mir offen ins Gesicht:

»Wenn Sie eines Tages in Schwierigkeiten geraten, Mességué, dann zögern Sie nicht, mich anzurufen, ich werde kommen und von Ihnen sprechen.«

Er war verhindert und konnte nicht kommen, hatte dafür aber geschrieben.

Einige Aussagen waren ziemlich unerwartet. Der Hersteller eines sehr bekannten schmerzstillenden Medikaments dankte mir, ihn geheilt zu haben.

Der Präsident fragte ihn:

»Woran haben Sie denn gelitten?«

»An Kopfschmerzen.«

Ein hoher Justizbeamter, Präsident Raymond de Balazy, der den Résistance-Ring »Marco Polo« ins Leben gerufen hatte, erklärte, an äußerst heftigen Asthmaanfällen gelitten zu haben:

»Ich habe Professor B., der mich behandelt, gefragt, ob ich Maurice Mességué aufsuchen könnte. Er gab mir die Erlaubnis. Heute bin ich geheilt.«

Nach ihm sagte, sehr launig, Prinz L. de B. aus:

»Ich glaubte, einen mit Amuletten behängten Medizinmann vorzufinden; aber was sah ich? Einen aufrichtigen und kompetenten Mann. Er hat mich geheilt.«

Diese letzten Worte standen am Schluß jeder Aussage, sie waren ihr Leitmotiv.

Dann folgten nacheinander drei Ärzte, die meine Patienten gewesen waren: Herr Dr. T., Herr Dr. G. und Frau Dr. A. P.-C., die sagte: »Die Wissenschaft ist etwas sehr Schönes, aber sie hat ihre Grenzen. Und nicht ich mit meinen Diplomen habe es vermocht, meine Tochter von dem Ausschlag, an dem sie litt, zu heilen, sonder Monsieur Mességué.«

Je länger diese Ärzte sprachen, desto mehr verblaßten die Ausführungen Professor Vignolis sowohl im wissenschaftlichen als auch im menschlichen Bereich.

Der letzte Arzt, der angehört wurde, war Professor Krebs, Professor für Chirurgie an der Universität Basel:

»Ich, als Vertreter der klassischen Medizin, bescheinige ohne Scham, aber – ich muß zugeben – nicht ohne Neid, die Behandlungserfolge Maurice Mességués in den Bereichen, in denen es uns der augenblickliche Stand unserer Wissenschaft nicht ermöglicht, nennenswerte Erfolge zu erzielen.

Im Namen des Gesetzes Ihres Landes meinen einige Ärzte, Monsieur Mességué verfolgen zu müssen; vielleicht ist es ihre Pflicht. Aber meine Pflicht ist es, Ihnen zu sagen, daß dieser Mann . . .«

Er zeigte auf mich:

». . . daß dieser Mann meine Frau von einem chronischen Asthma geheilt hat, an dem sie seit Jahren litt und gegen das wir Ärzte machtlos waren.«

»Diese Aussage, Herr Professor, ehrt Sie«, sagte Präsident Preéau.

»Ich danke Ihnen, Herr Präsident. Und glauben Sie nicht, daß ich die Bedeutung meiner Zeugenaussage unterschätze. Ich weiß sehr wohl, daß ein diplomierter Arzt, der zugunsten eines Heilpraktikers spricht, einen gewichtigen Präzedenzfall schafft. Aber von dem Tag an, an dem er meine Frau geheilt hat, gehört Maurice Mességué für mich zu den Unsrigen. Er gehört zur Armee jener Leute, die das Leid bekämpfen, die Krankheit aufspüren und besiegen. Es ist doch gleichgültig, ob er die Uniform trägt oder nicht: was allein zählt, ist die Tatsache, daß er ein guter Kämpfer ist!«

Groß, athletisch, mit hellem Blick und braungebranntem Gesicht trat der Abgeordnete Pierre Clostermann in den Zeugenstand; er hob die Hand und sagte: »Ich schwöre.« Seine klare Stimme war die eines Mannes, der sich des Gewichts seiner Worte bewußt ist.

»Ich bin ein sehr beschäftigter Mann. Aber um als Zeuge für Maurice Mességué auszusagen, wäre ich sogar bis zum Nordpol gereist, wenn man es von mir verlangt hätte.

Meine Frau litt bereits seit mehreren Jahren an Schmerzen in der Wirbelsäule, die die unzähligen Spezialisten für Rheumaleiden, die wir konsultiert haben, nicht zu lindern vermochten.

Eines Abends in den ersten Januartagen des Jahres 1964 bekam meine Frau plötzlich so rasende Schmerzen im rechten Auge, daß

Dr. Ganem, ein Pariser Augenarzt schleunigst eingreifen mußte, um das Auge noch zu retten. Außerdem litt meine Frau noch an einer akuten Hepatitis. Nun mußte doch endlich die Wurzel des Übels gefunden werden! Es beginnt die lange Wallfahrt von einem Spezialisten zum anderen: Augen, Wirbelsäule, Nerven, Gynäkologie, von den langwierigen Zahnuntersuchungen ganz zu schweigen; unzählige Analysen, Röntgenaufnahmen, Blutproben etc. wurden während mehr als sechs Monaten von den bekanntesten Universitätsprofessoren durchgeführt. Alle Resultate waren negativ! In einem Punkt waren sich schließlich alle einig: es handelte sich um einen Virus in der Wirbelsäule. Ein solcher Fall war relativ häufig, aber die Medizin war machtlos dagegen. Die einzige Hilfe konnte eine regelmäßige Kortisonbehandlung bringen. Unglücklicherweise reagierte meine Frau jedoch auf Kortison allergisch; wir waren verzweifelt, vor allem, weil das Sehvermögen meiner Frau von Tag zu Tag mehr nachließ. Sie mußte sich bereits in der Wohnung mit den Händen tastend vorwärtsbewegen. Sie lernte die Bewegungen und Gesten der Blinden . . .«

»Was haben Sie denn dann gemacht?« fragte der Präsident, der sichtlich betroffen war.

»Ich habe um eine Unterredung mit General de Gaulle gebeten und ihn angefleht, mich an den Professor zu empfehlen, der ihn am grauen Star operiert hatte. Im Hospital Rothschild sagte mir dieser Augenarzt dann, nachdem er meine Frau untersucht hatte: ›Da kann man leider gar nichts mehr machen!‹ ›Aber das ist doch nicht möglich!‹ entgegnete ich. ›Ich werde zu irgendwem gehen, irgend etwas unternehmen . . .‹

Er machte nur eine hilflose Bewegung, die für mich schicksalsschwere Bedeutung hatte. Aber gegen dieses Schicksal lehnte ich mich auf.

Am nächsten Morgen empfahlen mir Freunde in der Abgeordentenkammer, Maurice Mességué aufzusuchen. Ich zuckte mit den Achseln. Denn ich glaubte an die exakten Wissenschaften. Ich teilte meine Zweifel dem Professor vom Hospital Rothschild mit und fragte ihn:

›Glauben Sie nicht auch, daß er hauptsächlich auf die Psyche Einfluß hat?‹

Seine Antwort war ausweichend. Er gab zu, daß er unter diesen Umständen und wenn es meiner Frau eine seelische Beruhigung sein würde eigentlich nichts dagegen habe.

Hinzuzufügen wäre noch, daß die Blutsenkung weiterhin regelmäßig kontrolliert wurde.

Und zum großen Erstaunen der Universitätsprofessoren besserte sich die Blutsenkung unverzüglich, bis sie nach Ablauf von drei Monaten als durchaus normal zu bezeichnen war. Selbstverständlich waren von dem Tag an, da Mességué die Behandlung aufnahm, alle anderen, als orthodox geltenden Behandlungsverfahren eingestellt worden. Die rheumatischen Schmerzen, die meine Frau vor allem während der Nacht lähmten und durch ihre Heftigkeit jede Ortsveränderung unmöglich machten, hörten schlagartig auf.

Es ist immerhin bezeichnend, daß meine Frau nach einer längeren Reise nach Australien und Neuseeland, die wir im November und Dezember 1964 unternahmen und während der sie die Behandlungen, die Mességué ihr verordnet hatte, vernachlässigte, wieder Schmerzen bekam, und daß auch die bei unserer Rückkehr kontrollierte Blutsenkung wieder den Beginn eines Rückfalls anzeigte. Nachdem aber in den folgenden zwei Wochen die Methode Mességué wieder angewendet wurde, wurde alles wieder wie vorher – und ist es bis heute geblieben.

Ich möchte noch hinzufügen, Herr Präsident, daß Monsieur Mességué trotz meiner inständigen Bitten niemals die geringste finanzielle Entschädigung für seine Mühen angenommen hat und daß er sich bei zwei oder drei anderen verzweifelten und nicht gerade begüterten Personen, die ich zu ihm geschickt habe, ebenso verhalten hat.«

»Was glauben Sie, welchem Phänomen man ein derartiges Resultat zuzuschreiben hat?« fragte der Präsident.

»Ich will nicht versuchen, Herr Präsident, eine Erklärung für die von mir soeben berichteten Tatsachen zu finden: Ich bin Ingenieur der Luftfahrt, und wenn die Bewegung der gasförmigen und flüssigen Körper und der Widerstand der Materie für mich keine Geheimnisse mehr enthalten, so muß ich doch meine totale Unwissenheit in bezug auf medizinische Probleme gestehen, die ich, wie jedermann, den Ärzten überlassen habe.

Im Fall meiner Frau haben diese allerdings aufgegeben, und meine Anwesenheit hier ist nur der bescheidene Ausdruck meiner tiefen Dankbarkeit einem Mann gegenüber, der meiner Frau Hoffnung und Gesundheit zurückgegeben hat. Mit einem Wort: er hat sie geheilt, und das ist wohl der Sinn, den man dem Wort ›Heilpraktiker‹ geben möchte.«

Am Ende seiner Zeugenaussage war die Stimme Pierre Clostermanns heiser geworden, und in das bewegte Schweigen hinein hörte ich den Präsidenten sagen:

»Das Gericht dankt Ihnen für die Aufrichtigkeit ihrer Aussage.«

Obwohl ich all diese Menschen ja kannte und wußte, was sie zu sagen hatten, schien es mir in diesem Gerichtssaal, als hörte ich sie zum ersten Mal. Ich war noch in Gedanken bei Pierre Clostermann, als Albert Mason, 48 Jahre alt, Bezirksdirektor der Handwerkskammer von Alpes-Maritimes, Präsident der Lokalsektion »Hilfswerk für das milieugeschädigte Kind«, in den Zeugenstand trat.

»Versuchen Sie sich vorzustellen, Herr Präsident, wie das Leben eines Mannes aussieht, dessen Sohn ein ›geistig Zurückgebliebener‹ ist; ja ich scheue mich nicht, es auszusprechen: ein ›Idiot‹. Und wissen Sie, warum dieses Kind so ist? Infolge eines schweren Fehlers, den der Geburtshelfer begangen hat!

Und so wurde dieses Kind – ich hätte beinahe gesagt: leider – zu einem jungen Mann. Und als er siebzehn war, dieser Junge, der nicht wie die anderen leben konnte, brach zum ersten Mal die Aggressivität aus ihm hervor. Er begann, böse zu werden, selbst mir gegenüber, dem es gelungen war, sein Vertrauen zu erwerben; er suchte Streit mit jedem, der ihm über den Weg lief. Dann wollte er nicht mehr essen. Ich konnte beobachten, wie er sich langsam in ein wildes Tier verwandelte. Die Nachbarn fürchteten sich bereits vor ihm; man fragte mich, warum ich ihn nicht in ein Heim gegeben hätte. Schließlich suchte ich einen Arzt auf. Dieser sagte mir: ›Sie können ihn nicht bei sich behalten. Ihr Sohn wird zu einer allgemeinen Gefahr werden.‹ Vielleicht können Sie sich vorstellen, wie so einem Vater zumute ist, dem man sagt: ›Ihr Sohn ist ein Tier!‹ Ich will es Ihnen sagen, wie das ist: Er denkt, daß es immer noch einen Ausweg geben wird, nämlich den Tod für sein Kind und sich selbst.

Zu diesem Zeitpunkt hörte ich von Maurice Mességué. Als ich meinen Arzt um seine Meinung bat, empfahl er mir, es doch zu versuchen.

Ich wußte, daß Maurice Mességué keine zu schwierigen Fälle übernahm. Ich habe ihm nichts verheimlicht; wörtlich sagte ich zu ihm: ›Bei meinem Sohn schlägt nichts an, weder Beruhigungs- noch Schlafmittel. Tag und Nacht zittern seine Muskeln vor Ungeduld und sind seine Nerven angespannt.‹

Er entgegnete mir: ›Ich werde versuchen, seinen Zustand zu bessern.‹ Ich dachte, er hätte mich nicht verstanden, daher rief ich: ›Mein Sohn ist verrückt, ein Rasender!‹ Darauf er: ›Ich weiß, lassen Sie ihn Handbäder machen, deren Essenz ich für ihn bereiten werde.‹

Die erste Sitzung war sehr schlimm. Ich mußte einige Freunde zu Hilfe rufen. Mein Sohn schleuderte uns seine Bäder ins Gesicht. Aber schließlich beruhigt er sich. Nach einigen Wochen hörten dann die Anfälle von Gewalttätigkeit auf. Nach und nach wurde er wieder sanft und ruhig wie zuvor. Ich war glücklich für ihn, denn ein anderes Glück als jene Ruhe würde er nie kennenlernen.

Im Frühling letzten Jahres teilte mir Monsieur Mességué mit, er fürchte, die Behandlung meines Sohnes einstellen zu müssen. Sein Fall sei zu schwierig, als daß er ihn weiterbehandeln könne, nun da ein Gerichtsverfahren gegen ihn anlaufen werde ...«

Monsieur Mason schwieg. Der ganze Saal lauschte diesem Schweigen. Dann sah er den Präsidenten an und rief mit gequälter Stimme:

»Was soll denn jetzt aus mir werden, wenn ich die Pflanzen von Monsieur Mességué nicht mehr bekomme? Er wird ja wieder werden wie vorher. Und dann werde ich ihn einsperren lassen müssen! Ja, was soll ich tun, Herr Präsident, was soll aus uns werden, wenn der einzige Mensch, der ihm helfen kann, nicht das Recht dazu hat?«

Im Publikum begannen die Frauen zu weinen; die Männer husteten. Selbst in den Augen der Justizbeamten spiegelte sich die Angst dieses Vaters.

Ich fühlte keinen Triumph, ich hatte Angst. Daß ich über eine solche Macht verfügte, schien mir erschreckend.

Staatsanwalt Lafargue erhob sich. Seine Anklagerede entbehrte sowohl der Rhetorik wie der Überzeugung:

»... Es ist ja möglich, daß Mességué zahlreiche Patienten geholfen, manche sogar geheilt hat ... Er gibt auch zu, ohne medizinische Ausbildung der ärztlichen Tätigkeit nachgegangen zu sein. Aber da uns nichts berechtigt, sein Handeln für schädlich zu halten, beschränkte ich mich darauf, eine gemäßigte Anwendung des Gesetzes zu beantragen.«

Als der Präsident sagte: »Das Wort hat die Verteidigung«, erhob sich Anwalt Pasquini. Ohne rhetorische Effekthascherei, ohne poetischen Überschwang gab er der Verhandlung ihr wahres Format. »Sie werden sagen, Herr Präsident, daß es nicht in Ihrer Macht liegt, die Gesetze zu machen, daß Sie aber beauftragt sind, die bestehenden anzuwenden. Darauf kann ich Ihnen antworten, daß die Justiz manchmal in der Geschichte – und das gereicht ihr zur Ehre! – die Gesetze beeinflußt. Durch Ihren Urteilsspruch bestimmen Sie vielleicht die Zukunft der freien Medizin, ja der Medizin überhaupt!«

Wie üblich zog sich das Gericht »zur Beratung« zurück. Ich fühlte, daß dieser Prozeß die Krönung meiner Auftritte bei Gericht werden sollte. Eigentlich hätte ich stolz sein können. In einer einzigen Verhandlung waren mein Aufstieg, meine Gewissenskonflikte, meine »Macht« als Heilpraktiker vorgeführt worden. Ich hätte glücklich sein sollen, aber ich war es nicht. Es überfiel mich eine große Mattigkeit. Ich ging durch diese Nacht, die nach Pflanzen roch und in der die Grillen zirpten. Dies alles war geschehen, weil ein Mann Gerechtigkeit für sein debiles Kind erfleht hatte; aber ich wußte, daß man mir nur die Möglichkeit lassen würde, im Dunkel der Illegalität zu wirken.

Dennoch hatte ich an jenem Tag mit der Ärztekammer Frieden geschlossen, sie war nicht mehr gegen mich. Die Ärzte, diese Männer, die der Bauernsohn aus Gavarret so bewundert hatte, streckten ihm brüderlich die Hände entgegen! Man glaubte an mich.

Aber am Ende dieses Weges würden immer wieder die Schranken der Justiz stehen. Diese Mauer, gegen die ich nie würde ankommen können.

Am nächsten Tag verkündeten die Zeitungen »Sieg!«, und ihre Überschriften lauteten: »Der Prozeß von Grasse – Grünes Licht für die freie Medizin!«, »Da dieser Heilpraktiker heilt, sprechen Sie ihn doch frei!«

Aber so weit ging das Gericht nicht, obwohl das am 6. Mai verkündete Urteil folgende Begründung enthielt: »Ein Urteil hat nicht den wissenschaftlichen Wert eines medizinischen Verfahrens zu bewerten. Es ist jedoch erwiesen, daß Mességué bei wiederholten Gelegenheiten wirklich erstaunliche Heilerfolge zu verzeichnen hatte.« Ich wurde zu nur 1000 Franc Strafe verurteilt; das war nicht einmal die Hälfte des gesetzlich auf 2400 Franc festgelegten Minimums.

Trotzdem war es wieder eine Verurteilung!

Der einzige Prozeß, den ich je gewonnen habe, fand nicht in Frankreich, sondern in Deutschland statt. Dabei ging es nicht um die illegale Ausübung der ärztlichen Tätigkeit, sondern um mich als Heilpraktiker.

Wäre mein Vater bei mir gewesen, hätte er gesagt: »Mein Junge, man wird immer bestraft, wenn man sich versündigt hat. Du bist eitel gewesen, und jetzt hast du deinen Lohn.« Er hätte recht gehabt.

Es ist schwer, Fernsehjournalisten abzuweisen. Sie erklärten mir im Anschluß an einen in München gehaltenen Vortrag:

»Monsieur Mességué, Ihr Vortrag hat uns sehr interessiert, und wir würden gern eine ganze Sendung über Sie machen. Sie behandeln sehr viele Deutsche, und wir sind sicher, daß unser Publikum glücklich wäre, Ihre Bekanntschaft zu machen, zu erfahren, wer Sie sind, wie Sie leben . . .«

Meine erste Reaktion war Ablehnung. Aber da es mir doch schmeichelte, daß meine Arbeit anerkannt wurde, daß der Name Mességué bekannt war, habe ich eben zugestimmt.

Einen Monat lang stellte ich mich dann auf Ersuchen der Reporter und Techniker, die äußerst liebenswürdig waren, für Dreharbeiten zur Verfügung. Da sie einen sehr luxuriösen Rahmen wünschten, der – wie sie sagten – die Atmosphäre der Côte d'Azur, so wie die Deutschen sie sich vorstellen, heraufbeschwören sollte, haben sie mich auf dem Besitztum von Freunden gefilmt: hoch zu Pferd, am Steuer eines Sportwagens, im Swimming-pool, im Gespräch mit hübschen Frauen.

Am 31. Juli 1967 wurde die Sendung dann unter dem Titel »Gesundheitsmagazin« ausgestrahlt. Sie dauerte vierzig Minuten und war die schlimmste Anklage, die jemals gegen mich erhoben wurde.

Mit peinlichem Wohlgefallen hielten die Kameras sich bei der luxuriösen Umgebung auf, die mir als Rahmen gedient hatte.

Aber das war noch nicht alles. Ich sah nicht nur aus wie ein orientalischer Satrap, der sich über das Leid seiner Mitmenschen lustig macht und sich mit eleganten und willfährigen Frauen umgibt, sondern ich war auch noch der abstoßendste und gemeinste aller Heilpraktiker. Im letzten Teil des Films sah man eine Frau, die der Kamera den Rücken zukehrte und die erklärte, ich hätte ihren Mann für Unsummen gegen Krebs behandelt und er sei gestorben.

Ich war empört. Ich begriff nicht, warum man mich so hinterhältig angriff.

Auf Anraten meines Freundes Floriot habe ich die verantwortliche Direktion der Sendung wegen Verleumdung und übler Nachrede verklagt.

Der Prozeß fand im September 1967 in West-Berlin statt. Zum

ersten Mal plädierte ein französischer Anwalt in seiner Muttersprache vor einem deutschen Gericht. Die Verhandlung begann in einer recht ungewöhnlichen Art und Weise. Gleich nach seinem Eintreten erklärte der Präsident:

»Zur Belehrung des Gerichts ist es unerläßlich, zunächst einmal das Streitobjekt anzusehen, das heißt den Film, durch den sich der Kläger diffamiert fühlt.«

In einer langen Wagenkolonne rollten wir also alle zum Studio des Deutschen Fernsehens.

Ich gebe zu, daß der Film technisch hervorragend gemacht, daher aber um so gefährlicher war. Ich hatte das merkwürdige Gefühl, schuldig zu sein, und war es ja auch, da ich mich so dumm hatte mißbrauchen lassen. Wieso hatte ich denn nicht bemerkt, daß all dieser Luxus gar nicht zu mir paßte? Daß er mit der Bescheidenheit meines Berufes unvereinbar war? Meine einzige Entschuldigung war mein Vertrauen zu den Menschen.

Maître Floriot wurde von dem Anwalt Dr. Friedrich Karl, einem ehrenhaften und loyalen Mann, unterstützt, den dieser Film ebenfalls empört hatte.

Ich konnte den Gedanken nicht loswerden, daß man es weder in Deutschland noch in Frankreich gewagt hätte, mich anzugreifen, wenn ich ein ehrenwerter Doktor der Medizin gewesen wäre.

Es ist immer gewagt, Voraussagen treffen zu wollen, aber dennoch glaube ich, daß ich in Zukunft von Prozessen verschont bleiben werde. Ich glaube auch, daß die Richter, deren manche inzwischen meine Freunde geworden sind, keinen Gefallen mehr daran finden, mich zu verfolgen und einen Heilpraktiker, nur weil er heilt, zu verurteilen. Meine Beziehungen zum staatlichen Berufsverband der Ärzte haben sich wesentlich geändert. Jetzt stehe ich in gutem Einvernehmen mit ihm. Fast zwanzig Jahre lang hat er mich durch den Schmutz geschleift, aber heute ist es soweit, daß Maître Mouquin, der Anwalt des Ärzteverbandes, gemeinsam mit mir an Fernsehdiskussionen teilnimmt.

Im April 1969 hat das Zentrum für Internationale Kulturbeziehungen eine Diskussionsrunde veranstaltet, in der ich Maître Mouquin höflich widersprach. Für mich war diese Konfrontation besonders wichtig, denn zum ersten Mal fand eine solche Gegenüberstellung statt. Endlich konnte ich mich einmal außerhalb der Mauern eines Gerichtsgebäudes mit diesem Vertreter der Ärzteschaft aussprechen. Und an jenem Tag habe nicht ich die Ärztekammer angegriffen, sondern einer, der ihr angehörte, nämlich Dr.

Cherchève:

»Sehen Sie, sobald man die ausgetretenen Pfade verläßt, ist man ein Heilpraktiker und damit gleich illegal und suspekt. Erinnern Sie sich doch nur an Pasteur, dem die größten Schwierigkeiten gemacht wurden. Freund würde als Heilpraktiker übelster Sorte, als Scharlatan abgestempelt werden.«

Dr. Cherchève zitierte folgende Erklärung des Mitglieds der Medizinischen Akademie Louis Armand: »Heutzutage ist die Entwicklung in allen Disziplinen so beschaffen, daß ein Mensch, der Ingenieur, Architekt oder Arzt wird, bei Abschluß seines Studiums gar nichts weiß. Er gleich einem Klempnerlehrling, dem man einen Schraubenzieher und einen Hammer in die Hand gedrückt hat, mit denen er nun umzugehen lernen soll. Das trifft ganz besonders für die Medizin zu«, schloß er. »Je nach der Persönlichkeit des einzelnen wird es daher große Ärzte und große Heilpraktiker geben. Monsieur Mességué hat gesagt: ›Die Medizin ist keine Wissenschaft, sondern eine Kunst.‹ Ich bin völlig seiner Meinung. Man wirft den Heilpraktikern vor, Empiriker zu sein! Als ob nicht die gesamte Medizin ursprünglich empirisch gewesen wäre! Als man zum ersten Mal einem Menschen Digitalis verabreichte, wußte man absolut nicht, ob er daran zugrunde gehen oder ob es sein Herz stützen würde. Und als man zum ersten Mal einen Kranken geimpft hat, war es genau dasselbe ...«

Auch wenn ich gesetzlich vor weiteren Verfolgungen nicht geschützt bin, glaube ich doch, es moralisch zu sein. Ich kann mir nicht vorstellen, daß der Anwalt der Ärzteschaft, der öffentlich meine Ehrlichkeit anerkannt hat, sich plötzlich zu meinem Ankläger machen wird.

Für mich war die Ärztekammer außerdem niemals die echte Vertretung der Ärzteschaft. Meine Beziehungen zu ihr beschränkten sich auf das Angeklagter-Ankläger-Verhältnis. Mit den Ärzten aber war es immer ganz anders gewesen. Wir gehören zu der gleichen Sorte von Menschen, nämlich zu jenen, die heilen wollen. In den Augenblicken, da man mir am ärgsten zusetzte, haben die Ärzte mich weiterhin unterstützt, an mich geglaubt und mir ihre Patienten geschickt. Sie taten und tun es aber auch, weil sie ganz genau wissen, daß ich vorsichtig bin. Ich sage immer: »Ich werde versuchten, Ihnen Linderung zu verschaffen«, und nie: »Ich werde Sie heilen.« Aber es ist unbestritten, daß ich geheilt habe.

Natürlich habe auch ich Mißerfolge gehabt. Aber ich bin für keines Menschen Tod verantwortlich. Ich habe auch die Genugtuung, sagen zu können, daß ich nie eine Krankheit verschlimmert habe. Ich weiß sehr wohl, daß man in gewissen medizinischen Kreisen sagt: »Mességué, das ist ein ganz Schlauer, er übernimmt nur Fälle, die ungefährlich sind.« Nun, Kreislauf- und Verdauungsstörungen, Rheumatismus, Nierenentzündung, Ekzeme, Asthma und Fettleibigkeit bringen einen Menschen zwar vielleicht nicht unmittelbar in Lebensgefahr, aber sie machen ihm doch gehörig zu schaffen.

Jeden Tag setzen Ärzte ihre ganze Persönlichkeit ein, um einen Kranken zu retten, und sehr oft gelingt ihnen das auch. Vielleicht läßt ihnen gerade diese Verantwortung wenig Zeit, sich um die »kleinen Dinge« zu kümmern. Ist es da nicht nützlich, daß ich das für sie erledige?

Wollte ich eine Bilanz ziehen, so wären die Ergebnisse wohl durchaus positiv. Ich könnte mich als Pionier der Phytotherapie bezeichnen. Denn ich glaube an ihre Zukunft! Ich bin überzeugt, daß Forschungen auf diesem Gebiet noch beachtliche Fortschritte erbringen werden. Und vielleicht wird mein Name eines Tages neben dem Dr. Pouchets stehen, der 1897 die Ärzte wieder lehrte, zu den Heilkräutern zurückzukehren. Er war es auch, der dieser Kenntnis von den »Hausmittelchen« den wissenschaftlichen Namen »Phytotherapie« verlieh, was dem griechischen Ursprung des Wortes nach »Heilung durch Pflanzen« bedeutet.

Ich bin sicher, daß noch vieles zu entdecken ist, und hoffe, daß der Tag kommen wird, an dem die Empiriker nicht mehr a priori abgelehnt werden, an dem man ihnen das Recht zugestehen wird, ihre Experimente durchzuführen. Jener Tag, an dem die Medizin die Sache aller Menschen guten Willens sein wird!

Mein Vater sagte immer: »Wenn der Bach zum Fluß geworden ist, denkt niemand mehr daran, ihn aufzuhalten, sondern jeder will ihn sich zunutze machen.«

Er war ein Mann, der weit in die Zukunft sah.

Grundpräparate für die wichtigsten chronischen Erkrankungen

I. Vorschriften und Methoden

Notabene: Alle Pflanzen müssen auf einem Boden gewachsen sein, der nicht mit Chemikalien behandelt wurde; der Zeitpunkt des Pflückens darf nicht länger als drei Monate zurückliegen!

Bevor die Präparate hergestellt werden können, müssen die getrockneten Pflanzen – seien es Blüten, Knospen, Kapseln, Stengel oder Blätter – zunächst sorgfältig zerkleinert werden.

Getrocknete Wurzeln werden zerrieben, noch halbfrische Wurzeln werden geschabt.

Pflanzen, die am besten frisch oder halb getrocknet verwendet werden, wie z. B. Wegerich, Schöllkraut, Nessel, Kresse, Kohl und Gänsefuß, müssen fein gehackt werden. Knoblauch wird zerquetscht. Zwiebeln werden gerieben.

Wichtig: Bei jeder Dermatose ist Knoblauch kontraindiziert.

Wichtig: Bei Schöllkraut, Klatschmohn, Butterblume und römischer Kamille muß die vorgeschriebene Dosis streng eingehalten werden! Diese Pflanzen können sonst eine genau entgegengesetzte Wirkung haben. (Bei zu starker Dosierung kann zum Beispiel die römische Kamille, deren magenstärkende Eigenschaften bekannt sind, zu Erbrechen führen!)

Anmerkung: Bei der Artischocke dürfen nur die Blätter der Pflanzen und nicht die eßbaren der Blüte verwendet werden!

In der Kräuterhandlung trägt die Butterblume einen anderen Namen: *Ranunculus acer* bzw. scharfer Hahnenfuß (gelb blühend).

Dosierungen: Allgemein für 10 Liter angegeben bzw. 1 Prise für 1 Liter!

Zubereitung: Lassen Sie einen Liter Wasser fünf Minuten lang kochen und dann abkühlen, lauwarm schütten Sie das Wasser in einen Plastik- oder einen emaillierten Behälter. Nun schütten Sie Ihre zerkleinerten Pflanzen hinein und lassen alles, vor Staub geschützt, vier bis fünf Stunden weichen. Das fertige Präparat gießen Sie anschließend in ein sauberes Litergefäß.

Anmerkung: Zur Konservierung dieser Flüssigkeit darf auf keinen Fall ein Metallgefäß benützt werden!

Dieser Pflanzenextrakt kann für Hand- oder Fußbäder, Sitzbäder, Vaginalspülungen, Umschläge, Kompressen oder auch zum

Gurgeln verwendet werden.

Hand- und Fußbäder: 1. Bringen Sie zwei Liter Wasser zum Kochen und lassen Sie es anschließend fünf Minuten abkühlen. 2. In diese zwei Liter abgekochtes Wasser schütten Sie 1/4 Liter Pflanzenextrakt. Diese Flüssigkeit bewahren Sie auf und wärmen Sie leicht bei Bedarf, jedoch *ohne sie zum Kochen zu bringen und ohne Wasser hinzuzufügen!* Sie kann acht Tage lang benützt werden! 3. Anwendung: *Morgens* in nüchternem Zustand acht Minuten lang die Füße so heiß wie möglich baden! *Abends* vor dem Essen acht Minuten lang die Hände so heiß wie möglich baden!

Sitzbäder: Sie benötigen hierfür drei oder vier Liter Flüssigkeit im gleichen Mischverhältnis wie bei den Hand- und Fußbädern.

Vaginalspülungen: Gleiches Mischverhältnis wie bei Hand- und Fußbädern.

Breiumschläge: Wenn Kohl, Kresse und Gänsefuß bei Breiumschlägen angewendet werden, müssen Sie folgendermaßen verfahren: 1. Ein Büschel Kresse beziehungsweise acht bis zehn Blätter Gänsefuß oder Kohl, dessen dicker Mittelstrunk entfernt wurde, klein hacken. Aus zwei Eiweiß steifen Schnee schlagen. Gehackten Kohl, Kresse oder Gänsefuß mit dem Eischnee mischen. Nach Möglichkeit ein Gazetuch benützen, um diese Mischung einzuwikkeln. 2. Ein Likörgläschen des entsprechenden Grundpräparats darauf verteilen, wobei zu beachten ist, daß der Umschlag immer unmittelbar auf die Haut zu liegen kommt!

Kompressen: Falten Sie ein Stück Flanell viermal zusammen, oder nehmen Sie einen dicken Bausch gut saugender Watte, tränken Sie es mit der Lösung, und pressen Sie es direkt auf die Haut.

Gurgeln: In einen halben Liter abgekochtes Wasser schütten Sie ein Likörgläschen Essenz.

II. Rezepte

Auf keinen Fall ohne vorherige Konsultation des Arztes!

AKNE: (s. DERMATOSEN)

ALBUMINURIE:

Besenginster (Blüten und Triebe) – 2 Handvoll
Zwiebel – eine dicke Zwiebel, gerieben

Hand- und Fußbäder.

Anmerkung: Die vom behandelnden Arzt vorgeschriebene Diät strengstens einhalten!

ALLERGIEN:

Knoblauch – eine zerquetschte Zwiebel
Weißdorn (Blüten) – eine Handvoll
Schöllkraut (Blätter und Stengel, halbfrisch) – eine Handvoll
Quecke (Wurzeln) – eine Handvoll
Besenginster (Blüten) – eine Handvoll
Salbei (Blätter) – eine Handvoll
Lindenblüten – eine Handvoll

Hand- und Fußbäder sowie Breiumschläge auf die Nieren.

Anmerkung: Da Allergien verschiedenste Ursachen haben können, vermag ich hier nur ein allgemeines Mittel anzugeben.

AMENORRHOE: (s. FRAUENKRANKHEITEN)

ANGINA: (s. HALSKRANKHEITEN)

ANGINA PECTORIS: (s. HERZ)

ARTERIOSKLEROSE:

Knoblauch – zwei dicke Zwiebeln, zerhackt
Weißdorn (Blüten) – eine Handvoll
Schöllkraut (wenn möglich, Blätter und Stengel noch halb frisch) – eine Handvoll
Besenginster (Blüten und Triebe) – eine Handvoll

Hand- und Fußbäder.

Anmerkung: Eine auf die Krankheit abgestimmte Diät einhalten!

ARTERIITIS:

Knoblauch – eine dicke Zwiebel, zerhackt
Artischocke (Blätter) – eine Handvoll
Weißdornblüten – eine Handvoll
Salbei (Blüten und Blätter) – eine Handvoll
Thymian (Blüten und Blätter) – eine Handvoll

Hand- und Fußbäder.

Anmerkung: Da die Arteriitis verschiedene Ursachen haben kann, vermag dieses Grundrezept dem Kranken nur Erleichterung, nicht aber Heilung zu verschaffen.

ARTHRITIS:

Knoblauch – eine dicke Zwiebel, zerquetscht
Schöllkraut (möglichst halbfrische Blätter) – eine Handvoll Nes-

seln (möglichst halbfrische Blätter und Stengel) – zwei Handvoll
Löwenzahn (möglichst halbfrisch, ganze Pflanze) – eine Handvoll
Geißbart (Blüten) – eine Handvoll
Butterblume (Blüten und Blätter) – eine Handvoll

Hand- und Fußbäder.

Anmerkung: Obwohl keine wirkliche Diät erforderlich ist, gibt es doch Nahrungsmittel und Getränke, von denen abzuraten ist!

ASTHMA:

Knoblauch – eine dicke Zwiebel, zerquetscht
Mohn (Blüten und Kapseln) – eine Handvoll
Lavendel (Blüten) – eine Handvoll
Gundermann (Blätter) – eine Handvoll
Petersilie (Blätter) – eine Handvoll
Salbei (Blüten) – eine Handvoll
Thymian (Blüten) – eine Handvoll

Hand- und Fußbäder.

Anmerkung: Da Asthma verschiedene allergische Ursachen haben kann, muß die Behandlung jeweils dem einzelnen Fall angepaßt werden. Hiermit kann nur Erleichterung bei Anfällen, jedoch keine Heilung erzielt werden.

BLASE (Erkrankungen der):

Zystitis (Blasenkatarrh)

Heidekraut (Blüten) – eine Handvoll
Mohn (Blüten und Kapseln, zerrieben) – eine Handvoll
Mais (Bart) – eine Handvoll
Malven (Wurzeln, gerieben) – eine Handvoll
Wegerich (möglichst frische Blätter) – eine Handvoll

Sitzbäder bzw. Vaginalspülungen.

Anmerkung: Die Ernährung ist zu beachten, gewisse Nahrungsmittel und Getränke sind absolut auszuschließen.

Reizblase

Knoblauch – eine dicke Zwiebel, zerquetscht
Weißdorn (Blüten) – eine Handvoll
Butterblume (Blätter und Blüten) – eine Handvoll

Sitzbäder.

Prostata

Weißdorn (Blüten) – eine Handvoll
Boretsch (Blüten) – eine Handvoll

Heidekraut (Blüten) – eine halbe Handvoll
Schöllkraut (möglichst frische Blätter) – eine Handvoll
Malven (Wurzeln gerieben) – eine Handvoll
Sitzbäder.

BRONCHIEN (Erkrankungen der):
Grundpräparate:
Knoblauch – eine dicke Zwiebel, zerquetscht
Boretsch (Blüten und Blätter) – eine Handvoll
Kohl (frische Blätter) – eine Handvoll
oder:
Mohn (Blüten und Kapseln) – eine Handvoll
Kresse (frische Blätter) – ein Büschel
Salbei (Blüten) – eine Handvoll
Bronchitis (chronische):
Mohn (Blüten und Kapseln) – eine Handvoll
Lavendel (Blüten) – eine Handvoll
Gundermann (Blätter) – eine Handvoll
Malven (Blüten) – eine Handvoll
Zwiebel – eine dicke Zwiebel, gerieben
Salbei (Blüten und Blätter) – eine Handvoll
Hand- und Fußbäder.

CHOLESTERIN: (erhöhter Cholesteringehalt, s. LEBER)

DARM: (Funktionsstörungen des Intestinaltrakts)
Anmerkung: Bei diesen Erkrankungen ist Diät unumgänglich!
Verstopfung
Artischocke (Blätter) – eine Handvoll
Römische Kamille – etwa zehn Köpfchen, zermahlen
Zichorie (Blätter und Wurzeln) – eine Handvoll
Kohl (Blätter) – eine Handvoll
Winde (Blüten und Blätter) – eine Handvoll
Malven (Blüten) – eine Handvoll
Zwiebel – eine dicke Zwiebel, gerieben
Thymian (Blüten) – eine Handvoll
Veilchen (Blüten) – eine Handvoll
Hand- und Fußbäder.
Enteritis (Entzündung des Dünndarms) und *Dysenterie* (Ruhr)
Malven (Blüten und Wurzeln) – eine Handvoll
Nesseln (möglichst frische Blätter) – eine Handvoll

Vogelknöterich (ganze Pflanze) – eine Handvoll
Schachtelhalm (Stengel und Schößlinge) – eine Handvoll
Hand- und Fußbäder.

DEPRESSIONEN: (s. NERVEN)

DERMATOSEN:

Anmerkung: Da Hautausschläge verschiedene Ursachen haben können, z. B. auf Leber-, Darm- oder Magenerkrankungen zurückzuführen sind, kann die Grundbehandlung dem Kranken nur Erleichterung, nicht aber Heilung verschaffen. Bei allen Hauterkrankungen ist eine auf den speziellen Fall abgestimmte Diät zu beachten!

Akne

Kletten (Blüten und Blätter) – eine Handvoll
Eibisch (zerstückelte Wurzeln) – eine Handvoll
Malven (Blüten) – eine Handvoll
Zwiebel – eine große Zwiebel, gerieben
Salbei (Blüten und Blätter) – eine Handvoll

Lokale Anwendung von warmen Kompressen sowie Hand- und Fußbäder!

Anmerkung: Dieses Grundpräparat kann, *unter Ausschluß jedes anderen,* beim Ausbruch von Akne angewendet werden.

Bei Akne, deren Ursache vom behandelnden Arzt festgestellt wurde, empfehle ich folgende Behandlung:

Ursache: Leberkrankheiten

Grundpräparat:

Artischocke (Blätter) – eine Handvoll
Klette (Blätter) – eine Handvoll
Schöllkraut (möglichst frische Blätter) – eine Handvoll
Malven Blüten und Wurzeln) – eine Handvoll
Salbei (Blüten) – eine Handvoll

Breiumschläge: Kohl und Zwiebel

Breiumschlag auf die Leber: ein kleines Likörglas des Grundpräparats darauf verteilen.

Hand- und Fußbäder einzig und allein mit dem Grundpräparat!

Ursache: Magenleiden

Knoblauch – eine dicke Zwiebel, zerquetscht
Klette (Blätter) – eine Handvoll
Römische Kamille – etwa zehn Köpfchen, gemahlen
Schöllkraut (möglichst halbfrische Blätter) – eine Handvoll

Minze (Blätter) – eine Handvoll
Nesseln (möglichst frische Blätter) – eine Handvoll
Thymian (Blätter) – eine Handvoll

Breiumschläge: Kohl und Kresse sowie ein Likörgläschen des Grundpräparats auf den Magen.

Hand- und Fußbäder ausschließlich mit dem Grundpräparat!

Ursache: Darmerkrankung

Knoblauch – eine dicke Zwiebel, zerquetscht
Klette (Blüten und Blätter) – eine Handvoll
Römische Kamille – etwa zehn Köpfchen, zermahlen
Schöllkraut (möglichst halbfrische Blüten und Blätter) – eine Handvoll
Winde (Blüten) – eine Handvoll
Malven (Blüten) – eine Handvoll

Breiumschläge: Kohl (frische Blätter) und Nesseln (möglichst frische Blätter). Breiumschlag auf den Bauch, dazu ein Likörgläschen des Grundpräparats.

Hand- und Fußbäder ausschließlich mit dem Grundpräparat.

Nervöse Akne

Weißdorn (Blüten) – eine Handvoll
Schöllkraut (nach Möglichkeit halbfrische Blätter) – eine Handvoll
Mohn (Blüten und Kapseln) – eine Handvoll
Hagedorn (Blütenblatt und Knospen) – eine Handvoll
Nesseln (möglichst frische Blätter) – eine Handvoll
Lindenblüten – eine Handvoll

Hand- und Fußbäder.

Flechte – Ekzeme – Erysipelas

Auf Grund der verschiedenen Ursachen ist eine unterschiedliche Behandlung erforderlich. Ich erzielte jedoch hervorragende Resultate mit dem folgenden Präparat, das generell angewendet werden kann:

Artischocken (Blätter) – eine Handvoll
Alant (Blüten und Blätter) – eine Handvoll
Klette (Blätter) – eine Handvoll
Butterblume (Blüten und Blätter) – eine Handvoll
Schöllkraut (möglichst halbfrische Blätter) – eine Handvoll
Zichorie (Wurzel und oberer Teil) – eine Handvoll
Besenginster (Blüten) – eine Handvoll
Lavendelblüten – eine Handvoll
Nesseln (möglichst frische Blätter) – eine Handvoll

Hand- und Fußbäder.

Juckreiz oder Pruritus

Alant (Blüten) – eine Handvoll
Klette (Blüten und Blätter) – eine Handvoll
Eibisch (zerstückelte Wurzeln) – eine Handvoll
Löwenzahn (Wurzeln, gerieben) – eine Handvoll
Wegerich (möglichst frische Blätter) – eine Handvoll
Rote Rosen (Blütenblätter) – eine Handvoll

Hand- und Fußbäder. Lokale Anwendung: Einstreichen ohne zu reiben! Eventuell Sitzbäder unter Hinzufügung einer Handvoll Amidon.

Furunkulose

Da gleiche Ursachen, Behandlung wie bei Akne!

Anmerkung: Zum Aknegrundpräparat ist hinzuzufügen: eine dicke geriebene Zwiebel, eine Handvoll frischer Wegerichblätter, eine Handvoll zerkleinerter Eibischwurzeln und die doppelte Dosis an Malvenblüten.

Kompressen auf die Furunkel!

Hand- und Fußbäder.

Herpes

Boretsch (Blüten) – eine Handvoll
Schöllkraut (möglichst halbfrische Blätter) – eine Handvoll
Mohn (Blüten und Kapseln, zermahlen) – eine halbe Handvoll
Eibisch (zerkleinerte Wurzeln) – eine Handvoll
Malven (Blüten und Wurzeln) – eine Handvoll

Eventuell Sitzbäder.

Vaginalspülungen.

Hand- und Fußbäder.

Anmerkung: Dieses Präparat ja nicht für Mundspülungen verwenden!

Impetigo

Klette (Blätter und Blüten) – eine Handvoll
Mohn (Blüten und Kapseln, zermahlen) – eine Handvoll
Wegerich (Blüten und Blätter) – eine Handvoll
Salbei (Blätter und Blüten) – eine Handvoll

Anwendung: lokal

Hand- und Fußbäder.

Nesselausschlag

Schöllkraut (möglichst halbfrische Blätter und Stengel) – eine Handvoll
Malven (Blüten und Blätter) – eine Handvoll

Mohn (Blüten und Kapseln, gemahlen) – eine Handvoll
Nesseln (möglichst frische Blätter) – eine Handvoll
Salbei (Blüten und Blätter) – eine Handvoll
Veilchenblüten – eine Handvoll

Anwendung: lokal, ohne zu reiben!
Hand- und Fußbäder.

Gürtelrose
Butterblume (Blüten und Blätter) – eine Handvoll
Mohn (Blüten und Kapseln, gemahlen) – eine Handvoll
Geißbart (Blüten) – eine Handvoll
Lindenblüten – eine Handvoll

Kompressen: lokal
Hand- und Fußbäder.

Bei den Erscheinungen eines akuten Ausbruchs ist ein Vollbad in Lindenblüten anzuraten: 50 Gramm auf 1 Liter Wasser. Die beruhigende Wirkung kann durch eine Handvoll Mohn, zwei Handvoll Malvenblüten oder -wurzeln und drei Handvoll Amidon verstärkt werden!

EKZEME: (s. DERMATOSEN)

EMPHYSEM:
Knoblauch – eine dicke Zwiebel, zerquetscht
Weißdornblüten – eine Handvoll
Gundermann (Blätter) – eine Handvoll
Salbei (Blüten und Blätter) – eine Handvoll
Thymian (Blätter) – eine Handvoll
Hand- und Fußbäder.

FRAUENKRANKHEITEN:

Amenorrhoe
Schafgarbe (Blüten) – eine Handvoll
Alant (Blüten) – eine Handvoll
Petersilie (möglichst frisch) – eine Handvoll
Schachtelhalm (Blätter) – zwei Handvoll
Salbei (Blüten und Blätter) – eine Handvoll
Vaginalspülungen.

Dysmenorrhoe
Schafgarbe (Blüten) – eine Handvoll
Minze (frische Blätter) – eine Handvoll
Petersilie (möglichst frisch) – eine Handvoll

Salbei (Blüten und Blätter) – eine Handvoll
Vaginalspülungen.
Frigidität
Bärenklau (Wurzel) – eine Handvoll
Schöllkraut (möglichst halbfrische Blätter und Stengel) – eine Handvoll
Bockshornklee (gemahlene Samenkörner) – 15 Gramm
Minze (Blätter) – eine Handvoll
Wegerich (möglichst frische Blätter, gehackt) – eine Handvoll
Pfefferkraut (Blätter) – eine Handvoll
Vaginalspülungen.
Leukorrhoe oder Fluor albus
Alant (Blätter) – eine Handvoll
Butterblumen (Blüten und Blätter) – eine Handvoll
Knöterich (Wurzel, zermahlen) – eine Handvoll
Brombeeren (Blätter) – eine Handvoll
Rote Rosen (Blütenblätter) eine Handvoll
Salbei (Blätter) – eine Handvoll
Vaginalspülungen.
Beschwerden im Klimakterium
Weißdornblüten – eine Handvoll
Mistel (Blätter und Stengel. Muß vor dem Auftreten der Beeren gepflückt werden!) – eine Handvoll
Salbei (Blätter) – eine Handvoll
Vaginalspülungen.
Handbäder.
Metritis
Knoblauch – eine Zwiebel, zerquetscht
Weißdornblüten (gemahlen) – eine Handvoll
Schöllkraut (möglichst halbfrische Blätter und Stengel) – eine Handvoll
Malvenblüten – eine Handvoll
Brombeerblätter – eine Handvoll
Salbei (Blätter und Blüten) – eine Handvoll
Vaginalspülungen.
Hand- und Fußbäder.
Menstruationsbeschwerden
Schafgarbe (Blüten) – eine Handvoll
Weißdorn (Blüten) – eine Handvoll
Hirtentäschelkraut (ganze Pflanze) – eine Handvoll
Nesseln (Blätter) – eine Handvoll

Petersilie (frische Blätter) – eine Handvoll
Salbei (Blätter) – eine Handvoll

Vaginalspülungen.

Hand- und Fußbäder.

Sterilität

Schöllkraut (möglichst halbfrische Blätter und Blüten) – eine Handvoll
Mais (Narben) – eine Handvoll
Minze (Blätter und Blüten) – eine Handvoll
Johanniskraut (Blätter) – eine Handvoll
Salbei (Blüten und Blätter) – eine Handvoll
Veilchenblüten – eine Handvoll

Vaginalspülungen.

Handbäder.

Vaginismus

Quecke (Wurzeln, gerieben) – eine Handvoll
Mohn (Blüten und Kapseln, gemahlen) – eine Handvoll
Malven (Wurzeln, gerieben) – eine Handvoll
Wegerich (möglichst frisch) – eine Handvoll Blätter
Veilchenblüten – eine Handvoll

Vaginalspülungen.

FRIGIDITÄT: (s. FRAUENKRANKHEITEN)

GALLENSTEINE: (s. LEBER)

GASTRITIS: (s. MAGEN)

GELBSUCHT: (s. LEBER)

GICHT:

Anmerkung: Sehr strenge Diät notwendig.

Klette (Stengel, Blätter) – eine Handvoll
Römische Kamille – etwa zehn Köpfchen, zermahlen
Quecke (Wurzeln, gerieben) – eine Handvoll
Kohl (Blätter) – eine Handvoll
Herbstzeitlose (kann auch allein genügen) – eine Handvoll
Männlicher Farn (Wurzeln, gerieben) – eine Handvoll
Besenginster (Blüten) – eine Handvoll
Lavendelblüten – eine Handvoll
Salbei (Blüten und Blätter) – eine Handvoll

Hand- und Fußbäder.

HÄMORRHOIDEN:

Anmerkung: Um die Wirkung dieser Behandlung zu steigern, ist es ratsam, eine Diät zu beachten!

Schafgarbe (Blüten) – eine Handvoll
Mariendistel (Wurzeln und Blätter) – eine Handvoll
Quecke (Wurzeln, gerieben) – eine Handvoll
Lavendelblüten – eine Handvoll
Schachtelhalm (ganze Pflanzen) – eine Handvoll
Knöterich (Wurzeln, gerieben) – eine Handvoll

Sitzbäder.

HALSKRANKHEITEN:

Anmerkung: Da Halskrankheiten verschiedene Ursachen, wie Wucherungen, Mandelentzündungen oder Infektionen, haben können, darf dieses Präparat nur als Grundbehandlung angesehen werden!

Weißdornblüten – eine Handvoll
Mohn (Blüten und Kapseln, gemahlen) – eine Handvoll
Malven (Wurzeln, gerieben) – eine Handvoll
Brombeerblätter – eine Handvoll
Rote Rosen (Blütenblätter) – eine Handvoll
Schachtelhalm (Stengel) – eine Handvoll
Veilchenblüten – eine Handvoll

Zum Gurgeln: Man rechne ein Likörgläschen auf $1/4$ Liter gekochtes Wasser!

Angina

Nesseln (möglichst frische Blätter) – eine Handvoll
Wegerich (Blätter) – eine Handvoll
Brombeerblätter – eine Handvoll
Rote Rosen (Blütenblätter) – eine Handvoll
Veilchenblüten – eine Handvoll

Zum Gurgeln: Ein Likörgläschen in $1/4$ Liter abgekochtes Wasser!

Mandelentzündung

Nesseln (möglichst frische Blätter) – eine Handvoll
Wegerich (Blätter) – eine Handvoll
Brombeerblätter – eine Handvoll
Rote Rosen (Blütenblätter) – eine Handvoll
Salbeiblüten – eine Handvoll
Veilchenblüten – eine Handvoll

Zum Gurgeln: Auf $1/4$ Liter abgekochtes Wasser rechne man ein Likörgläschen Essenz.

Rachenentzündung
Weißdornblüten – eine Handvoll
Malvenblüten – eine Handvoll
Brombeerblätter – eine Handvoll
Veilchenblüten – eine Handvoll
Zum Gurgeln: Auf 1/4 Liter abgekochtes Wasser rechne man ein Likörgläschen Essenz.

HAUTKRANKHEITEN: (s. DERMATOSEN)

HEISERKEIT:
Kehlkopfentzündung
Kohl (Blätter) – eine Handvoll
Lavendelblüten – eine Handvoll
Malvenblüten – eine Handvoll
Wegerich (Blätter) – eine Handvoll
Veilchenblüten – eine Handvoll
Zum Gurgeln: Ein Likörgläschen auf 1/4 Liter abgekochtes Wasser.
Luftröhrenentzündung
Alantblüten – eine Handvoll
Quecke (Wurzeln) – eine Handvoll
Kohl (Blätter) – eine Handvoll
Mohn (Blüten) – eine Handvoll
Malvenblüten – eine Handvoll
Veilchenblüten – eine Handvoll
Zum Gurgeln: Ein Likörgläschen auf 1/4 Liter abgekochtes Wasser.

HERZ: (Störungen der Herzfunktion)
Angina pectoris und Infarkt
Weißdornblüten – eine Handvoll
Schöllkraut (möglichst halbfrische Stengel und Blätter) – eine Handvoll
Besenginster (Stengel und Schößlinge) – eine Handvoll
Bei Anfällen: Kompressen auf die Herzgegend, die die Nacht über beibehalten werden müssen.
Zur Pflege: Hand- und Fußbäder.
Herzödeme:
Weißdornblüten – eine Handvoll
Schöllkraut (möglichst frische Blätter und Stengel) – eine Handvoll
Besenginster (Blüten und Schößlinge) – eine Handvoll

Zwiebel – zwei dicke Zwiebeln, gerieben
Geißbart (Blüten) – eine Handvoll

Bei Anfällen: Kompressen auf das Herz.
Handbäder zur Weiterbehandlung.

Herzflattern
Weißdornblüten – eine Handvoll
Butterblume (Blüten und Blätter) – eine Handvoll
Hagedorn (Blütenblätter und Knospen, zerrieben) – eine Handvoll
Minze (Blätter) – eine Handvoll
Salbeiblätter – eine Handvoll

Bei Anfällen: Kompressen auf das Herz.
Zur Weiterbehandlung: Hand- und Fußbäder.

Tachykardie
Weißdorn (Blüten und Knospen) – eine Handvoll
Butterblume (Blüten und Blätter) – eine Handvoll
Mariendistel (Wurzeln und Blätter) – eine Handvoll
Hagedorn (Blütenblätter und Knospen) – eine Handvoll

Bei Anfällen: Kompresse auf das Herz.
Zur Weiterbehandlung: Hand- und Fußbäder.

Anmerkung: Bei einigen dieser Erkrankungen müssen alle stimulierenden Mittel vermieden werden!

HUSTEN:

Boretsch (Blätter und Stengel) – eine Handvoll
Mohn (Blüten und Kapseln, gemahlen) – eine Handvoll
Gundermann (Stengel und Blätter) – eine Handvoll
Malven (geriebene Wurzeln) – eine Handvoll
Minze (Blüten und Blätter) – eine Handvoll
Petersilie (möglichst frisch gehackt) – eine Handvoll
Veilchenblüten – eine Handvoll

Hand- und Fußbäder.

HYDROPSIE:

Schöllkraut (möglichst halbfrische Blätter) – eine Handvoll
Kresse – ein Büschel
Besenginster (Blüten) – eine Handvoll
Zwiebel – eine dicke Zwiebel, gerieben
Petersilie (frische Blätter) oder
Schachtelhalme (Stengel und Schößlinge) eine Handvoll
Geißbart (Blüten) – eine Handvoll

HYPERTONIE:

Anmerkung: Es ist ratsam, die vom behandelnden Arzt vorgeschriebene Diät einzuhalten.

Weißdornblüten – eine Handvoll
Bärenklau (Wurzeln, Blätter) – eine Handvoll
Mariendistel (Wurzeln und Blätter) – eine Handvoll
Mais (Narben) – eine Handvoll

Hand- und Fußbäder.

IMPOTENZ:

Bärenklau (Wurzeln, Blätter, Samen) – 4 Prisen
Butterblume (Blüten und Blätter) – eine Handvoll
Schöllkraut (möglichst halbfrische Blätter) – eine Handvoll
Bockshornklee (zermahlene Samenkörner) – eine halbe Handvoll
Minze (Blätter) – eine Handvoll
Pfefferkraut (Blätter) – eine Handvoll

Sitzbäder.

INFARKT: (s. HERZ)

ISCHIAS:

Butterblume (Blüten und Blätter) – eine Handvoll
Schöllkraut (möglichst frische Blätter) – eine Handvoll
Kohl (Blätter) – eine Handvoll
Minze (Blüten und Blätter) – eine Handvoll
Thymian (Blüten) – eine Handvoll

Sitzbäder.
Hand- und Fußbäder.

KATARRH: (s. BRONCHIEN)

Gleiche Behandlung wie bei Bronchialerkrankungen, jedoch erhöhte Dosis an Malven- und Veilchenblüten: anstatt einer Handvoll nehme man zwei.

KOLIINFEKTION (Infektion mit Kolibakterien):

Butterblume (Blüten und Blätter) – eine Handvoll
Heidekraut (Blüten) – eine Handvoll
Malvenblüten – eine Handvoll
Wegerich (Blätter) – eine Handvoll
Salbei (Blüten und Blätter) – eine Handvoll

Sitzbäder.

Anmerkung: Es ist ratsam, mit der Ernährung vorsichtig zu sein und gewisse Speisen und Getränke zu meiden.

KOLIKEN: (NIERENKOLIKEN)

Butterblume (Blüten und Blätter) – eine Handvoll
Quecke (Wurzeln) – eine Handvoll
Mais (Narben) – eine Handvoll
Malvenblüten – eine Handvoll

Sitzbäder.

Anmerkung: Nierenkoliken werden durch Blascnsteine verursacht. Dieses Grundpräparat soll die Schmerzen lindern. Zur Behandlung der Ursachen siehe jedoch unter: LITHIASIS (BLASENSTEINE).

KRAMPFADERN:

Weißdornblüten – eine Handvoll
Schafgarbe (Blüten) – eine Handvoll
Besenginster (Blüten) – eine Handvoll
Wegerich (möglichst frische Blätter) – eine Handvoll
Rote Rosen (Blütenblätter) – eine Handvoll

Handbäder.

Anmerkung: Absolut untersagt sind Fußbäder! sie können gefährlich sein!

LEBER:

Anmerkung: Da Lebererkrankungen oder Funktionsstörungen der Leber verschiedene Ursachen, d. h. Leber- oder Gallenblasenerkrankungen, haben können, bekämpft dieses Präparat nicht die Ursache, sondern nur ihre Auswirkungen: schmerzhafte Anfälle, Verdauungsstörungen, Übelkeit. Hervorragend geeignet als Grundbehandlung und zur allgemeinen Wiederherstellung.

Schafgarbe (Blüten) – eine Handvoll
Knoblauch – eine Zwiebel, zerquetscht
Artischockenblätter – eine Handvoll
Schöllkraut (möglichst halbfrische Blätter und Stengel) – eine Handvoll
Wilde Zichorie (Wurzeln, gerieben) – eine Handvoll
Quecke (Wurzeln, gerieben) – eine Handvoll
Heckenwinde (Blüten und Blätter) – eine Handvoll
Salbeiblätter – eine Handvoll

Breiumschläge: Kohl und Melde. Darauf verteile man ein Likör-

gläschen des Grundpräparates.
Hand- und Fußbäder ausschließlich mit dieser Essenz.

Chronische Gelbsucht

Artischockenblätter – eine Handvoll
Schöllkraut (Blätter und Stengel) – eine Handvoll
Zichorienblätter
Löwenzahn (ganze Pflanze) } zusammen – eine Handvoll
Quecke (Wurzeln, gerieben) – eine Handvoll

Hand- und Fußbäder.

Leberinsuffizienz

Artischockenblätter – eine Handvoll
Schöllkraut (möglichst halbfrische Blätter und Stengel) – eine Handvoll
Zichorienblätter
Löwenzahn (ganze Pflanze) } zusammen – eine Handvoll
Heckenwinde (Blüten und Blätter) – eine Handvoll

Erhöhter Cholesteringehalt

Artischockenblätter – eine Handvoll
Weißdornblüten – eine Handvoll
Mariendistel (Wurzeln und Blätter) – eine Handvoll
Schöllkraut (Blätter und Stengel) – eine Handvoll
Quecke (Blätter) – eine Handvoll

Hand- und Fußbäder.

Leberzirrhose

Artischockenblätter – eine Handvoll
Schöllkraut (Blüten und Stengel) – eine Handvoll
Kohl (Blätter) – eine Handvoll

Leberkompressen.
Hand- und Fußbäder.

Gallensteine und Leberkoliken

Anmerkung: Diese Behandlung kann einen chirurgischen Eingriff, sofern er erforderlich ist, nicht ersetzen. Sie erleichtert nur den Abgang der Steine.

Artischockenblätter – eine Handvoll
Zichorie (Blätter und Wurzeln)
Löwenzahn } zusammen – eine Handvoll
Quecke (Wurzeln, gerieben) – eine Handvoll
Mohn (Blütenblätter und Kapseln) – eine Handvoll

Warme Kompressen auf die Gallenblase.
Hand- und Fußbäder.

BLASENSTEINE:

Anmerkung: Diät ist unbedingt angebracht
Klette (Blüten, Blätter) – eine Handvoll
Boretsch (Blüten) – eine Handvoll
Schöllkraut (nach Möglichkeit halbfrische Blätter) – eine Handvoll
Quecke (Wurzeln, gerieben) – eine Handvoll
Hagedorn (Blüten, Blütenblätter und Knospen) – eine Handvoll
Besenginster (Blüten) – eine Handvoll
Mais (Narben) – eine Handvoll

Kompressen auf die Nierengegend.

LUMBAGO: (s. NEURALGIEN)

MAGENERKRANKUNGEN:

Anmerkung: Da Funktionsstörungen des Verdauungstrakts verschiedene Ursachen haben (z. B. Magenleiden oder psychosomatische Störungen), kann diese Grundbehandlung nur durchgeführt werden, wenn die Ursachen vom behandelnden Arzt diagnostiziert wurden. Bei allen Magenerkrankungen ist es wichtig, die dem einzelnen Fall angepaßte Diät zu befolgen.

Aerophagie
Schafgarbe (Blüten) – eine Handvoll
Weißdornblüten – eine Handvoll
Alantblüten – eine Handvoll
Butterblume (Blüten und Blätter) – eine Handvoll
Minze (Blätter) – eine Handvoll
Brombeerblätter – eine Handvoll
Salbei (Blüten und Blätter) – eine Handvoll

Warme Kompressen auf den Magen, am besten unmittelbar nach den Mahlzeiten.
Handbäder.

Verdauungsstörungen
Grundpräparat:
Knoblauch – eine Zwiebel, zerquetscht
Römische Kamille – etwa zehn Blütenköpfchen, zermahlen
Minze (Blätter) – eine Handvoll
Thymian (Blätter) – eine Handvoll

Breiumschläge: Nesseln (möglichst frische Blätter), Kresse (ein Büschel, gehackt). Dazu ein Likörgläschen vom Grundpräparat.

Nach den Mahlzeiten einen heißen Breiumschlag auflegen!
Handbäder nur mit dem Grundpräparat!

Dyspepsie

Schafgarbe (Blüten) – eine Handvoll
Knoblauch – eine dicke Zwiebel, zerquetscht
Bärenklau (Wurzeln, Blätter und Samen) – eine Handvoll, gemischt
Römische Kamille – etwa zehn Köpfchen, gemahlen oder:
Minze (Blätter) – eine Handvoll
gelber Enzian – eine große Prise
Malven (Blüten und Blätter) – eine Handvoll
Thymian (Blätter) – eine Handvoll

Hand- und Fußbäder.

Magenschmerzen

Schafgarbe (Blüten) – eine Handvoll
Knoblauch – eine Zwiebel, zerquetscht
Weißdornblüten – eine Handvoll
Mohn (Blüten und Blätter) – eine Handvoll
Brombeerblätter – eine Handvoll

Warme Kompressen auf den Magen legen.
Handbäder.

Gastritis

Römische Kamille – etwa zehn Köpfchen, zermahlen
Schöllkraut (möglichst halbfrische Blätter und Stengel) – eine Handvoll
Mohn (Blüten und Kapseln, gemahlen) – eine Handvoll
Malven (Blüten und Stengel) – eine Handvoll
Nesseln (möglichst frische Blätter) – eine Handvoll

Lauwarme Kompressen auf den Magen.
Handbäder.

Hyperacidität

Weißdornblüten – eine Handvoll
Hagedorn (zermahlene Körner) – eine Handvoll
Römische Kamille – zehn Köpfchen, gemahlen
Schöllkraut (möglichst halbfrische Blätter und Stengel) – eine Handvoll
Mohn (Blüten und Kapseln, zermahlen) – eine Handvoll
Lavendelblüten – eine Handvoll

Warme Kompressen auf den Magen.
Handbäder.

Magen- und Zwölffingerdarmgeschwüre

Weißdornblüten – eine Handvoll
Schöllkraut (möglichst halbfrische Blüten und Stengel) – eine Handvoll
Quecke (Blätter) – eine Handvoll
Mohn (Blüten und Kapseln) – eine Handvoll
Brombeerblätter – eine Handvoll
Salbei (Blüten und Blätter) – eine Handvoll
Veilchenblüten – eine Handvoll

Breiumschlag: Frischer Kohl (Blätter) und Kresse (ein Büschel) sowie Nesseln (möglichst frische Blätter).
Bei Krisen: Warmer Breiumschlag mit einem Likörgläschen Essenz.
Behandlung: Hand- und Fußbäder ausschließlich mit der Essenz.

MANDELENTZÜNDUNG: (s. HALS)

MIGRÄNE:

Anmerkung: Migräne kann verschiedene Ursachen haben. Meine Grundpräparate vermögen daher nur Erleichterung zu schaffen, nicht aber die Ursachen zu behandeln.

Römische Kamille – fünf Köpfchen, zerrieben
Lavendelblüten – eine Handvoll
Melisse oder Zitronelle (Blätter) – eine Handvoll
Schlüsselblume oder Kuckuckskraut (Blätter und Blüten, möglichst auch Wurzeln) – eine Handvoll

Heftiger Anfall: Eisgekühlte Kompressen auf die Stirn!
Behandlung: Hand- und Fußbäder

Migräne bei der Frau

Schöllkraut (halbfrische Blätter) – eine Handvoll
Melisse oder Zitronelle (Blätter) – eine Handvoll
Minze (Blüten und Blätter) – eine Handvoll
Petersilie (frische Blätter) – eine Handvoll

Bei heftigen Anfällen: Eiskompressen auf die Stirn
Hand und Fußbäder.
Behandlung der Frauenkrankheit fortsetzen.

Migräne auf Grund von Darmstörungen

Römische Kamille – etwa zehn Köpfchen, zerrieben
Schöllkraut (möglichst halbfrische Blätter) – eine Handvoll
Minze oder Zitronelle (Blätter) – eine Handvoll
Winde (Blüten und Blätter) – eine Handvoll
Minze (Blüten und Blätter) – eine Handvoll

Bei Anfällen: Eiskalte Kompressen auf die Stirn

Behandlung: Die bei Verstopfung vorgeschriebenen Hand- und Fußbäder.

Migräne auf Grund von Nervenleiden

Weißdorn (Blüten und Knospen) – eine Handvoll
Römische Kamille – etwa zehn Köpfchen, zermahlen
Minze (Blüten und Blätter) – eine Handvoll
Schlüsselblume oder Kuckuckskraut (Blüten und Blätter, möglichst auch Wurzeln) – eine Handvoll
Veilchenblüten – eine Handvoll

Bei heftigen Anfällen: Eisgekühlte Kompressen auf die Stirn.
Behandlung: Hand- und Fußbäder wie bei Nervenleiden.

Augenmigräne

Römische Kamille – etwa zehn Köpfchen, zerrieben
Schöllkraut (möglichst halbfrische Blätter) – eine Handvoll
Malven (Wurzeln, gerieben) – eine Handvoll
Wegerich (Blätter) – eine Handvoll
Rote Rose (Blütenblätter) – eine Handvoll
Veilchenblüten – eine Handvoll

Kompressen auf die Augen!
Dosis: Ein Likörgläschen Essenz auf 1/4 Liter abgekochtes Wasser!
Anmerkung: Bei Kompressen auf die Augen niemals eine Flüssigkeit verwenden, die schon einmal benutzt worden ist.

NERVEN:

Grundsubstanz der Behandlung:

Weißdornblüten – eine Handvoll
Hagedorn (Blütenblätter und Knospen) – eine Handvoll
Minze (Blätter und Blüten) – eine Handvoll
Salbeiblätter – eine Handvoll

Hand- und Fußbäder.
Anmerkung: Ganz allgemein gilt bei Nervenleiden ein Vollbad in Lindenblüten als hervorragendes Beruhigungsmittel. Auf 1 Liter Wasser rechne man 50 Gramm Blüten!

Beklemmungen – Angstzustände

Weißdornblüten – eine Handvoll
Mohn (Blüten und Kapseln) – eine Handvoll
Hagebutten (Blütenblätter und Knospen) – eine Handvoll
Geißbart (Blüten) – eine Handvoll

Hand- und Fußbäder

Depressionen

Weißdornblüten – eine Handvoll
Salbei (Blüten und Blätter) – eine Handvoll
Veilchenblüten – eine Handvoll
Hand- und Fußbäder.

Erregbarkeit
Weißdornblüten – eine Handvoll
Benediktendistel (Blätter) – eine Handvoll
Geißbart (Blüten) – eine Handvoll
Lindenblüten – eine halbe Handvoll
Hand- und Fußbäder.

Störungen des Sympathikus
Grundsubstanz der Nervenbehandlung, dazu Mohn (Blüten und Kapseln, zerrieben) sowie Butterblume (eine Handvoll).
Hand- und Fußbäder.

NERVOSITÄT:

Anmerkung: Da Nervosität auf unterschiedliche Ursachen zurückzuführen ist, kann die hier angegebene Behandlungsmethode nur als Grundsubstanz angesehen werden, die Beruhigung zu verschaffen, nicht jedoch die Ursachen der Nervosität zu heilen vermag.

Weißdornblüten – eine Handvoll
Schöllkraut (möglichst halbfrische Blätter) – eine Handvoll
Mohn (Blüten und Kapseln, zerrieben) – eine Handvoll
Minze (Blüten und Blätter) – eine Handvoll
Salbei (Blüten und Blätter) – eine Handvoll
Hand- und Fußbäder.

NEURALGIEN:

Römische Kamille – etwa zehn Köpfchen, zerrieben
Mohn (Blüten und Kapseln, zermahlen) – eine Handvoll
Minze (Blüten und Blätter) – eine Handvoll
Geißbart (Blüten) – eine Handvoll

Anmerkung: Bei sehr heftigen Neuralgien füge man noch eine Handvoll Butterblumen hinzu!
Hand- und Fußbäder.

Lumbago
Weißdornblüten – eine Handvoll
Klette (Blüten und Blätter) – eine Handvoll
Butterblume (Blüten und Blätter) – eine Handvoll
Zwiebel – eine dicke Zwiebel, gerieben

Nesseln (möglichst frische Blätter) – eine Handvoll
Kompressen auf die Nierengegend.
Hand- und Fußbäder.

Gesichtsneuralgien
Butterblume (Blüten und Blätter) – eine Handvoll
Schöllkraut (möglichst halbfrische Blätter) – eine Handvoll
Kohl (Blätter) – eine Handvoll
Thymian (Blüten) – eine Handvoll
Hand- und Fußbäder.

OHRENSAUSEN:
Weißdornblüten – eine Handvoll
Butterblume (Blüten und Blätter) – eine Handvoll
Löwenzahn (möglichst halbfrisch, ganze Pflanze) – eine Handvoll
Salbei (Blüten und Blätter) – eine Handvoll
Hand- und Fußbäder.

RACHENENTZÜNDUNG: (s. HALS)

RHEUMATISMUS:
Anmerkung: Bei heftigen Ausbrüchen von Rheumatismus lassen sich die Schmerzen sehr schnell mit einer Lösung aus *Renunculus acer* (scharfem Hahnenfuß), von dem Sie Blüten und Blätter verwenden, lindern (sechs Handvoll auf einen Liter Wasser). Die Schmerzen werden verschwinden, aber die Ursache ist damit nicht behoben, daher sollte zusätzlich folgende Behandlung durchgeführt werden:
Klette (Blätter) – eine Handvoll
Heidekraut (Blüten) – eine Handvoll
Römische Kamille – etwa zehn Köpfchen, zerrieben
Schöllkraut (möglichst halbfrische Blätter und Stengel) – eine Handvoll
Quecke (Wurzeln, gerieben) – eine Handvoll
Ginster (Blüten) – eine Handvoll
Lavendelblüten – eine Handvoll
Zwiebel – eine dicke Zwiebel, gehackt
Breiumschlag: Kohl, Kresse oder Melde, dazu ein Likörgläschen des Grundpräparats. Breiumschläge sind nur bei heftigen Anfällen auf die betroffenen Stellen aufzulegen. Als Heilbehandlung müssen zusätzlich Hand- und Fußbäder durchgeführt werden.

SCHLAFLOSIGKEIT:

Anmerkung: Hervorragende Ergebnisse mit Lindenblütenvollbädern.
Dosis: 50 Gramm Lindenblüten auf 1 Liter Wasser. Schlafpulver und chemische Beruhigungsmittel werden dadurch überflüssig. Vor allem bei Säuglingen und Kindern anzuwenden!

Lindenblütentee sollte sehr leicht sein, da ein zu hohe Dosis erst recht Schlaflosigkeit verursachen kann.

Weißdornblüten – eine Handvoll
Mohn (Blüten und Kapseln, zerrieben) – eine Handvoll
Minze (Blätter) – eine Handvoll
Lindenblüten – eine Handvoll
Hand- und Fußbäder.

SCHWINDEL:

Weißdornblüten – eine Handvoll
Römische Kamille – etwa zehn Köpfchen, zerrieben
Lavendelblüten – eine Handvoll
Minze (Blüten und Blätter) – eine Handvoll
Salbei (Blüten und Blätter) – eine Handvoll
Hand- und Fußbäder.

STEIFER HALS:

Zwiebel – eine dicke Zwiebel, gerieben
Rosmarinblätter – eine Handvoll
Thymianblätter – eine Handvoll
Lokale Kompressen.

STERILITÄT: (s. FRAUENKRANKHEITEN)

ULCUS VARICOSUM:

Klette (Wurzeln und Blätter) – eine Handvoll
Benediktendistel (Blätter) – eine Handvoll
Gundermann (Blätter) – eine Handvoll
Wegerich oder rote Rosen (Blätter) – eine Handvoll
Brombeerblätter – eine Handvoll
Salbei (Blüten und Blätter) – eine Handvoll
Handbäder.
Anmerkung: keine Fußbäder bei Ulcus varicosum.

URÄMIE:

Anmerkung: Bei dieser Erkrankung muß Diät eingehalten werden.

Schöllkraut (möglichst halbfrische Blätter und Stengel) – eine Handvoll
Besenginster (Blüten) – eine Handvoll
Geißbart (Blüten) – eine Handvoll

Hand- und Fußbäder.

ZELLULITIS:

Heidekraut (Blüten) – eine Handvoll
Kirschstiele – eine Handvoll
Schöllkraut (möglichst halbfrische Stengel und Blätter) – eine Handvoll
Quecke (Wurzeln) – eine Handvoll
Besenginster (Blüten und Schößlinge) – eine Handvoll
Mais (Narben) – eine Handvoll
Zwiebel – eine dicke Zwiebel, gerieben
Schachtelhalm (Blätter) – eine Handvoll
Geißbart (Blüten) – eine Handvoll

Hand- und Fußbäder.

Wenn Ihnen nicht alle diese Pflanzen zur Verfügung stehen, können Sie ein hervorragendes Diuretikum herstellen aus:

Schöllkraut (möglichst halbfrische Stengel und Blätter) – eine Handvoll
Mais (Narben) – zwei Handvoll
Schachtelhalm (Blätter) – eine Handvoll
Geißbart (Blüten) – eine Handvoll

Hand- und Fußbäder.

Anmerkung: Diese Grundsubstanz kann nur wirksam werden, wenn eine besondere Diät befolgt wird!

GESUNDHEIT IN IHREM GARTEN

Meine Heilpflanzen befinden sich natürlich nicht alle schön angeordnet in Ihrer Reichweite. Zugegeben sei auch, daß einige Gegenden damit besser und reicher ausgestattet sind als andere und daß bei mir zu Hause fast mein ganzes Arzneibuch vor der Tür wächst. Wenn Sie sich aber das ganze Jahr über mit Pflanzen behandeln wollen, ist es Ihnen, unabhängig von der Gegend, in der Sie leben, möglich, sich bereits mit Frühlingsbeginn auf den Winter vorzubereiten. Die Kräuter, die die Natur Ihnen in Ihrer Umgebung nicht anbietet, können Sie selbst ziehen. Wenn sie dann auch etwas weniger wirksam sind als die wild gewachsenen, so haben sie doch noch viele nützliche Eigenschaften. Reservieren Sie den Heilkräutern, die meist auch sehr schöne Zierpflanzen sind, einen Platz in Ihrem Garten.

Allerdings muß ich Ihnen abraten, sich bedenkenlos als »Mességué-Lehrling« zu betätigen, denn die Anwendung gewisser Pflanzen kann durchaus schädlich sein.

Die Pflanzen, die zu ziehen ich Ihnen uneingeschränkt empfehlen kann, sind die folgenden:

ALANT
ARTISCHOCKE
BESENGINSTER
BORETSCH
EIBISCH
FARN (MÄNNL.)
GEISSBART
HAGEDORN
HEIDEKRAUT
KAMILLE (RÖM.)
KLETTE
KNOBLAUCH
KOHL
LAVENDEL
LÖWENZAHN
MALVE
MINZE
MOHN
PETERSILIE
ROTE ROSE
SALBEI
SCHAFGARBE
THYMIAN
VEILCHEN
WEISSDORN
ZICHORIE
ZWIEBEL

Die Erde muß sorgfältig vorbereitet und darf unter keinen Umständen mit Chemikalien gedüngt werden! Auch Insektizide und Pflanzenschutzmittel jeder Art müssen vermieden werden!

SIE BAUEN AN

Legende: ○ Sonne, ◐ Sonne und Schatten, ● Schatten

ALANT: (perennierend) ◑

Liebt frischen, tiefen und lockeren Boden. Mischen sie Ihre Erde, damit sie leichter wird, mit Heideboden oder besser noch mit Torf.

Säen Sie entweder Anfang März im Glashaus oder Ende März in die freie Erde. Zwei Wochen nach dem Sprießen der Pflanze sondern Sie die Triebe aus und pflanzen Sie sie erneut in Abständen von 50 cm. Ist der Sommer trocken, müssen Sie die Erde häufig hacken und eifrig gießen.

Ernte: Alle drei Jahre reißen Sie die ganze Pflanze aus und trocknen die Wurzeln nach Möglichkeit in der prallen Sonne.

ARTISCHOCKE: (perennierend) ◑

Selbst wenn Sie keinen Gemüsegarten besitzen, können Sie einen oder zwei Wurzelstücke ansetzen. Auch in einem Ziergarten nimmt sie sich sehr hübsch aus!

Liebt Frische, haßt aber Feuchtigkeit. Kuhmist ist das beste Düngemittel.

Besorgen Sie sich in einem Gartenbaubetrieb die Wurzelstöcke, setzen Sie sehr tief in die Erde und harken Sie sie im Herbst möglichst hoch hinauf, um sie vor Frost zu schützen.

Bei minus 10 Grad frieren sie schon!

Ernte: Während des ganzen Sommers pflücken Sie die Blätter und trocknen sie!

BESENGINSTER: (perennierend) ○

Der Boden darf nicht kalkhaltig sein! Machen Sie es der Natur nach: streuen Sie im Juli den Samen auf einem sauberen und gelockerten Boden aus. Pflanzen Sie die schönsten Stecklinge neu ein, sobald sie kräftig sind. Dann brauchen sie keinerlei Pflege mehr.

Ernte: Nehmen Sie die jungen Zweige und die Blüten ab, bevor sie sich voll entfaltet haben. Trocknen Sie beide dann im Schatten.

BORETSCH: (einjährige Pflanze) ◑

Im Norden seltener als im Süden. Sehr genügsam. Streuen Sie im April den Samen in lockere Erde; zwei Wochen nach Erscheinen der Schößlinge pflanzen Sie die Wurzelstämme in einem Abstand von 30 cm ein.

Ernte: Kurz vor der Blüte muß die ganze Pflanze geerntet und getrocknet werden.

EIBISCH: (perennierend) ○

Findet sich überall dort, wo die Erde reich, frisch und locker ist. Säen Sie im Frühjahr, sortieren Sie dann die guten Triebe aus und pflanzen Sie sie ein. Im Herbst ziehen Sie die Wurzeln des Eibisches ans Tageslicht. Dann schneiden Sie die Teile der Wurzeln, an denen junge Triebe wachsen, ab und bewahren sie den Winter über in einer Sandschicht auf. Ende März setzen Sie sie ein.

Ernte: Jährliche Abnahme der jungen Wurzeln. Nach drei Jahren wird die Mutterwurzel holzig und verliert an Kraft und Wirksamkeit.

FARN, MÄNNLICHER: (perennierend) ◑●

Diese Pflanze, deren junge Triebe an einen Bischofsstab erinnern, mag leichten und eher feuchten Boden. Mischen Sie Ihre Erde mit Sand, damit sie luftig wird. Da sie von Natur aus sehr widerstandsfähig ist, benötigt sie keinerlei Pflege.

Ernte: Reißen Sie im Winter den Wurzelstock heraus und trocknen Sie ihn.

GEISSBART: (perennierend) ◑●

Braucht vor allem Feuchtigkeit. Im Herbst nehmen Sie Wurzelstock oder junge Stecklinge und pflanzen sie erneut in Ihrem Garten.

Ernte: Im Juni/Juli, wenn die Pflanze zu blühen beginnt, pflükken Sie die Blüten und trocknen sie, indem Sie sie mit dem Kopf nach unten an einem Balken Ihres Dachbodens aufhängen.

Blätter, Stengel und Wurzeln haben die gleichen medizinischen Eigenschaften.

HAGEDORN ODER HUNDSROSE: (perennierend) ○

Sie ist die wilde Rose unserer Wälder und Felder. Es gibt etwa zwanzig Sorten. Eine davon finden Sie bestimmt in Ihrer nächsten Umgebung, und daher brauchen Sie sich nicht weiter um die Pflanze als solche zu kümmern. Im Winter graben Sie ein paar Schößlinge aus, die um ältere Wurzelstöcke herum wachsen. Nehmen Sie so viele Wurzeln wie möglich und pflanzen Sie sie ein wie alle Rosen. Die Art der Erde ist für gewöhnlich gleichgültig. Schneiden Sie sie zugleich mit den andern Rosensträuchern.

Ernte: Zwei Ernten; auf die knospende Blüte folgt die Frucht – die Hagebutte –, die nach dem ersten Herbstfrost geerntet wird.

HEIDEKRAUT: (perennierend) ○◑

Es wächst auf Heideland, mag Felsen und luftigen Boden, kann aber in schwerer Erde nicht gedeihen.

Säen Sie den Samen im Frühling. Beim Aussortieren verfahren Sie am besten so, daß Sie die Stecklinge mitsamt der Scholle ausheben und neu einsetzen. Aber pflanzen Sie gleich mehrere, da nicht alle gedeihen.

Ernte: Pflücken Sie die Blüten, wenn sie gerade anfangen, aufzugehen.

KAMILLE, RÖMISCHE: (perennierend) ◑

Liebt leichten, nicht lehmigen Boden. Muß reichlich gedüngt werden. Auch ab und zu ausjäten. Zu Herbstbeginn nehmen Sie den Schößlingen ein wenig Wurzelstamm und setzen diesen wieder ein.

Ernte: Ende Juli ernten Sie die ganzen Blütenköpfchen, aber bevor sie ganz geöffnet sind!

KLETTE: (perennierend) ○

Braucht keine besondere Pflege, nur einen gut gedüngten und leichten Boden. Die Samenkörner finden Sie zwar nicht im Handel, aber überall auf dem Land. Sammeln Sie sie selbst, und säen Sie sie im September oder zu Frühlingsbeginn, und zwar vier oder fünf Körner auf einem Häufchen, in 4 cm Tiefe und in einem Abstand von 20 cm. Harken und jäten wie gewöhnlich.

Anmerkung: Die Klette verbreitet sich genauso schnell wie Nesseln. Daher müssen Sie vor der Reife die Spitze der Stengel abschneiden.

Ernte: Wurzeln und Blätter sollten erst im zweiten Frühjahr geerntet werden. Nach drei Jahren wird die Klette holzig und verliert an Heilkraft.

KNOBLAUCH: (einjährig) ○

Er gehört in den Gemüsegarten, sofern Sie einen haben. Im Oktober oder November setzen Sie die Steckzwiebel in 3 cm Tiefe und einem Abstand von 12 cm. Zwei oder drei Wochen vor der Ernte stutzen Sie die Pflanze. Vorsichtig, der Knoblauch verträgt keinen frischen Mistdünger. Düngen Sie sechs Monate vor der Ernte!

Ernte: Reinigen Sie die Zwiebel und lassen Sie sie aufgehängt trocknen.

KOHL: (einjährig) ◑

Symbol der bäuerlichen Küche und äußerst wertvoll.

Wenn Sie nicht riskieren wollen, Kohl zu bekommen, der mit chemischem Dünger behandelt wurde, dann säen Sie Ihren eigenen Kohl Ende August unter einer Glasglocke, sortieren ihn dann aus, nehmen die kräftigsten Strünke und setzen sie tief in die gelockerte Erde. Harken Sie Mitte Februar/März und ernten Sie. Wenn Sie das ganze Jahr über Kohl haben wollen, nehmen Sie verschiedene Sorten, die einander ablösen.

LAVENDEL: (perennierend) ○

Man kann ihn überall akklimatisieren. Wenn er im Norden auch weniger reich und kräftig ist als im Süden, so tut er doch seine Dienste. Der Boden sollte allerdings kalkhaltig und trocken sein. Besorgen Sie sich bei einem Gärtner einige Wurzelstöcke, die in Ihrer Gegend gewachsen und somit schon akklimatisiert sind. Pflanzen Sie sie ein, und Sie brauchen sich nicht mehr darum zu kümmern. Gegen Ende der Blütezeit schneiden Sie ihn kuppelförmig zu.

Ernte: Man erntet die Blüten, wenn sie ganz erschlossen sind, das heißt im Juni. Sie sind leicht zu trocknen.

LÖWENZAHN: (perennierend) ○◑●

Braucht während des Sommers frische Erde. Da er aber kräftig ist, gewöhnt er sich an alles. Säen Sie eine oder zwei Reihen, jäten Sie häufig, lassen Sie ihn aber zwei oder drei Jahre in der Erde, um kräftige Wurzeln ernten zu können.

Ernte: Im August oder September nehmen Sie die Wurzeln heraus.

MALVEN: (perennierend) ○

Ihnen ist jeder Boden recht, sie mögen besonders nitratreiche Erde. Säen Sie im Frühling, häufchenweise. Blüten werden Sie jedoch erst im folgenden Jahr sehen. Wenn Sie es eilig haben, verpflanzen Sie wilde Wurzelstöcke im Frühling oder Herbst, und lassen Sie sie nach Belieben wachsen.

Ernte: Pflücken Sie die Blätter kurz vor der Blütezeit. Zwischen Juni und August können Sie die Blüten ernten und schnell trocknen, bevor sie sich verändern. Dafür müssen Sie einen schattigen, besonders trockenen Platz wählen. Im Winter nehmen Sie dann die Wurzeln und trocknen auch diese.

MINZE: (perennierend) ◑

Mag lockere, fruchtbare Erde und ein wenig Feuchtigkeit. Im Frühling oder Herbst nehmen Sie die Wurzelstämme am besten von den wilden Wurzelstöcken, oder kaufen Sie welche beim Gärtner. Sie müssen sie reichlich gießen, damit sie wieder Fuß fassen, dann aber brauchen Sie sich nicht mehr um sie zu kümmern. Die Minze ist eine wuchernde Pflanze.

Ernte: Man erntet die Blätter am besten vor der Blütezeit. Das Trocknen ist ganz einfach.

MOHN: (einjährig) ○

Der Mohn gleicht für mich einer fröhlichen Bäuerin in rotem Kleid. Ihm gefällt es überall, wenn er nur Sonne hat. Daß man ihn in bebauten Feldern findet, beweist, daß er umgegrabene Erde mag. Säen Sie ihn im Frühling oder Herbst, lichten Sie ihn aus, um schönere Kapseln zu bekommen.

Ernte: Zwei Ernten: von Mai an pflücken Sie die Blütenblätter, die Sie an einem trockenen Platz im Schatten trocknen. Wenden Sie sie häufig, damit sie nicht schwarz werden. Später ernten Sie die ausgereiften Kapseln, wenn sie schon fast trocken sind; aber nehmen Sie nur die dicksten!

PETERSILIE: (einjährig oder perennierend) ◑

Mag humusreiche Erde. Säen Sie von Februar bis August. Bedecken Sie den Samen mit Erde, die Sie zwischen Ihren Fingern ausgesiebt haben, und fügen Sie ein wenig Sägespäne hinzu. Die Petersilie möchte nicht eingegraben sein! Zweieinhalb Monate später kommen die Spitzen heraus, pflücken Sie aber nur die kräftigsten Blätter! Achten Sie darauf, daß sie nicht zum Blühen kommt, dann wird der gleiche Wurzelstock drei oder vier Jahre halten.

Ernte: Die Blätter bis zur Frostperiode und die Wurzeln im Herbst.

ROTE ROSE: (perennierend) ○

Für diese meine Königin der Blumen besorgen Sie sich wenn möglich eine Rose aus Provins. Sie liebt kalkigen Boden und lehnt sich gern an Hecken oder Hauswände an. In einem dichten Blumenbeet sieht sie auch sehr hübsch aus. Sie pflanzen sie, wie alle Rosenstöcke, in aufgelockerten Boden, nachdem Sie mit der Gartenschere die Wurzeln gesäubert und sie in der Höhe von ein oder zwei Blattknospen abgeschnitten haben. Mischen Sie Wasser mit Erde und setzen Sie die Wurzeln da hinein; später dann pflanzen Sie sie, so getränkt, in die Erde.

Ernte: Gepflückt werden die Knospen. Sobald diese trocken sind, entfernen Sie die Blütenblätter und verwenden diese.

SALBEI: (perennierend) ○

Mag trockenen, aber leichten, insbesondere kalkhaltigen und

steinigen Boden. Feuchtigkeit läßt ihn dahinsiechen. Kaufen Sie ihn blühend bei Ihrem Gärtner. Pflanzen Sie dann mit etwas organisch entstandenem Dünger an und hacken Sie häufig auf. Im ersten Winter decken Sie ihn mit Stroh ab, da die junge Pflanze gegen Frost empfindlich ist.

Ernte: Im Sommer, am Johannistag, pflücken Sie dann Blüten und Blätter. Das Trocknen bereitet keine Schwierigkeiten.

SCHAFGARBE: (perennierend) ○

Sie braucht keinen besonderen Platz, da sie sich auf jeder Wiese wohl fühlt. Säen Sie sie daher mit dem Rasen und schneiden Sie ruhig beide zusammen. Gegen Juli hin lassen Sie dann die Blüten wachsen, um sie ernten zu können. Anschließend schneiden Sie von neuem. Jedenfalls müssen Sie der Schafgarbe ein Sonnenplätzchen zuweisen.

Ernte: Die Blüten pflücken Sie im Juli. Im Herbst können Sie dann die ganze Pflanze trocknen, aber ohne die Wurzeln auszureißen!

THYMIAN: (perennierend) ○

Wie Salbei, verliert auch Thymian, wenn er aus seiner Heimat, den Mittelmeerländern, verpflanzt wird, an Wirksamkeit. Er liebt leichten, trockenen, kalkhaltigen oder steinigen Boden. Verfahren Sie genauso wie mit dem Salbei, jedoch vor Frost brauchen Sie ihn nicht zu schützen.

VEILCHEN: (perennierend) ◑●

Im Frühjahr nehmen Sie wildwachsende Wurzelstöcke aus der Erde und setzen sie in Ihrem Garten ein. Es liebt leichten und frischen Boden, der reich an pflanzlichem Humus sein sollte, damit die Atmosphäre des heimatlichen Unterholzbodens, von dem das Veilchen herkommt, wiederhergestellt ist.

Ernte: Zu Frühlingsbeginn pflücken Sie die Blüten im Morgengrauen, bevor noch die Sonne aufgegangen ist. Dann trocknen Sie sie. Die Blätter können Sie bis zu den ersten Sommertagen pflükken, und die Wurzeln nehmen Sie dann im Herbst.

WEISSDORN: (perennierender Strauch) ○

Fühlt sich überall und fast auf jedem Boden wohl. Eine Maipflanze! Als Hecke oder Bäumchen sehr hübsch anzusehen. Wird wie alle Sträucher gepflanzt und benötigt *keinerlei Pflege.* Sie können im Spätherbst die ganzen Früchte einpflanzen. Aber sie wachsen sehr langsam und brauchen mindestens ein Jahr. Für Heilzwecke sollten Sie weiße Blüten nehmen, sie sind wirksamer als die rosafarbenen.

Ernte: Pflücken Sie in Ihrem Garten oder auf dem Lande die noch knospenden Blüten und legen Sie sie zum Trocknen aus.

ZICHORIE: (perennierend) ○◑

Die wilde Zichorie fühlt sich überall wohl, mag aber besonders leichten und frischen Boden. Zu Frühlingsanfang säen Sie ein paar Reihen. Alle zwei Wochen müssen Sie die Stecklinge aussortieren und in Abständen von 15 bis 20 cm neu einsetzen. Häufig jäten.

Ernte: Drei Ernten. Die Pflanze darf jeweils erst nach der Blütezeit geerntet werden! Die zweite Ernte ist dann im Juni und die dritte zu Herbstbeginn. Nehmen Sie einfach die Wurzeln und trocknen Sie sie.

ZWIEBEL: (einjährig) ◑

Mag gesunden und leichten Boden. Das Klima ist gleichgültig. Nehmen Sie rote Zwiebeln, die als Heilpflanzen wirksamer sind. Sie können Sie säen, aber günstiger ist es, Sie verfahren mit ihnen wie mit dem Knoblauch. Die Behandlung ist die gleiche.

Um Ihr Herbarium an Heilpflanzen zu vervollständigen, pflücken Sie in Ihrem Garten auch jene Kräuter, die als Unkraut verschrien sind:

HIRTENTÄSCHELKRAUT	SCHÖLLKRAUT
QUECKE	NESSELN
WEGERICH	

und auf Ihren Spaziergängen finden Sie:

BÄRENKLAU	SCHACHTELHALME
BUTTERBLUMEN	VOGELKNÖTERICH
GUNDERMANN (kriechender Efeu)	

Pflegen Sie Ihre Heilkräuter. Sie in Ihrem Garten oder auf dem Lande zu pflücken kann Ihrer Gesundheit nur guttun, ist schon ein Schritt, und zwar ein sehr einfacher, Ihrem weiteren Wohlbefinden entgegen!

Wenn Sie sich gesund ernähren, bewahren Sie sich nicht nur Ihre Gesundheit, sondern schützen sich gleichzeitig vor vielen Krankheiten. Gesunde Ernährung begünstigt und fördert auch den Heilungsprozeß bei vielen Erkrankungen, wie z. B. Diabetes, Zellulitis, Arthritis u. a.

*) Je nach individueller Verträglichkeit!

	EMPFOHLEN	VERBOTEN
ROHES GEMÜSE:	vor allem: Knoblauch, Karotten, Tomaten, Artischocken, schwarze Oliven	Blaukohl, grüne Oliven, Rettich, Gurken
SUPPEN	Gemüsesuppen	fette Brühe, Fischsuppe, legierte Suppen mit Rahm
EIER	*) gekochtes Ei	gebackene Eier
AUFSCHNITT	magerer Schinken	alles andere
FLEISCH	Rind, Kalb, Geflügel, Hammel	Fleisch-Gemüse-Eintopf, Ente, Schwein, Wild
INNEREIEN	Kalbsleber	alle anderen
FISCHE	alle Meeresfische, gegrillt und Forellen	Lachs, Thunfisch, Hering, Makrelen
SCHALEN- und MUSCHELTIERE	*)	Hummer, Langusten, Krebse
GEMÜSE	Karotten	alle Rübensorten und Sauerkraut
GRÜNES GEMÜSE	Salate, Löwenzahn, Kresse, Artischocken	Spinat, Sauerampfer, Kohl, Blumenkohl, Rosenkohl
STÄRKEHALTIGE SPEISEN	Salzkartoffeln	alle Hülsenfrüchte und gebratene Kartoffeln
GETREIDE	Gerste, Vollkornbrot, körniger Reis	
KÄSE	*)	Roquefort

	EMPFOHLEN	VERBOTEN
MILCHPRODUKTE	Joghurt, Dickmilch, entrahmte Milch	Sahne, Sahnequark
OBST	Zitronen, Weintrauben, Pampelmusen, Orangen	Melonen, Bananen, Aprikosen, Pflaumen
KOMPOTTE und MARMELADEN	alle	
SÜSS-SPEISEN	*)	Krapfen,, Buttercreme, Schokolade
FETTE	Olivenöl, frische Butter in kleinen Mengen	alle anderen. Niemals braune Butter mit Öl mischen! Alles Gebratene!
GEWÜRZE	*)	
GETRÄNKE	schwacher Tee, Pfefferminztee	Kaffee, Weißwein, Schnaps, kohlensäurehaltige Getränke, Bier, Sekt

Anmerkung: Diese Ratschläge können allerdings nur als allgemeine Richtlinien dienen, da es viele verschiedene Arten von Lebererkrankungen gibt.

FÜR MAGENKRANKE
*) Je nach individueller Verträglichkeit!

	EMPFOHLEN	VERBOTEN
ROHES GEMÜSE	*)	Rote Rüben, Rettiche, Gurken, Rotkohl, Tomaten
SUPPEN	Gemüsesuppen, auch legierte	fette Brühe, Fischsuppe, Rahmsuppe

	EMPFOHLEN	VERBOTEN
EIER	gekochtes Ei	gebackene Eier
AUFSCHNITT	heller Diätschinken	alle anderen Arten
FLEISCH	*) Rind und Hammel, weißes Fleisch	fettes Fleisch, Wild, Ente
INNEREIEN	Hirn	alle anderen
FISCHE	alle mageren Fische	Lachs, Thunfisch, Hering, Makrelen
SCHALEN- und MUSCHELTIERE	*)	Hummer, Langusten, Krebse
GEMÜSE	Karotten	alle Rübensorten und Sauerkraut
GRÜNES GEMÜSE	alle, besonders Spinat, Mangold, Kresse	Kohl, Blumenkohl, Rosenkohl, Ampfer
STÄRKEHALTIGE SPEISEN	Kartoffelpüree, Salzkartoffeln	Bratkartoffeln, Hülsenfrüchte
GETREIDE	vor dem Essen Haferflocken, Reis	*)
MILCHPRODUKTE	Sauermilch, Sahnequark, Joghurt, Quark	Sahne
KÄSE	Schmelzkäse	keine fermentierten
OBST	Trauben. Orangen, Heidelbeeren, *) ungezuckerter Zitronensaft	Pampelmusen, Melonen, Aprikosen, Pflaumen
KOMPOTTE und MARMELADEN	Äpfel, Birnen, Backpflaumen, Erdbeeren, Kirschen, *) Marmeladen	Aprikosen, Rhabarber, Johannisbeeren, saure Säfte
SÜSS-SPEISEN	Pudding, *) Sandgebäck, Sahnekonfekt	Krapfen, alle Kuchen, Schokoladen

	EMPFOHLEN	VERBOTEN
FETTE	frische Butter und Olivenöl	alle anderen Fette, alle gebratenen Fette
GEWÜRZE		alle
GETRÄNKE	schwacher Pfefferminztee, Heidelbeersaft, Rotwein	Bier, Weißwein, Schnaps, Tee, Kaffee, kohlensäurehaltige Getränke, Sekt

Anmerkung: Bei empfindlichem Magen sollten Sie immer als ersten Gang grünes Gemüse essen, das den anderen Speisen den Weg bereitet. Und dem Magen die Arbeit zu erleichtern, hacken Sie das Gemüse am besten klein oder drehen es gar durch den Fleischwolf. Vorsicht mit Marmelade, besonders aber mit Gelee aus sauren Früchten. Essen Sie statt dessen lieber Honig!

BEI DARMTRÄGHEIT
*) Je nach individueller Verträglichkeit!

	EMPFOHLEN	VERBOTEN
ROHKOST	zum Mittagessen jede Art Rohkost, *) Kohl	rote Rüben, Rettich
SUPPEN	Gemüsesuppen	fette Brühe, Fischsuppen
EIER	gekochtes Ei	gebackene Eier
AUFSCHNITT	heller Diätschinken	alles andere
FLEISCH	möglichst nicht ganz durchgebraten, zum Mittagessen nur weißes Fleisch	Wild
INNEREIEN		alle
FISCH	alle Fischsorten	

	EMPFOHLEN	VERBOTEN
MUSCHEL- und SCHALENTIERE	alle Muscheltiere, *) Schalentiere	
GEMÜSE	Sauerkraut	alle Rübensorten
GRÜNES GEMÜSE	alle Arten, besonders Spinat, Mangold und Kohl *)	Blumenkohl, Rosenkohl etc.
STÄRKEHALTIGE SPEISEN	Salzkartoffeln	Bratkartoffeln, alle anderen Speisen, die Stärke enthalten, besonders Hülsenfrüchte
KÄSE	Schmelzkäse	keine fermentierten Käse
GETREIDE	Roggen, Gerste	alle anderen
MILCHPRODUKTE	Joghurt, Dickmilch, Quark	*) Sahne
OBST	alles, jedoch in Maßen und ausgereift, Heidelbeeren, Pfirsiche, Trauben	Quitten
KOMPOTTE und MARMELADEN	alle Kompotte, vor allem Backpflaumen	*) Marmeladen
SÜSS-SPEISEN	*)	Krapfen, Schokolade
FETTE	Olivenöl für Salate, frische Butter	alle tierischen Fette
GEWÜRZE		alle
GETRÄNKE	Pfefferminztee, *) Kaffee, *) Bier, Rotwein, Apfel- und Traubensaft	Weißwein, Schnaps, kohlensäurehaltige Getränke, Sekt

Anmerkung: Vermeiden Sie alles, was Fermente bilden und durch Gasbildung die Durchlässigkeit des Darms behindern könnte.

Eigentlich müßten sieben Backpflaumen ausreichen, um die Darmträgheit zu beheben.

Essen Sie Roggenbrot!

FÜR RHEUMAKRANKE

*) Je nach individueller Verträglichkeit!

	EMPFOHLEN	VERBOTEN
ROHKOST	alles, besonders Sellerie, Kohl, Spinat, Petersilie, Knoblauch, Zwiebel	Tomaten
SUPPEN	alle, vor allem Kresse	Ampfer
EIER	in jeder Form	gebacken
AUFSCHNITT	magerer Schinken	alles andere
FLEISCH	Rind, Kalb, Hammel	Geflügel, Wild
FISCHE	alle, insbesondere Süßwasserfische	
MUSCHEL- und SCHALENTIERE	in großen Mengen Muscheltiere, *) Schalentiere	
GEMÜSE	alle, insbesondere im Rohr gebackene Zwiebeln, Karotten	*) alle Rübensorten
GRÜNES GEMÜSE	alles, insbesondere Kohl und Kresse	Spinat, Ampfer
STÄRKEHALTIGE GERICHTE	alle	Bratkartoffeln, Pommes frites
GETREIDE	Vollkorn	
KÄSE	alle	

	EMPFOHLEN	VERBOTEN
KOMPOTTE und MARMELADEN	alle	Rhabarber, Aprikosen, Pflaumen
MILCHPRODUKTE	alle	
OBST	alles, besonders Heidelbeeren, Äpfel, Erdbeeren, Trockenobst, Nüsse, Mandeln	Zitronen, Pampelmusen, Rhabarber, getrocknete Aprikosen
SÜSS-SPEISEN	alle Eierspeisen, nur leicht gesüßt, sonst alles	Krapfen
FETTE	frische Butter, Olivenöl	alle anderen
GEWÜRZE		alle, Essig
GETRÄNKE	Rotwein, schwacher Tee, mit Honig gesüßt, Pfefferminztee, Heidelbeersaft	Weißwein, Schnaps, Kaffee, Bier, Apfelsaft, kohlensäurehaltige Getränke, Sekt

Anmerkung: Vermeiden Sie allzu saure Getränke, denn sie entziehen dem Körper Kalk. Achten Sie darauf, daß das Wasser ganz rein und nur wenig mineralhaltig ist!

GEGEN NIERENLEIDEN
*) Je nach individueller Verträglichkeit!

	EMPFOHLEN	VERBOTEN
ROHKOST	alles, besonders Zwiebel und Knoblauch	
SUPPEN	alle	
EIER	mäßig	gebackene

	EMPFOHLEN	VERBOTEN
AUFSCHNITT	ungesalzener Schinken	jede andere Art
FLEISCH	wenig	jedes Wild
INNEREIEN		alle
FISCHE	alle	
MUSCHEL- und SCHALENTIERE	*) Schalentiere	Muscheltiere
GEMÜSE	im Ofen gebackene Zwiebel, Knoblauch	
GRÜNES GEMÜSE	alle, besonders Kohl	Blumenkohl, Rosenkohl
STÄRKEHALTIGE SPEISEN	Kartoffeln, Teigwaren	Hülsenfrüchte
GETREIDE	alle Arten	
KÄSE		alle
MILCHPRODUKTE	alle	
OBST	alles	
SÜSS-SPEISEN	alles, jedoch völlig salzlos	
KOMPOTTE	alle	
FETTE	sehr wenig Olivenöl, frische Butter	alle anderen
GEWÜRZE	ohne Salz	alle
GETRÄNKE	*) Bier, ungesalzenes Mineralwasser, Rotwein, Tee, *) Kaffee	Weißwein, Schnaps, Sekt

Anmerkung: Alle Konserven sind zu vermeiden. Salzloses Diätbrot!

FÜR DIABETIKER
*) Je nach individueller Verträglichkeit!

	EMPFOHLEN	VERBOTEN
ROHKOST	Tomaten, Rotkohl	Rote Rüben, Karotten, Paprika, Rettich
SUPPEN	Gemüsesuppe oder entfettete Fleischbrühe	Nudelsuppe, Sagosuppe
EIER	in jeder Form	gebacken
AUFSCHNITT	heller, salzloser Schinken	alles Gebratene
FLEISCH	alle Arten	Kalb, Geflügel, Wild
INNEREIEN	Hirn	alle anderen
FISCHE	alle	
MUSCHEL- und SCHALENTIERE	alle Muscheltiere, *) Schalentiere	
GEMÜSE	*)	Karotten, Erbsen, Paprika
GRÜNES GEMÜSE	*) alles, besonders Artischocken	
STÄRKEHALTIGE SPEISEN		alle
GETREIDE	Hafer	alle anderen
KÄSE	alle	Ziegenkäse
MILCHPRODUKTE	Joghurt, entrahmte Milch	Sahne
OBST	Orangen, Pampelmusen, Mandarinen, wenig Erdbeeren und Trauben	Bananen, Melonen Weintrauben getrocknet, Trockenpflaumen, alle Dörrfrüchte, getrocknete Feigen Mandeln, Nüsse etc.

	EMPFOHLEN	VERBOTEN
KOMPOTTE und MARMELADEN	alle Kompotte, aber ungesüßt	Marmeladen
SÜSS-SPEISEN		alle
FETTE	wenig frische Butter, Olivenöl	alle anderen
GEWÜRZE		
GETRÄNKE	wenig Rotwein, Tee, Kaffee, aber ungesüßt, Mineralwasser,	Weißwein, Sekt, Aperitifs, Schnäpse, kohlensäurehaltige Getränke, Fruchtsäfte

Anmerkung: Alle Nahrungsmittel, die Glukose und Stärke enthalten, sind zu vermeiden sowie Substanzen, die sich im Organismus in Zucker umsetzen. Die Zuckerration (Kohlehydrate) darf pro Tag 150 bis 180 Gramm nicht überschreiten!

Unsere Großeltern, die der Natur noch näher waren als wir, aßen, was die Jahreszeit ihnen bot. Zu ihrer Zeit gab es im Winter weder Erdbeeren aus Südafrika noch Tomaten, die in holländischen Treibhäusern gereift waren. Selbstverständlich muß sich eine Ernährungsweise, will sie ausgeglichen sein, innerhalb der verschiedenen Jahreszeiten unterscheiden. Kalorienverbrauch und Vitaminbedarf sind ja auch nicht gleichbleibend. Bei jedem Wechsel fordert unser Körper gebieterisch die Nahrungsmittel, die er braucht. Geben wir sie ihm doch!

Im Frühling müssen Sie Ihrem Körper helfen, sich von den Schlacken des Winters zu befreien und sich zu erneuern. Essen Sie viel Rohkost und grünes Gemüse. Fleischgerichte mit Soßen sollten Sie durch gegrilltes Fleisch, insbesondere durch Lammfleisch, Hähnchen (nicht hormongezüchtet!) und Flußfische, ersetzen. Schwelgen Sie in den Früchten dieser Jahreszeit!

Um Ihren Organismus und Ihr Blut bei der allgemeinen Reinigung zu unterstützen, sollten Sie den Tag mit Gemüsesäften oder frischem Obst beginnen: Kopfsalat, Sellerie oder Äpfel. Ihr Frühstück soll leicht, aber gehaltvoll sein. Vollkornbrot und Joghurt. Wenn Sie auf Milchkaffee nicht verzichten können, wozu ich Ihnen nur raten würde, dann seien Sie wenigstens so vernünftig, ihn bis zum Herbst durch Tee zu ersetzen. Ihre von der schwereren Winterkost überbeanspruchte Leber wird es Ihnen danken.

Beginnen Sie das Mittagessen mit jungen Artischocken, mit Rettich, Selleriedolden, und verbannen Sie die Rohkost des Winters: Karotten, Sellerie etc. Anschließend essen Sie gegrilltes Fleisch und rasch gegartes grünes Gemüse. Bei langsamem und längerem Kochen verliert das Gemüse viel von seinem Wert. Vergessen Sie auch nicht den jungen Kopfsalat und Löwenzahnsalat; und die Früchte der Jahreszeit. Da diese im Frühling noch nicht zahlreich sind, verlegen Sie sich auf Milchprodukte!

Zum Abendessen sind Gemüsesuppen, Fisch, gekochte Eier anzuraten und die ersten Kompotte aus frischen Früchten, die aber auch nur sehr kurz gekocht werden dürfen!

Petersilie, frische Zwiebeln, Käse, schwarze Oliven und ab und zu eine Handvoll getrocknete Früchte geben Ihnen die Abwehrstoffe, die Sie brauchen werden, um plötzlichen Kälteeinbrüchen und den Eisheiligen zu widerstehen. Essen Sie »leicht«, aber treiben Sie nicht Raubbau mit Ihren Reserven, denn sie werden Ihnen noch nützlich sein.

Wenn der Sommer dann gekommen ist, werden Sie natürlich das Bedürfnis haben, kalt zu essen, viel zu trinken und zuviel Rohkost zu sich zu nehmen. Seien Sie vorsichtig, essen Sie nicht zu viele Zitronen und Tomaten, deren entmineralisierende Eigenschaften ja bekannt sind. Sie müssen vor allem dann vorsichtig sein, wenn Sie viel Sport treiben und ausgedehnte Sonnenbäder lieben. Sie könnten Ihren Körper völlig entkalken. Zum Ausgleich sollten Sie daher Selleriedolden und Camembert essen. Essen Sie leichter als im Winter, trinken Sie ruhig viel, denn der Körper verbraucht mehr Flüssigkeit, aber vermeiden Sie alle kohlensäurehaltigen und eisgekühlten Getränke, so angenehm sie auch sein mögen.

Jetzt ist die hohe Zeit der Gemüse und Früchte. Aber ersetzen Sie Ihre gewohnte Nahrung nicht ausschließlich durch Rohkost. Ein Überschuß an Zellulose kann schwere Magen- und Darmstörungen verursachen. Und vergessen Sie nie, daß radikales und zu lange anhaltendes Ungleichgewicht in der Ernährung für Sie verhängnisvoll sein kann. Daher beginnen Sie jede Mahlzeit mit Obstsäften oder frischem Gemüse: Gurken, Sellerie, Aprikosen, Pampelmusen, denn Sie brauchen Vitamine, um unbeschadet die starke Sonneneinstrahlung zu überstehen. Ersetzen Sie Graubrot durch Vollkornbrot, und essen Sie dazu Joghurt.

Wenn Sie lange Zeit am Strand bleiben wollen, nehmen Sie zwar leichte Kost zu sich, aber hungern Sie auf keinen Fall. Gegrillter Fisch mit frischen Kräutern wäre genau das richtige, oder aber kaltes Fleisch; beides gibt Ihnen die Kräfte, die Sie brauchen, um schwimmen, laufen und springen zu können. Mit etwas Käse und ein paar Früchten können Sie dann bis zum Abend aushalten. Und denken Sie daran, daß Erdbeeren, sofern Sie sie vertragen, für fast alles gut sind, daß Kirschen blutreinigend wirken und reich an Mineralien sind, daß Aprikosen gegen Anämie helfen, daß Birnen eine diuretische und Pfirsiche eine abführende Wirkung haben.

Sobald die Hitze des Tages vorüber ist, wagen Sie sich ruhig an deftigere Grillgerichte mit Kräutern, an Thunfisch oder Hühnersalat heran. Selbstverständlich sollten Sie Fleischgerichte mit Soßen und Ragouts von Ihrem Küchenzettel verbannen. Wenn Sie den Sommer am Meer verbringen, essen Sie viele Muschel- und Schalentiere, die alles enthalten. Fürchten Sie sich nicht vor Knoblauch und Zwiebeln. Essen Sie gekochtes Obst, das mit etwas Zucker kurz aufgekocht wurde, daher den größten Teil seines stärkenden Gehalts bewahrt hat und weder Leber noch Darm belastet.

Seien Sie mit Getränken vorsichtig, sie sind Ihr Feind während der Hitzeperiode. Trinken Sie so viel sie wollen, vor allem zwischen den Mahlzeiten, aber nicht unmittelbar vor oder nach Früchten und Rohkost, um Blähungen zu vermeiden. Vorsicht mit Alkohol, er ist der Feind Ihrer Linie und Ihrer Leber.

Ersetzen Sie ihn durch Pfefferminzgetränke, von denen es so hervorragende gibt. Die magenstärkende, diuretische und beruhigende Minze verfügt über alle Eigenschaften, die man sich nur wünschen kann.

Im Herbst versorgen sich umsichtige Tiere wie die Igel, Siebenschläfer und Eichhörnchen mit Wintervorräten. Machen Sie es ihnen nach und erhöhen Sie Ihre Rationen an Kalorien, Kalzium und Phosphor. Außerdem ist der Herbst die ideale Jahreszeit für eine Traubenkur, die Ihren Organismus auf den Winter vorbereiten wird.

Beginnen Sie den Tag mit Traubensaft, essen Sie Vollkornbrot mit Butter und viel Gebirgshonig.

Das Mittagessen muß, in Anbetracht der kommenden Morgennebelzeiten, schon reichhaltiger sein. Die rohen Salate sollten dem Reis weichen, nach Möglichkeit dem ungeschälten; der Herbst ist die hohe Zeit der Getreide, der frischen Nüsse und des Schweizer Käses, den Sie mit Apfel und Zichorie mischen.

Hasen und Geflügel geben, gegrillt oder gebraten, eine gute Mahlzeit ab. Als Nachtisch sollten Sie stets Trauben essen!

Das Abendessen sollte, vor allem im Spätherbst, mit einer Gemüsesuppe, einer Art Minestrone, beginnen. Darauf können Eier oder Fische folgen. Nützen Sie die Zeit der Champignons! Reservieren Sie auch ein Plätzchen für die ersten Kastanien, kochen Sie sie in Milch, sie sind die wahrste »Vollnahrung«! Beschließen Sie dann den Abend mit Weintrauben!

Die Ernährung während des Winters muß den jeweiligen klimatischen Verhältnissen angepaßt werden. Je kälter es in Ihren Breiten ist, desto mehr Kalorien verbrauchen Sie und desto mehr Vitamine braucht Ihr Körper.

Trinken Sie jetzt hauptsächlich Orangensaft, denn Sie müssen Ihre natürlichen Abwehrkräfte gegen Kälte und Grippe durch eine erhöhte Vitamin-C-Dosis steigern.

Auch das Frühstück sollte umfangreicher sein. Vielleicht ergänzen Sie es mit ein wenig Schmelzkäse, einem Ei und Vollkornbrot. Seine leicht abführende Wirkung ermöglicht das Ausscheiden der Gifte, die Sie durch eine reichlichere Nahrung zu sich nehmen. Vergessen Sie auch nicht, weiterhin Honig zu essen!

Das Mittagessen sollte man mit winterlicher Rohkost beginnen: geriebene Karotten, Grün- oder Rotkohl, Sellerieknollen oder roten Rüben. Essen Sie viele Muscheltiere, denn ihr starker Jodgehalt schützt Sie gegen Wetterstürze. Gegrilltes Rind- oder Hammelfleisch sollten Sie abwechselnd mit Fleisch- und Gemüseeintopf, mit Bauernschmaus oder Huhn im Topf zu sich nehmen. Vergessen Sie nicht den Kabeljau, der reich an Kalzium ist und angeblich krebsvorbeugend wirken soll. Essen Sie viel Kresse und – wenn es Ihnen bekommt – schwach gegarten Kohl.

Jetzt ist auch die einzige Zeit des Jahres gekommen, in der Sie sich ein wenig Speck, Schweinefleisch und Pasteten erlauben dürfen.

Das Abendessen beginnt mit einer Suppe oder Fleischbrühe. Essen Sie viel Salat, denn gerade jetzt darf man auch die Vitamine nicht vergessen. Auch hausgemachte Kompotte und Marmeladen sind jetzt angebracht.

Decken Sie Ihren Kalziumbedarf, indem Sie alle Arten von Käse essen; Phosphor liefern Ihnen Hirn und Fisch. Auch die Äpfel sind reich an Nährstoffen, für die Orange allerdings gilt das Sprichwort: »Golden am Morgen, silbern am Mittag und bleiern am Abend!«

Trinken Sie nicht zuviel Tee und Kaffee, streichen Sie Grog und machen Sie sich lieber einen Glühwein. Ein Gläschen Wein zu den Mahlzeiten wird Ihnen helfen, den harten Winter zu überstehen.

Ihr nun ausreichend geschützter Organismus braucht nur mehr den Frühling abzuwarten, um den hübschen Zyklus der Jahreszeiten von neuem zu beginnen.

Maurice Chevalier

Chanson meines Lebens

Ullstein Buch 3053

ein Ullstein Buch

Dank seines unwiderstehlichen Charmes, seines Humors, seiner ungekünstelten Art war Maurice Chevalier schon als kaum Zwanzigjähriger der Publikumsliebling Nummer Eins. Der Rückblick auf seine Laufbahn bietet einen ungeahnten Reichtum an Stoff für Memoiren.

Mit bezaubernder Schlichtheit erzählt er die Wechselfälle seines Lebens: von der harten Jugend als Pariser Vorstadtjunge bis zu den Höhen seines Ruhms. In jeder einzelnen Episode dieses lebendigen und fesselnden Buches steckt der ganze Maurice Chevalier, wie in seinen Filmen und wie in seinen unvergeßlichen Chansons.

Simone Berteaut

Ich hab' gelebt Mylord

Das unglaubliche Leben
der Edith Piaf

Ullstein Buch 2940

ein Ullstein Buch

Die Halbschwester von Edith Piaf erzählt die Lebensgeschichte der großen französischen Chansonsängerin.

»In diesem Buch wird ein Mensch lebendig wie in keiner anderen Biographie, die ich kenne. Man kann das Buch aufschlagen, wo man will – eine einzige Seite genügt, damit sich das Feuer der Piaf dem Leser mitteilt, so wie ein einziges Chanson dazu genügt hat, solange sie noch am Leben war.«
Georg Stefan Troller

Han Suyin

Zwischen zwei Sonnen

Ullstein Buch 3036

ein Ullstein Buch

Die autobiografischen Aufzeichnungen Han Suyins aus den Jahren 1938 bis 1948, der Zeit des japanisch-chinesischen Krieges, dokumentieren die Weltgeschichte aus der Sicht einer Frau, die sich durch Geburt und Erziehung zwei Welten, zwei Sonnen – Europa und China – verbunden fühlt. Es ist der Aufbruch einer Frau vom sozialen Kampf zum Kampf für den Sozialismus.